高等院校经管类「十三五」规划教材

客户关系管理

Customer Relationship Management

主编 桂辉慧

武汉大学出版社
WUHAN UNIVERSITY PRESS

图书在版编目(CIP)数据

客户关系管理/桂辉慧主编.—武汉:武汉大学出版社,2020.1(2024.7 重印)
高等院校经管类“十三五”规划教材
ISBN 978-7-307-21290-9

Ⅰ.客…　Ⅱ.桂…　Ⅲ. 企业管理—供销管理—高等学校—教材
Ⅳ.F274

中国版本图书馆 CIP 数据核字(2019)第 246916 号

责任编辑:唐　伟　　　责任校对:李孟潇　　　版式设计:马　佳

出版发行:**武汉大学出版社**　(430072　武昌　珞珈山)
(电子邮箱:cbs22@ whu.edu.cn 网址:www.wdp.com.cn)
印刷:湖北云景数字印刷有限公司
开本:787×1092　1/16　印张:17.25　字数:406 千字　插页:1
版次:2020 年 1 月第 1 版　　2024 年 7 月第 3 次印刷
ISBN 978-7-307-21290-9　　定价:45.00 元

前　言

21 世纪是网络经济时代，特别是电子商务的出现，促使全球经济快速发展。面对竞争日益激烈的市场，企业越来越重视客户，以客户为中心的理念日益深入人心。客户关系管理是开发潜在客户、培养忠诚客户，改善和保持企业客户关系的重要管理手段。为了实现客户价值、创造企业利润最大化，良好的客户关系管理是各大企业形成自己核心竞争力的重要途径之一。

国内企业在引入客户关系管理之后，积极吸收了其理念精髓并付诸实施，并取得了不错成绩。而这些过程中，却还存在照搬照抄、理论和实践难以融合、真正优秀的客户关系管理人才严重缺乏等情况，这与客户关系管理理念大相径庭，亟待解决。

本书在编撰过程中，编者考虑到现有客户关系管理学科发展的大背景，继承了客户关系管理原有知识结构的必要内容，也引入了时下热点诸如大数据、数据挖掘和人工智能等内容，形成了具有完整性、前沿性和有针对性的特点。

本书主要适合对象可以是工商管理、市场营销、电子商务和物流管理等经济管理类应用型本科专业的在读学生，也可以是从事与客户关系管理有关的企业工作人员。

本书由武昌理工学院桂辉慧担任主编，其主要负责全书的整体策划、编写大纲、部分章节编写和最终的统稿修改工作。参与本书编写工作的还有武昌理工学院贺霄娟、张凌云，武汉晴川学院朱江鸿和湖北商贸学院李柏杏。详细分工如下：第一章和第二章由桂辉慧编写，第三章和第四章由贺霄娟编写，第五章和第六章由张凌云编写，第七章和第八章由朱江鸿编写，第九章和第十章由李柏杏编写。

另外，本书在编写过程中，借鉴了许多专家、学者的论著和研究成果，参考了国内外大量的教材、专著、论文和相应的出版物，以及互联网的有关资料，在此向他们表达最诚挚的谢意。虽然编者在参考文献中已经列出了相关文献来源，但仍可能存在遗漏和标注不准确的情况，在此以表歉意。

因为编写团队能力和水平有限，编写时间仓促，即便付出了艰辛劳动，本书难免还存在疏漏和不妥之处，敬请广大读者、专家和学者们不吝赐教，为我们日后完善提供帮助。

编　者

2019 年 10 月

目　录

第一章 客户关系管理概述

【引例】

上海外滩的外白渡桥

上海外白渡桥是我国第一座全钢结构的桥梁，长期以来一直是上海的一座标志性景观。它沧桑古朴、构造妙趣横生，令人流连忘返，感慨万千。在普通人的眼里，外白渡桥始终没有什么变化，它的钢筋铁骨坚实硬朗，一直这样静静地横卧在那里。每天，桥面上车来人往，川流不息。

2007年年底，上海市政工程管理局收到一封寄自英国名叫华恩·厄斯金设计公司的来信。信中说，外白渡桥当初的设计使用期限是100年，于1907年交付使用，现在已到期，请注意对该桥进行维修。信中还特别提醒，在维修时，一定要注意检修水下的木桩基础混凝土桥台和混凝土空心薄板桥墩。这家设计公司还为上海市政工程管理局提供了当初大桥设计的全套图纸，铺开这些设计图纸，人们惊讶地发现，虽然经历了百年的岁月，但这些图纸依然被保存得完好如初，没有一点划痕、皱褶。图纸虽然是手工绘制而成的，但线条工整，每一数据、每一符号都不差分毫，设计者、审核、校对、绘图人的姓名都一目了然，清晰可见。

这是外白渡桥的“出身证明”和“护身符”。有了这些完整、准确、无误的设计资料，就为外白波桥的体检和维修提供了完善、充分的科学依据。

英国这家大桥设计公司的郑重提醒，方使我们如梦初醒：原来这座大桥已“百岁高龄”了，需要给它来一次全面的体检和维修了；否则，有可能桥毁人亡，后果不堪设想！

经过百年历史的沧桑巨变，这家英国设计公司的办公场所换了一处又一处，人员换了一茬又一茬，当初大桥的设计者也早已作古，他们不再需要承担任何责任了。但是，这家公司为顾客服务、讲究信誉、视质量为生命的理念，却一直没有变。大桥的设计使用期限是100年。100年到了，他们没有忘记提醒大桥的使用者。这一及时的提醒，不仅使我们对这家大桥设计公司充满了敬佩之情，更引起了我们的思考：究竟什么是职业精神的追求？什么是客户关系管理？客户关系管理的意义又究竟是什么？

【学习目标】

1. 了解电子商务的发展对企业经营管理的影响，以及作为电子商务主要解决方案的客户关系管理对企业经营管理所具有的意义。

2. 了解客户关系管理的兴起和发展。

3. 掌握客户关系管理的概念、内涵、发展现状和发展趋势。

【教学目标】

1. 电子商务环境给企业带来的主要问题以及使企业产生的变革。

2. 客户关系管理的概念、内涵。

3. 客户关系管理研究的主要问题以及发展趋势。

第一节　电子商务时代企业经营管理的变革

一、网络经济与电子商务的发展

互联网的出现被认为是20世纪最具重大影响的历史事件之一。随着互联网及相关技术的日臻成熟，互联网规模的日益扩大和网络用户迅速增加，互联网的应用也逐步深入到社会的各个方面，与社会经济的发展和人们的日常生活紧紧地联系在一起。互联网技术在全球的广泛应用，标志着人类社会开始进入一个崭新的时代——网络经济时代。

网络经济时代最显著的特征，就是信息技术在经济领域的应用，即电子商务。电子商务是应用电子化、信息化手段和技术来进行各种交易活动，并围绕交易活动所展开的业务和管理活动的总称。电子商务的出现，对社会经济产生了巨大的影响。电子商务带来了社会经济领域里一次重大的技术革命。通过电子商务，原有的时空分隔被打破，产品市场逐步形成全球化的趋势，世界经济全球化进程大大加快，国际经济结构也发生了重大改变。同时，电子商务也使生产与消费更加接近，中间环节大大减少，从而降低了产品的生产成本和交易费用。

二、电子商务的发展对企业经营管理的影响

电子商务以电子化、信息化手段来实现商务活动的各个环节。它包括商业信息检索与发布、电子合同签署、电子数据传输、电子货币支付以及通过网络提供各种服务的一系列过程。电子商务不仅是一种技术革命，它通过技术的辅助、引导、支持，为商务活动本身带来了前所未有的根本性革命。电子商务对企业经营管理模式的影响和改变是深刻的，包括对企业经营理念、组织形式、管理机制等的影响和改变。

（一）电子商务对企业经营理念的影响

企业的经营理念和思维方式，总是在一定程度上局限于所处的时代，电子商务时代的思维方式与信息技术是密不可分的，信息化社会的结构不再是等级性的，而是网络状的，

它具有整体性、综合性、开放性、动态性、非线性和互补性的特征。新的思维方式必然产生新的经营理念，对企业经营者而言，确立在电子商务时代发展的经营理念是十分必要的。新的经营理念可概括为以下几个方面。

1. 追求持续创新

对一个企业来说，持续不断的创新是其生存发展的根本保障，特别是在电子商务发展的条件下，创新能力的强弱是决定企业市场地位和成长潜力的基本因素。电子商务是推动企业创新的重要力量，表现在以下五个方面：

第一，电子商务的发展促进传统企业从制度上进行改革、完善，特别是围绕电子商务发展的要求从组织机构的设置，企业员工激励制度的创立和企业中所有者、经营者、劳动者利益关系的调整等多个方面进行必要的创新。

第二，电子商务的开展要求企业不断跟踪相关技术的最新进展，及时开发和引进先进技术，只有提高自身的技术创新能力，才能在市场竞争中争取主动。

第三，电子商务迫使企业更加关注市场的变化，特别是关注网络市场的变化对企业生产经营活动的影响，企业必须通过各种方式进行市场创新，才有可能牢牢锁住“核心顾客”，求得生存。

第四，电子商务对企业管理人员的素质和管理水平提出了新的要求，企业应从管理思想、管理组织、管理方法，管理工具等多个角度进行创新，来适应电子商务发展的需要。

第五，电子商务要求企业具有特定的企业文化，形成平等、民主、学习、团队合作、进取的文化氛围，注重员工的利益，体现员工的价值。

在企业内部，电子商务的实施带来了一系列的变革：电子商务打破了企业生产与经营的地域限制，缩短了企业与客户的距离，使企业通过网络控制世界各地的资金、技术和人力资源成为可能；电子商务使企业的生产管理更好地借助于集成制造系统、虚拟制造等技术，提高生产效率，降低生产成本；电子商务使企业的库存管理通过网络技术和数据库的应用，能根据客户的要求随时安排供货，使库存成本显著下降，生产周期大为缩短；电子商务使企业的研究与开发更加注重市场需求的变化，使新产品的研发更具针对性，研发的成本也明显下降；在售后服务方面，电子商务又可使服务成本下降，服务质量大为提高。这一系列的变化，都有赖于企业创新思想的不断成熟，创新范围的不断扩大，创新能力的不断提高。

2. 始终体现“以客户为中心”的经营理念

互联网为企业与顾客之间架起了一座直接沟通的桥梁，为企业更好地了解顾客的需求，满足顾客的个性化需要、提供优质的客户服务创造了极为有利的条件。互联网具有双向交互的特点，既可使全球各地的客户随时了解企业的各种信息，获得相应的服务，又可使企业方便地得到有关客户的地理分布、个人偏好、特殊要求等各种数据。这种双向、直接、交互的信息沟通使企业和客户双双受益。在电子商务时代，只有那些始终替顾客着想，正确把握好客户需求的企业，才能真正赢得市场机会。随着电子商务发展的不断深入，网上客户将成为所有商家共同争取的目标。因此，客户关系管理必将成为企业管理的重要内容。没有良好的客户关系管理，企业就无法争取到忠实的顾客群，也不可能取得长期、持续的发展。

戴尔公司在短短的十余年时间内一跃成为世界500强之一的电脑供应商，极为重要的一点就是戴尔公司始终把握“以客户为中心”的经营理念。戴尔公司一开始就按照客户的需求来设计、生产产品，这不只是简单地了解客户想要什么，也不只是提供价格合理与高性能的产品而已，更重要的是，它能比客户自己更早知道他们的需求。戴尔公司通过网络的双向沟通和面对面的交流，以真心诚意的态度向客户了解各种潜在的需求，并把这些需求转变成产品。戴尔公司深信只要与客户建立起良好的关系，就必然能产生丰厚的回报。戴尔公司还认为，企业的客户是全方位的，既包括产品的使用者，也包括原材料、零部件的供应商和各类合作伙伴。

世界著名的通用电气公司体现“以客户为中心”的关键举措是引入了“跨度”的概念。“跨度”指的是客户所要求的送货日期前后的这一段时间，实际的送货时间就在这个跨度之内。如果跨度大，就说明按照指定日期交货的能力低下；如果跨度小，就说明按照指定日期交货的能力强。零跨度永远是通用电气公司追求的目标。“跨度”的衡量标准是能否在客户要求的特定时间供货。通用电气公司每接到一个订单，必须让所有与生产这一产品相关的各道工序的员工都准确无误地牢记客户所要求的时间，让每一位员工都深知，他采取的每一个行动都会影响到整个公司的跨度指标。这样做的目的就是要从两边挤压交货的时间跨度，要做到不早不晚，尽量靠近中间那一点，即客户要求的那一天。塑料集团已经把交货时间跨度从50天缩短到了5天；飞机发动机集团的时间跨度从80天降到了5天；按揭保险公司的时间跨度从54天减少到了1天。

体现“以客户为中心”的理念不应停留在表面上，必须以真诚的态度、务实的做法，从发现客户的需求，到适应和满足客户的需求，再到创造客户的需求。从客户需求的不断满足中，逐渐拓宽企业的生存空间。

3. 走向协作型竞争

随着电子商务的发展，企业与企业之间的竞争将变得越来越激烈，因为所有竞争者都将在同一虚拟市场中竞争，而所有的客户也会通过网络与企业产生直接的联系。产品的规格、性能、服务，甚至外观都将一览无余地展示在网站上，客户选择商家简单到只是动动鼠标而已。在这种情况下，传统市场竞争中惯用的“价格战”“广告战”将产生消极的影响，因为稍有不慎就可能会导致整个行业的混乱和无序，发起者往往会成为其他企业的“众矢之的”，而遭唾弃。所以，电子商务的发展，必须树立新的竞争观，变战争型的竞争为共存、共荣、共赢的协作型竞争。与此同时，企业与供应商、经销商和最终客户建立起长期的合作联盟，已成为企业持续、长期、稳定发展的重要条件。因此，在网络把生产商、供应商、经销商和竞争者连成一体后，任何一家企业都应树立起新型的、建立在合作基础上的“竞争观”。特别是要尽量与竞争对手一起找到和睦相处的共同点，发挥各自的综合优势，共同开拓和扩大市场，共享收益。

企业与自己的竞争者一起建立各种战略联盟是争取“双赢”和“群赢”的最重要的形式。战略联盟主要有以下五种：

①品牌联盟，以优势品牌作为联盟的纽带。

②新产品开发联盟，联盟各方共同分摊研发费用、共同承担研发风险。

③分销渠道联盟，共同分享彼此的分销渠道优势。

④促销联盟，通过企业间网站的相互链接以及共同实施促销方案等形式来实现。

⑤价格联盟，联盟各方通过对价格的协调统一，避免无谓的价格竞争，省却博弈的烦恼，又可阻止新竞争者的进入。

采取多种形式的联盟，是电子商务时代竞争者关系变化的重要表现。

（二）电子商务对企业组织形式的影响

与传统的工业经济生产状况和技术基础相适应的金字塔型，自上而下控制的管理组织结构，因为强调专业分工、规模经济、等级分明、顺序传递，对保证工业经济发展的效率、稳定和秩序起到了极为重要的作用。但随着以电子商务发展为主要标志的网络经济时代的到来，这种组织结构暴露出了难以克服的问题，企业如果还继续沿用这种按职能分工、条块分割形成的金字塔形的层次结构，必然无法对外来信息作出迅速反应，也将严重阻碍企业内部信息快速、准确的传递，扼杀员工的创新精神。因此，电子商务的发展必须有新型的组织结构与其相适应。电子商务的发展对企业组织结构的影响可以体现在以下五个方面。

1. 组织结构从金字塔形向扁平形转变

在网络经济时代，金字塔型的组织结构将被扁平型的组织结构所替代，有其历史必然性，具体表现在以下三个方面：第一，计算机与网络技术在企业的广泛应用，使得过去必须由人工完成的工作可以部分或全部由计算机和网络所替代，例如纸面文件和单据的传输、内外信息的传递等；第二，市场竞争的加剧、信息传递的高速变化使得对决策的速度和准确性要求大大提高，而死板的、按部门设置的、把人束缚在某一点上的组织结构是无法适应外界变化的，也无法产生决策所需要的想象力和创造力；第三，随着电子商务的深入发展，企业的竞争优势不再依靠规模来获得，过去那种“大的吃掉小的”的竞争理念将会被“快的击败慢的”的理念所取代。传统的大企业如果不改变金字塔形的组织结构，将会在以电子商务为重要手段的残酷竞争中显得束手无策。因此，组织结构从金字塔形向扁平形转变是大势所趋，是传统企业向网络化、数字化转型的必然选择。

扁平化组织概念的出现是西方发达国家大型企业为了降低生产经营成本，致力于组织结构缩编的结果。提出这一概念的目的是废除滋生官僚主义的等级制度，赋予一线管理人员更多参与决策的权力，从而提高管理效率，增强企业的竞争力。扁平形组织的产生使传统的管理层次和管理幅度理论不再适用。在过去，一般认为，企业的每一管理层次的最佳管理幅度为7~13人，而美国通用电气公司的实践证明，借助电子商务的应用，每个管理层次的管理幅度可增加到100~150人，并且管理效率与常规条件下的7~13人相同或更高。扁平形结构产生的前提是决策权的下放，员工被赋予更多的接受信息和自主决策的权力。只有这样，才能减少决策和行动之间的时间延迟，加快对市场和竞争动态变化的反应。电子商务的发展使得传统的大规模生产逐渐被数字化个人定制所替代，生产企业不得不面对消费者个性化、多样化的需求，企业所有的部门及人员必须充分了解、掌握各类客户信息，更直接地面对市场。因此，减少管理层次，让一线的管理人员在企业发展中发挥更重要的作用，更多地承担为公司创造和寻求新的发展机会的责任，必然是提高企业竞争力的有效举措。

2. 集中化决策向分权化决策转变

在工业经济时代，企业信息的收集与传递主要是通过众多的中层管理人员层层上报，最后在高层汇总实现的。高层管理人员利用这些信息作出决策。这种集中化的决策，一方面，因为强调“权威”的作用，使决策的正确与否直接取决于上层的决策水平，导致决策的风险大为上升；另一方面，因为中间环节的信息“滞留”导致信息失真、延期，必然会失去很多的市场机会。

电子商务的发展使企业内外信息的传递快速进行，传统的依靠垄断信息来强调“权威”的做法显然很难维持，集中化的决策越来越失去存在的基础，取而代之的是分权化的决策机制。决策权从集中化向分权化转变必然会产生众多的“授权小组”。每个授权小组通过企业的授权，围绕任务和目标自行决定其工作方式，每个授权小组及其成员通过自我设计、自我优化和自我创造，使传统的依靠“上级”作出决策的方式逐渐向依靠“团队”来进行决策的方式转变。

3. 作业程序从“串行”向“并行”转变

随着网络技术在企业内部全方位的应用，传统的“串行”式的作业程序将向“并行”式转变，这将使企业组织结构产生相应的变革。在传统的企业组织中，由于受金字塔形的组织结构的限制，加上信息传递手段的落后，企业的作业程序一般是按先后顺序进行的，即在上一道工序结束后，再转入下一道工序，这种作业方式称做“串行”。“串行”作业方式使得相关作业人员及作业流程的各个环节割裂开来，因为每一个职能部门、环节都有其相对独立的任务，往往会因为某一个环节的故障而影响整项工作的进程，也常常会出现前后环节或部门之间互相矛盾、互相指责的情况，既延长了作业时间，也增加了协调的成本。而“并行”作业是通过计算机网络的应用，把各个环节、各职能部门共同整合到网络上，围绕共同的任务同时协调运作。“并行”作业可使设计研发、采购、生产制造、财务、营销等人员通过网络实现实时沟通，共同设计产品和工艺流程，共同解决协调作业过程中出现的各种问题。“并行”作业必须依靠“跨职能”的团队来实现，这种团队没有庞大的管理中层，依据目标和任务组建，具有相对的独立性，对提高作业效率、缩短作业时间、降低作业成本具有重要作用。

4. 管理的范围从内部延伸到外部

传统的企业管理一般只注重企业的内部，局限在生产、供应、销售等环节，而较少考虑外部的因素。电子商务的发展使企业的边界变得越来越模糊，表现在以下四个方面：

①企业的市场空间已突破了地区、国家的限制，为全球范围内拓展业务创造了条件，使企业销售管理的区域骤然扩大。

②企业通过构建供应链，使企业在供应商和客户之间建立起一条信息畅通、资源共享、共存共荣的链条，更好地适应市场的需要，从而使企业供应链上每一节点的联系更加紧密，进一步拓展企业管理的空间。

③企业与竞争者的关系也将发生新的变化，既要密切关注竞争者新的动向，又要与竞争者开展各种形式的合作，做到“竞争中有合作，合作中有竞争”。

④企业通过电子商务实现客户关系管理，可以针对客户的个人需求，实现“一对一”的营销，并可通过网络让客户直接参与到企业设计、研发、生产、营销等各个环节，最大

限度地满足客户的需要。随着管理范围的扩大，企业的组织结构必须随之发生相应的变化。

借助于电子商务技术而迅速兴起的“虚拟企业”，使得传统的企业概念发生新的变化；企业的地理位置已不再重要；企业的资源将越来越集中在核心能力上；企业的竞争优势将越来越表现在“整合”外部资源的能力上。因此，企业在加强内部管理的同时，必须注重外部管理能力的提高。

5. 提高了企业的“组织智商”

网络技术的应用、电子商务的发展，使原来极为稀缺的信息一下子成为“海量”的、需要花费大量注意力去处理的廉价资源。对任何一个企业来说，迅速有效地处理大量信息的能力，已成为网络经济发展时代的关键能力。美国斯坦福大学商学院 Haim Mendelson 博士等认为，信息时代必须致力于提高企业的“组织智商”。使企业能有效处理信息并快速决策。提高“组织智商”是电子商务发展对企业组织结构变革的又一新要求。提高“组织智商”可概括为以下五个方面。

①提高企业对外 部信息的决策力。企业的经理人员通过对顾客、供应商和竞争对手的深入了解，知道企业周围的环境变化，以便及时采取相应对策，提高对外部环境的适应能力。

②构筑有效的决策架构。这种架构应尽可能把决策权下放给拥有信息的员工，让他们依据信息和相应的规则自主决策。

③建立起企业内部畅通的交流沟通渠道。企业领导应认识到内部知识传播和信息交流的重要性，致力于建立鼓励信息共享、团队合作和互相信任的企业文化。

④专注经营。企业应注重核心能力的培育，集中精力经营自己最擅长的业务，并在这些业务中开发拳头产品。

⑤构建高效、健全的商务网络。企业着力建立高效、健全的商务网络，以便使自己集中力量发挥核心能力，其余问题则交给在相关领域有核心能力的合作伙伴解决。

在组织结构变革的过程中，提高企业的“组织智商”不是一蹴而就的，需要从长计议的耐心和脚踏实地的行动。在风云变幻的电子商务时代，企业最大的错误莫过于无所作为。

（三）电子商务对企业管理机制的影响

电子商务在全球范围内的迅速发展，对世界各国的企业来说，既提供了前所未有的机遇，也带来了极为严峻的挑战。电子商务对现代企业管理机制的影响是极为深远的，也是不可逆转的，这在以下几个方面表现得尤为明显。

1. 电子商务对市场运作模式的影响

企业是市场竞争的主体，市场又是企业生存发展的基本条件。市场运作模式的优劣在一定程度上代表着某一时期经济发展水平的高低。工业经济时代的市场模式有许多中间环节，企业与消费者之间需要有大量的批发商、零售商作为中介，这就决定了工业经济是“迂回经济”的特点。“迂回经济”的各个中间环节主要是依靠占用和耗费各种经济资源来维持它的生存。电子商务的出现从根本上减少了传统商务活动的中间环节，缩短了企业与用户需求之间的距离，同时也大大减少了各种经济资源的消耗，使人类进入了“直接经济”时代。“直接经济”的实质就是减少中间费用、库存和流动资金，使生产“直达”消费。传统商业活动的进行必须有大量商业中介机构的存在，因为生产者和消费者在时间和空间上存在着难以克服的障碍，商业中介是连接产销双方的桥梁。电子商务的发展使产销之间的直接沟通成为可能，越来越多的企业将逐步摆脱对传统商业中介的依赖，从中节省的开支和提高的效率将使产销双方共同受益。电子商务在使企业与顾客之间的隔阂降到最低限度的同时，也使企业的商务活动变得更加透明、高效，企业只要花极小的代价即可获取尽可能多的商务信息，企业适应市场的能力大大增强。

2. 电子商务对企业营销管理的影响

电子商务对企业营销管理的影响表现较为突出的是销售渠道和促销策略的变革。

首先，传统的4Ps（product，产品；price，价格；place，渠道；promotion，促销）营销组合策略将得到进一步的发展。以往的批零方式将逐步由网络代替，消费者和采购商将更多地直接从网络上采购。人员促销的作用也变得越来越小，广告宣传更多地借助于网络这个“第四媒体”来完成。与此同时，4Cs（consumer's wants and needs，消费者的需要与愿望；cost to satisfy wants and needs，满足消费者的需要和愿望的成本；convenience to buy，方便购买；communication，沟通）营销组合变得更为现实和必要。如企业通过与消费者在网上的讨论交流，可以及时了解顾客需求以及市场动态，以作为企业改进和开发产品之用，并通过网络反馈的消费需求信息，使面向消费者的活动更趋于个性化；把由于中间环节减少而降低的成本一部分让渡给消费者；通过建立网上支付途径及完善的配送渠道方便消费者购买；通过电子邮件、网上讨论组等形式使企业与消费者建立方便、快捷和有效的沟通。

其次，营销活动的运作方式也将出现新的特点。由于营销环节中的谈判、咨询、签约、履约、支付等均可通过电子商务实现，并且利用先进的计算机和网络技术可把产品的各种物理、化学特征以及各种相关信息完整、准确地展示在网上。电子商务在使得企业营销活动变得简单化、直接化的同时，也使得营销活动的知识和智力水平提高到了一个新的层次。

最后，企业之间的市场竞争将会变得空前激烈。因为电子商务超越了国家与地区的地理限制，国际市场和国内市场不再有明显的界限，国内竞争与国际竞争也不再有明显的区别，使得不同国家和地区的同类商品在互联网上展开极其激烈的竞争，商品的质量、价格、服务等各种信息将会无保留地展现给消费者，只有真正经得起市场考验、真正受市场欢迎的产品和服务才会在竞争中立于不败之地。

3. 电子商务对企业采购管理的影响

从厂家的生产流程来看，电子商务不仅极大地改变着厂家的“出口”端，而且对“入口”端也有巨大的影响。因为企业可以从更大范围取得供应商的供货信息，必将更有利于找到合适的合作伙伴，购买到更合适的、物美价廉的原材料和零部组件，从而降低采购的交易费用，进而迫使企业的采购方式和组织发生相应的变化，并影响到企业与供应商的战略联盟的建立。电子化采购就是通过互联网，借助计算机管理企业的采购业务。具体说来，开展电子化采购的企业在网络上公布所需的产品或服务的内容，供相应的供应商选择；采购企业通过电子目录了解供应商的产品信息；通过比较选择合适的供应商，然后，下订单并开展后续的采购管理工作。与原有的采购模式相比，电子商务化采购在采购要求的提出、订单的产生、商品运输以及存货管理等方面都有了重大的改变。电子商务化采购将有效降低企业的采购成本，更好地获得采购的主动权，对提高采购商品质量，优化存货管理，进一步提高采购效率，都有十分明显的优势。

4. 电子商务对企业财务管理的影响

传统的财务管理最基本的特点是对财务信息的事后处理，并且财务信息的处理方式是单机的、封闭的。即使是会计电算化，也只不过用电脑代替了手工处理而已，并没有改变信息处理的方式。电子商务的发展要求财务管理从静态的事后核算向实时动态的、参与经营过程的财务管理方向发展；从内部的、独立的职能管理向开放的物流、信息流、资金流“三流合一”的集成管理方向发展；从传统的利润目标向企业未来价值（包括无形资产价值）的方向发展；从单机、封闭式的财务数据处理方式向联网的、集成化的财务数据处理方式发展。总之，适应电子商务发展要求的财务管理必须具有实时性、预测性、智能性和战略性的特点。因此，基于互联网的网络财务的概念与电子商务相伴而生。“网络财务”是电子商务的重要组成部分，它基于网络计算技术，将帮助企业实现财务与业务的协同以及远程报表、报账、查账、审计等远程管理，实现实时动态会计核算与在线财务管理，实现集团型企业对分支机构的集中式财务管理，支持电子单据与电子货币，改变财务信息的获取与利用方式，财务数据将从传统的纸质页面数据，电算化初步的磁盘数据发展到网页数据。传统的财务管理必然要向网络财务管理转变，财务人员也必将从烦琐的财务工作中解放出来，成为网络财务的执行者和受益者。

5. 电子商务对企业人力资源管理的影响

通过电子商务方式进行人才招聘已被越来越多的企业所认同，与此相应的人才测评、人才流动的方式也正在网上迅速发展着。与传统的人才招聘、录用方式相比，电子商务方式具有十分明显的优势。

第一，可以改变过去集中时间单独招聘或通过人才市场招聘的做法，通过企业网站可全天候发布用人信息，随时恭候合适人选应聘。

第二，将大大降低人才招聘的开支，提高招聘的效率。

第三，人才的招聘范围将不再受地域的限制，可扩展到全国，甚至全球范围。

第四，人才的网上测评可采用灵活多样的方法，提高测评的科学性和准确性。

第五，人才通过网上流动可以悄无声息地进行，既节省费用，又有更多的机会。

与此同时，在企业内部，员工之间的直接交流和沟通比过去更加方便，信息、知识资源共享以后，员工之间相互信任、相互学习、相互交流的气氛会不断浓厚。实施电子化人力资源管理后，企业将成为员工学习知识、发展自我、实现人生价值的地方，而不应成为不容差错和失误，束缚个人自由发展的流水生产线。

综上所述，基于互联网经济平台的电子商务活动为企业带来了由内而外的深刻变化，给企业经营管理带来如下突破。

1. 交易费用大大降低

传统经济中生产者和消费者处于不对称地位。商品要经过多次流通，借助各种中介才能完成交易，通常要付出极高的交易费用。如果交易活动借助于电子商务来进行，消费者和生产者将直接交易，可以避免流通的无序和过多的中介层次，从而使交易费用大大降低、经济活动效率大大提高。

2. 市场时空无限延伸

“全天候”运行的市场将真正出现，经济活动中由于时空间隔造成的成本将大幅度降低。“7 天×24 小时”的电子商务运营模式将为全球资本市场和商品市场带来巨大的挑战和机遇。

3. 经济活动加速运行

信息的高速传递将带动经济运行速度加快。假设某种经济活动完全借助于互联网进行，那么其运营速度将加快到光速极限。即使商务活动只是部分地依赖于电子商务网络，其速度也将大幅度提高。

4. 客户的地位更为突出

电子商务时代是一个以客户为导向的时代。在这个竞争日益激烈的社会，企业仅靠产品的质量已经难以留住客户。企业必须利用信息技术，通过对客户的追踪、管理和服务，留住老客户，吸引新客户。针对客户的不同需求提供更为个性化的系列服务已成为企业生存的根本法则。谁能拥有客户，并能和客户建立且保持一种长期、良好的合作关系，赢得客户信任，给客户提供满意服务，谁就能通过为客户服务的最优化来实现企业利润的最大化。

三、客户关系管理的产生

管理大师彼得·德鲁克在其著作《知识社会的兴起》一书中指出，100 多年来人类经历过的三次革命——工业革命、生产革命和管理革命，都是由知识意义的根本转变驱动的。随着网络经济的形成和发展，需要新型企业管理模式、管理理论和实践与之相适应。

为适应新的市场竞争，企业需要建立完善的电子商务解决方案，以达到大幅度增进客户满意度、有效降低经营成本、显著提高经营管理效益等目的，进而提高企业适应市场、满足市场和开拓市场的能力。客户关系管理（CRM）正是企业电子化经营管理解决方案中最重要的组成部分。客户关系管理提供了一种能够反映企业与客户之间复杂联系的管理方法，不仅能够记录、追踪客户的信息资料和企业与客户之间的业务行为，而且能够分析这些信息，为企业的决策提供依据，从而适应网络经济时代消费者需求的特点和电子商务对企业经营管理所提出的要求。

综合来看，客户关系管理的发展历程大致分为以下四个阶段。

（1）萌芽阶段：1975—1985 年，客户关系管理尚处于萌芽阶段。最早发展客户关系管理的国家是美国，在 1980 年年初便提出了所谓的“接触管理”（contact management），专门收集、整理客户与公司联系的所有信息，但这种理论仅仅局限于对客户信息的收集；随后到 1985 年，巴巴拉·本德·杰克逊提出的“关系营销”的概念才让客户关系管理理论的研究有了更进一步的转变。

（2）深入阶段：1985—1996 年，这一时期对 CRM 有了更深刻的探讨。到 1990 年，“接触管理”演变成以电话服务中心支持资料分析的“客户关怀”（customer care）。随后于1996年又发展为综合客服、销售职能的“呼叫中心”（call center）。在理论研究方面，代表文章有Benson P. Shapiro的《保持顾客》和John J. Sviokla的《寻找客户》，文章涉及的内容比较宽泛，包括客户满意度，客户价值及客户关系维持等。

（3）应用阶段：1996—2002年，客户关系管理的研究成果得到了进一步提升，已逐步向实用化方向迈进。1998年后，电子商务的兴起让客户关系管理的发展有了飞跃性的进步。这一阶段，众多知名公司和专家积极推出了他们的客户关系管理系统及理念。HurwizGroup、Carlson Marketing Group等组织相继提出了各自的CRM理念。客户关系管理的研究在这一时期更加侧重于实务研究，并依托客户关系管理的基础理论，致力于重点探讨并制定企业客户关系管理方面的实施策略。

（4）平稳阶段：从2002年到目前，相比前三个阶段，这个阶段的客户关系管理的研究比较平稳，企业有机会而且有义务把传统的市场和销售实践转移到实时的商业环境中。大量的调查和行业分析家都明确了这样一个事实：新经济形势迫使公司首先考虑的不是产品或渠道，而是客户，特别是首先考虑新的保证客户满意和响应的方法，即建立和维持客户关系是取得竞争优势的最重要的、唯一的基础。企业从以产品为中心转变为以客户为中心是网络化经济和电子商务对传统商业模式变革的直接结果。随着研究的逐步深入，各种新的理念得到证实或者实施，如证明公司绩效与客户价值的相关性；又如客户价值应用中引入人工智能技术的实施；在客户终生价值的研究上，同样也有了明显的进步，并把研究成果应用到了分配企业资源和鉴别筛选企业重点客户上。

四、客户关系管理为企业带来的优势

经济全球化趋势和电子商务的快速发展正以前所未有的广度和深度改变着企业传统的业务运作方式。一般来说，企业可以通过两种方式保持竞争优势：一是在能够发挥自身优势的业务领域以超过竞争对手的速度增长；二是要比竞争对手提供更好的优质客户服务，而提供优质服务的前提是实施客户关系管理。根据对那些成功地实施客户关系管理的企业的调查表明，每个销售员的销售额增加51%，顾客的满意度增加20%，销售和服务的成本降低21%，销售周期减少1/3，利润增加20%。

来自北美和欧洲的权威机构提供的统计数据表明，全球500强企业，在5年内大约流失了50%的客户。企业争取一个新客户的成本是维护一个老客户的5倍。维护5%的客户有可能会为企业带来100%的利润。在企业的所有客户中，大约有50%的客户没有为企业带来利润。根据对一些公司CEO的问卷调查统计分析，可以看出他们最关心的话题是企业如何才能留住客户，增加客户对企业的忠诚度。这也是客户关系管理如此受重视的原因所在。

归纳起来，客户关系管理为企业带来的竞争优势主要包括降低销售及服务成本、增加盈利、巩固客户关系、提高客户满意度、改进信息提交方式、加快信息提交速度、简化客户服务过程等，具体可以归纳为以下几个方面。

（一）全面提升企业的核心竞争能力

进入新经济时代，竞争的基础和竞争优势的本质已经发生了变化，这主要是因为信息时代使地理和环境不再具有以往的意义，规模和权力也不再能确保市场份额。技术发展和全球化趋势减弱甚至消除了许多过去妨碍经济增长的障碍。人们可以在全球范围内建立人与人以及人与信息之间的连接，这不仅使客户可以随时、随地寻找到能够满足其需求的最佳服务供应商，而且消除了现存市场和机遇固有的防卫壁垒。

在市场中获胜所需的条件组合，例如土地、人力、资本、信息等，可以很快被竞争对手复制。那么，如何才能保持业务领先呢？可以采用的一个方法就是比竞争对手提供更好的客户服务。优质的服务可以促使客户回头购买更多的产品或服务，同时不太会在意价格的高低（或者，尽管对价格很在意，也会首先考虑选择他们喜欢的厂商）。这可以通过建立以忠诚度为目标的持续不断的关系来实现，整个业务也将从每位客户未来不断的采购中获益。当业务超越了最初的客户交流，开始专注于长期的关系，并通过在全部机构范围内实施客户为本战略来强化这一关系时，优质服务就成了 CRM。

有效实施 CRM 战略，企业可以从深入收集客户数据并加以有效实施、分类着手。通过针对客户的需求将信息分类，企业可以设计出更能满足客户需求的产品和服务，并以客户喜爱的方式提供给他们。

企业可以通过客户交流和市场研究等多种途径收集数据，然后将其按照可用的方式组合在一起，然后通过数据挖掘（data mining）或数据归档（data profiling）等分析技术协助发现，更好地了解客户的类型和趋势。在这个过程中，电话集成技术为客户交流提供了记录工具，并提供了一个将分析后的数据在正确的时间显示出来的手段。

此外，企业应该弄清楚所有可以直接与客户接触的方式，如个人接触以及通过电话、Web 或电子邮件接触等。企业每天都拥有成千上万个这样的交流机会。采用 CRM 意味着通过技术的应用将这些交流从简单的活动变为对双方都有用的经验。反过来，这种转换将使企业的业务代表持续提供卓越的客户服务，从而为企业建立起战略性竞争优势。

CRM 并不仅仅针对第一次接触或优质服务，它针对的是整个接触生命周期以及如何处理这些接触。企业采取客户关系管理方式可以使其从竞争中脱颖而出。退一步讲，从价格、服务和客户知识等方面展开全面的竞争要优于单纯的价格竞争。进一步讲，有效利用 CRM 甚至可以按照企业的意图改变整个竞争格局。

（二）提升客户关系管理水平

在电子商务时代，企业从大规模生产体系转向灵活敏捷的竞争体系，要满足用户在丰富客户价值、通过合作提高竞争力、建立适应变化的组织，充分利用人员与信息的杠杆作用方面的需要，最终帮助企业造就一个获利稳定的经营基础。

客户关系管理把上述抽象的认识具体化，使之成为可供操作的平台，自动运转的“机器”，给客户关系管理工作以强有力的支持。

1. 客户研究与客户挖掘

客户研究要求供应商深刻理解顾客在做什么、想什么和应该做什么。客户关系管理支持用户描述其经营范围、经营网络、业务流程。三者的变化意味着需求的变革，意味着客户服务的扩展和升级，在这一点上反应不准确、不迅速就会失去客户。

客户挖掘过程，就是把潜在客户培养为现实客户，并进一步变为支持者的过程。客户关系管理提供对潜在客户的数据采集和需求验证，对可能客户的简介编制和定位选择，对支持者的地位、作用及喜好、动机进行描述。

2. 客户响应与交易记录

在电子商务环境下，为了与用户进行实时通信，企业必须造就一个以现代通信基础设施为依托的客户接待前台。在处理各类信息的接收、发送与记录的基础上，客户关系管理注重支持客户要求、服务跟踪和客户查询。前台系统通过把客户要求分配给相关部门并跟踪服务回应；客户通过网络用户的数据系统查询自己的交易数据，这样做可以降低用户的响应成本，并有利于实现数据系统与客户一体化，进而增进忠诚度。

例如，从 1999 年 10 月起，T 牌汽车运用最新工作流程计算机化技术，引进“客户抱怨跟踪系统”，以实现“客户第一”的理念，借助这个系统，公司可以轻易地查询客户历史资料、疑难处理经验库，并以电子化流程掌握客户投诉案件的处理进度、客户投诉问题的交叉分析等，以确保每一位客户的需要能够被快速充分地满足，并提供产品及服务改善的方向，不断增强企业的竞争优势。

3. 客户服务追踪与客户评价

客户服务追踪、客户反馈和善后管理是联系在一起的。客户关系管理提供用户主动追踪服务，支持用户接收、处理客户反馈数据，其善后工作管理包括维护预约和派造、备件管理、服务收费及欠款催收等。

（三）重塑企业营销功能

企业实施 CRM 就是要全面重塑企业营销功能。这种重塑要求来自企业所处的竞争环境发生的结构性变化：企业正在从一个大量市场产品和服务标准化、寿命周期长、信息含量小、在一次性交易中交换的竞争环境向新的全球竞争的环境转变，在这一新的竞争环境中，产品和服务个性化、寿命周期短、信息含量大、客户基础不断变化。

企业经营从以生产设备为支点变为以顾客为支点，营销变为企业活动的首要因素；飞速发展的计算机网络、日益开放的全球技术经济市场使企业不可能再固守一隅以求得生存。在这样的环境中，客户、竞争、品牌成了密不可分的要素，捕捉销售机会和迎合顾客需求的准确性和速度决定企业生存，企业需要一个信息畅通、行动协调、反应灵活的客户关系管理系统。

（四）提升销售业绩

通过整理和分析客户的历史交易资料，强化与客户的关系，以增加客户再次光顾的次数或购买数量，通过确认顾客、吸引顾客和保留顾客来提高获利率。例如，在与客户洽谈汽车保险续约时，如果发现客户资料中没有人寿保险的记录，或许可以尝试推销人寿保险；又如，银行或信用卡公司经常寄产品目录或旅游信息给客户，这些都是常见的行销手段。

CRM 的运用直接关系到企业的销售业绩，它可以重新整合企业的用户信息资源，使以往“各自为政”的销售人员、市场推广人员、电话服务人员、售后维修人员等开始真正地协调合作，成为围绕着“满足客户需求”这一核心宗旨的强大团队。CRM 的实施成果经得起销售额、用户满意度、用户忠诚度、市场份额等硬性指标的检测，它为企业新增的价值是看得见、摸得着的。因此，CRM 的实施将改变企业的销售文化，让企业中每一个成员都切身感受到信息时代带来的机遇和挑战。

（五）降低成本、提高效率

CRM 的运用使得团队销售的效率和准确率大大提高，服务质量的提高也使得服务时间和工作量大大降低，这些都在无形中降低了企业的运作成本。

通过实施完整的客户关系管理策略，公司允许任何人（包括内部员工、客户、供应商和合作伙伴）通过互联网进行联系，并采用不同手段处理整个商业流程，这不仅极大地提高了公司内部的运作效率，也赢得了更多客户、供应商和合作伙伴的赞许，在成本控制和管理方面取得了最显著的收益。

1. IT 管理的加强和成本的降低

Oracle 原来在全球分布着 97 个数据中心，现在减少到了 17 个，随着最新的 Oracle 云数据中心在 2014 年的陆续上线，Oracle 帮助客户和合作伙伴充分利用云技术，并支持他们对本地数据储存和法规遵从的需要。这样做不仅更好地加强了信息的集中管理和资源的充分共享，而且降低了设备维护和管理人员的成本，将 IT 的管理集中到了几个大的中心，这样，管理的效率和系统的可靠性也得到了进一步加强。仅此一项，即为公司节省了 1 100万美元。另外，通过把大量内部培训课程转移到网上，节省成本 250 万美元，通过全球财务数据的自动合并和整合管理，每年为公司节省 350 万~500 万美元。

2. 公司整体效率的提高和成本的降低

通过将大量工作和日常业务处理转移到互联网上，使日常工作量减少了 25%，业务处理更快捷，员工的工作效率明显提高。这种自助式服务与过去的一年相比为公司节省了 240 万美元的日常开支，每笔费用报告的成本从 25 美元减少到了 10 美元，实施电子商务的战略采购管理预计在未来 5 年内，将为公司节省 9800 万美元。

在中国，Oracle 为中国银行和美的集团等许多企业实施了 Oracle 的客户关系管理解决方案，都取得了令对方非常满意的效果。

第二节　客户关系管理的发展

客户关系管理作为一门新兴学科，其出现的时间并不长。但它一出现，便在学术界和企业界引起了空前重视，从事管理研究、市场营销研究和计算机软件研究的学者分别从不同的角度对 CRM 进行了深入的探讨，IBM、SAS 等许多国际大公司致力于 CRM 软件的开发，同时也有许多企业勇为人先，投身于 CRM 的管理实践。具体地说，客户关系管理迅速兴起的原因可以归纳为以下五个方面：客户购买行为的变化、市场竞争日益加剧、企业内部管理的要求、现代信息技术的推动以及营销理论和实践的革命。

一、客户购买行为的变化是 CRM 兴起的需求方背景

在工业化社会，客户购买行为可分为三个阶段（见表 1-1）。

表 1-1 客户购买行为的三个阶段

理性消费阶段	在工业化社会的初期，当社会生产力尚不发达，尚不能完全满足人们的需求，而人们的收入水平也十分有限时，客户的消费行为十分理智，价格和产品质量是决定这一阶段人们消费行为的主要因素。这一阶段人们的价值选择标准是“好”与“差”
感性消费阶段	随着社会生产力的逐步提高，人们的物质生活水平提高很快，客户的消费选择标准不再仅仅聚焦于产品价格和质量，而是转向注重产品的品牌、外观设计和能够提供的便利，有时人们之所以消费仅仅是因为“喜欢”。所以在这一阶段，产品和企业的形象，以及产品能够为客户提供的便利都是决定客户购买行为的主要因素。这一阶段，人们的价值选择标准是“喜欢”与“不喜欢”
情感消费阶段	进入这一阶段，产品的价格、质量、品牌、便利性等都不再是人们选择产品时考虑的首要因素，企业产品所提供的附加利益，如售后服务、推销员的态度，以及企业在长期的交易活动中同客户之间建立起来的相互信任和企业对客户个性化需求的满足程度等都成为影响客户购买决策的主要因素。这一阶段，人们的价值选择标准是“满意”与“不满意”

从以上分析中可以看出，在情感消费阶段，由于人们的消费观念向外在化、个性化的方向发展，精神消费和心理消费的程度越来越高。这就迫切需要企业与客户之间以更多的交流来相互实现各自的需要与利益，这就促使了营销方式的变革。

此外，互联网技术还使客户的选择权空前加大了。互联网为人们提供了一个全新的、快速的、可实时交互的（包括声音、文字、图像、电脑文件等信息载体）、跨地域的信息交流平台。人类首次可以足不出户就获得分布在全世界各地的多媒体信息，还可以利用个人计算机对这些信息进行有效存储、处理和分析。毫无疑问，信息是我们日常生活时间中唯一可依靠的决策数据。从图 1-1 中可以看出，客户和厂商的权利平衡随时间的推移逐渐向客户方向转移，而互联网的产生则使曲线产生了加速度的突变。

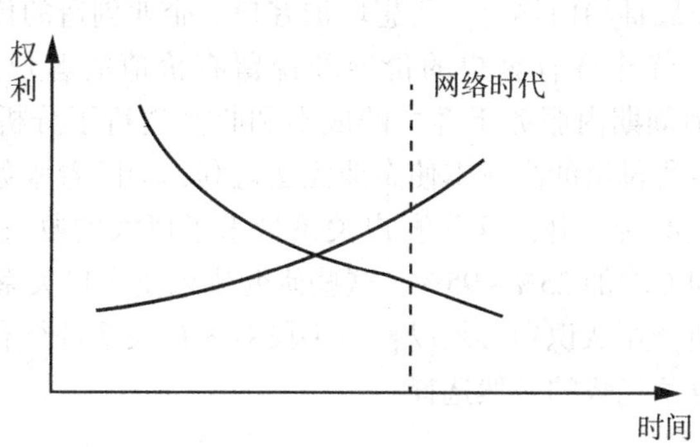

图 1-1 客户和厂商的权利转移示意图

出现这种现象的主要原因如下：购买者可以获得更多的相关信息，客户很容易比较不同厂商所提供的有关价格和服务条款，更换厂商所带来的损失大大降低，客户的期望值大幅度提升。

因此，如今的企业面对的是更聪明、更主动的客户群体。应该指出的是，企业在对互联网这种新技术的消化和吸收方面明显滞后于个人。企业如果不及时作出适当的战略性调整，最终将离客户越来越远，从而被淘汰出局。

二、日益激烈的市场竞争使 CRM 成为企业的必然选择

另一个催生 CRM 的宏观经济环境是 20 世纪 80 年代以来日益激烈的市场竞争。新的竞争环境迫使企业想方设法保持和扩大自己的市场份额。企业竞争环境的变化体现在如下方面。

1. 竞争的全球化

随着世界经济一体化的发展，一个企业仅仅在国内市场具有竞争力肯定是不够的，必须在国内、国际市场同时都具有竞争力。当全世界的竞争者都被放在同一个起跑线的时候，结果自然是强者更强，弱者出局。企业已经不能再指望过多地得到地方和国家的保护。各国资源将在全世界范围内按效益最大化的原则被重新分配。面对这种激烈的竞争，每个企业都得对自己的竞争能力进行重新审视，利用一切可以利用的手段来增强自身的实力是企业生存的唯一途径。

2. 竞争力从产品转向服务

在当今快速发展和高度竞争的市场空间中，信息、技术以及生产技术的快速普及使得产品的生命周期大大缩短，新产品层出不穷，产品本身的优劣差距缩小。单纯依靠产品已经不足以使一个企业获得很多的优势。如何让客户在堆积如山的商品中选中自己企业的产品？最好的办法就是注入情感因素，与客户建立长期关系，通过关系纽带去说服客户购买。这样，竞争力从产品转向服务就成为必然的选择，如何从情感上“笼络”客户成为企业在新经济条件下必须磨炼的生存技巧。

3. 企业对客户的争夺战日趋白热化

随着竞争的加剧，越来越多的企业意识到客户资源在企业竞争优势形成中的突出作用，企业对客户的争夺战日趋白热化。要想增加客户为企业创造的价值，可以通过三条途径，即开发潜在客户、优化现有客户的价值和挽留有价值的客户。美国哈佛商学院在 1990 年对客户整个生命周期内服务于客户的成本和收益进行了分析，并得出结论：各个行业在早期为赢得顾客所付出的高成本使企业无法盈利，但随着服务于老客户的成本不断下降，老客户的购买额不断上升，这些客户关系带来了巨大的收益，回头客每增加 5%，利润就会根据行业不同而增加 25%~95%。这些研究成果使客户关系在市场竞争中的优势作用得到了肯定，也使企业认识到必须以科学手段对客户关系进行有效的管理，因此，客户关系管理成为企业竞争优势的必然选择。

三、企业内部管理的需求是 CRM 兴起的原始动力

目前，企业内部的众多低效率、内耗式的业务活动，充分说明了企业内部业务需求是 CRM 快速发展的原始动力。这主要表现在以下几个方面。

首先，客户信息零散分割导致客户服务效率低下。在企业内部围绕客户的信息分散在

各个模块中，比如客户主文件管理、客户地址管理、客户交易文件和客户设备合同管理、客户服务请求管理、应收账款管理等都由不同的模块来管理。在公司里，谁也没有办法对整个客户的情况有一个完整的了解。每个人只负责客户管理的很小一块，公司越大，功能划分就越细，整个信息链就更无法有效存储和表示，这样就导致了企业内部很多重复的、内耗式的无效劳动。

其次，由于企业内部没有一个有效地采集、存储、处理和输出客户信息并能经常更新的管理系统，销售人员获得的可用性、准确性以及完整性方面都符合要求的基础信息有限。营销经理得到的信息不完整，甚至信息错误很多等原因，使得其营销活动的针对性和成功率大打折扣。另外，销售人员花费在一般性事务上的时间过多。相对于企业其他部门(如财务部门)，销售部门人员对电脑的使用明显落后，一是因为市场上可供销售人员使用的专业软件不多，二是因为销售人员还没有真正意识到技术的重要性，他们在时间管理、潜在客户管理等方面往往还处于原始状态。

最后，销售人员在从事销售活动的过程中，通常自己掌握各种客户资料，他们一般把这些资料看成是自己的重要资产，如果营销人员想要他们手中的资料，他们是不太情愿交出的。这对公司的发展是不利的，而且销售人员一旦离开，就“带走了一大笔业务”，一个新的销售人员加入公司后，对客户的了解又得从头做起，从而形成某种信息断层。很明显，从企业内部的实际需求来看，为了解决这些客户信息分散、客户信息不一致等问题，迫切需要一个能够整合多个客户服务部门的前台系统，以减少内部资源的浪费，提高企业前台的工作效率。

四、现代信息技术的发展是 CRM 兴起的技术保障

技术的进步是客户关系管理兴起并得到飞速发展的一个主要因素。众所周知，20 世纪 90 年代是信息领域发生巨变的年代。在客户关系管理领域，也引入了许多革新性的新技术。多个技术领域的结合，如数据仓库、联机分析处理、数据挖掘和其他互补技术等，使得营销人员可以从大量繁杂的顾客数据中找出有用的信息，分析顾客特征和偏好，预测顾客需求和行为，从而积累丰富的顾客知识。同时，技术的进步为企业更有效地管理内部流程创造了条件。流程设计技术使得企业可以方便地设计自动化处理系统，提高生产力和职员的反应能力，同时提供更高水平的服务。

此外，随着聚类分组算法的日趋精炼，企业也逐渐认识到分组工具的重要性。一些企业将这些工具引入自己的系统，在 IT 专家和营销部门的通力合作下，建立起适合自己特定需求的顾客细分模型。这种高度定制化的顾客细分模型也就成了各个企业的核心机密，同时也是企业核心能力的重要组成部分。

因此，正是因为现代信息技术的飞速发展，才使得客户关系管理成为现实，在短短的几年之内成为企业管理应用系统关注的一个焦点。现代信息技术为客户关系管理的发展起到了最强的推动作用。

五、营销理论和实践的革命是 CRM 兴起的理论基础

如果说市场竞争环境的变化是 CRM 产生的外部推动力，信息技术为 CRM 提供了实施

的可能性，那么营销理论和实践的革命则是 CRM 创新的思想源泉。近百年来，营销学作为一门操作性极强的学科，发展始终与时代同步。步入信息时代，数据库营销、关系营销和“一对一”营销等新营销方法得到普及应用，并在与 CRM 的结合中实现了应用整合，优化了应用效果。

（一）数据库营销（data base marketing）

数据库营销是随着时代的进步、科学技术的发展、数据库技术和市场营销有机结合后形成的。从 20 世纪 90 年代以来，数据库营销一直是一个热门话题。所谓数据库营销就是企业通过搜集和积累消费者的大量信息，经过处理后预测消费者有多大可能去购买某种产品，以及利用这些信息给产品以精准定位，有针对性地制作营销信息以达到说服消费者去购买产品的目的。通过数据库的建立和分析，可以帮助企业准确了解用户信息，确定企业目标消费群，同时使企业促销工作具有针对性，从而提高企业营销效率。数据库营销最主要的功用在于，它可以通过数据库提供的客户资料，帮助企业识别有价值的客户，并与他们建立长期的关系，为企业进一步对客户实施“一对一”营销提供科学依据，同时最大限度地延长客户生命周期，实现客户生命价值最大化。

（二）关系营销（relationship marketing）

1982 年，白瑞（I. Berry）首次提出了“关系营销”的概念，正式揭开了理论界研究顾客关系问题的序幕。最初，他将关系营销定义为“培养、维护和强化顾客关系”，1995 年，他重新将关系营销定义为“通过满足顾客的想法和需求来赢得顾客的偏爱和忠诚”。由此，我们可以看出，关系营销的本质在于通过与客户之间的双向沟通，了解并满足客户的需求，与客户建立一种相互信赖的合作关系，并通过这种关系的长期稳定发展，实现客户与企业的利益最大化。关系营销的核心在于通过与客户之间的稳定关系，提高客户忠诚度，从而实现客户价值最大化。作为 20 世纪 90 年代进入研究与运用高潮的一种新的营销理论，关系营销理论所提出的维系现有客户的重要性、与客户之间实现双赢、提高客户满意度与忠诚度、零客户背离等思想，为客户关系管理奠定了坚实的理论基石，因此有学者指出，关系营销理论是客户关系管理的理论基础。

（三）一对一营销（one to one marketing）

一对一营销最早由美国管理大师唐·佩珀斯于 1990 年在其名为“一对一营销”的演讲中提出，随后在他和马莎·罗杰斯博士于 1993 年合著的《一对一未来：一次一个顾客地建造关系》一书中，唐·佩珀斯完整地阐述了一对一理论体系。一对一营销的核心内容是客户份额，即通过与每一个客户的互动对话，为客户提供定制化的产品，目标是在同一时间向同一个客户推销最多的产品，而不是将一种产品同时推销给最多的客户。概括地说，一对一营销就是以不同的方式对待不同的客户。一对一营销鼓励企业建立客户的基础，而不是追求增加市场的占有率。

典型的一对一营销模式分为四个步骤：第一，识别出企业的目标客户；第二，在识别出目标客户的基础上，对目标客户进行细分，按照客户可能为企业带来的价值，将客户划分为最具价值客户、最具增长型客户和无价值客户；第三，与有价值的客户进行双向式的沟通，了解其个性化的需求；第四，针对客户的个性化需求提供个性化的产品和服务。

一对一营销的思想从20世纪90年代开始迅速受到了商界的推崇，再加上近年来互联网及IT新技术的蓬勃发展，使得一对一营销的思想被赋予了实际的价值。一对一营销进一步受到了很多特定企业的推崇，甚至有人认为它会引发新一轮的营销革命。一对一营销与传统营销之间有本质的区别，其区别见表1-2。

表1-2　**一对一营销与传统营销之间的区别**

营销方式	一对一营销	传统营销
营销目标	客户份额	市场份额
营销对象	个体客户	群体客户
营销组织	客户管理	产品管理
营销重点	范围经济	规模经济

通过表1-2我们可以看出，一对一营销和传统营销的最大不同在于：传统营销注重的是企业产品或服务在整个市场上同类产品或服务的销售中所占的比例，即市场份额；而一对一营销注重的是企业产品或服务在某一个客户的同类消费中所占的比例，即客户的份额。传统营销关注的是市场上整个客户群体的需求；一对一营销更为关注的是客户的个体需求。显然，前者注重产品的优越性，而后者除了从产品角度来满足客户之外，还更加注重客户的个性化需求，更有利于提升客户的忠诚度。一对一营销是对传统营销满足客户需求的一种深化，也是更为适合个性化消费时代的一种营销模式。

一对一营销理论对于客户关系管理思想形成的理论贡献在于，它们都是在深入了解客户的需求的基础上，通过与客户之间建立相互信赖的双赢关系，提高客户的重复购买率，进而提高客户忠诚度，最终实现企业和客户利益的最大化。

现代营销学中所提出的追求客户利益最大化、提高客户忠诚度等观点，构成了CRM发展的理念基石，CRM是现代营销观念发展的必然产物。随着买方市场的扩大，以客户为导向的现代营销观念产生了。在此观念指导下，企业的一切生产经营活动均建立在对市场和客户的研究基础上，注重营销战略和策略的系统化。企业在考虑满足客户需求的同时，也认真考虑兼顾客户、企业及社会的长远利益。

第三节　客户关系管理的概念与内涵

一、客户、关系与管理

讲述什么是客户关系管理之前，有必要先对组成客户关系管理的三个名词——客户、关系与管理拆开来解释。

1. 客户

英文中的“customer”，中文有两种翻译，即“顾客”和“客户”。前者主要是指传统意义上的消费者，即购买商品的人；而后者的意义则更为广泛，是指所有与企业有互动行为的单位或个人。“顾客”的概念仅适用于企业的销售部门和销售环节，而从营销和客户关系管理的角度来说，“客户”的概念更为准确。

客户由以下几个部分组成。

①消费者客户。他们是企业产品或服务的直接消费者，又称“最终客户”或“终端客户”。

②中间客户。中间客户购买企业的产品或服务，但他们并不是产品或服务的直接消费者，而是处于企业与消费者之间的经营者。中间客户的典型例子是经销商。

③公利客户。公利客户是代表公众利益，向企业提供资源，然后直接或间接从企业获利中收取一定比例费用的客户。公利客户的典型例子是政府、行业协会、媒体。

2. 关系

英文对“relationship”这个词的定义是“a relationship is the way in which two people or groups of people behave towards each other and feel towards each other”，翻译成中文是“两个人或两组人之间彼此的行为方式以及感觉状态”，如图 1-2 所示。

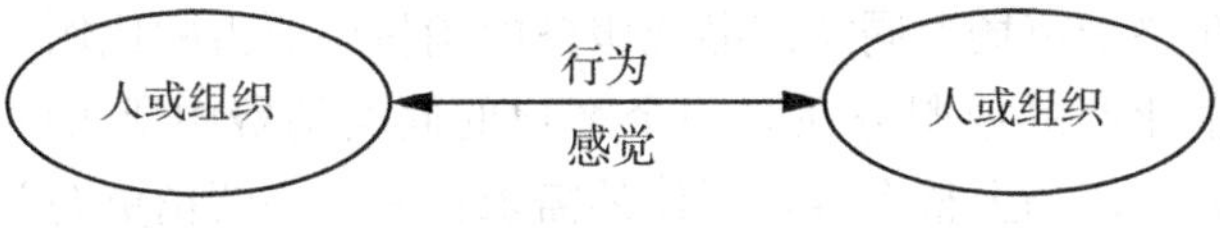

图 1-2 关系理解图

按照这个定义，可以得出以下理解要点。

①关系发生在人与人之间，这样就排除了人同机器之间的关系概念。虽然你很喜欢某个事物或某个宠物，但不表明你同它有“关系”。另外，由于组织本身由人组成，因此组织同人的关系根本上还是人与人之间的关系。

②一个关系同时具有行为和感觉两种特性，对于仅有某种行为而没有感觉或只有感觉而没有适当行为的，应该说是“欠缺的关系”。

③关系本身是中性的，它没有说明这个关系一定是重要的、好的或坏的，这些形容词必须由你自己去判断。

④关系有一种“束缚”，或者说对关系双方有所约束的特性，使得想脱离关系的一方有某种程度的“逃离代价”。

按照这些论点，便可以推理出一些关于“客户关系”的理解方式：

①关系有一个生命周期，即关系建立、关系发展、关系维持、关系破裂的周期。

②企业在加强客户关系的同时，不仅要关注关系的行为特性（物质因素），也要考虑到关系的另一个特点，即客户的感觉等其他非物质的情感因素。从效果上说，后者不易控制和记录，但你的竞争对手却很难复制。

③关系有时间跨度，好的感觉需要慢慢积累，因此，企业要有足够的耐心建立关系。

④关系建立阶段，企业即要求建立关系的一方在开始时应主动出击，付出前期投入。

关系稳固之后，企业才开始获得回报。不过这个阶段，企业最容易懈怠，以为大功告成，而忽视了维持关系的必要性。

⑤在供过于求的时代，客户一般是比较挑剔的，只要有一次让他感觉不好，就有可能导致企业的努力前功尽弃。

3. 管理

英文中“management”这个词的含义是“control and organization”，即管理是对资源的控制和有效组织，以实现特定管理单位所确定的目标。对企业管理，管理单位就是企业。

对管理这个词可以有以下理解：管理是有目的的，不是为了管理而管理；管理的本质在于主动去控制目标实现的过程。

对客户关系管理中的管理可归纳为以下几点。

①CRM 中的管理指的是对客户关系的生命周期要积极介入和控制，使这种关系能最大限度地帮助企业实现它所确定的经营目标。注意，客户管理的目标仍然是企业的经营管理目标。一个无法帮助企业实现经营目标的客户关系管理是“无效”的管理，即使客户百分之百的满意，企业也没有任何理由和兴趣去管理这种关系。

②CRM 中的管理是指企业要积极地而不是消极地管理这种关系，没有关系时要想办法“建立关系”，有关系时，应努力培养和发展这种关系，使客户和企业双方建立起良好的互利关系，并使关系永久化。

③企业要利用最大的资源去发展和维持最重要的客户关系，即要区别对待具有不同“潜在回报率”的客户关系，而不是面面俱到。

④企业都有客户关系。但是，很少有企业能从战略上和具体操作上系统地实践这种管理行为，对客户关系的管理状态总是处于一知半解的“盲目”阶段。这正是客户关系管理中需要解决的企业管理的盲点。

二、客户关系管理的概念

目前，对客户关系管理的概念是众说纷纭，综合现有的 CRM 概念，大致上可以分为三类。

第一类概念概括为：客户关系管理是遵循客户导向的战略，对客户进行系统化的研究，通过改进对客户的服务，提高客户的忠诚度，不断争取新客户和商机；同时以强大的信息处理和技术力量确保企业业务行为的实时进行，力争为企业带来长期稳定的利润。这类概念的主要特征是从战略和理念的宏观层面对客户关系管理进行界定，但这种概念往往缺少实施方案的思考和揭示。

第二类概念概括为：客户关系管理是一种旨在改善企业与客户之间关系的新型的管理机制，它实施于企业的市场营销、销售、服务与技术等与客户相关的领域，一方面通过对业务流程的全面管理来优化资源配置，降低成本，另一方面通过提供优质的服务吸引和保持更多的客户，增加市场份额。这类概念的主要特征是从企业管理模式、经营机制的角度来对客户关系管理进行定义。

第三类概念概括为：CRM 是企业通过技术投资，建立能搜集、跟踪和分析客户信息的系统，或增加客户联系渠道、客户互动以及对客户渠道和企业后台整合的功能模块。这类概念主要从微观的信息技术、软件及其应用层面对客户关系管理进行定义，但这种定义与企业的实际发展情况往往存在偏差。

上述三类关于客户关系管理的定义，就其本身而言，如果就特定问题或在特定环境下对 CRM 予以界定，都有它特定的价值，但就对客户管理进行整体、系统、完备和深入认识的要求来讲，它们都只涉及问题的个别部分的描述和界定。

对客户关系管理的完整定义应该包括以下几个基本要求：第一，比较全面地概括目前企业界和理论界对于客户关系管理的各种认识和思考；第二，比较系统地反映出客户关系管理的思想、方法和应用等各个层面的内容；第三，比较科学地界定客户关系管理的应用价值。

在这些要求的基础上，本书对客户关系管理的定义为：客户关系管理是企业为提高核心竞争力，达到竞争制胜、快速成长的目的，树立以客户为中心的发展战略，并在此基础上开展的包括判断、选择、争取、发展和保持客户所需实施的全部商业过程，是企业以客户关系为重点，通过开展系统化的客户研究，优化企业组织体系和业务流程，提高客户满意度和忠诚度，提高企业效率和利润水平的工作实践，也是企业在不断改进与客户关系相关的全部业务流程，最终实现电子化、自动化运营目标的过程中，所创造并使用的先进信息技术、软硬件和优化的管理方法、解决方案的总和。

三、客户关系管理的内涵

根据以上对客户关系管理的定义，可以将其理解为理念、机制、技术三个层面。正确的理念、机制是客户关系管理实施的指导，技术是客户关系管理系统成功实施的手段和方法。三者构成客户关系管理稳固的“铁三角”，如图 1-3 所示。

图 1-3 客户关系管理铁三角

客户关系管理是一种先进的经营管理理念。作为一种管理理念，CRM 起源于关系营销学，产生和发展在美国。近几十年来，关系营销学的理论和方法极大地推动了西方国家工商业的发展，深刻地影响着企业经营观念以及人们的生活方式。客户关系管理以客户为中心，视客户为企业最重要的资源，通过深入的客户分析，不断发现客户需求，并通过企业完善的服务，使客户的需求得到最充分的满足，以此来建立和巩固企业与客户长期的关系，确保企业的持续发展等，这些都是该理念的核心所在。

客户关系管理是一种旨在改善企业与客户之间关系的新兴管理机制，主要集中在市场营销、销售实现、客户服务和决策分析等企业与客户发生关系的业务领域。它一方面通过企业对业务流程的全面管理来优化资源配置，降低企业成本，缩短销售周期；另一方面通过提供更快捷、周到和优质的服务来吸引和保持更多的客户，增加市场份额。

客户关系管理是一整套解决方案。在实践中，客户关系管理是一种专门的管理软件和技术。它集合了很多当今最新的科技发展，包括互联网和电子商务、多媒体技术、数据仓库和数据挖掘、专家系统和人工智能、呼叫中心等。客户关系管理软件将当今先进的信息化技术与企业经营管理模式、营销理论紧密地结合起来，为企业的销售、客户服务以及营销决策提供了一个集成化的解决方案。客户关系管理系统作为企业面向客户的信息管理平台，为企业经营活动的开展提供支持和保障。

第四节 客户关系管理的研究现状与发展趋势

一、客户关系管理的研究现状

回顾客户关系管理的提出及发展过程，国内外学者和软件企业做了大量工作，相关的研究分析主要从以下角度展开。

（一）基于 CRM 为管理理念的研究

这种观点把 CRM 定义为一种管理理念，并在此基础上展开研究。CRM 的核心思想是将企业的客户（包括最终客户、分销商和合作伙伴）视为最重要的企业资产，通过完善的客户服务和深入的客户分析来满足客户的个性化需求，提高客户的满意度和忠诚度，进而保证客户终生价值和企业利润增长的实现。这方面学者往往从组织结构、企业文化、战略管理、核心竞争力等角度来研究 CRM。

客户关系管理是由 Gartner Group 在美国首先提出的。最早 Gartner Croup 认为，所谓客户关系管理就是为企业提供全方位的管理视角，赋予企业更完善的客户交流能力，最大化客户收益率；商业战略家和演讲家弗列德·威尔斯马在《客户联盟》中通过对大量国际上享有盛名企业的调查和细致研究，全面阐述了被这些成功企业大量运用并被证明是行之有效的新型商业运作模式——客户联盟，同时对客户关系管理及客户联盟的概念及关系做了深入的阐述；罗杰·卡特怀特在《掌握顾客关系》中指出：使顾客满意已不再是最终目标，只有让顾客感到愉悦才能带来回头客的生意，而这才是最重要的；品牌创建、发展和管理方面最杰出的世界顶级专家保罗·唐波拉、马丁·特鲁特在《与客户亲密接触：通过客户关系管理实现品牌价值最大化》一书中，讨论了品牌建设中的 CRM 原理，说明了要想品牌获得成功，必须彻底转向以客户为中心，进行“结构思维的变化”，建立严格以客户为中心的公司，将所有精力放在客户身上，并给员工授权为客户提供好的服务。

国外先进管理理念的传入和信息时代的到来，为我国客户关系管理研究奠定了理论基础和技术支持。CRM 是在关系营销、业务流程重组（BPR）等基础上一步步发展起来的，它综合运用数据库、网络、图形图像、媒体、人工智能等技术，整合先进的管理思想、业务流程及信息技术于一体，构筑出现实信息平台的一种管理系统。陈旭研究了 CRM 的内涵和管理思想，分析了 CRM 的主要功能，辨析了 CRM 与 SCM 和 ERP 的关系，讨论了 CRM 的发展趋势；成栋、宋远方在研究当前各种客户关系管理理论的基础上提出了客户关系管理的理论框架体系，以澄清客户关系管理与其他管理理论的关系；安实等分析了 CRM 价值创造机理，指出目前对客户关系管理的应用研究忽视了 CRM 项目的理念基础和人的因素。

（二）基于 CRM 为管理机制的研究

将 CRM 视为管理机制的研究主要包括以下两方面内容：一方面，CRM 要求以“客户为中心”来搭建新型企业管理系统，追求信息共享，完善客户需求快速响应机制，优化以客户服务为核心的工作流程；另一方面，贯彻和落实 CRM 理念和观念，使企业与客户保持一种卓有成效的“一对一”关系，建立客户驱动的产品/服务设计和向客户提供更快捷、更周到的优质服务，以吸引和保持更多的客户资源，因而是一套运行方法体系。

德国杜塞尔多夫市格弗罗伊及合伙人企业管理顾问公司总裁格弗罗伊在《唯一干扰人的是顾客：以顾客关系网络替代营销》中介绍了与顾客建立关系网络的完整途径，并首次提出将人际关系与电脑网络连接在一起；Schmid 等人认为，管理企业客户的所有接触点都可以归类为营销、销售和服务这三种前台业务流程的某一种；Canesh 等对客户群进行了研究，指出在满意和忠诚行为方面因为不满意而变更供应商的客户与其他客户有着显著的不同；Push 探讨了通过感情传染程序捕捉客户感情的方法；Lemon 等提出了动态 CRM 的概念，采用了期望的将来使用价值和预期遗憾两个指标，将对将来的考虑与服务保留决策结合起来；Mentzer 等阐述了对九种物流服务质量组成的经验性支持，通过四个客户群描述了它们的线性、有效性和可靠性；Homburg 等侧重从提供服务的次数、被服务客户数以及服务被强调的程度三个维度，以及外部环境、内部组织特点资源条件、客户特性三方面先行条件，研究了面向客户的分销商战略决策。

国内研究 CRM 较具代表性的机构 CRCC（CRM Research Center of China）对客户关系管理模式及应用方法进行了整合和创新，结合中国企业实际，率先创造性地提出了“中国客户关系管理方法论”（China CRM Methodology），设计出了适宜中国的 CRM 生态体系及“全流程先进管理”框架下的“三层制”客户关系管理架构，提出了中国企业应用 CRM 的“双 e 主导”结构，为各企业提供了中立、完整的 CRM 应用方法，以及清晰准确的 CRM 主要行业需求、产品方案和应用案例方面的科学建议；王炳雪在研究我国企业实施 CRM 的过程中，发现在观念、技术和方法等方面存在着问题，这些问题对 CRM 作用的发挥与 CRM 推广存在影响，进一步提出正确的实施程序是，在一位高层领导的负责下，进行需求分析，合理规范，从实际出发选取软件，分步实现，并引入有效的监理机制。路晓伟、张欣欣，蒋馥认为客户关系发展具有阶段性和周期性，可以对客户关系发展的阶段进行定义，并构造客户在各个阶段状态之间转移的马尔可夫过程模型，应提出运用合理的客户关系管理手段，尽可能降低从客户关系发展的各个中间阶段转移到破裂期的可能性，从而保留客户，尽可能减少客户资源的流失。

（三）基于 CRM 为管理软件和技术的研究

另外，许多研究认为 CRM 也是信息技术、软硬件系统集成的管理办法和解决方案的总和。这方面研究主要可以划分为两个方面：一方面，如何利用数据仓库、数据挖掘等技术来发现、建立、优化客户关系，强调知识发现；另一方面，如何利用信息技术构建 CRM 系统，强调 CRM 系统首先是一种管理信息系统。由此，CRM 系统同企业现有应用系统，如供应链管理（SCM）、企业资源计划（ERP）的整合、应用外包等问题成为人们关注的焦点。

CRM 将最佳的商业实践与数据挖掘、工作流、呼叫中心、企业应用集成等信息技术紧密结合在一起，为企业的销售、客户服务和决策支持等领域提供了一个智能化的解决方案，使企业有一个基于电子商务的面向商户的系统，从而顺利地实现由传统企业模式到以电子商务为基础的现代化企业模式的转化。Reinlold Rapp 博士指出 CRM 是一套管理软件和技术；Winer 归纳了 CRM 的结构框架，认为 CRM 应该至少包括客户行为数据库、对上述数据库的分析、客户选择、客户捕捉、关系营销、私人交流和 CRM 项目成功与否的评判标准等七个组成部分；目前，在这个领域内比较全面的当属 Ronald S. Swift 和 Williamn G. Zikmund 等人的观点，他们认为数据仓库和数据挖掘都是 CRM 中不可或缺的重要内容，没有二者的结合应用，CRM 系统就不可能发挥其全部功效；著名的管理咨询公司 Yankee Group 指出，尽管 CRM 与 ERP 通过不同途径去实现客户的价值，但能把企业前台管理与后台管理完全融合在一起的公司将最终取得成功。

李显君提出构建客户智能平台、客户交互平台和相关的企业生产平台；凌云峰、万晓介绍了基于 ERP 的 CRM 的基本原理，在此基础上引入三种当前流行的三层 B/S 开发模式，并且比较这三种开发模式的利弊，从而提出适合 CRM 的开发模式；韩光臣、王军强、孙树栋针对制造企业客户关系管理 CRM 与企业资源计划 ERP 系统信息集成问题，提出了一种 CRM 与 ERP 系统信息集成模型，并利用 XML 表述数据，实现了基于 XML 的 CRM 与 ERP 的信息共享，使企业能够充分利用内部资源与外部资源，实现利润最大化的目的；桂良军、薛恒新、黄作明比较了 BPR、ERP、SCM 与 CRM，并进一步提出了它们有效集成的方法。在这些研究的基础上，又有西方学者提出 EPM（企业绩效管理）将成为未来企业管理的主要发展方向。

综上所述，国内外 CRM 理论及系统在企业和学术界广泛受到重视，实践较多，取得了一些成就，如构建了 CRM 管理思想、管理机制和技术手段三位合一的系统理论框架。客户关系管理是一种以客户为中心的管理思想、经营管理策略，它以信息技术为手段，并对工作流程进行重组，以赋予企业更完善的客户交流能力，最大化客户的收益率，客户关系管理包括一个组织机构判断、选择、争取、发展和保持其客户所要实施的全部过程。CRM 的产品表现为一套管理软件和技术，但它更是一种管理思想的反映。CRM 管理的核心是客户资源，客户资源是客户关系管理的基本对象。对于客户关系的研究，包括客户满意、客户忠诚、客户抱怨等。

二、客户关系管理的发展趋势

最近几年，客户关系管理的概念已经渗透到了各个领域、各个角落。实施客户关系管理可以提高客户满意度、维持较高的客户保持率，对客户收益和潜在收益产生积极的影响，这些利益对企业来说都有很大的诱惑力。根据调查显示，在接受调查的企业中，2/3以上的企业期望在未来5年内改变其客户关系的管理模式，3/4以上的企业计划集成“面对客户”的信息管理系统及组织的其他部分。因此，无论从技术还是从市场方面看，CRM都具有很大的发展空间。

（一）从技术方面来看客户关系管理的发展趋势

CRM的广泛运用必须建立在与企业新的管理思想充分整合的基础上。近年来，供应链管理（SCM）、企业资源计划（ERP）等新的管理理念和思想不断被提出，许多企业都将SCM能力视为一种重要的竞争资源，ERP系统所反映的系统化管理思想也得到了越来越多企业的肯定。在这种形势下，CRM只有与SCM、ERP充分整合，才会增加企业的核心竞争力，为企业有效利用自身资源，在市场竞争中取胜奠定良好的基础。从技术方面来看，未来CRM的发展趋势主要体现在以下几个方面。

1. 客户关系管理与数据仓库、数据挖掘技术的融合

随着数据仓库技术的应用，越来越多的企业拥有了大量的客户数据，当这些数据的规模成为“海量”数据时，数据挖掘技术在CRM中的应用就成为必然。如果说过去是因为企业掌握的客户数据太少而对客户行为无从把握，今天则是企业获得的客户数据太多而使企业无所适从。很显然，在今天浩如烟海的数据中淘金，依靠人力是无法做到的。数据挖掘就是从客户数据的“矿山”中挖掘出潜在的、尚不为人知的趋势或模式，从而使企业能更好地进行客户关系管理。数据挖掘能帮助销售人员更准确地定位销售活动，并使活动紧密结合现有客户和潜在客户的需求、愿望和状态。数据挖掘软件能自动地以庞大的数据库中找出好的预测客户购买行为的模式。统计、邻近、聚类，决策树、神经元网络、规则归纳等数据挖掘技术能在客户盈利能力分析、客户获取、客户保持、客户细分、交叉营销等方面体现出重大的商业价值。

在客户关系管理中，数据挖掘正起着导向作用，只有应用数据挖掘技术，大企业才能将客户数据库的大量数据转变成描述客户特征的一些图像。数据仓库和数据挖掘都是CRM中不可或缺的重要内容，没有二者的结合应用，CRM系统就不可能发挥其全部功效。

2. 客户关系管理与电子商务的结合

电子商务的发展将客户关系管理推到了一个新的高度，Forrester研究所把基于互联网平台和电子商务战略下的客户关系管理系统称做“电子客户关系管理”或“eCRM”。他们认为，eCRM是一种把跨通信渠道、跨事务功能和跨用户的客户关系统一在一起的网络中心方法。从表面上看，电子商务与客户关系管理并没有必然联系，二者似乎是两个不同层面的问题，但电子商务与传统的商务模式有着诸多不同，电子商务是建立在现代信息技术之上的“非接触经济”，交易双方越是“非接触”，客户关系管理就越显得重要。而且，

电子商务环境下企业的客户不再以地理位置为界线，客户数量远远大于传统商务模式下的规模。电子商务模式下客户访问企业的时间是24小时的，客户不再以某一地区的日出日落为作息时间。空前的客户规模和即时对客户行为做出反应，这一切要求电子商务企业必须有良好的客户关系管理系统提供支持。因此，客户关系管理应用在企业电子商务应用架构中承担着关键角色，即客户关系管理的成功与否直接决定企业电子商务实践的成败。客户关系管理与电子商务整合可以实现快捷性、廉价性、普及性、可塑性、自动记录、低边际成本、个性化等优势。

3. 客户关系管理与ERP、SCM的集成

随着CRM理论的逐渐成熟及在商业中的应用日渐广泛，关于CRM与ERP、SCM集成问题的相关研究也引起人们的关注。CRM注重改进企业和客户关系，ERP注重企业的内部作业流程，SCM注重企业间协调和上下游的供应链关系，三者的结合将更有利于提高企业的核心竞争力。

CRM与ERP的集成问题。在CRM诞生之前，很多北美大中型企业已实施了ERP，而且，正是在独立依靠ERP已无法取得独特竞争优势的大背景下，CRM才在这些国家盛行起来。Alex Berson等人认为，CRM与ERP的相互渗透十分重要，任何资源分配最终都将成为重要的约束条件融入CRM系统，进而优化客户的利润。著名的管理咨询公司Yankee Group指出，尽管CRM与ERP通过不同途径去实现客户的价值，但能把企业前台管理与后台管理完全融合在一起的公司将最终取得成功。

CRM与SCM的集成问题。CRM与SCM的集成范围一般包括销售管理、采购管理、客户管理等多方面，能使企业更有效地管理供应链，从而实现成本的节约和服务的改善，进而使大规模定制成为可能，实现需求和供应链上的资源的最优化配置，获得长久的竞争优势。CRM与SCM的整合，能真正实现企业实时响应客户的需求，能为企业提供创造高附加值的方法和途径。

（二）从市场方面来看客户关系管理的发展趋势

目前的CRM市场是一个约为20亿美元的大市场，而且这一市场每年仍正在以50%的速度持续增长。互联网时代，企业对大数据分析的应用，将进一步带动商业智能（BI）分析及客户关系管理应用的市场需求。根据对欧美300多家大型企业的调查研究结果显示，约有65%的企业熟悉CRM技术，约有28%的企业正在开发CRM项目，约有12%的企业正在使用CRM系统，越来越多的企业认识到客户关系管理的重要性。

从20世纪90年代开始，CRM逐渐进入中国企业管理者的视线。现在，已经有越来越多的企业开始应用CRM系统。可以说，客户管理系统的概念已经被大众认知。作为一种崭新的管理、营销策略，CRM概念自2000年以来在国内掀起了一次次热潮，之后CRM成为国内应用系统的热点。它伴随着企业信息化的实施和改造，从根本上改变企业的管理理念，提高企业的经营绩效，同时也为电子商务的全面启动打下坚实的基础。现在CRM系统作为一种新型的管理理念已经被很多行业企业应用。CRM尽管在中国市场已经获得了一些阶段性的发展，但是发展到成熟阶段仍然还需要一定的时间，CRM还要经过一个市场培育期。近年来，国外CRM软件厂商加大向我国市场开拓的力度，形成了Siebel、

Oracle、Turbo 等著名国外 CRM 品牌与用友、金蝶、联成互动、创智、星际网络等国内品牌争相斗艳的局面。严酷的市场环境和技术力量的不足，也使得本土厂商的发展不会顺利。但也应该看到，CRM 本身还处于一个动态的发展过程中，这为肯于下力气搞创新的厂商提供了大量的机会。决定未来 CRM 市场发展的关键因素很多，从软件厂商来看：CRM 软件厂商进一步提升产品的功能水平和应用能力，尤其是产品的分析能力，以及与其他主流应用系统的集成能力；CRM 厂商深入开发服务行业的 CRM 应用，并且进一步关注中低端企业的 CRM 应用。从用户角度来看，用户应该进一步提升对 CRM 的理解；用户应该加大分析型的 CRM 投资；用户应该详细确定需求，制定投资目标；用户应该加强对数据的管理。从项目实施来看，CRM 项目实施的方法论和流程需要进一步规范；CRM 项目推进需要更多专业化的 CRM 项目实施咨询公司的出现。

根据大中华区客户关系管理组织的研究报告，可以推断未来中国 CRM 市场将呈现出以下三大主要发展趋势。

(1) 中国市场还会保持几年市场培育阶段。在近期内，中国大量的中小企业需要集 ERP 和 CRM 功能于一体的电子商务解决方案。

(2) 在中小企业市场，将以价格竞争为主，不幸的是这会使得 CRM 市场像其他中国产品市场一样重价格、不重服务，这会使 CRM 理念无法在 CRM 产品本身实践。

(3) 各提供商将对已有功能进一步强化，功能扩展行动将得以继续，但本土型厂商开发灵活丰富的客户化工具及业务流程设计工具将有很大的难度。

总之，我国的 CRM 市场正在迅速发展和壮大，其中孕育了较大的商机，已经成为投资商、软件开发厂商和用户共同关注的对象，CRM 的市场前景将十分广阔。

本章小结

电子商务的发展使企业的经营理念、组织结构和管理机制都发生了深刻的变化，这些变化对企业管理模式的变革提出了需求，客户关系管理应运而生。客户关系管理的实施使得企业将发展重点由内向外转变，改变了企业的经营模式，加强了企业管理流程再造与资源整合。

本书对客户关系管理的定义为：客户关系管理是企业为提高核心竞争力，达到竞争制胜、快速成长的目的，树立以客户为中心的发展战略，并在此基础上开展的包括判断、选择、争取、发展和保持客户所需实施的全部商业过程，是企业以客户关系为重点，通过开展系统化的客户研究，优化企业组织体系和业务流程，提高客户满意度和忠诚度，提高企业效率和利润水平的工作实践，也是企业在不断改进与客户关系相关的全部业务流程，最终实现电子化、自动化运营目标的过程中，所创造并使用的先进信息技术、软硬件和优化的管理方法、解决方案的总和。

客户关系管理是一种先进的经营管理理念，是一种旨在改善企业与客户之间关系的新兴管理机制，是一整套解决方案。在实践中，客户关系管理是一种专门的管理软件和技术。客户关系管理系统作为企业面向客户的信息管理平台，为企业经营活动的开展提供支持和保障。

关键术语

客户　关系　管理　客户关系管理

课后习题

1. 论述电子商务的发展对企业经营管理的影响。
2. 什么是客户关系管理？客户关系管理的内涵是什么？
3. 简述客户关系管理的发展趋势。

实践训练题

1. 在肯德基、麦当劳的餐厅当中，一些显著位置会贴一些员工的照片，为什么？什么样的员工才能被贴上照片？目的是什么？你认为这样好不好？有何建议？

2. 拨打 10086、10000 和 10010 等客户服务电话体验客户服务，结合体验结果谈一谈感受。

案例分析题

以前有一家印刷公司，设有一个牌子："速度、质量、价格，请选择一个"。如果你选择价格，就需要价格便宜，就别跟我谈速度和质量；如果你选择质量，就别跟我谈价格，也不要跟我谈速度；如果你选择速度，别跟我提价格和质量。你只能选择一个，这种观念过去人们是认可的。例如，上学的时候都要照一寸免冠照片，以前只能去照相馆，照完有两种洗印的方法，一种慢，一种快。慢的很便宜，一元钱八张，但需等十天或一个星期；快的第二天可取，但价格却变为四五元钱。要快，就要多交钱，想便宜，那你就等着。这种观念在企业当中也是根深蒂固的，很多企业都觉得这很正常。但现在却不一样了。现在的竞争迫使企业要同时满足客户的这三个要求：速度、质量、价格。即使这样，企业依然面临着严峻的竞争挑战。如果说服务等于利润，就需要创造一种服务的个性。衡量企业发展的标准不仅是资产的回报，还有一个重要的标准是客户的满意度。所谓服务的个性，就是使客户感到企业服务能满足他们的特殊要求，这样企业就获得了竞争优势，这种竞争优势就是服务个性，也就是此企业有别于其他企业的独特的客户关系管理手段。

企业客户关系管理水平越高，就会有更多的客户光顾，也会吸引更多的忠实客户，而企业也能相应地获取更多的利润。所以，把客户关系管理和销售分开谈是不对的。什么叫服务营销？它是一种整合。销售就是服务，服务就是销售。只有通过服务才能拉动销售，因为竞争越来越残酷，你好，就会有人比你更好。

思考题：请结合当前的市场情况，谈谈你对客户关系管理的认识。

第二章 客 户

【引例】

顺丰快递公司开发潜在客户

客户来源

2012年6月是快递业务的淡季，为了寻找更多的潜力客户，公司员工开始在淘宝网上按照鞋服类目进行搜索，锁定的目标客户群是商品单价在100元以上的商家。

由于本分公司位于浙江省瑞安市，其辖内的仙降和飞云镇市场主要以帆布鞋生产经营为主。员工小张通过搜集信息发现有一个潜在客户——瑞安市××贸易有限公司，网店名是××旗舰店，鞋子单价超过100元，特此通过旺旺了解到客户信息，准备上门跟进，争取合作机会。

开发过程

2012年6月，员工小张通过淘宝网寻找到客户信息，并了解了客户信息，电话预约初次拜访，客户当时日件量不足100件，即使全部由我公司承担快递业务，也无法满足客户的运费需求。

2012年7月，员工小张两次上门拜访客户。由于客户是多人合作，其中，决策人叶总一直不在公司，最终客户还是以件量少为理由拒绝了与小张的公司合作。

2012年9月，员工小张再次跟进，瑞安市××贸易有限公司的合作商之一施经理已经基本同意合作。但是在与决策人叶总电话沟通的过程中，对方称合作有困难，并不愿见面，同时表示现在公司已与A快递公司合作。

2012年“双11”前，员工小张再次与施经理电话联系，问其“双11”是否愿意合作，客户称没什么问题，但需要与叶总商讨后给予答复；过了几天客户称叶总和B快递公司的客户经理是朋友，能够保证“双11”期间及时发货，因此此次合作依旧没有成功。2012年11月月底，员工小张了解到“双11”期间B快递公司爆仓是最严重的，直接与叶总沟通，此时客户对我公司表示好感，并一直抱怨B快递公司。同时叶总约好时间上门洽谈。同年12月月初，员工小张上门拜访后，双方顺利签下合同。

【学习目标】

1. 掌握客户的定义。

2. 了解客户与消费者的区别，以及客户的分类。
3. 掌握客户满意度、客户忠诚度与客户价值。
4. 掌握客户盈利能力与客户终身价值的分析方法。

【教学目标】

1. 客户分类方法以及如何进行客户分类。
2. 客户满意度的度量以及如何提高客户的满意度。
3. 客户忠诚度的度量以及如何提高客户的忠诚度。
4. 怎样定义、判断客户的价值，如何提升客户价值。

第一节　客户的概念

一、对客户的重新认识

对大多数中国企业来说，对客户的理解还是处于比较模糊的阶段，有必要对客户的概念进行重新认识。

对企业而言，客户是对本企业产品和服务有特定需求的群体，它是企业生产经营活动得以维持的根本保证。客户资源是企业生存、发展的战略资源，它的价值体现在“所有客户未来为企业带来的收入之和，扣除产品、服务以及营销的成本，加上满意的客户向其他潜在客户推荐而带来的利润”。

传统的观点认为，客户（customer）和消费者（consumer）是同一概念，两者的含义可以不加区分。但对企业来说，客户和消费者应该是加以区别的，它们之间的差别表现在以下几个方面。

①客户是针对某一特定细分市场而言的，他们的需求具有一定的共性。比如，某电脑公司把客户分成金融客户、工商企业客户、教育客户、政府客户等，而消费者则是针对个体而言的，他们处于比较分散的状态。

②客户的需求相对较为复杂，要求较高，购买数额也较大，而且交易过程延续的时间比较长。比如，客户购买了电脑以后，涉及维修、耗材的供应、重复购买等问题，而消费者与企业的关系一般是短期的，也不需要长期、复杂的服务。

③客户注重与企业的感情沟通，需要企业安排专职人员负责和处理他们的事务，而且需要企业对客户的基本情况有深入的了解，而消费者与企业的关系相对比较简单，即使企业知道消费者是谁，也不一定与其发生进一步的联系。

④客户是分层次的，不同层次的客户需要企业采取不同的客户策略，而消费者则可看成一个整体，并不需要进行严格区分。

二、客户资源

（一）客户的资源属性

传统观念将企业的资源限定为各种生产要素，如土地、资本、劳动力等，而这些生产要素都属于企业的可控因素。管理的任务就是将企业的人、财、物等各种生产要素进行合理的配置，以充分利用这些资源，达到产出和利润的最大化。尽管企业也认识到客户的重要性，但仅仅是把客户视为企业实现经营目标的外在条件，属于不可控因素而被排除在企业的资源范畴之外。

随着科学技术的发展和市场竞争的日益激烈，企业的营销管理理念由以企业为中心转向以客户为中心，企业对客户的看法也发生了根本性的转变。企业越来越认识到客户不仅是企业的营销对象，而且也是企业的重要资源，其重要性已远远超出企业内部的各种生产资源。将客户视为企业的主要资源，原因有以下几点。

①现代企业的竞争优势已不仅仅体现在产品上，还体现在市场上，谁能获得更大的市场份额，谁就能在竞争中占据优势和主动。

②对市场份额的争夺实质上是对客户的争夺，而是否拥有客户取决于企业与客户的关系状况，归根结底取决于客户对企业所提供的产品和服务的满意程度。

③客户的满意程度最终取决于企业自身的努力，只要企业能够充分地了解客户的需求，更好地满足客户的需求，就有可能使客户的满意程度不断提高。而客户的满意程度越高，企业的市场竞争力就越强，市场占有率就越大，企业的盈利也就越丰厚。

因此，客户对企业来说不再是一个外在的不可控因素，而是企业实现其经营目标的一种可控的重要资源。只要企业充分重视对客户的发现、开发和保持，与客户建立起长期、稳定和互利的建设性伙伴关系，就能够从客户身上获得持久的利润并实现其利润的最大化。

（二）客户资源与一般资源的区别

将客户作为企业可以加以开发和利用的重要资源，是企业在认识上的一个重要进步。正是在这种观念的指导下，越来越多的企业开始重视对客户的管理，以提高客户对本企业的满意度和忠诚度，增加客户的价值。

然而，从严格的意义上说，“客户资源”并不符合一般意义上的资源的定义。虽然客户对企业来说在某些方面具有一般资源所共有的一些特征，如它是由企业过去的经营活动所获得的，在某种程度上具有可用货币衡量的价值，通过与现有的企业资源相结合可以为企业带来收益等，但企业对客户不能像对其他资源一样拥有控制权和所有权。因此，对于客户这种资源，不可以通过获得一般资源的途径而拥有。也正因为如此，对客户资源的管理也不同于对一般资源的管理。企业只有通过维持和强化与客户的关系，培养客户的忠诚，才能使客户真正成为对企业有用的资源，为企业的发展作出贡献。

三、客户的分类

按照不同的标准，可把客户分成不同的类型。

(一) 按客户重要性分类

在客户关系管理中，企业常常按照客户的重要性进行分类。如采用 ABC 分类法进行划分，可把客户分成贵宾型客户、重要型客户和普通型客户三种（见表 2-1）。

表 2-1　　用 ABC 分类法对客户进行划分

客户类型	客户名称	客户数量比例	客户为企业创造的利润比例
A	贵宾型	5%	50%
B	重要型	15%	30%
C	普通型	80%	20%

表 2-1 所列的数字仅为参考值，不同行业、不同企业的数值各不相同。比如在银行业中，贵宾型客户的数量可能只占到客户数量的 1%，但为企业创造的利润可能超过 50%；而有些企业，如宾馆的贵宾型客户的数量可能远大于 5%，为企业创造的利润可能也小于 50%。

表 2-1 较好地体现了营销学中的“80/20”法则，即企业 80%的收益来自 20%的客户。当然，在 80%的普通型客户中，还可以进一步划分。有人认为，其中有 30%的客户是不能为企业创造利润的，但同样消耗着企业许多资源。因此，有人建议把“80/20”法则改为“80/20/30”法则，即在 80%的普通客户中找出其中 30%不能为企业创造价值的客户，采取相应措施，使其要么向重要型客户转变，要么中止与企业的交易。如有的银行对交易量很小的散客，采取提高手续费的形式促使其到其他银行办理业务。

根据以上的分析可以看出，企业要想获得最大程度的利润，就必须对不同的客户采取不同的策略。事实上，许多企业已经意识到通过价值区分来对客户进行分类管理，如金融服务、旅游、电信和零售等行业尤为明显，这些行业中已有很多企业正在运用复杂的数据模型技术来了解如何更有效地分配销售、市场和服务资源，以巩固企业同最重要客户的关系。譬如，戴尔公司拥有基于客户重要性的在线信息政策。公司将客户分为所有客户层、注册客户层、签约客户层和白金客户层四个层次。客户收到的信息数量因他们的客户级别而异。越重要的客户收到的信息越全面，得到的服务也就越广泛，价格也更优惠。戴尔公司的所有客户层得到的信息比较广泛，保证在线质量，其中包括产品细节、订购配置一台特殊计算机的能力、报价清单、一般的技术支持、用户论坛以及其他与公司有关的信息。从注册用户开始，公司提供附加的个性化信息。一个注册用户可以要求对有关信息进行跟踪，例如，当新的特定信息出现时，就自动发出一个电子邮件，或根据客户定制的在线新闻稿件，提供基于互联网的信息。签约客户的采购历史都得以保存，他们可以查询这些历史资料，了解累计的销售额，建立习惯链接，享有定制化的服务和特殊折扣。以戴尔公司的大型客户之一——大型数据库软件供应商甲骨文（Oracle）公司为例，只要甲骨文公司一有新进人员报到，戴尔公司很快就会把该员工所需要规格的计算机准备好，新员工很快就可以上网工作了。目前，白金客户得到的服务最具个性化，公司翻译了 18 种语言，在

36 个国家设立了客户网站，白金客户可以在线与产品设计者一起讨论，保证新产品能够充分满足客户的需求。通过向不同层次的客户提供不同层次的信息和不同级别的服务，使公司的活动能够反映客户个人的特殊需求和希望。客户与公司之间方便、灵活的互动，帮助戴尔公司建立并不断加深与客户的关系，使公司从拥有的相对固定的客户群中获得利益的最大化和关系的持久发展。

（二）按客户忠诚度划分

按照客户对企业的忠诚度来划分，可把客户分成潜在客户、新客户、常客户、老客户和忠诚客户等。潜在客户是指对企业的产品和服务有需求，但尚未开始与企业进行交易，需要企业花大力气争取的客户；新客户是指那些刚开始与企业开展交易，但对产品和服务还缺乏全面了解的客户；常客户是指经常与企业发生交易的客户，尽管这些客户还与其他企业发生交易，但与本企业的交易数量相对较高；老客户是指与企业交易有较长的历史，对企业的产品和服务有较深入的了解，但同时还与其他企业有交易往来；忠诚客户则是指对企业高度信任，并与企业建立起了长期、稳定关系的客户，他们基本就在本企业消费。

不同忠诚度的客户对企业利润的贡献有较大的差别，见图 2-1。

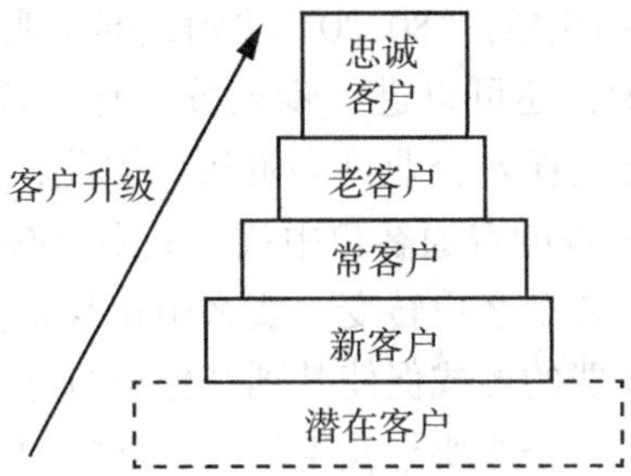

图 2-1　不同客户创造的利润分布图

一般来说，客户的忠诚度与客户和企业交易的时间长短及次数的多少相关，只有忠诚的客户才能长时间、高频率地与企业发生交易。而客户的忠诚度是不断发生变化的，只要企业对客户的服务得法，能赢得客户的信任，潜在客户就可以变成新客户，新客户可以变成常客户，常客户可以变成老客户，老客户可以转化成忠诚客户。反过来也是如此，如果企业不注意提高客户服务水平，随意损害客户的利益，就有可能使新客户、常客户、老客户和忠诚客户中止与企业的交易，弃企业而去。

第二节　客 户 满 意

一、客户满意的概念

客户满意（customer satisfaction）是 20 世纪 80 年代中后期出现的一种经营思想，其基本内容是：企业的整个经营活动要以客户满意度为指针，要从客户的角度、客户的观点而不是企业自身的利益和观点来分析客户的需求，尽可能全面尊重和维护客户的利益。从消费者价值选择的角度讲，早期消费者遵循理性消费的观念，不但重视产品的价格，更看重产品的质量，“物美价廉”反映出消费者价值选择的标准是“好”和“差”。后来，消费者的价值选择更多受到感觉的影响，开始注重产品的形象、品牌、设计和使用的方便性、新颖性，对产品价值选择的标准发展为“喜欢”和“不喜欢”。目前消费者越来越重视产品所带来的感情和心灵上的充实或满足，因而更注重追求购买与消费过程中的满足感，其价值选择的标准演变为“满意”与“不满意”。

客户满意是客户对某种产品或服务可感知的实际体验与他们对产品或服务的期望值之间的比较。满意度是客户满意的程度的度量。由此可见，客户的满意度是由客户对产品或服务的期望值与客户对购买的产品或服务所感知的实际体验两个因素决定的。

从上面的定义可以看出，客户满意是指客户通过对一个产品或服务的可感知的效果，与他的期望值相比较后形成的愉悦或失望的感觉状态。它是一种客户心理反应，而不是一种客户行为。

从理论上说，客户满意可分为三种类型；不满意、一般满意和高度满意。如果可感知效果低于期望值，就会引起客户的不满意；如果可感知效果与期望值相等或者略高于期望值，客户就会感到一般满意；如果可感知效果远超过期望值，客户就会感到高度满意。这种关系如图 2-2 所示，假设客户对产品或服务的期望值为 Q_0，客户对产品或服务所感知的实际体验为 Q_1，则客户可感知效果与期望值比较的结果为不满意、一般满意或者高度满意。

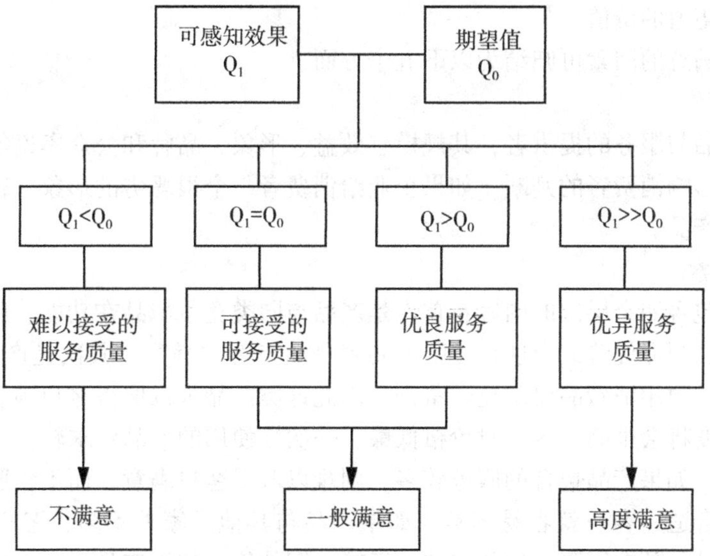

图 2-2　客户满意的类型

对企业来说，不满意的客户下次将不会再购买企业的产品，一般满意的客户一旦发现有更好或更便宜的产品后也会很快地更换品牌，只有高度满意的客户才有可能成为企业的忠诚客户。因此，现代企业把追求客户的高度满意作为自己的经营目标，以培养客户对品牌的高度忠诚度。营销学泰斗菲利普·科特勒甚至认为“市场营销就是指在可盈利的情况下创造客户满意”。

客户满意度不仅决定了他自己的行为，他还会将自己的感受向其他人传播，从而影响到他人的行为。研究表明，如果客户不满意，他会将其不满意告诉22个人，除非独家经营，否则他不会重复购买；如果客户满意，他会将满意告诉8个人，但该客户未必会重复购买，因为竞争者有更好更便宜的产品；如果客户高度满意，他会将高度满意告诉10个人以上，并肯定会重复购买，即使该产品与竞争者相比并没有什么优势。随着客户满意度的增加和时间的推移，客户推荐将给企业带来更多的利润，同时因宣传、推销方面的成本的减少也将带来利润的增加，而这两者加起来要远远超出其给企业创造的基本利润。因此，有人形容“1个满意的客户胜过10个推销员”。这也是企业为何要将客户满意度作为营销管理的核心内容的一个主要原因。

二、影响客户满意的因素分析

影响客户满意的因素是多方面的，涉及企业形象、产品、营销与服务体系、企业与客户的沟通以及客户关怀等各种因素。其中任何一个方面给客户创造了更多的价值，都有可能增加客户的满意度；反之，上述任何一个方面客户价值的减少或缺乏，都将降低客户的满意度。根据木桶原理，一个木桶所能装水的最大限度，由其最短的一块木板所决定。同样，一个企业能够得到的最大的客户满意度，由其工作和服务效率最差的一个环节或部门所决定。也就是说，企业要达到客户的高度满意，必须使所有的环节和部门都能够为客户创造超出其期望值的价值。

影响客户满意的因素可归结为以下五个方面。

1. 企业因素

企业是产品与服务的提供者，其规模、效益、形象、品牌和公众舆论等在内部或外部表现的东西都影响消费者的判断。如果企业给消费者一个很恶劣的形象，很难想象消费者会考虑选择其产品。

2. 产品因素

产品因素包含四个层次的内容；首先是产品与同类竞争产品在功能、质量、价格方面的比较。如果有明显优势或个性化较强，则容易获得客户满意。其次是产品的消费属性。客户对高价值、耐用消费品要求比较苛刻，因此这类产品难以取得客户满意，一旦客户满意，客户忠诚度将会很高。客户对价格低廉、一次性使用的产品要求较低。再次是产品包含服务的多少。如果产品包含的服务较多，则难以取得客户满意，而不含服务的产品只要主要指标基本合适，客户就容易满意。如果产品与其他厂家差不多，客户很容易转向他处。最后是产品的外在因素，比如包装、运输，配件等。如果产品设计得细致，有利于客户使用并能体现其地位，会使客户满意。

3. 营销与服务体系

企业的营销与服务体系是否有效、简洁，是否能为客户带来方便，售后服务时间长短，服务人员的态度、响应时间，投诉与咨询的便捷性等都会影响客户满意度。同时，经销商作为中间客户，有其自身的特殊利益与处境。企业通过分销政策、良好服务赢得经销商的信赖，提高其满意度，能使经销商主动向消费者推荐产品，解决消费者一般性的问题。

4. 沟通因素

厂商与客户的良好沟通是提高客户满意度的重要因素。在很多情况下，客户对产品性能的不了解会造成使用不当，需要厂家提供咨询服务；客户因为质量、服务中存在的问题要向厂家投诉，与厂家联系如果缺乏必要的渠道或渠道不畅，容易使客户不满意。

5. 客户关怀

客户关怀是指不论客户是否咨询、投诉，企业都主动与客户联系，对产品、服务等方面可能存在的问题主动向客户征求意见，帮助客户解决以前并未提出的问题，倾听客户的抱怨、建议。通常客户关怀能大幅度提高客户满意度。但客户关怀不能太频繁，否则会造成客户反感，适得其反。

三、客户满意度测评指标体系的建立

客户满意指标（customer satisfaction index，CSI）是由设在美国密歇根大学商学院的国家质量研究中心和美国质量协会共同发起并研究的一个经济类指数。过去几年的研究显示，ACSI（美国客户满意指标）与道·琼斯指数有着明显的一致性，但它比道·琼斯指数更具前瞻性。迄今为止，包括韩国、欧盟在内的22个国家和地区设立了自己的研究机构，并开始逐步推出全部或部分行业的客户满意指标。

客户满意指标体系具有以下几方面的用途。

①测定企业过去与目前经营管理水平的变化，分析竞争对手与本企业之间的差距。

②了解客户的想法，发现客户的潜在要求，明确客户的需要、需求和期望。

③检查企业的期望，以达到客户满意和提高客户满意度，有利于制定新的质量或服务改进措施，以及新的经营发展战略与目标。

④明确为达到客户满意，企业在今后应该做什么，是否应该转变经营战略或经营方向，从而紧随市场的变化而变化。

⑤增强企业的市场竞争能力和企业盈利能力。

一般地，建立客户满意指标体系主要可以分为四个步骤。

1. 提出问题

进行客户满意指标体系建设的第一步，就是要明确影响客户满意的因素有哪些，同时还必须考虑如何将这些因素获得与量化，即包括对下面几个问题的回答。

①影响购买和使用的客户满意的因素有哪些？

②在这些满意因素中，哪些因素能成为满意指标？

③每一个满意指标对购买和使用的影响程度如何？

④上述数据可以从哪些渠道获得？

⑤应该采用何种方式采集数据？

⑥采集数据时应注意哪些问题？

2. 采集数据

由于构建客户满意指标体系基本上是一个基于客户调查的过程，故对调查方法的选择将直接影响最终结果的客观性与科学性。除了二手资料收集外，还有三种常用的数据收集方法：抽样问卷调查、深度访谈和焦点访谈。在获得所需要的数据后，需要对收集的数据进行归类整理、统计分析，从而找出研究对象和被研究对象的相关性。

3. 建立行业客户满意因素体系

通过分析、整理收集到的二手资料和内部（外部）访谈所获得的信息，建立客户满意因素体系表，对各类指标的属性进行充分分解，初步建立起客户满意因素集合，为下一步展开数据收集工作提供调研目标。行业客户满意因素体系包括的因素很广，往往包含一些不重要的“噪声因素”，同时还存在一些因素具有相同内涵的现象，需要从中遴选出适合特定企业的因素组成客户满意指标体系。

4. 建立企业客户满意指标体系

在建立企业客户满意指标体系的过程中，首先，在行业客户满意因素体系中剔除与其他因素高度相关的因素，使剩余的因素保持相对独立。比如，有两个客户满意因素，分别是“货品种类是否齐全”和“是否能够购买到您需要的货品”，这两个指标的相关程度较高，只能选择一个作为满意指标。其次，还要在行业客户满意因素体系中剔除对客户满意指标影响较小的因素，这些因素对客户满意指标有一定的影响，但是影响程度微乎其微，为了避免它们对其他重要因素的干扰，同时也从成本角度考虑，将它们剔除，仅保留与客户满意指标有较强相关性的因素作为满意指标。比如说，对于耐用消费品，售后服务是一个非常重要的因素，但是对于快速消费品，售后服务的重要程度又变得非常小。

剔除不需要的因素后，将剩余的因素按照行业客户满意因素体系的框架归纳起来，同一级按照权重的不同排定次序，就初步形成了客户满意指标体系。在一个完整的客户满意指标体系中，一般还包括一些辅助指标和相对指标。辅助指标包括客户的行为意向等，比如客户重复购买倾向、客户忠诚度等；相对指标一般指横向对比指标，如主要竞争对手的满意度、行业领导者的满意度等。加上特定辅助指标和相对指标后，就形成了一个完善的客户满意指标（CSI）体系。

四、制订客户满意度调研方案及设计问卷

1. 制订调研方案

在确认调查对象和建立评价指标后，就需要制订详细的调研方案。调研方案包括调研目的、调研内容、调研对象、样本规模和配额、研究方法、调研频率、调研执行时间、调研费用预算以及报告的撰写和提交时间等。

在确定研究方式上，定量调研可以采取的方式包括书面的（现场发放、邮寄、网上下载打印、发传真等）和电子的（网上调查、电子邮件、电话调查等）。填写人员可以是客户，也可以是企业营销人员或专业调查公司。根据客户数量的多少，可以选择适合的问卷调查形式，最常采用的调查方法有以下几种。

①现场发放调查问卷。在客户比较集中的场合，如展览会、新闻发布会、客户座谈会等，向客户发放问卷、现场回收。这种方式快速，如果辅之以小礼品，问卷回收比例会较高，同时具有宣传效果。但是要注意识别现有客户和潜在客户，而且调查信息的准确性

不高。

②邮寄问卷调查。采用邮寄式调查将比个人拦截更有机会使被调查者填完篇幅较长的问卷。人们发现在家或办公室里更有时间，如果客户对你的企业感兴趣，就肯花时间协助你完成调查。向客户邮寄问卷的同时可以配合慰问信、感谢信或小礼品。邮寄问卷调查数据比较准确，但费用较高，周期长，一般一年最多进行1~2次。

③电话调查。电话调查适合于客户群比较固定、重复购买率高的产品，其好处是企业可以直接倾听客户的问题，速度快，能体现客户关怀，效果较好。其不利之处在于可能干扰客户的工作或生活，造成反感。因此，电话调查一定要简洁明了，问题的形式有利于回答。如果客户数量较少，可以由企业营销人员直接联系客户；如果客户数量多，可以采用抽样方式，或委托专业调查公司，或双方合作进行。

④网上问卷调查。网上问卷调查具有节省费用、快速等特点，特别是在门户网站上开展的调查很容易引起公众对企业的关注。网上调查只对网民客户有效，结论有失偏颇。

2. 设计问卷

在问卷调查中，牵扯到测量指标的量化过程。客户满意度测评的本质是一个定量分析的过程，即用数字去反映客户对测量对象的态度。客户满意度测评了解的是客户对产品、服务或企业的看法和态度等，对这类问题的测量一般采用李克特量表。

量表的设计包括两步。第一步是赋值，根据设定的规则，对不同的态度特性赋予不同的数值。第二步是定位，将这些数字排列或组成一个序列，根据受访者的不同态度，将其在这一序列上进行定位。之所以将测量指标量化（数字化），一是因为数字便于统计分析，二是数字使态度测量活动本身变得容易。表 2-2 为客户对某产品质量满意度的测评表。

表 2-2 **客户对某产品质量满意度的测评表**

测评指数	非常满意	较满意	较不满意	一般	非常不满意
产品外观	□	□	□	□	□
质量稳定性	□	□	□	□	□
使用性能	□	□	□	□	□
安全性	□	□	□	□	□

注：请在□内画√。

为了获取更多、更全面的信息，问卷可采用结构式和非结构式相结合的方法，即调研问卷中同时使用开放题和封闭题。

问卷一般包括三部分。第一部分是有关客户的基本情况，如性别、年龄、教育水平、职业、家庭月收入等有关社会人口特征的问题，以了解消费者特征。第二部分是有关客户购买行为特征的问题，如何时购买、何地购买、购买何物、如何购买等问题。第三部分为主体问题，以指标评价体系为基础设计不同类型的态度测量问题。被访者在 5 级李克特量表上表明他们的赞同程度，从“非常满意”到“非常不满意”。主体问题部分还可以设计相应的开放题以期更深入地了解客户对行业的评价，以弥补封闭题不详细的缺陷。

五、客户满意度调查方案的实施

在此阶段，企业可以通过本企业的营销人员或者专业的调研公司按照调研方案中的时间进度、调查方式来实施调研。当调研现场执行结束后，经过数据的录入处理，最后由调研公司的研究员撰写调研报告。调研报告包括技术报告、数据报告、分析报告及分析报告附件。

①技术报告。抽样是保证客户满意度研究结果具有代表性的关键。此部分将详述如何定义调查对象、其代表性如何、样本框如何构成、采用何种抽样方法、具体的抽样步骤以及抽样中可能存在的偏差等。访问是保证结果真实性的关键。此部分还将详述访员的遴选、培训、督导中遇到的问题、实施进程，并向客户说明如何对调查进行复核。

②数据报告。将通过频数和百分比列表、图形、简单文字等说明本次调查的主要结果。

③分析报告。将通过显著性分析、相关分析、聚类分析等统计方法对调查结果中的内在关系进行分析，用文字和图形来说明分析结果，采取的研究模型有因素贡献度分析模型、提高满意度行动原则模型和满意度比较模型等。分析报告还应包含结论与建议，研究人员根据数据报告、数据分析，文案研究、个人经验给出本次满意度研究的结论与建议，这些可能会对决策者有直接的意义。

④分析报告附件。它包括项目计划书、问卷、开放题统计结果、二手资料及其他对调查报告中的观点有说明意义的材料。

六、客户满意度战略的制定与实施

测定客户满意度是为了改善对客户的产品与服务提供及客户体验。一个企业的资源有限，不可能将任何影响客户满意度的问题全部立刻解决，通常应当分出轻重缓急，在一段时间内重点解决那些影响重大的问题。

通过客户对因素重要性和满意度的评价，能够区分出四种类型的因素。

①急需改进的因素。对客户是重要的，满意度评价是较低的。

②应该继续保持的因素（优势因素）。对客户是重要的，满意度评价是较高的。

③不占优先地位的因素。对客户是不重要的，满意度评价是较低的。

④锦上添花的因素。对客户是不重要的，满意度评价是较高的。

（一）客户满意度战略的制定

通过上述分析，可以制定相应的客户满意度战略框架，该框架可以分为四个区域，如图 2-3 所示。

①重点改进区域。客户对急需改进的因素期望过高，而企业在这些方面的表现比较差，如果问题不能得到解决，就会导致客户流失。

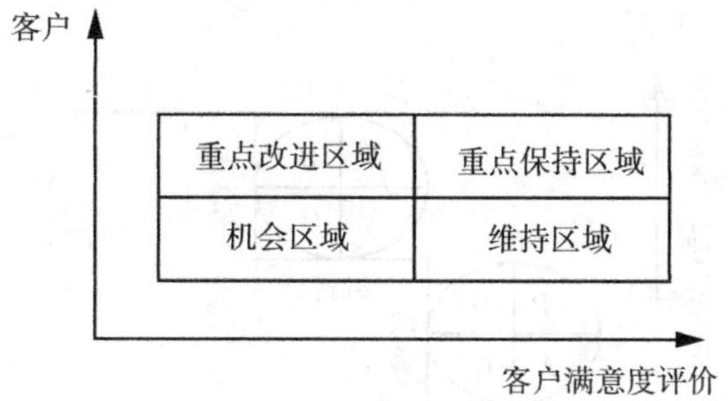

图 2-3　客户满意度战略选择示意图

②重点保持区域。客户对优势的因素期望较高，而企业在这些方面的表现也非常好，企业要继续保持并发展这些优势因素。

③机会区域。不占优先地位的因素是目前客户和企业都忽略的区域，客户期望较低，企业在这些方面的表现比较差，但是它可以挖掘出提升客户满意度的机会点。

④维持区域。锦上添花的因素，对决定整体客户满意度重要程度较低，企业在这些方面的表现也比较好，但它对企业的实际意义不大，不需要花太大的精力，只要维持现状就可以了。

（二）客户满意度战略的实施

根据上述战略目标框架，企业就可以制订并实施相应的客户满意度计划，从而和客户建立长期稳定的合作关系。企业可以采用 PDCA 的思想和方法实施客户满意度计划，“PDCA”循环是质量管理专家戴明博士提出的概念，所以又称为“戴明环”，P、D、C、A 四个英文字母所代表的意义如下；

P（plan）——计划，确定工作目标，制订实现目标的方法、计划。

D（do）——执行，执行计划。

C（check）——检查，检查计划实际执行的效果，比较和目标的差距。

A（action）——处理，包括两个内容：总结成功的经验，并予以标准化以巩固成绩；对于没有解决的问题，查明原因，其解决的方法也就成为下一个 PDCA 循环的内容。如此周而复始，不断推进工作的进展。

PDCA 在质量管理中得到了广泛的应用，成为质量改进一个不可缺少的工具，其实 PDCA 是对持续改进、螺旋式上升工作的一种科学的总结，可以广泛地应用于企业管理工作，包括客户关系管理。如前面“建立客户满意度的测评指标体系”可以作为 PDCA 环中的 P，那么“客户满意度调研方案的制订与实施”改为实现这个目标的重要方法就成为 D 的主要内容。

PDCA 环在客户关系管理中不断循环的结果就是从微观水平方向上体现企业客户关系的“维持—改善—维持”的持续改进过程，从宏观垂直方向上体现企业客户关系的螺旋式上升过程，如图 2-4 所示。

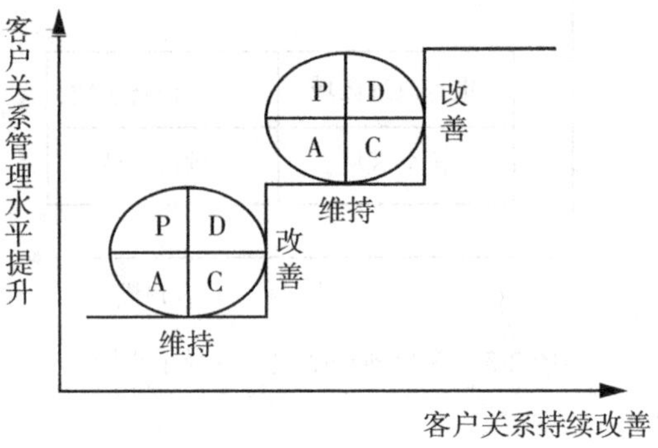

图 2-4 客户关系管理的 PDCA 循环

第三节　客 户 忠 诚

客户忠诚被认为是企业取得长期利润增长的途径。因为取得新客户的成本是非常高的，包括广告、销售、开创新业务及客户学习过程的成本，而保留客户的成本仅包括维系服务的成本和沟通成本，这种成本呈不断下降的趋势。保留客户通过客户不断购买产品并将产品推荐给其他人，促进企业收入的增长，且客户的价值随着时间的推移而不断增长。据估计，企业争取一个新客户的成本是保留一个老客户的 5 倍，留住 5%的客户有可能会为企业带来 100%的利润。所以，企业要不断提高自身的服务效率，完善服务方式，通过让客户满意逐步培养起客户的忠诚，从而为企业带来新的收益。

一、客户忠诚的概念

客户忠诚（customer loyalty）是指客户对某一特定产品或服务产生了好感，形成了偏爱，进而重复购买的一种行为趋向，客户忠诚实际上是一种客户行为的持续性。客户忠诚度是指客户忠诚于企业的程度。客户忠诚表现为两种形式：一种是客户忠诚于企业的意愿；另一种是客户忠诚于企业的行为。一般的企业往往容易将此两种形式混淆起来，其实这两者具有本质的区别，前者对于企业来说本身并不产生直接的价值，而后者则对企业来说非常具有价值。道理很简单，客户只有意愿，却没有行动，对于企业来说没有意义。企业要做的，一是推动客户从“意愿”向“行为”转化，二是通过交叉销售和追加销售等途径进一步提升客户与企业的交易频度。

产生客户忠诚的因素主要包括以下四点。

①产品和服务的特性。企业长期提供的是价格合理、质量可靠、合乎客户使用要求的产品和服务，已经赢得了客户的高度认同。

②避免购买风险。当客户面临众多新的选择时，往往会选择自己熟悉的品牌和企业，以降低购买风险。所以，一个企业要从竞争对手那里夺得一个对方的长期客户是十分困

难的。

③降低客户的相关购买成本。客户要寻找一个新厂商，必须花费相当多的时间、精力和金钱，为了降低这方面的代价，客户宁愿选择熟悉的厂商与其进行长期合作。

④符合客户的心理因素。客户对某一品牌或某一企业的产品和服务忠诚，可能是为了体现自身的价值，或是认同对方的价值观，也可能是因为对企业的承诺放心等。比如，客户购买“金利来”服装可能为了体现身价，而购买“海尔”家电可能是对公司“全心全意为客户服务”的价值观认同。

客户忠诚度可以采用多种指标进行评价。客户忠诚度可以从以下几个方面进行衡量。

1. 客户重复购买的次数

在一段时间之内，客户对某一种产品重复购买的次数越多，说明客户对该产品的忠诚度越高；反之，则越低。对于产品多元化的企业而言，客户重复性地购买同一企业品牌的不同产品，也是一种忠诚度高的表现。

2. 客户购买量占其对该产品总需求的比例

这个比例越高，表明客户的忠诚度越高。

3. 客户对企业产品或品牌的关心程度

客户通过购买或非购买的形式，对企业的商品和品牌予以关注的次数、渠道和信息越多，其忠诚度也就越高。必须指出的是，客户的关心程度与购买次数并不完全相同，例如一些品牌的专卖店，客户可能经常会光顾，但是并不一定每次都会买。

4. 客户购买时的挑选时间

一般而言，客户挑选产品所用的时间越短，表明其忠诚度越高。

5. 客户对产品价格的敏感程度

客户对价格的敏感程度越低，忠诚度越高。客户对产品价格的敏感程度可以通过侧面来了解，例如在公司价格调整以后，客户的购买量变化、其他的反应等。此外，在运用这一标准的时候，需要结合产品的供求状况、产品对于人们的必需程度，以及产品市场的竞争程度等因素综合考察。

6. 客户对竞争产品的态度

人们对某一品牌的态度的变化，大多是通过与竞争产品的比较而产生的，如果客户对竞争产品表现出越来越多的偏好，表明客户对本企业的忠诚度下降。

7. 客户对产品质量事故的承受能力

客户对产品或品牌的忠诚度越高，对出现的质量事故也就越宽容。

8. 客户对产品的认同度

客户对产品的认同度是通过向身边的人士推荐产品或间接地评价产品表现出来的。如果客户经常向身边的人士推荐产品、或在间接的评价中表示认同，则表明忠诚度较高。

客户忠诚度的衡量标准非常丰富，这里无法穷举，上面列举的各种因素其重要程度也不一样，企业可以根据实际情况选择适合的因素给以不同的权值，设计适合自己的指标体系，采取相应的客户忠诚度的解决方案。

客户忠诚是企业发展、受益，并最终盈利的关键原因所在。一般来说，客户忠诚给企业带来的效应，主要表现在以下几方面。

①销售量上升。忠诚客户都是良性消费者，不会刻意追求价格上的折扣。

②加强竞争地位。忠诚客户会排斥企业竞争对手的产品，则企业在市场上的地位会变得更加稳固。

③减少营销费用。忠诚客户常常会以口碑进行推荐，给企业带来新客户，从而降低吸引新客户的成本。

④有利于新产品的推广。忠诚客户会很乐意尝试企业的新业务并向周围的人介绍，有利于企业拓展新业务。

二、提高客户忠诚度的要点

忠诚客户所带来的收益是长期并具有累计效果的。一个企业的忠诚客户越多，客户对企业保持忠诚的时间越久，客户为企业创造的价值就越大，企业所获得的利益也就越多。因此，现代企业不仅要使客户满意，还要努力培养客户的忠诚度，使更多的满意客户进一步升级为忠诚客户。

1. 选择培养目标

并不是所有的客户都能发展为忠诚客户，因此，企业在培养忠诚客户之前，必须首先确定自己培养的对象，通过对客户资料的分析，寻找那些最具有潜力成为忠诚客户的客户群。

2. 提供特色服务

客户的忠诚主要是建立在非常满意因素的基础上的，因此，企业除了要提供高质量的产品和无可挑剔的基本服务，还要选择最吸引客户的方式，提供与众不同的特色服务，以增加客户的价值。

3. 加强与客户的沟通

企业要保证畅通的沟通渠道，让客户发表自己的意见和建议，在客户需要的时候随时与之交流，以及时了解客户的需求，不断增进与客户的情感。通过与客户进行交流而获得的信息将成为企业宝贵的资产，为企业的经营注入活力。

4. 妥善处理客户抱怨

任何企业都难免出现不尽如人意的地方，因此客户抱怨随时都有可能发生。客户的抱怨会对企业产生负面影响，因而要尽力避免客户抱怨的发生。但在客户抱怨已经发生的情况下，企业应当认真听取客户的抱怨，真诚地接受客户的批评，并全力帮助客户解决所遇到的问题。实践证明，客户的抱怨如果能够得到妥善的处理，反而更容易使其成为忠诚客户。因此，企业应该把客户抱怨的妥善处理作为企业建立客户忠诚的一个重要途径。

三、客户满意陷阱与客户忠诚

（一）客户满意陷阱的含义

客户满意陷阱最早是由 Hart 和 Johnson 在对客户满意与客户忠诚之间的关系研究中发现的。他们通过对施乐公司的实证研究发现，客户满意与客户忠诚之间的关系是正相关关系，但却不一定是线性相关。其中存在所谓的“质量不敏感区”（zone of indifference），在质量不敏感区内，客户满意与客户忠诚关系曲线上出现一段较为平缓的线段，即客户的满意水平的提高并没有使客户忠诚度得到相应的提高。后来，有些学者将这一现象称为顾客满意陷阱。

大量的研究表明，客户满意度和客户忠诚度之间存在着如图 2-5 所示的关系。

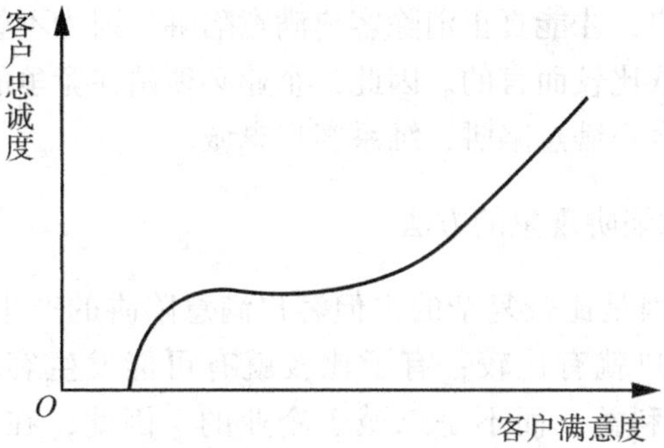

图 2-5　客户满意度与客户忠诚度关系曲线

从图 2-5 中可以看出，客户满意度与客户忠诚度关系曲线上有一段较为平缓，即客户满意水平的提高并没有使客户忠诚度得到相应的提高，直到客户满意持续了较长的时间后，客户的满意度和客户的忠诚度才呈现出近似线性的特征，即客户忠诚度会随着客户满意水平的提高而迅速形成。客户感知理论认为前一阶段客户的感知为基本满意，而后一阶段客户的感知为超级满意（也称完全满意），只有超级满意才会产生客户忠诚；如果客户不能持续地感觉满意，他就会发生购买转移，这就形成了客户满意陷阱。也就是说，只有持续的客户满意才能形成超级满意，才等于客户忠诚。

（二）客户满意陷阱形成的原因

1. 基于双因素理论的分析

双因素理论是赫茨伯格于 1959 年提出的，他认为影响人的需求与行为的因素分为两类：保健因素和激励因素。保健因素和环境有关，得不到满足就会产生不满，得到了满足也不能对员工产生激励；激励因素和工作本身有关，得不到满足不会产生不满，得到了满足就能起到激励作用。虽然双因素理论研究的是激励员工的因素，但它对人类心理的分析，同样适用于激励客户。

由于客户的期望是由基本期望和潜在期望两部分组成的，因此客户满意存在着两种类型：基本期望得到满足而导致的满意和潜在期望得到满足而导致的满意。基本期望是指客户认为理应从产品和服务中得到的基本需要，属于保健因素，得不到满足就会产生不满意，而得到了满足也不会产生超级的满意；潜在期望是指超出基本期望的客户并未意识而又确实存在的需要，属于激励因素，得不到满足也不会产生不满意，而得到了满足就会产生超级满意，经多次购买、多次感到愉悦之后，逐步形成客户忠诚。那些感到满意却流失的客户很可能只是对基本期望的满意，并没有在潜在期望上感到满意，这就是客户满意陷阱的成因。这种理论认为只有在满足了客户基本期望的基础上，再关注客户潜在期望的满足才能解决客户满意陷阱的问题。

2. 基于竞争因素的分析

双因素理论在分析客户满意陷阱形成的原因时，仅仅是从企业出发，并没有考虑到竞争因素。处于竞争环境中的企业不仅要使客户的潜在期望得到满足，而且要比竞争者更能令客户满意才能留住客户，才能真正消除客户满意陷阱。因为不管是基本满意，还是完全满意，实际上都是客户依比较而言的。因此，企业必须站在竞争的层面上，从客户让渡价值最大化的方向去解决客户满意陷阱，维系客户忠诚。

（三）解决客户满意陷阱现象的方法

客户满意陷阱的成因是比较复杂的，但客户满意陷阱的产生从根本上说是因为竞争的存在。有了竞争，客户就有比较；有了比较就有可能发生客户忠诚的转移，因为客户从根本上说是忠诚于利益，而不是忠诚于企业的。因此，在竞争的市场环境下，企业要解决客户满意陷阱问题，维系客户的长期忠诚，就不能仅从自己的角度去考虑客户期望的满足，还要从竞争的角度去考虑要比竞争对手提供更大的客户让渡价值以令客户更为满意，并提高客户转移成本以锁定客户，同时以更好的关系营销去维系客户的情感。

1. 提供更大的客户让渡价值

一般地，客户会选择购买那些提供最大客户让渡价值的企业的产品或服务。沃尔玛的客户忠诚是因为它提供了更大的客户让渡价值；可口可乐的客户忠诚也是因为它提供了更大的客户让渡价值。它们不仅是令客户满意，而且是比竞争对手更令客户满意。客户让渡价值最大化可从两个方面来实现。

①提高总客户价值。企业可向客户提供品质优秀、适需性能好的产品，甚至于满足个性化的需求，使客户充分认可企业产品或服务的价值；通过充满人情味的情感沟通和个性化服务，使客户感受到企业服务价值的存在；通过增强员工素质，使客户增强对企业产品或服务质量的信心；通过建设具有良好社会形象和较高知名度的品牌使客户获得名牌带来的利益，好的品牌形象可带给客户荣誉、地位与愉悦。

②降低总客户成本。企业可运用现代生产技术和管理技术，提高制造效率、降低产品成本，让客户享受到物美价廉的实惠，就像是沃尔玛的天天平价一样；可通过降低客户的试用成本，加强信息传播和售后服务，建设品牌形象，拓宽分销网络，降低客户在决策、购买和使用产品过程中感知的精力成本、时间成本和体力成本。

2. 提高客户转移成本锁定客户忠诚

对于解决客户满意陷阱，除了提供传统意义上的客户让渡价值外，还可以通过提高客户转移成本来锁定客户。客户从一种品牌向另一种品牌转移所付出的成本大致包含四个方面的内容。

①沉淀成本。它是指在第一阶段交易活动中所发生的不可回收的成本，它只有在交易关系继续的情况下才有价值，如果发生转移，它就会失去它的价值，例如，购买 CDMA 手机的客户要转移到中国移动时，这个手机就成了沉淀成本。

②交易成本。它是指寻找新的交易者进行新交易所需付出的成本。它包括搜索新对象所付出的时间、精力、体力和金钱成本，以及保证交易落实（结束旧交易、组织新交易）的种种费用。

③转移的折扣损失与合同损失。它是指预期收益的损失（原有商家提供的折扣利益）或预期损失的发生（合同违约金或罚金）。

④心理成本。它是指情感因素导致的成本感受。如改变习惯与偏好的情感成本，对选择新品牌所带来的未知风险的感知等。

当客户转移后获得的客户让渡价值差额大于客户转移成本，客户可能会考虑转移。而新厂商要抢客户，就必须提供更多的总顾客价值，这就意味着它将获取更少的客户利益；或者降低总客户成本，这就意味着它可能要牺牲产品质量，或研发效率更高的技术。而如果客户转移成本越大，新厂商要介入的难度就越大，阻止竞争者进入的目的便可达到。以较大的客户让渡价值吸引客户，再通过较高的客户转移成本锁定客户，这是微软公司的成功经验。微软公司前期对其 Windows 和 Office 软件盗版行为的放纵（提供很高的顾客让渡价值），使广大用户形成了对其产品的使用习惯与依赖，并付出了很大的学习成本（增加客户转移成本），最终形成事实上的垄断（对客户的锁定）。

第四节 客户价值

一、客户价值概述

在营销领域，客户价值（customer value）已经成为一个非常时髦的术语。许多企业也将客户价值视为一种基本的战略导向。企业界普遍认为，增加客户价值是实现利润增长和提高企业总体价值的关键。但是，对于价值概念的理解，目前营销界和学术界存在多种不同的看法，有些看法之间甚至存在着严重抵触，很可能引起战略应用上的误区。因此，有必要对客户价值的内涵进行深入的探讨，澄清不同的观点，以便更好地指导企业战略的制定和实施。

（一）客户价值的定义

由于目前对客户价值的看法过于分散，很难找出一个合理的定义能将所有的观念囊括在一起。为了探索客户对价值的看法，许多学者做了大量的实证研究，如加德尔、雷启斯、伍德罗夫、熊曼、克里蒙和约瑟曼等。伍德罗夫归纳总结了这些实证结果，从客户的角度对客户价值（customer-driven concept of customer value）进行了定义：客户价值是客户对产品属性、属性效能以及使用结果（对实现客户目标和初衷的促进或阻碍）的感知偏好和评价。

这个定义不仅综合考虑了客户的期望价值和实现价值，而且强调价值来源于客户感知、偏好和评价，同时也将产品与使用环境和相应的客户感知效果紧密地联系起来，抓住和反映了客户价值的本质。

（二）客户价值的方向定位

目前，在使用客户价值的概念时，主要有两个方向：企业为客户创造或提供的价值和客户为企业创造的价值。显然两个价值的内涵是截然相反的，因此，要理解客户价值的内涵，首先必须搞清楚客户价值的方向定位，即客户价值到底是对谁的价值——是企业为客户创造的价值，还是客户为企业创造的价值。不同方向的价值定义带来的营销策略可能完全不同。如果混淆向客户传送的价值和从客户那里获得的价值，可能会导致决策的失误。

在大多数学者，如克里斯托弗、格朗鲁斯、赫斯凯特、尼尔森、门罗、伍德罗夫等的研究中，客户价值更多地被认为是企业为客户创造的价值，即客户对企业提供的产品与服务给他带来的价值的判断。与此相对应，将“客户为企业带来的价值”归结为“关系价值”。即“企业维持与客户的关系，能够为企业带来的价值”。客户价值和客户关系价值从不同角度对客户价值进行描述，共同构成客户关系管理的两大价值支柱。

（三）客户价值与客户关系价值的联系

向客户传送的价值与从客户那里获得的价值事实上是一对矛盾统一体。向客户传送超凡的价值无疑可以带来经营上的成功，但必须同时考虑这种价值传送活动是否有利可图，能否为公司带来满意的经济效益。如果一味地追求“所有客户100%的满意”，可能会适得其反。一来因为这仅仅是一种理念层次上的东西，根本不可能达到，也不可能真正为内部员工接受；二来要实现这种目标，就意味着必须向所有的客户提供高质量的服务，而不考虑该客户是否能给公司带来价值回报，此举无疑会大幅度增加企业的成本。因此，要增加为客户创造的价值，势必带来产品或服务提供成本的增加，从而减少企业能从客户处获得的价值。但是，两个方向的价值之间又存在统一性。为客户创造的价值越多，越可能增强客户的满意度，提高客户忠诚度，实现客户挽留。因此，从长期来看，为客户创造价值有利于增加客户为企业创造的价值。

在客户关系管理中，价值一直被视为十分重要的因素。如果某个企业能够向客户提供超凡的价值，无疑也就拥有了新的差别化竞争优势。再者，通过增加核心产品或服务的价值，无疑能够提高客户满意度，赢得客户忠诚。

二、有关客户价值的讨论

（一）客户价值的层次模型

为了说明客户价值的本质内涵，伍德罗夫还提出了一个客户价值的层次模型，如图2-6所示。

客户价值的层次模型表明了客户对期望价值的感知方式。在最底层，客户将产品看做特定属性和属性效能的结合体。在购买和使用产品时，客户根据特定产品属性对实现期望结果的贡献，而形成一种期望和偏好，反映在客户价值上就是使用和拥有价值。同时，客户也根据产品属性对实现自身目标和目的的贡献，形成对特定使用结果的期望。此外，客户的使用情形在评估过程和期望形成过程中都发挥着重要作用。如果使用情形发生变化，

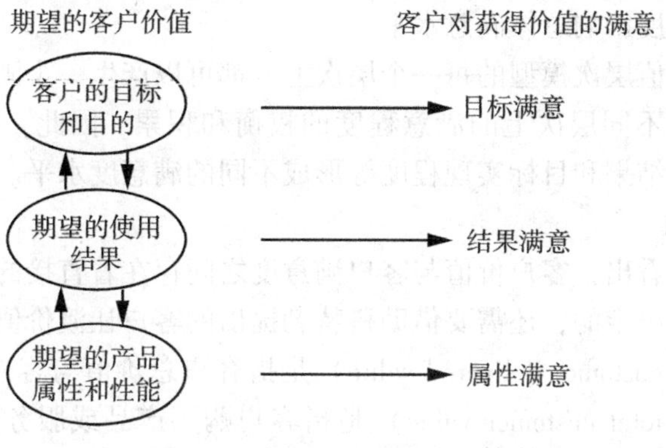

图 2-6　客户价值的层次模型

产品属性、结果和目标之间的联系同样会发生变化。例如，就互联网服务而言，工作使用中所形成的价值层次结构完全不同于家庭娱乐使用。

（二）客户价值与客户满意度

1. 客户价值与客户满意度之间的关系

从客户价值的定义中，我们不难发现，客户价值与客户满意度之间存在很强的内在联系。两者都是对产品的评估性判断，都十分看重使用情形。两者在含义上存在着一定的重叠，图 2-7 反映了客户价值与客户满意度之间的关系。

客户的总体满意度水平是客户对产品的使用经历的总体评价。研究表明，在购买行为发生之前，客户的价值感知直接影响着购买意图或重复购买意图的形成，而在购买行为发生之后，由于客户拥有大量的消费经验，客户的效用评价对未来行为意图的影响将部分或全部通过客户满意程度来传递。

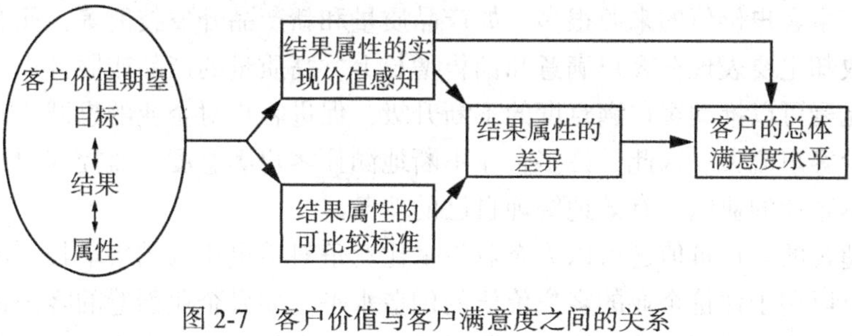

图 2-7　客户价值与客户满意度之间的关系

客户在进行评价时，先根据过去的或现在的经验，明确自己期望的价值。从客户价值层次模型中，我们不难看出，期望价值是由对一些特定、可衡量维度的偏好组成的，如产品属性、属性效能和与特定使用情形的目标紧密联系的结果。反过来，期望价值指导客户形成对特定使用情形下产品效能的感知，即评价在这些属性上的使用经历、属性效能和结果。实现价值可能会直接形成一个总体满意水平，或者与相应的标准进行比较，形成感知差异，从另外一个角度影响总体满意水平。

在客户的期望价值层次模型的每一个层次上，都可以产生一个满意度水平，而总体满意程度取决于客户对不同层次上的满意程度的权衡和积累。因此，客户可能会对产品属性、属性效能、使用结果和目标实现程度等形成不同的满意度水平。

2. 客户让渡价值

从以上分析可以看出，客户价值与客户满意度之间存在着直接的联系。但是，要说明客户满意度是由什么决定的，还需要借助科特勒提出的客户让渡价值的概念。

客户让渡价值（customer delivered value）是指客户总价值与客户总成本之间的差额。其中，客户总价值（total customer value）是指客户购买产品或服务时所获得或期望获得的利益总和，包括产品价值、服务价值、消费活动的价值和潜在价值等；客户总成本（total customer cost）是指客户为购买该产品或服务消耗的货币成本、时间成本、精神成本和体力成本等。

客户总是希望获得的购买总价值最高而购买总成本最低，也就是说，客户将从那些他们认为提供最高客户让渡价值的企业购买产品或服务。因此，企业只有实现了客户的让渡价值，并使客户让渡价值不断增值，才能赢得最大限度的市场份额，并使客户的满意不断提高。

（三）客户价值与竞争优势

根据客户价值的定义和内涵，如果客户从某种产品或服务中获得的收益大于所支付的成本，则认为该产品或服务是能够为客户创造价值的。如果某个供应商为客户创造的价值远远高于竞争对手为客户创造的价值，无疑可以赢得大量客户，从而为自己营造超凡的竞争优势。换句话说，如果企业能够创造非凡的客户价值，就拥有了维持长期收益的基础，这就是客户价值对形成竞争优势的意义所在。

根据德易和温斯利的观点：为客户创造并传递超凡的价值是实现卓越绩效的基础。如前文所述，产生客户价值的来源很多，如产品质量和新产品开发技能等，而客户价值所带来的企业绩效却主要表现在客户满意和销售增长上。高质量的产品或服务以及不断创新的开发技能，无疑可以推动客户满意度的不断升级，促进客户对企业的忠诚，有效地实现客户挽留，减少客户流失。因此，许多企业不断地测评客户满意度，监控客户挽留水平，以客观地评价本企业的业绩，有效地管理自己的业务。

此外，超凡的客户价值还可以为企业带来比竞争对手更快的销售增长，因此，相对的销售增长也可以用于评价企业的客户价值的创造水平。如果企业创造的客户价值高于竞争对手，则销售增长的速度必然会快于竞争对手；反之亦然。因此，客户价值逐渐成为理论界和企业界关注的焦点，基于客户价值的竞争优势也逐渐成为一些先进企业的竞争利器。

三、客户价值分析

客户价值分析就是在理解客户价值内涵的基础上，动态地监控客户价值的发展趋势，为更好地实现客户价值管理提供有效的信息支持。在有关客户价值分析的研究中，最著名的莫过于盖尔所提出的客户价值分析工具，该模型首次出现在盖尔的《管理顾客价值》一书中，之后频频被引用，几乎成了客户价值分析的标准。在本节中，将重点讨论盖尔的客户价值分析模型。

在《管理顾客价值》一书中，盖尔提出了七种客户价值分析工具，包括：市场感知质量水平、市场感知价格水平、客户价值图、得失（win/lost）分析、客户价值分析对照图（head-to-head area char）、关键事件表和 What/ Who 矩阵。其中，最为重要的是前三种客户价值分析工具，直接与当今普遍接受的客户价值内涵相吻合。因此，本节将结合有关方面的研究发展动态，重点描述前三种分析工具。

（一）市场感知质量水平

通过对客户价值内涵的探讨，我们知道感知质量水平对形成感知价值的重要性。在盖尔的客户价值分析模型中，市场感知质量分析同样是客户价值分析的核心。

根据盖尔提出的模型，对市场感知质量水平的测量主要有三个步骤。

第一步，采用小组调查（focus group）或其他形式，召集目标市场的客户（既包括本企业的客户，也包括竞争对手的客户），要求他们列出除价格以外的其他影响购买决策的重要质量因素。

第二步，确定不同质量属性在客户决策中的权重。最简单的方法就是让客户根据各质量因素在决策中的重要性打分，然后再汇集不同客户的看法，形成一套统一的权重。

第三步，选择那些对本企业和竞争对手企业都十分了解的客户（既包括本企业的客户，也包括竞争对手的客户），征询他们对本企业和竞争对手在各质量属性上的评价，然后用客户对本企业每一个属性的评分除以竞争对手相应的得分，得到本企业在各属性上的业绩比率。最后，根据各属性的权重，算出所有质量属性的加权平均值，就可以获得一个总体的市场感知质量水平。

事实上，在某个行业中，每个企业往往都有自己的特色，通常在某个质量水平上处于领先，因此，市场感知质量水平在很大程度上将取决于不同的评价标准和权重体系，说到底就是由客户的感知偏好决定的权重水平。以高档汽车为例，宝马汽车在驾驶性能上首屈一指，而凯迪拉克却宽敞、舒适，雷克萨斯汽车的故障率十分低。如果客户看重驾驶性能，则在决策时将赋予其较高的权重。因此，对于不同的目标客户群而言，对质量的感知方式和标准是不同的。客户关系管理的一个重要目的就是区分具有不同感知偏好和特性的客户群，针对不同的客户群采用定制化的策略，全面地满足其要求，实现客户价值的最大化。

（二）市场感知价格水平

市场感知价格水平主要用于评估客户对获得某种产品或服务的一种感知付出。在盖尔的模型中，市场感知价格水平也是客户价值分析的重要工具之一。事实上，市场感知价格水平的测评与市场感知质量水平的测评相似，唯一不同的地方是让客户列出影响成本感知的因素，而不是影响质量感知的因素。在获得成本感知因素的基础上，要求客户分别列出不同因素的权重，并评价竞争对手在每一个价格因素上的感知水平。

在某些价格构成要素十分清晰的行业，可能无须评价市场感知的价格水平，但是在大多数行业，评价市场感知价格水平十分重要。表 2-3 以豪华汽车为例，阐明了如何评价市场感知价格水平。

表 2-3　　**测评市场感知价格水平**

价格满意属性	重要性权重	满意度	
		品牌 A	其他品牌
购买价格	60	9	7
赠品折价	20	6	6
转售价格	10	9	8
供款率	10	7	7
价格满意度		8. 3	7. 0
价格竞争力指数		1. 18	
相对价格比率		0. 85	

表 2-3 中，市场对品牌 A 的价格满意度是 8. 3，而对其他品牌的价格满意度是 7. 0，因此，相对其他品牌而言，品牌 A 更具竞争性（价格竞争力指数为 1. 18），而相对价格比率为 0. 85，即在消费者的心目中，品牌 A 的价格水平低于其他品牌。

通常，质量领先的供应商所提供的产品往往价格较高（溢价）。如果感知的溢价水平大于实际的溢价水平，则质量领先者必须采取措施让客户明白——实际的价格差距并非他们所想象的那么大。

不过，对企业而言，最重要的是确保产品的高质量。如果一个企业的产品具有较高的市场感知质量水平，即使价格较高，也足以为客户创造领先的价值水平。

（三）客户价值图

客户价值图是盖尔的客户价值分析模型中最为直观的工具，它清楚地描述了客户在选择供应商时的决策因素。客户价值图的绘制是在测评市场感知质量水平和市场感知价格水平的基础上进行的。图 2-8 是以豪华汽车为例，根据收集的相关数据绘制的客户价值图。

客户价值图是一种功能非常强大的工具。通过绘制客户价值图，企业可以清楚地了解自己及竞争对手的市场定位，有效地制定客户价值战略，为客户创造更大的感知价值，扩大企业的销售量。当企业处于平均价值线右下方时，往往具有较高的客户感知价值，因此更容易获得市场份额。如果某个品牌或产品处于左下象限，则意味着低质低价，右下象限意味着低价高质，右上象限意味着高质高价，而左上象限意味着高价低质。

在图 2-8 中，尽管客户认为 A 汽车的价格高于其他品牌，如 B 和 C 的汽车的价格，但同样认为其在性能业绩方面优于其他品牌。换句话说，客户对 A 汽车的感知质量高于其他品牌，因此，A 汽车被放在平均价值线的下方和客户价值图的右上象限（高质高

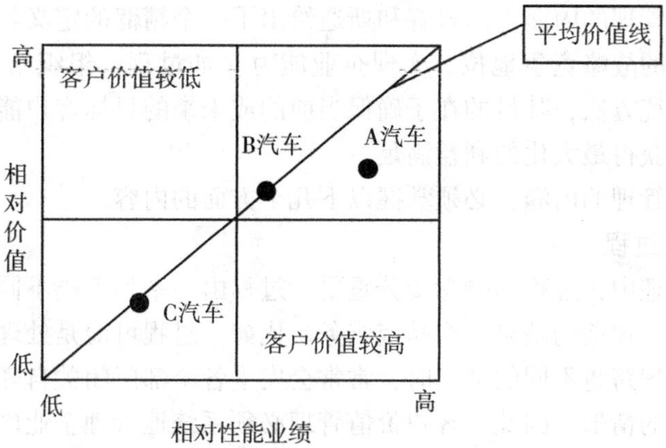

图 2-8 以豪华汽车为例的客户价值图

价)，表明其为客户创造的价值高于其他品牌的汽车。

此外，客户价值图不仅可以用于比较不同企业之间的感知价值水平，还可以用于比较同一企业内部不同产品或服务的价值定位。在一个企业内部的业务组合中，某些业务可能获得了大量的价格溢水（premium），但是缺乏高感知质量的支撑；而其他业务可能具有较高的市场感知质量，本可以获得较高的价格溢水，但实际的市场价格偏低。客户价值图可以给高层管理者一个总体的业务组合描述，使其可以据此调整和修正业务组合战略，实现客户价值最大化与企业利润最大化之间的均衡。

盖尔的前三种工具由于使用简单和内涵明了，在客户价值分析中得到了广泛的应用，几乎成了客户价值分析的标准。事实上，其他四种分析工具在客户价值分析中同样十分重要，不过由于操作上较为复杂，因而企业较少采用。不过，通过得失分析，企业可以了解客户选择或放弃本企业产品或服务的原因，找出客户的价值感知因素，分析自己的产品或服务相对于竞争对手的优势和不足，从而更有针对性地改善为客户创造的价值。而客户价值分析对照图则是用图形的方式来描述本企业在哪些价值因素上比竞争对手做得好，哪些方面做得差，据此调配企业的资源，以改善业绩提高客户感知价值。

四、客户价值管理

客户价值管理的根本目的是使企业的经营理念、能力、过程及组织结构与客户感知的价值因素相适应，以向客户传递最大化的价值。换句话说，客户价值管理就是向客户准确地提供其需要的产品或服务。目前，由于基于产品和价格的差别化竞争优势越来越微弱，如何吸引客户和如何实现持续壮大也就成为各大企业面临的主要问题。因此，基于客户价值创造的竞争优势越来越受到企业界和学术界的重视，越来越多的企业采用客户价值管理方法来识别自己所能创造的价值，而这种价值不仅体现在产品上，还体现在过程和服务上。企业必须调整和营造自身的能力，以期在每一次客户接触过程中为客户创造其需要的价值。总之，如果一个企业希望成功地开展客户关系管理，吸引忠诚的客户，并依靠客户价值来延续壮大态势，客户价值管理至关重要。

关于客户价值管理的内涵，汤普森和斯通给出了一个精辟的定义：客户价值管理是为了获得具有盈利性的战略竞争地位、实现企业能力（如过程、组织结构）和价值链之间协调统一的一套系统方法，其目的在于确保当前的或未来的目标客户能够从企业提供的服务、过程或关系中获得最大化的利益满足。

理解客户价值管理的内涵，必须掌握以下几个方面的内容。

1. 客户导向型过程

在客户价值管理中，过程的概念十分重要。过程由一系列跨越不同职能部门的活动构成，其目的在于产生预期的结果、产品或服务。比如，过程可能是处理客户的订单，或是开发新产品。当过程跨越不同的部门时，常常会发生各个部门闭关自守，置企业整体利益和客户利益于不顾的情形。因此，客户价值管理必须系统地管理企业内部的业务流程，消除各部门之间的界限和壁垒。在当今竞争激烈的环境中，经营管理者必须确保企业的每一个过程都是客户导向型的，并能不断地根据客户的需求变化作出调整。

2. 战略性任务

客户价值管理是战略性的任务，而不仅仅是涉及营销的局部问题。客户价值管理必须应用在战略层次上，考虑客户价值创造和传递过程中的方方面面。客户价值管理不仅仅是营销或客户管理，而是通过企业许多跨部门业务流程的整合，确保企业的产品或服务提供能力与通过营销渠道所作出的承诺相一致。反过来，企业的市场承诺、业务流程和能力也必须与客户的期望结果或价值相符，以驱动目标顾客的行为和忠诚。在客户关系管理中，客户价值管理对于培养客户的忠诚，实现客户挽留意义十分重大。因此，可以说，客户价值管理是客户关系管理中的核心任务之一。

3. 盈利性

通过为客户创造超凡的价值，实现客户价值管理的最终目的，即本企业利润的最大化。客户价值管理对企业盈利性的贡献主要通过如下渠道完成：采用客户价值管理，企业可以更有效地为客户创造价值，实现企业目标；通过价值传递，提高客户愿意支付的价格，拉大收入与成本之间的差距，从而增加通过产品或服务提供而实现的利润；通常获得价值满足的客户更容易表现出忠诚度，有助于客户挽留的实现，从而减少企业的客户获取成本和因客户流失而引起的损失。

4. 竞争性

在竞争性环境中，企业之间就目标客户的争夺日趋白热化。从某种意义上讲，竞争的成败取决于各企业客户价值管理的效率和有效性。采用客户价值管理，可以确保企业正确地投入和配置适当的资源和能力，以最大化地发挥效率，吸引和获取新客户，挽留老客户，进而发展稳固的客户关系。越是在竞争的环境中，越能体现差别化客户价值管理的竞争优势。

5. 整合能力

整合能力指的是如何整合企业的过程、组织结构和基础设施，以有效地向目标市场传递超凡的价值。通常，产品或服务的提供依靠跨部门的协作过程，因此，整合能力必须能够涵盖整个企业的经营范围——所有的职能部门、所有的地域和所有的产品或服务，以使企业的价值创造活动满足客户的价值需求。

6. 价值链

客户价值管理可能会跨越传统的企业边界。任何企业都只是价值链上的一个环节，接受上游企业的输出，实现价值增值后，再传递给下游企业，直到最终消费者。而客户需求的传递方向刚好相反，需求在传递过程中，不断地分解为价值链上各个企业的目标和任务以及对上游企业的产品或服务的需求。在以往，由于协调和沟通上的困难，要优化和管理跨企业价值链中的客户关系并非一件容易的事。随着企业外联网（extranet）等信息系统的发展，优化和管理跨企业价值链也变得越来越简单和容易。

采用客户价值管理，必须实现与价值链上其他参与者的紧密合作，以向下一个环节的客户传递产品或服务。此外，客户价值管理也有利于帮助企业理解和优化与各种客户、供应商的关系，如前向的企业与供应商之间的关系，后向的企业与最终客户之间的关系。

7. 满足客户当前或未来的需求

客户价值管理的主要驱动因素是客户的利益需求。客户价值管理不同于传统的市场研究方法，不仅要重视现有产品、服务、过程和关系的特性，还要探测目标市场的价值特性，以满足客户未来的需求。

由此可见，客户价值管理是一系列以客户为中心的管理活动，通过对客户需求和偏好的分析和理解，来调整和安排企业的业务流程，以有效地为客户提供能满足其需求的产品或服务。提高客户的感知价值、赢得客户的忠诚，最终营造持续的竞争优势。

第五节　客户盈利能力与客户终身价值

一、客户盈利能力分析

（一）客户盈利能力的计算

客户的盈利能力是指单位时间内，企业从某个客户身上获取盈利的数额。客户盈利能力的计算需要大量的估计和判断，通过客户盈利能力的计算，企业能更清楚地了解盈利机会。

客户的盈利能力等于企业从某个客户购买产品或服务所获得的收益减去企业为吸引该客户所支出的接触成本。其中，企业从某个客户购买产品或服务所获得的收益等于客户购买产品或服务的单位价格与客户在单位时间内购买的数量的乘积；接触成本包括市场营销、管理、仓储、客户服务等相关方面发生的所有成本。用公式表示即为：

$$R=PQ-C$$

式中：R 表示单位时间客户的盈利能力；P 表示客户购买产品或服务的单位价格；Q 表示客户在单位时间内购买的数量；C 表示企业为吸引该客户所支出的接触成本。

（二）客户盈利能力分析的实施

客户盈利能力分析是一种工具，有助于企业发现更多盈利机会。企业在汇总数据时常常需要依赖准确的估计和判断。下面列举的几条指导原则可以使分析客户盈利能力的价值最大化。

①抽样调查。在评估客户盈利能力之前，对小部分客户进行抽样调查。这些客户可随机选择，通常包括16位客户。计算其收益和成本以确定客户盈利额及纯利润。然后调查客户，了解当前满意度和未来购买倾向。这些信息对评估忠诚度和未来价值至关重要。抽样调查有3个目的：确定是否展开大规模客户分析；找出盈利性的主要决定因素；寻找获得最大收益的便利途径。

②简单化。在许多情况下，企业不必调整接触成本的每个细节。确认客户盈利的主要决定因素，更容易收集数据，提高对分析的理解。

③合作。将客户盈利能力分析的责任划分给各个部门的管理者，因为客户盈利能力的增加往往要求各个部门通力合作和资源重组。

二、客户终身价值分析

（一）客户终身价值理论

客户关系管理首先提倡的是保持现有客户，实现现有客户的重复购买是企业追求的首要目标，其次才是开拓新市场，吸引新客户。许多企业提出了“一次交易，终身客户”的观念。

客户的终身价值对企业的意义可以通过一组数字反映出来：对北欧航空公司来说，每位商务旅行者20年的价值是48万美元；对卡迪拉克公司而言，每位客户30年的价值是33.2万美元；对于万宝路来讲，每位烟民30年的价值是2.5万美元；对于里兹酒店来说，每位客户20年的价值是14.4万美元；AT&T公司每位客户30年的价值是7.2万美元；可口可乐公司每位客户50年的价值是1.1万美元。

客户终身价值是测量客户关系管理方案的关键因素。但是，到目前为止，大多数企业均没有客户终身价值的资料。其中一个重要的原因是影响客户终身价值的因素非常复杂，而且很多因素的影响目前还缺少较好的量化方法。本节主要分析客户终身价值的组成、影响客户终身价值的因素和方式，为企业更好地管理客户关系提供一个理论基础。

（二）客户终身价值的组成

客户终身价值（customer lifetime value，CLV）是企业与客户在关系维系期间各时间段盈利能力的总和，即企业从客户（个人、家庭或中间商）那里获得的贡献的折现净值。用公式表示即为：

$$CLV=CLV_1+CLV_2+CLV_3+CLV_4+CLV_5+CLV_6$$

式中：CLV表示一个客户终身给企业带来收入的净现值；CLV_1表示客户初期购买给企业带来的收益；CLV_2表示若干时间内客户重复购买以及由于客户提高支出分配为企业带来的收益；CLV_3表示交叉销售带来的收益，即客户在长期内倾向于使用一个企业的更多种产品或服务；CLV_4表示由于企业和客户在长期内更有效地相互配合，使服务成本降低、提高营销效率所带来的收益；CLV_5表示客户向朋友或家人推荐企业的产品或服务所给企业带来的收益，即推荐收益；CLV_6表示忠诚客户对价格敏感度降低，不是等到降价或不停讨价还价才购买，所获得的收益。

（三）影响客户终身价值的因素分析

①贴现率。客户终身价值的简单计算公式如下：

$$CLA=\frac{R}{1+r}\cdot t$$

式中：CLV 表示一个客户终身给企业带来收入的净现值；R 表示单位时间内客户的盈利能力；r 表示贴现率；t 表示客户关系的生命周期（年数）。

客户的终身价值与贴现率成反比。贴现率越高，客户的终身价值越小。当贴现率高时，客户在未来一段时间内对企业的贡献在客户终身价值中的比例下降，此时企业应更注重当前的销售状况。

②客户关系的生命周期。客户的终身价值与客户关系的生命周期成正比，客户忠诚的年数越大，客户终身价值中的CLV_2和CLV_3就越大，则 CLV 就越大。

③产品被提及率。推荐效益是指由客户口碑宣传所带来的效益。所以产品被客户提及率与客户终身价值中的CLV_5有密切的关系。如果产品被客户正面提及，则产生正值的推荐收益，会使客户终身价值增大；如果产品是被负面提及，推荐收益是负值，会使客户终身价值减少。

④客户收入的变化。当客户的收入增加时，一般用于消费的开支会增加，这会对客户终身价值的几个方面产生影响。随着收入的增加，有可能增加重复购买及交叉销售，使CLV_2和CLV_3增加。所以，一般客户的终身价值与客户的收入成正比。

⑤客户关系的维系成本。客户关系的维系成本对客户终身价值的影响非常复杂。单纯从维系成本来看，它是客户终身价值的减少项目，即客户关系维系成本的增加会减少客户终身价值。但是，客户关系的维系成本适当增加，对客户的购买行为可能有很大的影响，例如提高客户的支出分配，增加客户重复购买率，客户更愿意向其他人推荐等，这些都会增加客户终身价值。因此，客户维系成本维持在一个适当的水平是很重要的，如果维系一个客户的平均成本比获取一个新客户的成本少，就说明这个水平是适当的，有必要提高客户维系率，增加客户终身价值。

⑥其他。影响客户终身价值的还有其他一些因素，如市场的新进入者以及竞争者的退出都有可能影响客户终身价值。一般较有实力的新竞争者进入，可能使某个企业的客户终身价值降低；而大的竞争者退出则有可能使某个企业的客户终身价值提高。此外，竞争者的行为也可能影响企业的客户终身价值。

总之，影响客户终身价值的因素众多，非常复杂。通过全面了解客户终身价值的组成和分析哪些因素对客户终身价值有影响，可以帮助企业更加科学地选择合适的方法提高客户终身价值、增加客户资产。

本章小结

对于企业而言，客户是其生存、发展的战略资源，它是企业生产经营活动得以维持的根本保证。按照不同的标准可以将客户分成不同的类型，企业经营的重要作用就是根据客户的价值分类，找到最有价值的客户，对客户关系进行深入有效的研究。

客户满意是客户对某种产品或服务可感知的实际体验与他们对产品或服务的期望值之间的比较。客户满意度是客户满意的程度的度量。对客户满意度进行调查与评价，从而提高客户满意度。客户忠诚是指客户对某一特定产品或服务产生了好感，形成了偏好，进而重复购买的一种行为趋向，客户忠诚实际上是一种客户行为的持续性。客户忠诚度是指客户忠诚于企业的程度。客户满意与客户忠诚之间存在着十分密切的关系，只有提高客户满意才能加强客户忠诚。

客户价值已经成为一个十分重要的概念，只有增加客户价值，提高客户满意度，培养客户忠诚度，建立稳定、互利、长期的客户关系，才能为企业带来比竞争对手更快的销售增长。

对客户的盈利能力和客户终身价值进行分析，能确定其给企业带来的预期收益，以便企业留住盈利客户，剔除给企业带来亏损的客户。只有这样，企业才能在激烈的竞争中立足和发展。

关键术语

客户　客户满意　客户满意度　客户忠诚　客户忠诚度　客户满意陷阱　客户价值　客户让渡价值

课后习题

1. 什么是客户？客户与消费者的区别是什么？
2. 简述客户满意度和客户忠诚度的关系。
3. 客户价值与客户满意度、企业竞争力之间的关系是什么？

实践训练题

1. 调查一个企业，并对其客户进行分类。
2. 请你以某一产品为例对其主要潜在用户进行描述归类。

案例分析题

中国老胶鞋在欧美市场走出时尚舞步

中国既“古老”又“大众”的品牌正在欧美市场成为时尚流行品。继回力鞋之后，解放鞋、飞跃鞋完完全全“Made in China”，保留着20世纪“中国味”的鞋子，而今已作为“很中国”元素的时髦商品，不仅售价翻了几十倍，而且还登上了欧美时尚界的大雅之堂。

飞跃鞋在国外走红，与欧洲时尚界热衷复古潮流、中国元素有关。住在上海的法国人帕特里斯·巴斯蒂安对“板鞋”的追求异常执着。2005 年，他不经意间发现了中国这个名叫“飞跃”的胶鞋，正中他在 Sneaker——板鞋方面的复古情怀。于是，他与自己的好友、设计师查尔斯·穆卡一道成立了新的“飞跃”创意小组。法国人为它建立了一个英法双语的国际网站，称其为“Feiyue”，还特别对品牌含义做了解释——“Flying forward"（向前飞）。

法国设计师对飞跃鞋重新包装，每款鞋子都拥有个性鲜明的名字，其中一双针对女性消费者的粉红色款型，被命名为“甜蜜的风”。设计者还专门制作了与消费者互动的飞跃网站，网站上别出心裁地记录着飞跃鞋的“个人档案”，如出生地：上海；状况：单身；星座：天蝎，等等。现在，飞跃鞋的专柜已经在欧美发散开来，更有日本代理商加入了销售行列。

如果你不知道“飞跃”，那么总该知道军绿色的解放鞋，这款在 30 多年前的中国几乎人脚一双的胶鞋，如今在欧美市场上名为“Ospop”。该品牌的创始人是来自美国新泽西州的班·沃特斯，他在上海售货亭买了一双中国人俗称的“解放鞋”，这款鞋子装在纸袋里出售，每双售价不到两美元。他注意到，中国矿工、工厂劳工和农民大多穿这种设计简单、印有一个“工”字的胶底鞋。“Ospop”的灵感便是来自中国工人，沃特斯说：“这些人，正是把事情搞定的人。”于是有了 Ospop—“One Small Point of Pride”（一丁点儿骄傲）的缩写。Ospop 品牌的解放鞋目前有两个系列，分别是 Skywolf（天狼）和 Departure（启程）。

就在这些“大众”鞋几乎要在中国销声匿迹的时候，它们被外国人彻底改变了。经过策划和包装、面向欧美市场的新“飞跃”系列鞋，价格从 50 欧元到 120 欧元不等（折合人民币 500 元~1200 元每双），而目前在网络搜索到的飞跃鞋在国内的售价大部分不到 200 元人民币；根据中国工人穿的解放鞋而设计的、本来每双售价不到 2 美元的鞋子，设计包装后变成了每双 75 美元。

资料来源：https：//baijiahao. baidu. com/s？id = 1580129029150931354&wfr = spider&for = pc.

思考题：这些老字号的国货品牌，为何会在国外备受追捧？

第三章 关系营销理论

【引例】

联想集团的关系营销

关系营销有三个层次，企业选择的关系营销层次越高，其获得潜在的收益和提高竞争力的可能性就越大。联想集团紧跟客户需求的变化，不断提升关系层次。

1. 财务层次

财务层次是最低的一层，往往通过价格的优惠或免费奖品等来刺激顾客购买更多的产品和服务。1996年联想集团针对国际品牌电脑的价格太高而国内普通消费者的消费能力较低的现状，率先将联想品牌机大幅度地调低了价格，吸引了一大批顾客。但这些举措竞争者很容易模仿，往往很难保持公司产品的差别优势，也无法创造忠诚的顾客。

2. 社交层次

社交层次的关系营销并不忽视价格的重要性，但更重视企业与顾客之间的社交联系，要求企业强调定制化的服务，尽力将顾客转化为忠诚客户。在这个层次，联想集团不仅重视传统的营销工作，更重视交往营销工作，以提高关系质量。如主动与顾客保持联系，了解顾客的需求和愿望，想方设法地满足顾客的需求。这样的社交联系竞争者不容易模仿，顾客与企业容易保持合作的关系。这样，企业可以及时发现服务差错，了解竞争对手的动向，防止顾客“跳槽”。

3. 结构层次

结构层次是最高层次的关系营销，可通过结构性联系，与顾客增强联系。结构性联系是指企业增加技术投资，利用高科技成果，及时收集顾客需求信息，精心设计服务体系，按顾客的特殊需求为顾客提供个性化服务，使顾客得到更多的消费利益和更大的使用价值，从而与企业保持亲密的关系。与顾客建立起结构性关系有两个好处：一是大大提高了顾客的满意度；二是设置高的转换壁垒。当顾客改变供应商将会造成成本的提高、优质售后服务的丧失、老主顾折扣的丧失等时，顾客就会不愿意更换供应商。

联想集团的关系营销策略重点放在结构层次上，公司除了根据行业用户的特点，提供全系列的满足不同需求的产品外，还建立起“大客户市场部—地方专员—行业代理”这样一个三 级销售服务结构。最上层是大客户 市场部，这个部门根据全国不同行业的特点，分别组织了精通相应行业领域的技术、市场、服务等专门人员组成的小分队，负责为不同行业用户提供全面、完善的集软硬服务于一体的一揽子解决方案。同时发展一批专门的行业代理队伍，努力和各行业建立深层次的合作关系，为用户提供“专家式”的服务。这样“度身定做”的服务不仅使顾客满意，也加大了他们对联想集团的依赖性，从而使双方的关系更加密切了。

资料来源：https：//wenku. baidu. com/view/fbdd86c29ec3d5bbfd0a74d9. html.

【学习目标】

1. 了解关系营销的产生与发展历程。
2. 能够区分关系营销与传统营销的不同。
3. 理解并掌握关系营销与客户关系管理的联系。

【教学目标】

1. 什么是关系营销？关系营销的特征及目标。
2. 关系营销的意义以及如何实施关系营销。

第一节　关系营销理论的产生与发展

管理大师彼得·德鲁克（Peter Drucker）曾说过，管理的目标在于创造客户。如果说管理的目标在于创造客户，那么客户关系就是企业生存和发展的生命线。客户关系管理不仅仅要创造新的客户，还要维持老客户，提高客户的满意度和忠诚度，提升客户的价值和利润。它所蕴含的资源和商机，将为企业提供一个崭新而又广阔的利润空间。随着市场经济的发展，客户关系逐渐受到广泛的重视，并成为关系营销这种新的营销模式的客观基础。客户关系管理也成为关系营销的一种手段和方法。

一、对“客户”的重新认识是关系营销理论的产生背景

（一）企业管理理念的转变

1. 以产品为中心

企业经营理念随着市场环境的改变而不断改进。以前，企业所面对的是卖方市场，需求巨大，供给不足。企业只要能生产出产品，就不愁卖不出去。提高产品质量是管理的中心，这时的企业管理基本上是以产品为中心的产值理论。

2. 以销售为中心

随着技术的进步，商品逐渐丰富，竞争的出现迫使企业提高经营管理水平和生产效率。管理者逐渐认识到企业所面临的问题已不再是扩大生产规模，而是产品销售。企业不再把目光投向如何生产出更多的产品，而是以如何将产品卖出去为目标。由此，产品中心论被销售中心论所代替，企业把重心转向销售环节。

3. 以利润为中心

为了生存和发展，企业一方面提高产品质量，另一方面强化销售。但是，产品成本和销售费用的提高却造成利润大幅下降。这时企业管理的重心开始转向以利润为中心的成本管理。而成本是不能无限压缩的，当在一定质量保证的前提下成本的挖掘已经到了极限时，成本压缩必然以产品质量的下降或提供给客户价值的降低为代价，其结果必然是被市场所抛弃。

4. 以客户为中心

企业从内部挖掘转向争取客户，转向企业的市场营销、销售和客户服务等部门的管理。企业的客户意识开始加强，客户地位逐渐提高，“客户就是上帝”成为企业的口号。

客户真正掌握市场主动权是在互联网时代到来之际。如果客户对企业的产品或服务不满意，只要轻轻点击鼠标就可以做出新的决定。由此可见，在竞争日趋激烈的今天，影响企业生存和发展的因素不再是企业本身的产品，而是客户对企业的产品是否满意。企业只有从客户的角度出发，以客户为中心，为客户创造更多的价值，建立长久稳定的客户关系，才有可能生存发展下去，并成为行业中的佼佼者。

随着管理理念的不断变化，企业由关注内部管理向内外兼顾转化。“以产品为中心”转向“以客户为中心”，企业的主要活动也由扩大生产规模转向客户关系管理。同时，企业投入大量的人力、物力和财力，不断地改变企业利润下降的局面，达到提升客户满意度的目标。事实上，“客户中心论”就是以客户的需求为中心，通过不断地提高客户满意度来获取利润的，最终实现企业与客户的双赢。总体来说，企业管理理念的变化主要经历了以下四个过程（见表 3-1）。

表 3-1 **企业管理理念的演变过程**

项目	产生背景	管理要点	核心活动
产值中心论	卖方市场，产品供不应求	产值（量）	扩大生产规模
销售中心论	经济危机，产品大量积压	销售额	促销，质量控制
利润中心论	竞争激烈，实际利润下降	利润	成本管理
客户中心论	客户不满，销量滑坡	客户满意	客户关系管理

（二）营销观念的转变

市场营销不仅是一门与时俱进的科学，而且注重实践与应用。随着竞争的加剧和科学技术的进步，营销理论不断推陈出新，营销观念也在发生变化。著名的营销学家菲利普·科特勒在其著作《市场营销学》中把营销观念分为五个层次，即生产观念、产品观念、推销观念、市场营销观念和社会营销观念。

1. 生产观念

生产观念是指导销售者最古老的理念之一，产生于 20 世纪 20 年代前。生产观念不是从消费者需求出发，而是从企业生产出发，主要表现是“我生产什么，就卖什么”。它的营销重心在于大量生产，力求产品标准化。通过降低制造和分销成本，以产品的低价格销售来吸引消费者。因为生产观念坚持认为，消费者会喜欢那些随处可以买到的、价格低廉的产品。因此，以生产观念为导向的企业管理部门总是把注意力集中在改进生产和销售效率方面。例如，美国皮尔斯堡面粉公司从1869年至20世纪20年代，一直运用生产观念指导企业的经营。当时，这家公司提出的口号是“本公司旨在制造面粉”。美国汽车大王亨利·福特曾傲慢地宣称：“不管客户需要什么颜色的汽车，我只有一种黑色的。”很显然，生产观念是一种重生产、轻市场的商业哲学。

2. 产品观念

产品观念认为，消费者欢迎那些质量最优、性能最好、特点最多的产品。因此，企业应该致力于生产优质产品，并不断对其产品进行改进，使之逐步完善，达到扩大销售额，获得更多利润的目标。产品观念的产生源于20世纪30年代的经济危机和机械化大生产的普及时期。由于生产率提高，产品大量生产，出现供过于求的现象。企业认识到其严重性，开始实施质量管理并控制产品数量，以确保利润的增长。“销售中心论”在这一时期影响着产品观念的发展。当企业发明一项新产品时，产品观念就应运而生。这时，企业最有可能导致“市场营销近视”，即不适当地把注意力放在产品上，而不是放在市场需要上，在市场营销管理中缺乏远见，只看到自己的产品质量好，看不到市场需求在变化，致使企业经营陷入困境。例如，铁路管理部门曾经认为，客户需要的是火车而不是运输，所以就忽视了来自日益增长的飞机、公共汽车、卡车和小汽车的竞争。

3. 推销观念

推销观念产生于20世纪30年代末期，其指导思想是“利润中心论”。它认为消费者是被动的，所以，需要企业派出大量的推销人员，运用各种推销手段去说服客户购买企业的产品。推销观念和前两种观念一样，也是建立在“以产定销”基础上的，而不是以满足消费者真正的需求为目标。在推销观念的压力下，很多企业开始重视推销工作，纷纷成立推销机构，组建推销队伍，培训推销人员。

4. 市场营销观念

市场营销观念形成于20世纪50年代，其指导思想是“客户中心论”。该观念认为，实现企业诸目标的关键在于正确确定目标市场的需要和欲望，以消费者为中心，并且比竞争对手更有效地生产和销售目标市场所期望的产品。市场营销观念从明确的市场出发，以客户需要为中心，协调所有营销客户的活动，并通过创造性活动来满足客户需要，从而获取丰厚的利润。它要求企业的一切活动都围绕满足客户的需求来进行，以市场需求作为企业经营的出发点。

推销观念和市场营销观念有着根本的区别：推销观念注重卖方需要，市场营销观念则注重买方需要；推销观念以卖主需要为出发点，考虑如何把产品变成现金，而市场营销观念则考虑如何通过制造、销售产品以及提供与最终消费产品相关的服务，来满足顾客的需要。市场营销观念的产生，是市场营销哲学的一次质的飞跃和革命，它不仅改变了传统的旧观念的逻辑思维方式，而且在经营策略和方法上也有很大突破。

5. 社会营销观念

社会营销观念认为，组织应该确定目标市场的需要、欲望和利益。然后，以一种能够改变消费者和社会福利的方式向客户提供更高的价值。20 世纪 70 年代以来，随着环境不断遭到破坏，资源日益短缺，人口爆炸性增长，通货膨胀席卷全球，新的社会问题不断涌现，这要求企业顾及消费者整体与长远利益，即社会利益的呼声越来越高。市场营销学界提出了一系列的新观念，如人类观念（human concept）、理智消费观念（intelligent consumption concept）、生态准则观念（ecological imperative concept）。其共同点是，认为企业生产经营不仅要考虑消费者需要，而且要考虑消费者和整个社会的长远利益，这就是社会营销观念。

前三种营销观念都是以企业自身为出发点，没有考虑消费者的需求。随着社会经济的不断发展，消费者开始向市场提出了更高的要求，卖方市场开始向买方市场转变。企业越来越感觉到客户的重要性。因此，企业的营销观念开始发生了质的变化，由生产和产品导向转向客户导向。

（三）关系营销理论及其产生背景

1. 关系营销理论

近年来，随着全球经济一体化和市场竞争激烈化的不断加深，传统的市场营销理念受到了严重的冲击。特别是 20 世纪 80 年代后，西方一批营销专家、学者突破了传统的市场营销理论的桎梏，积极研究和探索出了适应当代企业竞争要求的新的营销理论——关系营销理论，并成为 21 世纪企业营销的指导思想。

所谓关系营销是指为了使企业与客户、分销商、零售商及供应商建立一种长期、信任、互惠的关系，企业必须向这些个体及组织承诺和提供优质的产品、良好的服务以及适当的价格，从而与这些个体和组织建立并保持一种长期的经济、技术和社会的关系纽带。企业通过营销关系的建立形成了一个营销网络，它把企业、供应商、分销商和客户等网络成员联系在一起，并形成牢固和互相依赖的商业关系。此时，市场营销的功能也就发生了变化，从过去使每次交易的利润最大化转变为使网络成员长期利益最大化，在此基础上满足客户的需要，使企业与供应商、分销商互惠互利、共同发展。

2. 关系营销理论的产生

关系营销理论的产生具有较为深刻的时代背景和根源，是人类文明发展的必然要求。

①社会经济迅速发展。随着市场经济的繁荣和发展，物质产品的不断丰富，市场已由原来的卖方市场转向买方市场。由于企业之间的竞争日益激烈，竞争手段也更加多样化。同时，先进科学技术的应用使产品之间的差异减小，企业很难再通过产品、渠道和促销等传统营销手段取得竞争优势。而且企业之间营销活动的效果相互抵消。传统营销活动的效果越来越不明显。这些促使企业与客户保持良好的关系，以形成稳定市场，同时企业之间的交流也因为竞争的加剧而变得更加迫切。

②信息技术发展。信息技术的发展使得人与人之间的空间距离相对缩短，企业之间、企业与客户之间的依赖性、相关性也越来越强，彼此之间的交流和协作更加便利。作为企业，对这种时代特征不可视而不见，尤其是在营销策略方面，要处理好这种互动关系，形成持续发展的基础和动力，达成企业战略目标。

二、关系营销理论的发展及重要学派

任何理论的发展都是以核心概念的提出为基础的。关系营销的概念是在 1983 年由美国从事服务营销研究的学者 Berry 提出并给予定义的。概念正式提出后，关系营销很快成为营销学领域的一个研究热点。关于营销学理论的发展过程，主要分为以下几个阶段。

20 世纪 80 年代，关系营销主要是站在某一产业的角度来探讨如何建立与客户的长期关系。Berry 在 1983 年不仅明确提出了关系营销的概念，而且从服务业的角度提出发展关系营销的五种战略。这五种战略分别是：核心服务战略、关系专门化战略、服务提升战略、关系定价战略和内部营销战略。Berry 是最早明确提出获得新客户的成本要高于保持和发展现有客户关系成本的学者。这一理念的提出为关系营销的发展打下了坚实的基础。Theodore Levitt 从产业营销的角度出发，于 1983 年提出了供应商与客户关系的真正价值应该在销售工作完成后得到增加的思想。1985 年，Jackson 通过对产业市场上企业采购情况的案例搜集，对转换成本进行了详细的讨论。Jackson 作为最早对关系营销和交易营销的特点进行系统比较的学者之一，他坚持认为：为了达到对客户行为的管理目标，企业应分析客户的转换成本。20 世纪 90 年代初，许多有影响力的理论在关系营销领域不断出现。这些理论不仅扩展了关系营销的适用范围，而且对关系营销理论的发展作出了贡献。

20 世纪末，企业组织结构向网络化转变。随着战略营销联盟等企业合作形式的推广以及计算机信息技术的迅速普及，关系营销研究吸引了众多学者的研究兴趣，呈现出学派纷呈的繁荣景象。总体来看，目前国际上比较有代表性的关系营销理论主要有以下几种。

（一）英澳学派的六市场模型

该理论把对企业营销有影响的因素划分为六个市场，即客户市场（已有的和潜在的客户）、供应商市场（要成为供应商的伙伴而不是对手）、分销商市场（协助企业销售其产品或劳务）、竞争者市场（寻求资源共享或优势互补）、相关利益者市场（财务分析人员、记者、政府）、内部市场（组织及其员工）。企业实施关系营销战略必须开发和促进与这六个市场的关系。

（二）投入信任理论

美国学者摩根和亨特将影响企业营销成功的关系分为 4 组共 10 种合伙关系，即供应商合伙关系（产品供应商、服务供应商）、隐性合伙关系（竞争者、非营利组织、政府）、购买者合伙关系（最终客户、直接客户），内部合伙关系（职能部门、员工、业务单位）。关系营销是直接指向建立、发展和维持成功交换关系的所有的营销活动。

（三）顾木森的 30R 理论

瑞典学者顾木森认为，关系营销就是从关系、网络和交互的角度看营销。他把企业面临的关系分为市场关系和非市场关系两大类共 30 种关系，前者主要包括客户与供应商、分销渠道、客户与服务提供者等 17 种关系，后者主要包括人际和社会网络、大众媒体、内部客户、所有者等 13 种关系，其中，客户关系是核心。

（四）格朗鲁斯的价值、交互和对话过程理论

芬兰学者格朗鲁斯把关系营销看成是包含价值、交互和对话的过程，即为客户创造价值是关系营销的目的，交互过程是关系营销的表现形式，对话过程则是关系营销的沟通层面。他认为关系营销就是为了满足企业和相关利益者的目标而进行的识别、建立、维持、促进并在必要时终止的过程。它通过相互交换和履行承诺实现。

（五）科特勒的全面营销理论

1991 年科特勒提出全面营销概念，认为只对客户展开营销是不够的，企业必须进行全方位的营销。科特勒识别出企业环境中的 10 个重要营销对象，包括直接环境中的供应商、分销商、最终用户和员工，间接环境中的金融机构、政府、媒体、联盟者、竞争者和公众。全面营销就是对这 10 个方面展开营销。

第二节　关系营销概述

一、关系营销的含义

自从“关系营销”概念被提出以来，许多学者从各个方面对其展开研究。营销学家库特将众多针对关系营销的研究成果划分为三大流派：一是建立在克里斯托弗、佩恩等研究基础上，强调将质量管理、服务营销理念和客户关系经济学紧密联系在一起的英澳流派；二是以格朗鲁斯为代表的建立在工业营销的互动网络原理、服务营销理念和客户关系经济学相结合的基础上的北欧流派；三是以白瑞为代表的主张在企业内部就买卖双方的关系进行强化教育，并相应提高企业在这方面的经营管理水平的北美流派。无论是英澳流派，还是北欧流派或北美流派的研究，大多围绕着解释关系营销概念而展开讨论。其中较有代表性的观点如下。

白瑞（L. Berry）认为建立重视客户关系的企业文化，将会对企业进行的外部营销活动产生积极的影响，企业保持老客户比吸引新客户的营销效率更高，关系营销的实质就是要保持和改变现有客户。

格朗鲁斯（Gronroos）在白瑞关系营销概念的基础上，分别在 1990 年和 1996 年先后提出并发展了关系营销的定义。他认为，关系营销是为了满足企业和相关利益者的目标而进行的识别、建立、维持、促进同消费者的关系，并在必要时终止关系的过程。这只有通过交换和承诺才能实现。

顾木森（Gummesson）从企业竞争网络化的角度对关系营销进行定义。他认为，全球的竞争是在企业网络之间进行的，而不再是单个企业之间的竞争。关系营销就是把营销看做关系、网络和互动。

塞斯（Sheth）和帕维提亚（Parvatiyar）强调合作的重要性，提出关系营销是通过合作来与选定的客户、供应商、竞争者为创造价值而建立密切的互动关系的导向。合作是关系营销的手段，价值创造是关系营销的目的。

摩根（Morgan）和亨特（Hunt）从经济交换与社会交换的差异来认识关系营销。他们认为关系营销是旨在建立、发展和维持成功交换关系的所有营销活动。

综合不同学者对“关系营销”的定义，我们可以得出对关系营销的三种理解。第一，关系营销是一种买卖之间依赖关系的营销方式；第二，关系营销是识别、建立、维护和巩固企业与客户及其他利益相关者的关系的活动，并通过企业的努力，以成熟的交换及履行承诺的方式，使活动涉及各方面的目标在关系营销活动中实现；第三，关系营销是在个人和群体交换产品和价值的同时，创造双方更加亲密的相互依赖关系，用以满足社会需要和消费者欲望的管理过程。

总体来讲，关系营销是由一系列的社会活动组成的一个过程。在这个过程中，为了达到共同的营销目标，利益各方相互交流，并形成一种既稳定又相互信任的关系。从实践的角度来看，关系营销已经完全突破了企业与消费者之间的这层关系，并向供应商、中间商以及其他与企业有直接、间接联系的社会团体、政府职能部门及个人方面延伸。

二、关系营销的发展基础

关系营销是由大市场营销的概念衍生发展而来的。1984 年，菲利普·科特勒提出了所谓的大市场营销概念，目的在于解决国际市场的进入壁垒问题。对于传统的市场营销理论而言，企业外部环境是被当做不可控因素来对待的，其暗含的假设是；当企业在国际市场营销中面临各种贸易壁垒和舆论障碍时，就只得听天由命。因为传统的 4Ps 组合策略，在贸易保护主义日益盛行的今天，已不足以打开封闭的市场。要想打开封闭的市场，企业除了需要运用产品、价格、分销及促销四大营销策略外，还必须有效运用政治权力和公共关系这两种营销工具。这种策略思想被称为大市场营销。

关系营销虽然来自科特勒的“大市场营销”，但是它的产生和发展同时也大量来自对其他科学理论的借鉴，对传统营销理念的拓展和信息技术的驱动。

（一）对其他科学理论的广泛借鉴

这种借鉴主要来自系统论、协同学的役使原理和广告传播学的理论精髓。

1. 关系营销对系统论的借鉴

系统论把社会、组织及其他事物都看做一个个的系统，而这些系统又是由若干子系统构成的。整个系统的运转依赖于这些子系统及其构成要素间的相互依赖和作用。从系统论的观点来看，企业就是一个由子系统组成的，并与其所处环境有可确认的边界的系统。研究者和管理者需要了解子系统内部、子系统之间以及企业与环境之间的关系。其作用就是要确定关系的模式或各变量之间的结构，并采取有效措施以保证系统的有效运行，企业营销需要处理和管理好上述各种关系。

2. 关系营销对协同学的借鉴

协同学认为，系统中要素子系统之间的相互作用导致系统性质的改变。每一个系统的运动都有两种趋向：一种是导致系统瓦解的重要原因，即自发地倾向无序的运动，另一种是子系统之间的关联引起的协调、合作运动，这也是系统自发走向有序的重要原因。役使原理表明，无序就意味着杂乱无章，存在大量不同的可能性。占据主导地位的序参数迫使其他因素和状态纳入它的轨道，从而使一切事物有条不紊地组织起来。而协同本身是一种自组织能力，这种组织能力是以信息联系为基础，通过反馈控制来实现的。当系统与环境进行物质、能量、信息交换时，自组织能力体现在控制与调整环境系统内各子系统，使之协同运作，保持系统的和谐有序运转。协同学的这一原理对于研究企业内部及企业与外部环境之间的关系具有重要意义。实际上，协同正是关系营销所要追求的利益。因为系统虽具有自组织能力，但如何减少无序的状态和无序状态保持的时间，对于关系营销来说无疑是一个具有实践意义的课题。

3. 关系营销对广告学、传播学的借鉴

传播是关系双方借以交换信息的符号传递过程。在此过程中，使信息的发送者和接收者的认识趋于一致是传播的最终目的。传统营销中，广告等大众传播方式（单向传播方式）是企业与消费者进行沟通的主要渠道。通过这一方式能够实现沟通目标，主要是因为厂商控制着大部分的产品信息，依靠这些有限的信息也可以进行决策。现代传播是一种双向沟通，企业与客户之间的信息交换将经历如下过程：第一步，企业要了解客户所拥有的信息形态和信息内容；第二步，通过某种渠道和方式明确客户对信息的需要；第三步，以适当的方式传递信息。整合营销传播就是对传统营销理论和传播学的抽象和升华。在这个概念中，广告、促销、公共关系、直销，以及媒体计划等一切营销活动构成传播的全部含义，并用一致的信息与客户沟通，即“用同一种声音说话”。从这个意义上说，传播就等于营销，营销的过程也就是传播的过程。

（二）关系营销是对传统营销理念的有力拓展

传统的市场营销理论认为企业营销是一个利用内部可控因素来影响外部环境的过程。对内部可控因素的总结是4Ps组合，即产品、价格、分销、促销策略。营销活动的核心在于制定并实施有效的市场营销组合策略。但实践证明，传统的营销理念很难再有效地带助企业获得经营优势，因为任何一个企业都不可能独立地提供营运过程中所有必要的资源，而必须通过银行获得资金、从社会招聘人员、与科研机构进行交易或合作、通过经销商分销产品、与广告公司联合进行促销和媒体沟通。不仅如此，企业还必须被同行企业、社区公众、媒体、政府、消费者组织、环境保护团体等所接受。因而，企业与这些环境因素联系密切，构成了保障企业生存与发展的事业共同体，而共同体中的伙伴建立适当的关系就形成一张巨型的网络。对于大多数企业来说，企业的成功正是因为充分利用了这种网络资源。这样一来，对企业资源的认识，就从企业“边界”以内扩展到了企业“边界”以外，即包括所有与企业生存和发展具有关联的组织、群体和个人，以及由这些“节点”及其相互间的互动关系所构成的整个网络。而这些关系是否稳定并能给网络的成员带来利益的增长，即达到“多赢”的结果，则依赖于有效的关系管理，包括利益的共享、通过“感情投资”在伙伴间建立亲密的关系等。

（三）信息技术是关系营销发展的驱动力

现代信息技术的发展为各种营销伙伴关系的建立，维护和发展提供了低成本、高效率的沟通工具，它提供了关系营销所必需的基本技术条件。此外，从客户角度来看，信息技术的发展，使得客户得到更多的信息，并对其获得的产品或服务进行比较，从而使客户变得越来越挑剔。

三、关系营销的特征、核心及目标

关系营销是一种旨在建立和管理企业各种关系的营销理论。它将企业置于社会经济大环境中来考察，把企业看做一个与客户、供应商、竞争者、政府及其他公众互动作用的过程。

（一）关系营销的本质特征

1. 沟通的双向性

在关系营销当中，沟通应该是双向的而非单向的。社会学认为，关系是信息和情感交流的有机渠道，良好的关系使渠道畅通，恶化的关系使渠道阻滞，中断的关系则使渠道堵塞。交流可以由企业开始，也可以由营销对象开始。广泛的信息交流和信息共享，才可能使企业赢得各个相关利益者的支持和合作。

2. 战略的协同性

在竞争日益激烈的市场上，明智的营销管理者强调与利益相关者建立长期的、互信互利的关系。这可以是一方自主地调整自己的行为，也可以是关系双方都调整自己的行为。关系双方可以相互学习，相互取长补短，协同行动去实现对双方都有益的共同目标。在企业与客户、分销商、供应商甚至竞争者建立长期的、彼此信任的关系时，可以有以下两种选择，第一，顺从。在这种关系中，关系双方中的一方自愿或自主地调整自己的行为，按照对方的要求行事。第二，顺应。除包含顺从的含义外，顺应还包括关系的主客体双方为保持这种良好的关系各自修改、调整自己的目标、行为、态度等，以适应对方的要求，创造合作基础上的共同发展，共同获得长期利润。

3. 营销的互利性

关系营销是建立在双方利益互补的基础上的。假如没有各自利益的满足与实现，双方就不会建立良好的关系。既然如此，就要求交易双方互相了解对方的利益，寻求利益的契合点，并努力使利益得到共同实现。

4. 反馈的及时性

关系营销要求建立专门的管理机构，用以追踪利益相关者的态度。关系营销应具备一个反馈的渠道，它的主要任务就是连接关系双方。企业通过此渠道了解环境的动态变化，根据合作方提供的信息，改进产品和技术。信息的及时反馈，使得关系营销更具有动态的应变性，有利于发现新的市场，有助于挖掘潜在客户。

5. 利益的长期性

发展关系营销的目的是希望将买卖双方长期地联系在一起，所以，企业在保证盈利的条件下，要兼顾客户和网络中其他成员的利益，而且必须去实现整个网络长期利益的最大化，不能只为了短期的、局部的利益而损害了长远的、全局的利益。

（二）关系营销的核心及目标

关系营销实际上是一个双赢的策略。企业和客户之间是相互依存的关系，它们之间存在着共同的利益。一方面，客户支付价值获得使用价值；另一方面，企业让渡产品使用价值获得利润。企业通过为客户创造价值来实现自己的价值，而客户通过向企业付出价值实现了产品的使用价值。由此可以看出，企业与客户之间是一种合作的、双赢的关系。

关系营销的核心就是保持客户。通过加强与客户的联系，与客户长期保持关系，并在此基础上开展营销活动，为客户提供高度满意的产品和服务，实现企业的营销目标。企业通过建立关系营销网络，使其成员之间建立稳固、相互依赖的商业关系。关系营销的目的在于减少每次交易的成本和时间，把客户的购买行为转变为习惯性的动作，建立客户的忠诚度，从而取得企业长期稳定的发展。此时，企业和客户都得到了满足，也就达到了双赢的效果。

关系营销的目标是客户忠诚。很多研究者把客户忠诚与客户保留混为一谈，其实两者相差甚远。客户保留是指客户重复的光顾，只是一种行为。而客户忠诚涉及行为和态度两个方面的因素。客户忠诚的前提是客户满意，而客户满意的关键条件是客户价值的提升，客户价值的提升在于发掘客户的真实需求并加以满足，而关系营销能将以上过程关联起来并加以实现。何尔曼·迪勒认为，关系营销的目标就是客户忠诚而不是客户保留。因为如果不忠诚的客户有了其他选择，他们就会离开。通过实施关系营销，培养客户忠诚，不仅可以给企业带来丰厚的利润，而且还可以节约成本，提高利润率。

四、关系营销与传统营销

关系营销与传统营销观念相比，最根本的区别在于：传统营销观念是一种短期的概念，其核心是商品交换；而关系营销的核心是“关系”，指在双方之间建立一种联系，这是一个长期的概念。

关系营销特别适合于生产者市场。它的主要内容是对客户进行科学的管理，而方法则灵活多样。比如，可以借助计算机建立客户数据库，使企业准确了解客户的有关信息，使产品能得以准确定位，同时使企业促销工作更具针对性，从而提高营销效率。运用数据库与客户保持紧密联系，无须借助大众传媒，比较隐秘，不易引起竞争对手的注意。此外，还可通过建立客户俱乐部、客户信用卡、会员卡制度及对关键客户专门设立关系经理等方式，进行客户管理。

（一）关系营销与交易营销

交易营销是着眼于产品或服务实际交易过程的营销理念，而关系营销更加注重和客户建立并保持长期的联系。德国汉诺威大学的索斯顿·亨尼格梭罗和尤苏·拉汉森认为，关系营销是对传统营销方式的重新看待。其实质是通过建立与维持同现有客户及利益相关者的关系而获利。它与传统的只注重与客户的单次交易的交易营销有很大的不同。在交易营销中，销售完成后互动关系即告终止，而关系营销认为销售是长期商务关系的开始。两者具体区别如下：

(1) 以产品交易为导向的传统营销理论认为，市场是由同质的、无关紧要的个体客户组成的。关系营销认为市场中的每个客户的需求、愿望和购买能力存在很大的差异，每个客户对企业的价值也是不同的。

(2) 交易营销认为市场中交易双方的主动性不同，即“积极的卖方”和“消极的买方”，买卖双方是各自独立的。市场营销就是卖方的单方行为，卖方用产品、价格、促销等营销组合手段刺激客户购买。关系营销则认为市场并不都是由“积极的卖方”和“消极的买方”组成的。在有些情况下，具有特定需求的买方也在努力寻找合适的供应商。买卖双方是互动的关系，关键在于发现买卖双方合适的价值结合点。

(3) 交易营销认为，交易活动是由具体的单个事件组成的，并且各个交易活动之间没有任何影响。关系营销则认为，供求双方的交易是一个连续不间断的过程。前一次的交易往往对以后的交易活动产生影响。

(4) 交易营销的产品主要是指产品的实体价值，而关系营销认为产品的价值不但包括实体价值，而且包括附加在实体产品之上的服务。比如说，与供应商交易过程中愉悦的心情、与产品相关的咨询以及技术服务的支持等。

(5) 交易营销完全依靠市场价格机制发挥作用。而关系营销却以“关系”作为研究的核心。关系营销认为客户在交易中不仅要得到经济价值，还追求经济价值以外的其他价值，客户是有限理性的“社会人”，关系营销要考虑客户在心理上以及情感上的满足。

(6) 交易营销的价值源于产品交易活动完成后价值在供应商、客户、分销商等价值链上的分配；而关系营销则认为，价值是供应商和客户在交易的沟通过程中共同创造的，是一种值得重视的新的价值。关系营销认为，客户购买产品不仅仅考虑产品价格的高低，更重要的是要考虑其他因素，例如供货的稳定性等。与交易营销相比，企业在与客户、供应商、分销商、竞争者相互的合作过程中，由于资源相互依赖、共同开发、信息共享、组织学习等因素，关系营销更关注价值的重新创造和客户的利益。

(7) 交易营销与关系营销在实践活动中的特点见表 3-2。

表 3-2　**交易营销与关系营销**

交易营销	关系营销
关注一次性的交易	关注客户保持
较少强调客户服务	高度重视客户服务
有限的客户承诺	高度的客户承诺
适度的客户联系	高度的客户联系
	质量是生产部门所关心的

由此分析可知，两种不同的营销方式在具体行业应用中的作用有所不同：第一，当服务在产品交易中的作用越来越突出的时候，关系营销更优于交易营销；第二，在大宗产品、设备、专业服务等领域，关系营销比交易营销更适用；第三，在消费品行业，关系营销更多地适用于与经销商的合作，而与终端消费者合作更多的是交易营销。

（二）关系营销与服务营销

服务营销作为20世纪80年代营销思想发展的主流之一，与关系营销的共同之处在于：强调关系在企业营销活动中的重要性。然而，服务营销和关系营销对于关系在营销中的地位及范畴的理解是有本质区别的，主要区别见表3-3。

表3-3　**服务营销与关系营销**

服务营销	关系营销
把关系看成是与其他因素并列的一个营销变量	把关系看成是营销活动的核心
主要强调建立与客户的良好关系	客户关系与公众关系并重
主要通过客户服务来建立关系	服务只是手段之一
没有突破传统的4Ps的模式	建立除产品之外的其他关系

（三）关系营销与庸俗营销

这里所谈的庸俗营销主要表现在“拉关系，走后门”，认为关系营销就是通过“拉关系，走后门”来进行的营销活动。事实上，这是一种错误的观点，关系营销与庸俗营销有着本质的区别（见表3-4）。

表3-4　**庸俗营销与关系营销**

项　目	庸俗营销	关系营销
产生背景不同	市场经济不发达的产物	高度发达的市场经济的产物
手段不同	透明度较低而且经常是一些违法行为	通过客户服务、客户参与及客户组织等手段来进行，透明度较高
目的不同	只是一种暂时的合作关系	建立兼顾双方利益的稳定的长期合作关系
社会效果不同	很容易造成资源的极大浪费，助长社会的腐败之风，并且经常损害他人的利益	有利于整个社会的进步，可以减少交易成本，实现资源的优化配置，不损害第三者和社会的利益

五、关系营销中的关系

对于传统的交易营销来说，主要涉及企业和外部客户的关系。而关系营销中的“关系”却非常广泛。关系营销是建立在客户、关联企业、政府和公众三个层面基础上的，它要求企业在进行经营活动时，必须处理好与这三者的关系。

（一）建立、保持并加强同客户的良好关系

客户是企业生存和发展的基础。企业离开了客户，其营销活动就成了无源之水、无本之木。市场竞争的实质就是争夺客户。要想同客户建立并保持良好的关系，必须做到以下几点：首先，必须真正树立以客户为中心的观念，一切从客户出发，并将此观念贯穿于企业生产经营全过程。其次，切实关心客户利益，提高客户满意度。消费者在购物后会衍生出许多问题。为此，许多公司设立了服务热线电话，客户只要拨通热线电话，就可以得到与公司产品有关的一切服务。最后，重视情感在客户做购物决策时的影响作用。飞速发展的技术使人们之间沟通的机会减少，但人们却迫切希望进行交流，追求高技术与高情感的平衡。企业在经营中要注意到客户的这种情感因素，并给予重视。平安保险公司对投保客户每人赠送一张消费优惠卡，持卡购物消费一律实行优惠。这种富有人情味的情感营销手段，既使客户感到了温情，又使企业增加了保额。外部客户固然重要，内部客户也不可忽视。因为只有内部客户满意，才有可能使产品和服务质量提高，进而满足外部客户的需求。

（二）与关联企业合作，共同开发市场

在传统市场营销中，企业与企业之间是竞争关系，企业为在竞争中取胜，往往不择手段。这种方式既不利于社会经济的发展，又易使竞争双方两败俱伤。关系营销理论认为，企业之间存在合作的可能，通过关联企业的合作，将更有利于实现企业的预期目标。

1. 企业合作有利于巩固已有的市场地位

当今市场细分化的趋势越来越明显，竞争日趋激烈，通过合作可增强企业对市场的适应能力。

2. 企业合作有利于企业开辟新市场

企业要想进入一个新市场，往往会受到许多条件的制约。但若在新市场中寻找一个合作伙伴，许多难题将迎刃而解。

3. 企业合作有利于多元化经营

企业不可能对所有领域里的经营活动都十分熟悉，在陌生的领域，企业将要承担很大的风险。通过与关联企业合作，可以大大降低风险。

4. 减少无益的竞争

同行业竞争容易导致许多恶果，如企业亏损剧增、行业效益下降等，而企业间的合作可使这种不良竞争减少到最低程度。

（三）与政府及公众团体协调一致

企业是社会的一个组成部分，其活动必然要受到政府有关规定的影响和制约。在处理与政府的关系时，企业应该采取积极的态度，自觉遵守国家的法规，协助研究国家所面临的各种问题的解决方法和途径。关系营销理论认为：如果企业能与政府积极地合作，树立共存共荣的思想，那么政府就会制定出对营销活动调节合理化、避免相互矛盾、帮助营销人员创造和分配价值的政策。

六、关系营销的市场模型

关系营销又称为顾问式营销，是指企业在盈利的基础上，建立、维持和促进与客户和其他伙伴之间的关系，以实现参与各方的目标，从而形成一种兼顾各方利益的长期关系。关系营销的市场模型概括了关系营销的市场活动范围。企业如果想在本行业立于不败之地，就必须了解六大市场并处理好它们之间的关系，如图 3-1 所示。

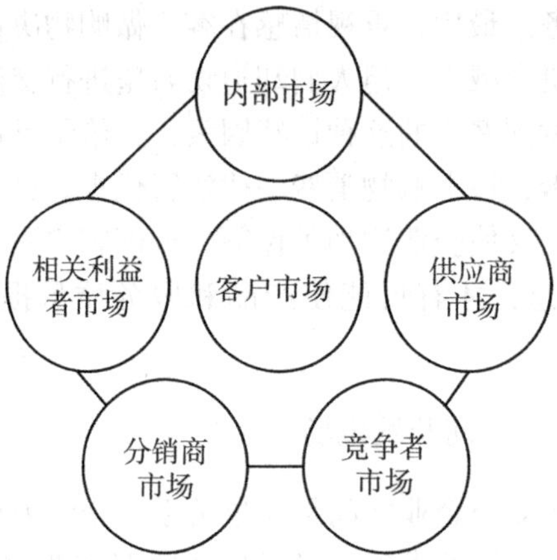

图 3-1　关系营销的六大市场

（一）客户市场

客户市场是六大市场模型的核心。客户是企业存在和发展的基础，市场竞争的实质是对客户的争夺。最新的研究表明，企业在争取新客户的同时，还必须重视留住客户，培育和发展客户忠诚。企业可以通过数据库营销、发展会员关系等多种形式，更好地满足客户需求，增加客户信任，密切双方关系。

（二）供应商市场

任何一个企业都不可能独自解决自己生产中要的所有资源。在现实的资源交换过程中，资源的构成是多方面的，至少包含人、财、物、技术，信息等方面。与供应商的关系决定了企业所能获得的资源数量、质量及获得的速度。企业与供应商必须结成紧密的合作网络，进行必要的资源采购。另外，公司在市场上的声誉也部分地来自与供应商所形成的关系。

（三）内部市场

内部营销起源于这样一个观念，即把员工看做企业的内部市场。任何一家企业，要想让外部客户满意，首先得让内部员工满意。唯有工作满意的员工，才可能以更高的效率和效益为外部客户提供更加优质的服务，并最终让外部客户感到满意。内部市场不只是企业营销部门的营销人员和直接为外部客户提供服务的其他服务人员，它包括所有的企业员工。在为客户创造价值的生产过程中，任何一个环节的低效率或低质量都可能会影响最终所提供的客户价值。

（四）竞争者市场

在竞争者市场上，企业营销活动的主要目的是争取与那些拥有与自己具有互补性资源竞争者的协作，实现知识的转移、资源的共享和更有效的利用。企业与竞争者结成各种形式的战略联盟，通过与竞争者进行研发、原料采购、生产、销售渠道等方面的合作，相互分担、降低费用和风险，增强经营能力。种种迹象表明，现代竞争已发展为“协作竞争”，在竞争中实现“双赢”的结果才是最理想的战略选择。

（五）分销商市场

在分销商市场上，零售商和批发商的支持对于产品的成功至关重要。销售渠道对现代企业来说无异于生命线。随着营销竞争的加剧，掌握了销售的通路就等于占领了市场。优秀的分销商是企业竞争优势的重要组成部分。通过与分销商的合作，利用他们的人力、物力、财力，企业可以用最小的成本实现市场的获取，完成产品的流通，并抑制竞争者产品的进入。

（六）相关利益者市场

金融机构、新闻媒体、政府，社区以及诸如消费者权益保护组织、环保组织等各种各样的社会团体，它们与企业都存在千丝万缕的联系，对于企业的生存和发展都会产生重要的影响。因此，企业有必要把它们作为一个市场来看待，并制定以公共关系为主要手段的营销策略。

第三节　关系营销的实施

一、关系营销的原则与实施对象

（一）关系营销的原则

关系营销以系统论为基础，将企业置身于社会经济的大环境中来考察企业的市场营销活动。企业在实施关系营销的过程中应遵循以下三点原则。

1. 主动沟通

在关系营销中，各关系方都应主动与其他关系方接触和联系，相互沟通消息并了解情况，形成制度或以合同形式定期或不定期碰头。同时，相互交流各关系方需求和利益变化情况，主动为关系方服务或为关系方解决困难和问题，增强合作伙伴关系。

2. 承诺信任

在关系营销中，各关系方相互之间都应作出一系列书面或口头承诺，并履行诺言，付诸实践，这样才能赢得关系方的信任。

3. 互利互惠

交易双方之间有利益上的互补是关系营销的基础。如果没有各自利益的实现和满足，那么交易双方就不会建立良好的关系。关系是建立在互利的基础上的，这就要求双方互相了解对方的利益，寻找双方利益的共同点，并努力使双方的利益共同得到实现。真正的关系营销是使关系双方互利互惠，并取得共赢。

关系营销作为一种营销方法和手段，其最终的目的是不断地追求企业利润最大化。因此，企业应在考虑市场竞争环境和自身实际的基础上，选择合适的关系营销策略。这不仅要通过营销资源整合以及高性价比的产品和服务来维系与客户的持久关系，而且还要处理好与社会组织、公众及政府职能部门的关系，如此才能显示出关系营销蓬勃的生命力和美好的应用前景。随着经济体制改革的深化以及营销理论和实践的不断发展，关系营销将会得到广泛应用。

(二) 关系营销的实施对象

关系营销将企业的经营活动扩展到一个更广泛、更深远的领域，使企业营销活动从单纯的交易行为转变为与消费者、供应商、竞争者及政府机构等各方面编织的关系网络，企业营销的功能也因此从过去使每次交易的利润最大化转变为谋求网络成员利益的最大化。企业正是通过谋求与网络成员的互惠互利，尤其是通过最大限度地满足消费者的需求，来获得自身的发展。比如，许多公司就是由国有资产投资公司及相关的消费企业共同出资筹建的企业，形成具有政府支持、上下游企业共同受益、共谋发展的利益共同体，通过利益并存实现多方共赢的目的，以保持永久的生存发展。

二、关系营销实施的主要途径

现代市场营销的发展表明，关系营销的实质是对客户及其他利益群体关系的管理。关系营销的宗旨是从客户利益出发，努力维持和发展良好的客户关系。因此，关系营销的重心就是建立和发展营销网络、培养客户忠诚、降低客户转移率。从营销理论和实践看，关系营销的实施途径包括以下七个方面。

(一) 提高客户忠诚度

传统的交易营销重视短期利益，而忽视了客户的满意度。“货物售出，概不负责”，就是交易营销的典型做法。这种做法的重要特征是重视发展新客户，忽视老客户，根本谈不上培养客户忠诚。关系营销关注一次性交易的同时，更重视老客户，它的优势包括以下几个方面。

1. 维持老客户，能带来大量销售额

营销大师菲利普·科特勒在《市场营销学》一书中提到了著名的“80/20”法则，即80%的销售额来自20%的企业忠诚客户。

2. 维持老客户的成本大大低于吸引新客户的成本

传统营销人员，眼睛盯着新客户，发展了新客户，却丢掉了老客户，这是不经济的。

3. 忠诚客户有很强的示范效应

忠诚客户是指对某一品牌或厂商具有某种偏爱，能长期重复购买其产品的客户。他们对同一厂家提供的延伸产品和其他新产品也乐于接受，对竞争者的营销努力采取漠视或抵制的态度。忠诚客户对其他消费者还有很强的示范效应，是同一消费群体的意见领袖。实践证明，一个满意的客户会引发 8 笔潜在的生意；一个不满意的客户会影响 25 个人的购买意愿。因此，怎样防止客户流失，进行“反叛离管理”就成为关系营销管理的重要内容之一。

（二）适当增加客户让渡价值

客户让渡价值是客户总价值与客户总成本之间的差额。客户总价值是指客户购买某一产品与服务所期望获得的一组利益。它包括产品价值、服务价值、人员价值和形象价值等。客户总成本是指客户为购买某一产品与服务所付出的时间、精神、体力以及所支付的货币资金等，它们构成货币成本、时间成本、精神成本和体力成本等。客户在选购产品时，往往从价值与成本两个方面进行比较分析，从中选择出价值最高、成本最低，即“客户让渡价值”最大的产品作为优先选择的对象。在现代市场经济条件下，企业能否维持已有的客户群，关键在于它为消费者提供的“客户让渡价值”有多少。

为了提高“客户让渡价值”，企业应考虑以下三个方面的问题：第一，要求企业深入细致分析各个因素，寻找降低成本、增加客户总价值的途径，从而用较低的生产成本和市场营销费用为客户提供具有更多“客户让渡价值”的产品；第二，不同的客户群对产品价值的期待与对各项成本重视程度不同，企业应根据不同客户群的需求特点，有针对性地设计和增加客户总价值，降低客户总成本，以提高产品的实用价值；第三，企业在争夺客户，追求“客户让渡价值”最大化时，往往导致成本增加，利润减少。因此，在市场营销实践中，企业应适度增加“客户让渡价值”，以确保“客户让渡价值”所带来的利益超过因此而增加的成本费用。

（三）提升企业-客户关系层次

企业与客户之间的关系可分为依次递进的三个层次，即财务层次、关系层次和结构层次。企业选择的关系营销层次越高，其获得的潜在收益和提高竞争力的可能性越大。

1. 财务层次

这是指企业与客户之间，建立以商品为媒介的财务利益层次上的关系。传统交易营销中的银货两讫，就是这种财务关系的体现。建立在这一层次上的营销，通常采用价格优惠、有奖销售、折扣等手段，刺激客户购买本企业的产品或服务。在企业与客户的交往中，财务利益是最基本的行为动因。在金钱之外，人们之间的关系显得比较冷漠。

2. 关系层次

关系层次也称社会层次，指购销双方在财务层次基础上，建立起相互了解、相互信任的社会联系，并形成友好合作关系。在这个层次上，企业不仅重视传统的营销工作，更重视交往营销，主动与客户联系，了解其需求和愿望，并想方设法满足客户的需要。关系层次上的营销，体现了相互了解、信任和默契，但各企业的做法不尽相同，不易被竞争对手模仿，比财务层次上的营销前进了一步。

3. 结构层次

这是关系营销的最高层次。结构层次是指企业利用资本、资源、技术等要素组合，精心设计企业的生产、销售、服务体系，提供个性化产品和服务，使客户得到更多的消费利益和“客户让渡价值”。结构层次以客户需要为导向，主动设计、调整企业的经营结构和治理结构，最大限度地满足客户需要，提高客户的满意程度。同时，结构层次也提高了企业的技术壁垒，增加了客户转移的成本和难度，客户改变供应商将造成客户总成本提高，优质服务的丧失，因而使客户自愿维持与企业的合作关系。

这三个层次对企业来说都是不可缺少的，有时可选择以其中的一个为主，有时也可以几个兼而有之。问题的关键是企业的营销人员要树立层次结构的思想，在使用某一层次时，尽可能提升层次结构。

（四）建立垂直营销系统

如何处理营销者与渠道之间的关系，这也是关系营销的重要方面。传统营销渠道系统是一个高度分离的组织网络。在此网络系统中，制造商、批发商、零售商态度疏远，为了自身的利益在市场上讨价还价、互不相让、竞争激烈，结果往往导致协作关系的破裂。要改善渠道企业之间的关系，必须建立垂直市场营销系统。垂直市场营销系统是一个实行专业化管理和集中计划的组织网络。在此网络系统中，各个成员为了提高经济效益，都不同程度地采取一体化经营和联合经营，分销商、供应商、代理商联合在一起，成为利益共同体，即组成一荣俱荣、一损俱损的垂直营销系统。企业要注意的是，垂直市场营销系统不仅要兼顾合作者的利益，还应当考虑消费者的利益。

（五）建立柔性生产体系

传统营销通常被称为“大众营销”，生产厂商的每种产品都要满足成千上万消费者的需求（需求的共同性），生产的重点是大规模生产。随着生产技术的进步，消费信息的迅速传播，人民生活水平的提高，消费者的消费差异化、个性化显著增强。新型网络经济加剧了这种趋势，消费者轻点鼠标就能随心所欲地向供应商要这要那，消费者转移随时都会发生。与此同时，市场细分的规模越来越小，有时小到“一对一”的地步。为了适应这种形势的需要，企业就要根据消费者的不同需要，设计并生产具有差异性、个性化的产品，即建立柔性生产体系（flexible manufacturing system）。这是一种既能适应“多品种、小批量”订货的要求，又能保持大批量流水作业的先进生产体系，即大规模个性化生产。现在汽车和一些家用电器都采用了柔性生产体系。

（六）建立既有竞争又有合作的同行关系

竞争关系与合作关系都是企业要面对的关系，是关系营销的又一重要方面。怎样处理与同行的关系？怎样面对竞争者？企业有两种典型态度：一种是认为竞争者是敌人，必须赶尽杀绝，这是一种“树敌”的竞争；另一种是认为同行提供的产品和服务既有相同之处，也有差异之处，既在同一市场上争夺，也为竞争对手带来商机。他们或实行“错位”经营，或都采取自信合作的态度，通过合作取得“双赢”，这是“不树敌”的竞争。

（七）建立客户关系管理系统，防止客户流失

客户关系管理为企业提供全方位的视角，赋予企业更完善的客户交流能力，帮助企业取得最大化的客户收益率。建立 CRM 系统，就是通过对企业和客户的有关信息进行搜集、储存、传输，以便企业主管人员能全面准确地了解客户关系状况，采取相应的营销措施，维持老客户、开发新客户，使企业从客户那里获得最大的利益。“流失”指客户不再购买企业的产品或服务，终止与企业的业务往来。为了防止客户流失，企业应建立客户关系管理系统，做好客户信息收集工作，制订客户关系营销计划或沟通策略。根据每一个客户的不同情况提出不同的解决方案，维持良好的客户关系。客户关系管理系统的建立是关系营销取得成效的基础。

客户关系管理概念的出现已经引起了世界各国企业的关注。随着电脑信息技术的飞速发展，企业可以较为方便地掌握和处理大量与客户相关的资料，这一飞跃性的技术突破也同时改变了许多行业的营销手段。客户关系管理是关系营销的一个平台。关系营销通过客户关系管理可以更加有效地发挥作用。

三、关系营销实施的意义

关系营销把对客户的保持看做企业的重要任务，它希望通过客户关系管理，最大限度地满足客户的需求，使企业能够获得客户的支持，从而维系客户群，获得高额利润，促进企业的发展。关系营销与传统交易营销相比，有它自身的优势。一般而言，对于关系营销来说，维系一个客户的费用远远低于争取一个客户的费用。国内外大量市场研究结果表明，客户的忠诚度每提高 5%，企业的利润就增加 25%。而企业争取一个新客户所花的成本是留住一个老客户的 6 倍。企业不但节约了开发新客户所需要的广告和促销费用，而且随着客户对企业产品的信任度和忠诚度的增强，还可诱发客户对相关产品的购买。所以，关系营销为企业长期稳定的发展奠定了良好的基础。它将取代传统交易营销，成为现代企业营销的趋势。随着全球经济一体化的形成，一方面，企业间的竞争范围扩大，不再只局限于局部范围内，而是在全球范围内同竞争者展开竞争；另一方面，竞争对手也增多了。

随着企业应用技术能力的提高和市场信息实时化的增强，市场准入障碍不断弱化，行业的渗透性逐渐变强。因而，企业将在全球范围内同更多的消费者、竞争者、供应商，以及它们所处地区或国家的相关政府机构打交道，并受相关地区或国家法律制度的约束和新闻媒体等机构的监督。因而，企业应当有效地开展关系营销，理顺同这些日益增多的、复杂的对象间的关系，保持企业成长的良性发展环境。

目前，企业间的竞争不再是单个企业间的竞争，而是由企业组成的供应链网络之间的竞争。这就要求同一价值链内的不同企业构建密切的、长期的合作伙伴关系。市场竞争的胜利者是具有良好网络的企业，而不实施关系营销是无法构建良好网络的。21 世纪是知识经济时代，同时也是科技飞速发展的时代。科技的进步必定推动社会经济的快速发展，消费需求将由原来的数量消费、质量消费向个性消费、感性消费转变。这使得原来那种统一的、单一需求的大市场不复存在，市场将细分到单个消费者，并要求企业实施多品种、

小批量策略，按订单组织生产。而且，这种个性化的消费需求，因大多数人喜欢追求产品的新颖性，不仅增加了市场预测的不确定因素，而且加大了新产品开发的难度。同时，科技的迅速发展，加速了产品的更新换代速度，致使产品的生命周期变短。因此，企业只有以快制快，及时捕捉消费者需求变化动态，用最快的速度推出新产品或新服务，才能在新经济条件下寻找到立足点。

第四节 关系营销的价值测定

关系营销为客户创造和传递的价值一般用“让渡价值”来衡量。企业自身从关系营销中得到的利益，可以结合客户盈利能力、客户保留成本、客户流失成本等指标来衡量。

一、客户盈利能力

关系营销是一个建立、发展并保留同客户的关系的过程。其核心原则是为企业创造真正的客户。这里所说的“真正的客户”是从两个方面而言的：首先，这些“真正的客户”认为他们自身得到了有价值的服务，并且愿意与企业建立和保持长期、稳定的关系；其次，企业把他们看做最有利可图的客户。“真正的客户”除了愿意为企业提供的便利支付高价外，还将该企业介绍给他人，义务宣传其产品和服务。管理者通过数据分析发现20%~40%的客户也许是无盈利的，因此有必要对企业的客户进行分析。对许多企业来说，不同的客户为企业带来的利润是有明显差别的。例如，最大的客户一般要求周到细致的服务和最大限度的折扣，而这往往降低了公司的利润水平；中等规模的客户接受良好的服务，并且几乎能按全价付款。所以在大多数的情况下，企业认为中等规模的客户是最具盈利能力的；最小的客户也能按全价付款，并且只接纳最低程度的服务，但是最小客户的交易费用降低了公司的利润。因此，可以得出结论：大部分可盈利客户并不是企业的最大客户或最小客户，而是一些中等规模的客户。这里的盈利能力的概念强调了客户的终身价值，而不是指一次特定交易的利润。影响客户盈利能力的因素有很多，包括需求规模的大小、客户的讨价还价能力、客户的价格敏感度、客户的地理位置和集中度等。

二、客户保留成本和客户流失成本

由于吸引新客户的成本高于保留老客户的成本，而且老客户的盈利能力一般也高于新客户，因此，关系营销的最终目的就是要通过关系的建立和发展留住老客户。科特勒曾提出以下四个步骤来进行是否采取保留策略的决策。

（1）测定客户的保留率。客户保留率即发生重复购买的客户比率。

（2）识别造成客户流失的原因，并且计算不同原因造成的流失客户比率。

（3）估计由于不必要的客户流失而引起的企业利润的损失。这一利润就是客户生命周期利润的总和。

（4）决策，即企业维系客户的成本只要小于损失的利润，企业就应支付降低客户流失率的费用。

本章小结

关系营销的产生具有较为深刻的时代背景和根源，是人类文明发展的必然要求。著名的营销学家菲利普·科特勒把营销观念分为五个层次，即生产观念、产品观念、推销观念、营销观念和社会营销观念。关系营销就是在此基础上形成和发展起来的。

关系营销是指为了使企业与客户、分销商、零售商及供应商建立一种长期、信任、互惠的关系，企业必须向这些个体及组织承诺和提供优质的产品，良好的服务以及适当的价格，从而与这些个体和组织建立并保持以一种长期的经济、技术和社会的关系纽带。

关系营销与传统营销观念相比，最根本的区别在于，传统营销观念是一种短期的概念，其核心是商品交换。而关系营销的核心是关系，指在双方之间建立一种联系，这是一个长期的概念。

现代市场营销的发展表明，关系营销的实质是对客户及其他利益群体关系的管理。关系营销的宗旨是从客户利益出发，努力维持和发展良好的客户关系。

关系营销为客户创造和传递的价值一般用“让渡价值”来衡量。企业自身从关系营销中得到的利益，可以结合客户盈利能力、客户保留成本、客户流失成本等指标来进行衡量。

关键术语

生产观念　产品观念　推销观念　市场营销观念　社会营销观念　关系　关系营销　交易营销　服务营销　庸俗营销

课后习题

1. 概述关系营销理论产生的背景及发展过程。
2. 什么是关系营销？关系营销的本质特征有哪些？
3. 关系营销与传统的交易营销的异同点有哪些？

实践训练题

1. 联想集团是如何实施关系营销的？它采取了哪些具体措施？
2. 结合联想集团的成功案例，比较分析关系营销的优势以及未来发展趋势。

案例分析题

东京迪斯尼引客回头

世界上有6个很大的迪斯尼乐园，在美国的佛罗里达州和加利福尼亚州这两个迪斯尼营业都有一段历史了，并创造了很好的业绩。不过全世界开得最成功、生意最好的，却是日本东京迪斯尼。美国加利福尼亚州迪斯尼斯营业了25年，有2亿人参观；

东京迪斯尼，最高纪录一年可以达到1700万人参观。东京迪斯尼并不是希望客人只来一次。如果今天一对夫妇带孩子来逛乐园，这孩子长大了以后会再来吗？他会带他的女朋友或其他朋友再来吗？将来他生了孩子，他的孩子还会来吗？如果回答是肯定的，这才叫作回头客，这才是真正的忠诚的客户。东京迪斯尼使用以下几点去培训员工，因而有了数以千万的忠实客户。

到东京迪斯尼去游玩，人们不大可能碰到迪斯尼的经理，门口卖票和检票的也许只会碰到一次，碰到最多的还是扫地的清洁工。所以东京迪斯尼对清洁工非常重视，将更多的培训和教育集中在他们的身上。

1. 学扫地

第一天上午要培训如何扫地。扫地有三种扫把：一种是用来扒树叶的；一种是用来刮纸屑的；一种是用来掸灰尘的。这三种扫把的形状都不一样。怎样扫树叶，才不会让树叶飞起来？怎样刮纸屑，才能把纸屑刮得很好？怎样掸灰，才不会让灰尘飘起来？这些看似简单的动作却都要严格培训。而且扫地时还另有规定：开门时、关门时、中午吃饭时、距离客人15米以内等情况下都不能扫。这些规定都要严格遵守。

2. 学照相

第一天下午学照相。十几台世界上最先进的数码相机摆在一起，各种不同的品牌，每台都要学，因为客人会叫员工帮忙照相，可能会带世界上最新的照相机来这里度蜜月、旅行。如果员工不会照相，不知道这是什么东西，就不能照顾好顾客，所以学照相要学一个下午。

3. 学换尿布

第二天上午学怎么给小孩子换尿布。孩子的妈妈可能会让员工帮忙抱一下小孩，但如果员工不会抱小孩，动作不规范，伤到小孩，不但不能给顾客帮忙，反而增添顾客的麻烦。员工不但要会抱小孩，还要会给小孩换尿布，然后包好。这些都要认真培训，严格规范。

4. 学辨识方向

第二天下午学辨识方向。有人要上洗手间，“右前方，约50米，第三号景点东，那个红色的房子”；有人要喝可乐，“左前方，约150米，第七号景点东，那个灰色的房子”；有人要买邮票，“前面约20米，第十一号景点，那个蓝条相间的房子”，等等。顾客会问各种各样的问题，所以每一名员工要把整个迪斯尼的地图都熟记在脑子里，对迪斯尼的每一个方向和位置都要非常明确。

5. 会计人员也要直接面对顾客

有一种员工是不太接触顾客的，就是会计人员。迪斯尼规定：会计人员在前两三个月中，每天早上上班时，要站在大门口，对所有进来的客人鞠躬、道谢。因为顾客是员工的“衣食父母”，员工的薪水是顾客掏出来的。感受到什么是顾客后，再回到会计室中去做会计工作。迪斯尼这样做，就是为了让会计人员充分了解客户。

6. 怎样与小孩讲话

游玩迪斯尼的客人很多是小孩，这些小孩要跟大人讲话。迪斯尼的员工碰到小孩问话时，统统都要蹲下，蹲下后员工的眼睛跟小孩的眼睛要保持一个高度，不要让小孩子抬着头去和员工讲话。因为那位是未来的顾客，将来都会再回来的，所以要特别重视。

7. 怎样对待丢失的小孩

从开业到现在的十几年里，东京迪斯尼曾丢失过两万多名小孩，但都找到了。重要的不是找到，而是在小孩子走丢后从来不广播。如果这样广播："全体妈妈请注意，全体妈妈请注意，这边有一个小孩子，穿着黑裙子、白衬衫，不知道是谁家的小孩子，哭得半死……"所有妈妈都会吓一跳。既然叫作乐园就不能这样广播，一家乐园一天到晚丢小孩子，谁还敢来。所以在迪斯尼里设下了10个托儿中心，只要看到小孩走丢了，就用最快的速度把他送到托儿中心。从小孩衣服、背包来判断大概是哪里人，衣服上有没有绣他们家族的姓氏；再问小孩，有没有哥哥、姐姐、弟弟、妹妹，来判断父母的年龄；有的小孩小得连妈妈的样子都描述不出来，都要想办法在网上开始寻找，尽量用最快的方法找到父母。然后用电车立刻把父母接到托儿中心，这时小孩正在喝可乐、吃薯条、啃汉堡，过得挺快乐，这才叫乐园。他们就这样在十几年里帮助两万多名小孩找到了家长，最难得的是从来不广播。

8. 怎样送货

迪斯尼乐园里面有喝不完的可乐、吃不完的汉堡、享受不完的三明治、买不完的糖果，但从来看不到送货的。因为迪斯尼规定在客人游玩的地区是不准送货的，迪斯尼的地下有一个隧道网，一切食物、饮料统统从围墙的外面下地道，在地道中搬运，然后再从地道里面用电梯送上来，所以客人永远有吃不完的东西。由此可以看出，迪斯尼多么重视客户，所以客人就会不断地去迪斯尼。去迪斯尼玩10次，大概也看不到一次经理，但是只要去一次就看得到他的员工在做什么。这就是前面讲的，顾客站在最上面，员工去面对顾客，经理人站在员工的底下来支持员工，这个观念人们应该建立起来。

资料来源：https：//wenku. baidu. com/view/22deb2725ef7ba0d4a733bef. html.

思考题：从东京迪斯尼的关系营销工作中，你得到了哪些心得体会？

第四章　客户关系管理理论

【引例】

IBM——世界上最讲究服务的公司

IBM公司拥有40多万名雇员，500多亿美元的年销售额，年利润超过50亿美元，在世界上大多数国家和地区设有办事机构，其宏大的规模和显著的成就令人侧目。IBM的成功秘诀在于它多年奉行的经营理念：①提供最棒的服务；②尊重个人；③凡事追求卓越。

有一次IBM公司召开行政会议，一位营销总监直到会议结束都没出现。董事会觉得很奇怪，按这位营销总监的行事风格，应该不会迟到，一定是给什么重要的事情耽误了。后经调查，开会时，有一位客户打电话给他说刚买的IBM电脑出了问题，听完电话后他便赶到客户所在地，耐心地为客户解决了问题。会议缺席，过错可不小。但董事会不仅没有责备这位营销总监，反而嘉奖了他，说他分清了事情的轻重缓急。客户服务永远是最重要的！董事会的决定充分体现了公司的经营理念。

IBM公司并非专业的搬家公司，但当一个大客户决定搬迁时，它的服务人员总是会尽心尽力地帮助客户。例如，当麦道自动化公司把其设在圣路易斯的总部搬进一座7层楼的学校时，为了重新安装麦道自动化公司的电脑系统，IBM公司的24名服务人员分为3组，一天24小时连续工作，用1700多个工时完成了这项艰巨的系统连接工作，而这一切都是免费的。IBM公司几十年如一日地为客户提供优质服务，为公司繁荣兴旺奠定了基础。

【学习目标】

1. 了解客户关系管理的核心思想和运作流程。
2. 理解客户关系管理研究的主要问题。
3. 了解客户关系管理建立的基础、目的与原则。

【教学目标】

1. 客户关系管理的基本理念。
2. 客户关系管理的基本流程。
3. 客户关系管理的主要内容。

第一节　客户关系管理的理论基础

网络经济触发了人类社会全方位的深刻变革，互联网带来的不仅是一种手段，它还带来了企业组织结构、工作流程的重组以及整个社会管理思想的变革。客户关系管理无论理解为一种管理模式，还是理解为人机交互系统，都是建立在一套现代化的管理思想和管理理念基础上的。

一、客户关系管理与现代营销理论

客户关系管理是在互联网应用达到一定程度之后才产生的，它的提出和广泛宣传同信息技术、互联网技术的发展密切相关。作为一个企业长期的客户维系战略，与同样以满足客户需求和实现企业经营目标为宗旨的现代营销理论有什么关系呢？美国营销协会（American Marketing Association）对营销的定义是这样描述的：营销是企业计划和执行4Ps（产品/服务、价格、促销、渠道）策略的一个商业过程，旨在赢得满足客户又能实现企业经营目标的成功交易。

仔细分析这个营销概念，就会发现它同CRM所包含的商业理念没有任何冲突，甚至可以说，CRM的理念是营销理论框架下的一个子论点。实际上，营销理论中关系营销的概念几乎就是CRM的概念。

（一）CRM中的营销论点

CRM的经营理念不是一个单独出现的新的理论，可以说，CRM概念的产生同技术和时代背景是分不开的。除了关系营销概念以外，在分析CRM时，其他类似的营销论点也经常被提及。

（1）“80/20”法则，即企业80%的利润是从20%的客户中获得的。

（2）整合营销信息渠道的论点，即企业通过各种传播媒介向客户、分销商、供应商，以及任何其他关系对象，如政府、公众等发出的信息必须是一致的。

（3）“一对一”营销思想，即企业要尽最大的努力满足每个客户独特的个性化需求。

（4）企业获得一个新客户的投入是留住一个老客户的N倍。

（5）一个满意的客户可以向N个人宣传企业的好处；一个不满意的客户会迫不及待地向N+1个人讲述他的“痛苦经历”。

（6）客户周期理论可以归纳为三段论：新客户获得、关系加强、永久保持，如图4-1所示。

（二）计算机技术对营销理论的充实

CRM的关键在于如何实现CRM的经营理念，计算机技术在很多情况下是实现这个理念的前提，反过来，技术也会对营销理论进行充实和补充，主要体现在以下两个方面。

（1）CRM的互联网应用已经超越了原来营销理论的单一“互联网营销”的使用范

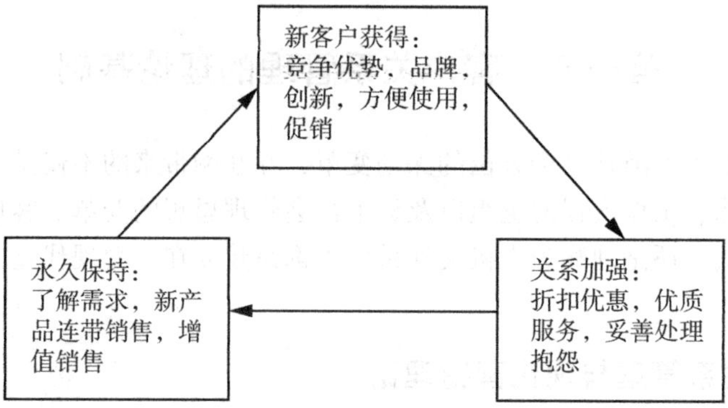

图 4-1 客户周期三段论

畴，成为新时代的另一种销售、服务、营销、信息采集与传送等业务领域的全天候的客户互动渠道。

（2）企业的市场营销策略与技术条件密切相关，其实施的成败将在很大程度上取决于 CRM 应用系统在企业中的实施状况，即技术将反过来直接影响企业的营销策略。一个对技术不甚了解的营销经理将不能适应新的形势。

二、客户关系管理的理论变革

我们所处的市场正在发生着巨大的变化。从客户的观点来看，市场营销是企业整体的活动，企业的所有活动都是为了实现客户满意和企业价值。在新的市场环境下，企业的经营正发生着潜移默化的变化。

（一）从以产品为中心到以客户为中心

早期企业面对的是一个需求巨大而生产能力供给不足的卖方市场。在这种情况下，降低成本、提高产品产量自然成为经营管理的中心，企业管理基本是围绕着如何提高生产能力而进行的。企业不断努力的结果是生产效率不断提高、产量迅速增长，从而导致争夺市场份额的竞争变得非常激烈。面对巨大的生产能力，企业面临的问题从如何提高产量、降低成本，转向如何将产品推销出去。这个时候，销售的重要性是不言而喻的，很多企业就以销售中心论指导公司的运作。为了提高销售额，就必须在内部采取严格的库存管理，外部强化推销观念。激烈的竞争，使产品推销成本越来越高，虽然销售额节节攀高，但是利润却在不断下降，同时客户对于推销的认同感也越来越低，于是就有了销售额中心论的修正版本，也就是利润中心论。企业将管理的目标放在了以利润为中心的成本管理上。

但是，成本是不可能无限压缩的。很多企业，在一定的质量前提下，成本的压缩已经到了当前阶段的极限。如果再压缩成本，必然会带来产品质量的下降，也就是提供给客户的价值降低。至此，每个企业都不得不认真地审视自己的经营思想。那种以自我为中心、以产品为中心的观念正受到实践的挑战，而客户的地位则被提高到了前所未有的高度，这就产生了客户中心论。

纵观企业经营思想的发展历程，我们可以看到，企业经营的注意力正在进行着从内到外、从以产品为中心到以客户为中心的转变。为了追逐更多的利益，提高生存和竞争能力，企业不得不以客户为中心、围绕着客户的需求展开企业的经营活动。

（二）从交易营销到关系营销

随着社会经济的发展、技术的突飞猛进，客户需求变得多变和个性化，市场竞争日趋激烈，人们逐渐发现，在多数情况下，那些经过精心策划的市场营销组合策略在实施过程中困难重重，难以达到预期的目标。过去成功的经验往往成了今天失败的根源。于是，企业界和学术界一批颇有眼光的人士大胆地突破传统的市场营销框架的桎梏，积极寻求和创建适应当代企业竞争要求的营销理论和方法，由此，关系营销脱颖而出。

关系营销将建立与发展同相关个人及组织的关系作为企业营销的关键变量，把握住了现代市场竞争的特点，使得营销的重心从注重交易转向注重关系的建立、维持和发展。关系营销的目标，是建立和发展企业同相关个人和组织的关系，使之成为一个相互依赖的事业共同体。关系营销里面的客户关系和企业以往的交易营销的不同在于，交易营销注重的是吸引新顾客和一次性的交易，而关系营销则强调和客户建立长期的稳定关系。

越来越多的企业认识到维系现有客户的重要性，现有客户代表着最佳的利润增长机会。留下来的客户意味着客户质量的提高。也就是说，一个满意的、愿意与企业建立长期稳定关系的客户为企业带来的利润是相当可观的。因此，可以把企业和客户的关系管理过程简化为：建立关系→维持关系→增进关系。用另外一种方式表述就是，吸引客户→留住客户→升级客户。

（三）从大规模生产到大规模定制

关系营销的四个步骤是识别客户（identify）、客户细分（differentiate）、客户互动（interact）、定制化服务（customize），如图 4-2 所示。

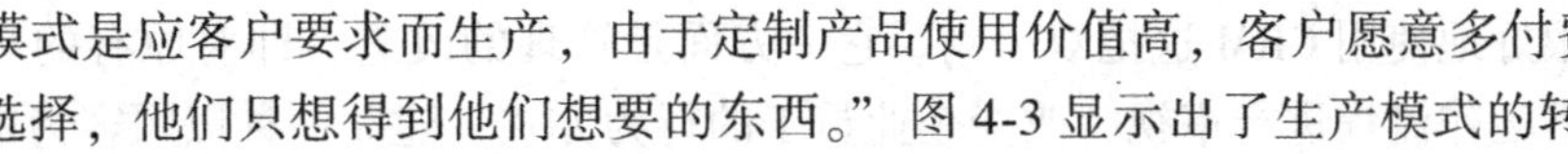

图 4-2　关系营销四个步骤

大规模生产模式要“实现”越来越多的产品，先出产品，再入库等待客户，其结果是使得客户陷入大量产品的决策之中，决策过程过长。这种模式对客户并不提供实际帮助。定制模式是应客户要求而生产，由于定制产品使用价值高，客户愿意多付费。“客户根本不想选择，他们只想得到他们想要的东西。”图 4-3 显示出了生产模式的转化，纵轴表示产品从静态到动态，横轴表示工艺从静态到动态。象限 1～4 依次是创新模式、持续改善模式、大规模生产模式、大规模定制模式。

1. 第一次转变：开发

这次转变明确了产品和加工工艺，使之可以确定模式并重复地制造大批量、低成本的产品。相对应的是大规模生产模式，生产商高度依赖创新机构进行新产品的开发，而创新

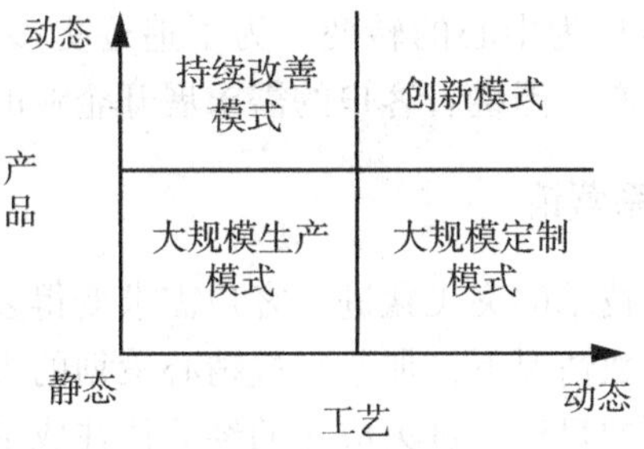

图 4-3　模式发展图

机构又依靠大规模生产商为它们与众不同的设计提供现成的市场，这是 20 世纪美国经济成功的核心。结果产生等级，职能部门缺少沟通。

2. 第二次转变：连接

这次转变产生了一系列紧密相连的、高质量的，具有较高持续改进能力的加工工艺。相对应的是持续改善模式，日本企业多采用此模式，并结合统计过程、多功能团队、TQM（total quality management）等，但这些改善使得客户要求更加苛刻。

3. 第三次转变："模块化"

这次转变使产品模块化，将紧密相连的工序分解并模块化，它能够为任何客户提供唯一的模块组合。相对应的是大规模定制模式，人和加工工艺之间是松散联系的动态网络。

4. 第四次转变：更新

大规模定制企业也需要更新，即彻底开发出新的产品模块或加工工艺，或与企业内外组织联合，从而达到更高层次的创新模式。但这种创新不是重起炉灶，而是将新模块动态加入原有结构中，80%以上重复利用已有设计。

上述转变就是新的竞争现实所带来的不断变化的经营方式的循环转换。

（四）CRM 是管理科学和信息技术的结合

总的来说，我们可以这样理解 CRM：CRM 是一门学科，也是一种理念，一种软件和技术，一种应用系统，它侧重于与销售、营销、客户服务和支持相关的业务流程的自动化和优化。其中，最重要的两个因素是管理和信息技术。这两个因素组成了 CRM 的两个轮子。如果将 CRM 比作企业竞争的一把双刃剑，那么这把剑的一面是管理的改造，另一面则是信息系统的建设，这两个方面是紧密结合、不可分割的。在我们应用 CRM 系统的时候，也要很好地使用 CRM 这把双刃剑。它一方面是管理的改进，即对原有的与客户相关的企业业务运作流程进行审视，改变企业员工的行为方式，建立一种以顾客为中心的经营策略。

这把双刃剑的另一面是信息技术的运用。可能有人认为，没有信息技术的运用也可以实现客户关系管理。从理论上讲，这是可以实现的，但是这种良好的愿望与最终的结果可能会背离，这是因为人的精力是有限的，没有能力去处理太多的信息。当我们去一个熟悉的小店吃早餐的时候，会受到热情的招待，因为老板知道我们的口味。而到麦当劳就餐时，就没有这种待遇，虽然我每次要的都是鸡腿汉堡和咖啡，但每次都要重新讲一次，是麦当劳的员工素质、企业文化、企业管理做不到吗？不是，是因为其超出了员工所能搜集、加工和处理信息的能力范围。这就是我们为什么强调信息技术的运用。所以，如果没有信息技术的运用，那么这可能只是企业的商业策略的一种转移。没有信息技术的应用，CRM 不可能落到实处。

CRM 本质上是一种全新的商业战略，而不是单一的信息技术解决方案，它要求全方位地看待客户，不仅向客户提供个性化的产品，而且要根据客户的特定要求来设计企业自身的分销、物流模式，以期方便客户，提高客户满意度。这意味着没有一个全面集成、信息充分共享、对企业所有与客户相关的活动进行管理的一体化系统，CRM 的思想不可能拥有战略地位，注定是落实不了的。只有为企业业务处理带来效率的提高、人工的节省、劳动强度的降低、信息的充分共享，这样 CRM 系统才能获得企业认可。

三、客户关系管理与价值链理论

价值链的概念是由哈佛商学院的迈克尔·波特教授提出的，他引入价值链作为分析企业竞争优势的基本工具，将企业的全部活动分解为与战略性相关的许多内容。由此得出结论：企业正是通过比竞争对手更廉价或更出色地开展这些重要的战略活动来赢得竞争优势的。也就是说，竞争者价值链之间的差异是竞争优势的关键来源之一。

企业为赢得竞争优势，就必须构建自己科学而先进的价值链。而企业价值链的构建，必须符合企业的客户战略并围绕基本客户关系进行，进而增进客户价值链的效益。一个企业的竞争力，归根结底是在影响客户价值链、为客户创造价值的过程中形成的。

CRM 是一个复杂的系统，它是一系列对客户管理的过程以及辅助过程的集合。CRM 的核心是客户价值管理。CRM 的价值链如图 4-4 所示，它将 CRM 系统分解为与战略相关的各种活动，如客户分析、深入了解目标客户、发展关系网络、创造和传递客户价值、管理客户关系的基本活动和起支持作用的各种活动，其最终目标在于企业与目标客户建立一种长期的、互惠互利的关系。企业如果能够比竞争对手更好地进行这些活动，就能赢得竞争优势。

（一）CRM 价值链的基本活动

1. 客户分析

对客户进行分析，关键是分析客户的终身价值（customer lifetime value，CLV）。客户终身价值是指对一个新客户在未来能给企业带来利润的净现值。一个客户的价值由三部分构成：历史价值、当前价值和潜在价值。

客户终身价值分析是之后其他步骤的基础。通过客户的终身价值分析可以决定：值得花多少资源去赢得一个新客户，值得花多少资源去保持或激活已存在的客户，哪些客户是最有盈利能力的长期客户以及他们的特征。

2. 深入了解目标客户

选择哪一种客户来进行服务是一回事，而如何更好地了解和服务他们则完全是另外一回事。企业必须有一套良好的收集或累积客户知识的数据仓库或数据库，以便进行系统的

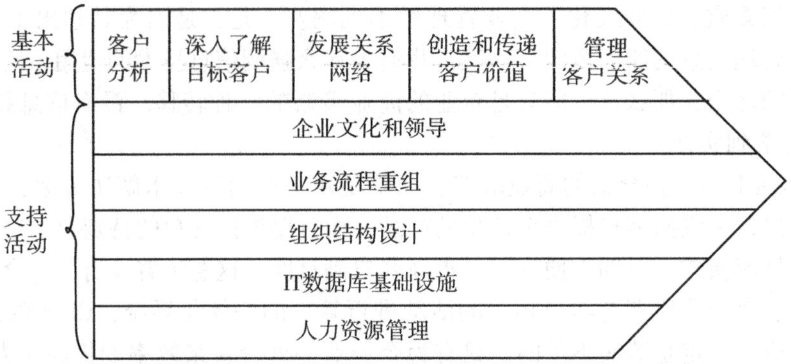

图 4-4　CRM 的价值链

分析，深入了解所选择的客户。可以采用 5W1H 法进行深入的客户分析。所谓 5W1H 法即寻找以下几方面的答案：是谁（who），是什么（what，客户特征），为什么（why），什么地点（where），什么时间（when），如何进行（how）。在已有的客户数据库的基础上，进一步运用各种统计技术对客户数据进行分析，以确定客户行为。根据发掘的客户信息就能对客户实施关怀，拉近客户关系，提高客户满意度。

3. 发展关系网络

一个企业的关系网络是企业巨大的竞争优势资源。企业的关系网包括客户、员工、供应商、分销商、业主或投资合作伙伴等。良好的网络能将企业的产品和信息及时、快捷地传递给客户，并将客户反馈的信息传递给企业。企业应该积极地和客户建立关系，让客户感受到这种关系的存在并从中受益，从而达到企业和客户双赢的目的。

客户关系管理范畴，其实已经超出了仅仅对客户关系的管理。要成功地实施 CRM 战略，必须考虑与关系网络中其他成员的合作关系，通过合作能够带来很多益处。有效的网络不仅仅是操纵他们，而是意味着将价值传递给伙伴，帮助他们取得成功，而帮助伙伴获得成功能更好地提高伙伴的忠诚度。为成功地实施 CRM，供应商、员工、拥有者或投资者，以及合作伙伴必须紧密结合起来，设法满足所选定客户群的需求。

4. 创造和传递客户价值

所谓客户价值，是指客户在购买和消费过程中所得到的全部利益。在产品差异非常细微的今天，人、流程和服务已成为构成客户价值的主要因素。创造价值的关键在于理解客户的需要，一切从客户的切身利益出发。企业赋予客户的价值越大，创造的价值就越大，盈利能力就越强。CRM 可以帮助企业最大限度地利用其以客户为中心的资源，并将这些资源集中应用到客户和潜在客户的身上。

5. 管理客户关系

根据以上确定的价值观念，必须改进组织、流程、评价方式和激励机制，最终达到管理客户关系的目的。企业的业务流程要按照方便客户和便于流通的原则重新设计，还必须根据客户需要的变化和竞争对手的变化不断调整。传统的金字塔形等层次繁多的组织结构已经不适应以客户需求为导向的要求，取而代之的必然是组织结构的扁平化以及前台部门员工的适度授权。以往的前台各部门业务分离、信息不共享的局面将面临变革，取而代之的必然是集成化的、精简的和客户导向的业务流程和共享数据库。组织中的人员应享有尽可能多的自主权及更为活跃的沟通方式。

（二）CRM 价值链的支持活动

1. 企业文化和领导

领导的重视和企业文化的支持对一个企业的转变具有关键性作用。当企业领导带头重视时，员工的支持率会很高，而一个具有改革创新特点的企业文化氛围对项目的成功发挥着重要的作用。

2. 业务流程重组

企业的产品和服务都是经过自己的业务流程到达客户的。传统的业务流程是以产品为中心进行设计的，是为了方便产品的生产和销售，而不是方便客户，这在很大程度上阻碍了企业与客户的交流和沟通。因此，企业应对原有的流程进行彻底的转换，以客户为中心进行重新组织。

3. 组织结构设计

在传统的职能型企业组织结构中，组织关注的中心是领导而非客户。因此，要以服务客户的流程为中心重新设计组织，尽量减少中间环节。

4. IT 数据库基础设施

数据仓库或数据库是客户关系管理项目的灵魂。它将客户行为数据和其他相关的客户数据集中起来，对客户行为进行分析，将结果传递给市场专家，专家利用这些分析结果制定准确的、有效的客户策略。当然，企业也需要建立很好的内联网络，这样才能实现企业内部各部门之间、员工之间的信息沟通、信息共享和相互协调，共同为客户提供服务。同时，外联网络的建设也要跟上时代步伐，只有建立了良好的外联网络，才能实现企业与供应商、分销商及合作伙伴之间快速的客户信息传递，及时对客户做出反应。

5. 人力资源管理

人力资源管理是客户价值链中必不可少的支持活动之一。企业中真正与客户接触的是员工，为此需将人力资源管理与客户关系管理结合起来。

第二节　客户关系管理的核心思想与运作流程

客户关系管理作为一个完整的理论，具有其独特的核心思想以及运作流程。掌握客户关系管理的核心思想和运作流程，对于深刻理解客户关系管理理论、灵活应用客户关系管理方法具有重要的意义。

一、客户关系管理的核心思想

在当前的环境下，市场竞争的焦点已经从产品的竞争转向品牌的竞争、服务的竞争和客户关系的竞争。与客户建立和保持一种长期的、良好的伙伴关系，掌握客户资源，赢得客户信任，分析客户需求，提供满意的客户服务等客户关系管理的核心思想在实践中的具体运用是企业提高市场占有率、获取最大利润的关键。客户关系管理的核心思想主要包括以下几个方面。

(一) 客户让渡价值是建立高质量客户关系的基础

客户让渡价值是指客户购买产品或服务的总价值与客户购买该项产品或服务付出的总成本之间的差额。客户实现购买的总价值是指客户购买产品或服务时所获得或期望获得的利益总和，包括产品的价值、服务的价值、消费活动的价值和潜在价值等。客户购买总成本是指客户为购买该项产品或服务所消耗的货币、时间、精神和体力等成本的总和。企业只有实现了客户让渡价值的增值，才能保证客户真正满意。

(二) 重视客户的个性化特征，实现"一对一"营销

进入信息时代，随着竞争的不断加剧以及产品和服务的极大丰富，特别是信息工具和渠道的快速发展，客户对产品和服务的选择范围不断扩大，选择能力不断提高，同时选择欲望也日益加强，因而客户的需求都是唯一的。因此，可以将其视为细分市场，对每一位客户实行"一对一"营销。这就要求企业与每一位客户建立一种学习型关系，尤其是那些对企业最有价值的"金牌客户"。企业通过与客户的交往不断加深对客户的了解，根据客户提出的需求不断地改善产品和服务，从而提高让客户满意的能力。

(三) 提高客户满意度，留住老客户，争取新客户

客户满意度是指客户通过对一个产品或服务可感知的效果与他的期望值相比较后，所形成的愉悦或失望的感觉状态。企业不断追求客户的高度满意，源于这样一个事实：一般情况下，满意程度较低的客户发现更好的产品后，会很快地更换产品供应商。只有那些高度满意的客户才不会更换供应商。客户的高度满意会产生一种对产品品牌的依赖和喜爱，正是这种满意度创造了客户对产品品牌的高度忠诚。

当今各行业的竞争都非常激烈，企业要获得新客户的成本正不断地上升，因此，保持原有的客户就显得越来越重要。客户可以分为三类：第一类是无价值或低价值的客户；第二类是不会轻易走掉的有价值的客户；第三类是不断地寻找更优惠的价格和更好的服务的有价值的客户。传统的市场活动是针对前两类客户的，而现代客户关系管理认为，第三类客户才是特别需要用市场手段来维护的，也就是说应该提高这类客户的忠诚度。

在低度竞争的行业，客户满意程度对客户忠诚度的影响较小。因为竞争程度低，不满的客户没有太多的选择，所以他们只得继续购买企业的产品和服务。但是客户心里并不是喜欢这家企业的产品和服务，他们在等待机会，一旦有更好的选择出现，这批客户就会很快流失。因此，这种表面的忠诚是虚假的，有一定的欺骗性。处于低度竞争情况下的企业应居安思危，努力提高客户的满意度。而在高度竞争的行业中，完全满意的客户远比满意的客户忠诚。只要客户满意度稍稍下降一点，客户忠诚的可能性就会急剧下降。这表明，要培育客户忠诚度，企业必须尽全力使客户完全满意。

（四）客户关怀贯穿营销的全过程

客户关怀的历史可以追溯到企业试图扩大其售后服务的范围。在早期，企业向客户提供售后服务是作为对其特定产品的一种支持，之后逐渐产生了把售后服务合并到完全产品包装的概念。可以说，产品有了售后服务才得到了增值。事实证明，那些在售后服务方面做得好的公司，其市场销售就处于上升的趋势；反之，那些不注重售后服务的公司其市场销售则处于不利的地位。

最初，客户关怀发展的领域是服务领域。由于服务的无形特点，注重客户关怀可以明显地增强服务的效果，为企业带来更多的利益。于是客户关怀不断地向实体销售领域扩展。目前，客户关怀贯穿了市场营销的所有环节，即客户从购买前到购买后的客户体验的全部过程。客户关怀主要包括售前服务、产品质量、服务质量、售中服务和售后服务等几个方面，购买前的客户关怀是架设在公司与客户之间的桥梁，鼓励和促进客户购买产品或服务。购买期间的客户关怀则与公司提供的产品或服务紧紧联系在一起，包括订单的处理，都将与客户的期望相吻合，满足客户的需求。购买后的客户关怀则集中于圆满地完成产品的维护和修理等相关服务。使客户能够重复购买公司的产品或服务。

二、客户关系管理的运作流程

客户关系管理的运作作为一整套流程，主要包括环境分析、构建理念与目标、制定策略、企业流程重组、系统建立、分析信息和知识管理七个步骤，如图 4-5 所示。

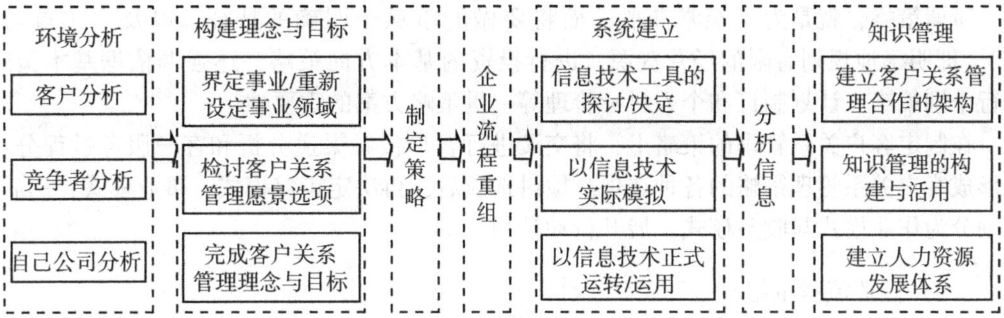

图 4-5　客户关系管理的运作流程

（一）环境分析

客户关系管理环境的分析是以 3C 为基础展开的，包括客户（customer）、竞争者（competitor）以及自己公司（company）。

首先，这一阶段是以竞争者分析为中心来进行的，包括测定基准分析、最佳执行方法分析、核心竞争力分析。在研究制定客户关系管理理念与目标或策略前，必须进行这种客观分析，以比较其他竞争公司与自己公司的状况。其次，在客户分析方面，侧重于客户分级分析或客户满意度分析。在满意度的评估上，也以核心客户的满意度为主，核心客户的不满必须优先处理。有关自己公司分析方面，在此阶段要分析公司内的信息技术问题，认清本身的需求。最后，再从3C分析的结论中，依其发现来制定假设。这个假设对之后的阶段极为重要，没有合理的假设，客户关系管理方案就不会成功。

（二）构建理念与目标

构建客户关系管理理念与目标主要包括三个步骤：首先，企业要界定事业或重新设定事业领域；其次，企业通过历史数据检讨客户关系管理愿景选项；最后，完成客户关系管理理念与目标。

客户关系管理活动本身就是一种重新探讨事业本质的发起点，需要有超越以往事业范围的准备。现在虽是制造商（批发商），但今后可能直接参与零售；以往是贩卖物品，但今后也可能参与以互联网提供信息服务的新事业。如果不和供应商进行战略合作，就不能存活。这可谓事业模式革命的实现。昨日的敌人是明日的朋友，若不和竞争对手联手，就可能被客户抛弃。并非以自己公司或业界为中心，而是需要倾听市场或客户的声音，在这种真诚的态度下，才有建立新事业模式的机会。

在检讨希望在哪个事业领域成为何种企业时，必须用以数字来表示的定量目标（客户忠诚度、提高重复率）和以文字表达的定性目标作为参考，并不是需要立即决定，而是准备3~5个选项，经过验证多数的可能性之后，再做最后的抉择。

（三）制定策略

完成了客户关系管理的愿景后，就需要有可实现的策略。

所谓策略，就是为了经常获胜，而将要做的事赋予明确的特征，以及“焦点与深化”，即明确地规划有限的经营资源，进行投资的基本方向策略，还强调依据基本策略，进行个别策略、计划制订和个人目标管理等一贯策略方案的重要性。

在制定客户关系管理的策略上，将交叉进行客户接触渠道分析和客户服务过程分析，以形成客户关系管理策略的各种选项。检讨选项后，再决定策略模式、事业模式，然后将其细分为作业模式与收益模式，展开行动计划。

（四）企业流程重组

美国在20世纪80年代把企业流程重组引进企业，日本在20世纪90年代也跟进了，当时作为所谓重组工具的企业资源计划的应用软件开始普及。如果说以企业资源计划为中心的企业流程重组是重视生产力的防守型企业流程重组，那么这一波的客户关系管理/企业流程重组就可谓是重视客户忠诚度的攻击型企业流程重组。

企业应在以不带给客户负担，使客户变得轻松愉快为最优先课题的基础上，进行事业流程的重新评估，同时在这一过程中为创建能自动收集客户资料并进行客户服务过程分析，以及电话、拜访、网站等经营途径的最佳方法设定分析的架构。

（五）系统建立

所谓客户关系管理系统，就是把客户关系管理策略通过信息技术工具来展开的信息系统体系，其中涉及套装软件的引进，因此，这一阶段主要以信息技术工具的商讨和决定、信息技术实际模拟和信息技术正式运转为核心。

（六）分析信息

在使用客户关系管理信息时，主要任务是分析既有核心客户、非客户与前客户（核心客户）、数据挖掘的规则化与回馈化。

分析既有客户最近消费时间、消费频率和消费形态，并将其细分，进而执行核心客户的行动分析等，都是从日常收集资料开始的。有些客户资料是一定要收集的，即前客户（尤其是核心客户）及在其他公司下的非客户（特别是其他公司的核心客户）的信息。这些如果不另外调查，就无法收集。

如果仅输入日常累积的既有客户信息，就没有意义，应该利用所谓的数据挖掘等技术，把堆积如山的资料变成有意义的信息，由此才能了解核心客户喜欢或想要何种一对一的规则。此外，将客户评价等信息回馈到开发团队或营业现场的服务人员，也可灵活运用在改良、改善、提升与加强等方面。

（七）知识管理

客户关系管理的知识管理的 3 种周期化，必须在组织内流通并可作为随时查询的动态循环，不能阻塞不通。

（1）建立客户关系管理合作的架构。

（2）知识管理的构建与活用。

（3）客户关系管理基础——人力资源管理（human resource management，HRM）以及人力资源开发（human resource development，HRD）体系（教育、评估，目标管理）。

经常发生的情况是问卷调查做完后就被公司员工丢在一边。问卷调查或面谈等，是和客户建立关系的手段。在进行问卷调查或面谈时，除了应对用语等需要注意之外，之后有无进行追踪，将决定公司实行客户关系管理程度的深浅。所谓“已听到意见，打算如何处置，请告知”，这是应有的双向沟通。客户不爱和只会一味地听、一味地接受、一味地说的企业打交道，因为当企业的客户关系管理理念沦为口头禅时，那就有危机了。

尽管如此，为使所有公司员工以坚定的客户关系管理态度来行动，仍需有一定程度的评估系统，最好是要有独创的诱导方式。做好客户关系管理的报酬并非只是金钱，所谓做对事心情自然会变好。因此，保持着正确客户关系管理想法的员工，将会在行动或态度上表现出来，为达到此目标，管理或教育均需体系化。这并非仅依赖个人的资质，也需要组织鼓励，建立能让彼此拿出智慧、相互赞美的架构，使组织充满积极“情绪”，形成充满正能量的公司文化。在知识管理阶段中，想法与执行系统将会有相乘的效果，即以平常心整合有关客户关系管理的知识，使正确的企业基因提升而形成周期，就是客户关系管理方案的最终目标。

综观以上阶段，前三个阶段并非随时必须进行的工作。但处在环境激变的社会中，即使隔 3 年才进行，也必须每年进行重新评估，最好可以建立随时都能开始作业的熟练状态。要达到这一状态，公司内部就必须建立分析客户关系管理环境、检讨企业理念、收集策略所需资料的种种架构和格式化的程序。

后四个阶段必须把和客户沟通所得的意见、要求早日转成公司弹性的应对力与扩张性，借此带动整体效果的提升。

第三节　客户关系管理的主要内容

客户关系管理的主要内容包括客户识别、客户关系的建立、客户保持以及客户挽留，其中，客户识别是客户关系管理的基础，客户关系的建立是客户关系管理的保证，而客户保持和客户挽留是对已建立的客户关系的维系。

一、客户识别

客户识别是客户关系管理的首要环节，只有识别出企业的潜在客户、有价值客户以及客户的需求，才能为企业的客户管理提供有价值的信息，使企业的客户关系管理更有针对性，避免因盲目的管理而产生不必要的浪费，甚至更大的损失。

（一）客户识别的定义

客户识别就是通过一系列技术手段，根据大量客户的特征、购买记录等可得数据，找出谁是企业的潜在客户、客户的需求是什么、哪类客户最有价值等，并把这些客户并作为企业客户关系管理实施的对象，从而为企业成功实施 CRM 提供保障。

客户识别是在确定好目标市场的情况下，从目标市场的客户群体中识别出对企业有意义的客户并作为企业实施 CRM 的对象。由于目标市场客户的个性特征各不相同，不同客户与企业建立并发展客户关系的倾向也各不相同，因此他们对企业的重要性是不同的。

（二）客户识别的内容

1. 识别潜在客户

潜在客户是指存在于消费者中间，可能需要产品或接受服务的人，也可以理解为是经营性组织机构的产品或服务的可能购买者。

识别潜在客户需要遵循以下原则：

（1）摒弃平均客户的观点。

（2）寻找那些关注未来并对长期客户关系感兴趣的客户。

（3）搜索具有持续性特征的客户。

（4）对客户的评估态度具有适应性，并且能在与客户的合作问题上发挥作用。

（5）认真考虑合作关系的财务前景。

（6）应该知道何时需要谨慎小心。

2. 识别有价值客户

客户大致分为交易型客户和关系型客户两类。交易型客户只关心价格，没有忠诚度可言。关系型客户更关注商品的质量和服务，愿意与供应商建立长期友好的关系，客户忠诚度高。交易型客户带来的利润非常有限，结果往往是关系型客户在给交易型客户的购买进行补贴。

识别有价值的客户实际上需要两个步骤：首先分离出交易型客户，以免他们干扰你的销售计划。其次，分析关系型客户。

我们将有价值的关系型客户分为三类（见表4-1）。

表4-1　**有价值的关系型客户的种类**

客户类型	特点	营销方式
价值客户	给公司带来最大利润	进行客户关系管理营销，留住这些客户
潜力客户	带来可观利润并有可能成为最大利润来源客户	开展营销，提高本公司商品在其购买商品中的份额
失效客户	现在能够带来利润，但正在失去价值	经过分析，剔除即可

3. 识别客户的需求

“需要”是我们生活中不可缺少的东西，“需求”则是我们想要得到满足的方面。过去人们往往认为必须满足客户的需要，但在今天竞争的社会里，仅仅满足需要是不够的——为了留住客户，我们要让他们感到愉悦，因此我们必须了解他们的需求，找出满足客户需求的方法，见表4-2。

表4-2　**满足客户需求的方法**

方法	内容
会见头等客户	客户服务代表和其他人员定期召集重要客户举行会议，讨论客户的需求、想法和对服务的期望
意见箱，意见卡和简短问卷	将意见卡和简短问卷放在接待区、产品包装上、商品目录服务中心或客户易于接近的地方，以征求客户对产品或服务的意见
客户调查	通过邮寄、打电话和网上发布等方法对客户进行调查
客户数据库分析	通过分析客户信息了解客户需求
个人努力	客户代表通过询问客户对自己和企业的看法，得到客户反馈，以指导客户代表与客户的交往行为，以及公司对产品或服务的选择
考察竞争者	访问竞争对手以获得有关价格、产品等有价值的信息
兴趣小组	与顶级客户联合访谈，了解改进特定产品或服务的信息，参加访谈的所有成员组成一个兴趣小组
市场调研小组	为雇用他们的公司组织单独会面和团体会面，并通过电话、邮件和互联网进行调查

（三）客户识别的意义

客户识别的主要工作是通过客户的特点将客户进行分类，进而识别出目前以及将来对企业发展有价值的客户，针对这些客户进行关系的建立和维护。可以说，客户识别是客户关系管理的基础和保障，对于客户关系管理具有重要的意义。

1. 节约新客户的获取成本

新客户的获取成本大于老客户的维护成本，其主要原因是在新客户的开发过程中，客户的反馈率太低，导致获取每个客户的平均成本居高不下，客户识别能够识别出最有可能成为企业客户的潜在客户，并能够有针对性地开发新客户，避免了在新客户开发中无谓的投入，用尽可能少的成本获取尽可能多的客户。

2. 缩减客户的保持费用

在现有的客户中，并不是所有客户都会同企业建立并发展长期合作关系，如果不加区别地对所有客户都努力保持联系，势必会造成客户保持成本的浪费，客户识别能够识别出较大概率同企业保持紧密关系的客户，并有区别地开展客户保持，大大缩减企业在客户保持方面的费用。

3. 提高客户关系定位的准确性

客户识别的主要作用在于能够将企业的众多客户划分为不同的类别，对客户进行精准的定位，这种定位有助于企业针对客户关系处于不同程度的客户策划不同的营销方案，开展不同的客户保持方式，使得客户关系管理更具个性化，更有针对性。

二、客户关系的建立

客户关系的建立是客户关系管理的核心部分，也是最主要的部分，企业应通过各种方法同不同类型的客户建立合适的关系，以保证企业客户关系管理持续有效地进行，进而保证企业深入了解客户，获得更有价值的信息。

（一）客户关系的定义

客户关系是指企业为达到其经营目标，主动与客户建立起的某种联系。这种联系可能是单纯的交易关系、通信联系，也可能是为客户提供一种特殊的接触机会，还可能是为双方利益而形成某种买卖合同或联盟关系。客户关系不仅仅可以为交易提供方便、节约交易成本，也可以为企业深入了解客户的需求和交流双方信息提供机会。

（二）客户关系的特征

客户关系同普通的人际关系相比，具有其独特之处，主要表现在多样性、持续性、竞争性和双赢性。

1. 多样性

根据客户的特点不同，客户关系也有不同的表现形式，即便是同一个客户，在不同的阶段也会表现出与企业不同的客户关系。

2. 持续性

客户关系会在一定的程度上表现出持续性，也称做惯性，只要方法得当，客户会乐于同企业保持一种相对稳定的关系。

3. 竞争性

客户关系的竞争性主要表现在企业同竞争对手对客户资源的竞争，使客户关系的稳定性在某种情况下受到威胁，正是基于客户关系的这种竞争性，企业才需要进行客户关系管理，以保证客户关系的稳定性。

4. 双赢性

对于企业来说，良好的客户关系有助于企业了解客户信息和需求，有针对性地进行产品开发、制订生产计划、开展营销活动等，对于企业的发展具有重要的促进作用；对于客户来说，同企业建立良好的关系，有助于客户获得来自企业的更多优惠和关怀。因此，客户关系具有双赢性的特征。

（三）客户关系的建立流程

1. 客户关系的类型及选择

企业在具体的经营管理实践中，建立何种类型的客户关系，必须针对其商品的特性和对客户的定位来做出抉择。著名的营销学家菲利普·科特勒在研究中把企业建立的客户关系分为五种不同的类型。

①基本型。这种关系是指企业把产品销售出去后就不再与客户接触。

②被动型。企业的销售人员在销售产品的同时，还鼓励客户在购买产品后，如果遇到问题或有意见，及时向企业反馈。

③负责型。产品销售完成后，企业及时联系客户，询问产品是否符合客户的要求，有何缺陷和不足，有何意见或建议，以帮助企业不断改进产品使之更加符合客户需求。

④能动型。销售完成后，企业不断联系客户，提供有关改进产品的建议和新产品的信息。

⑤伙伴型。企业不断协同客户，努力帮助客户解决问题，帮助客户成功，实现共同发展。

这五种客户关系类型之间并不具有简单的优劣对比程度或顺序，因为企业所采用的客户关系类型取决于它的产品以及客户的特征。企业可能根据其客户的数量和边际利润水平，依据图 4-6 所示的思路，选择合适的客户关系。

如果企业在面对少量客户时，提供的产品或服务的边际利润水平相当高，那么它应当采用伙伴型的客户关系，力争显现客户成功的同时，自己也获得丰厚的回报。如果产品或服务的边际利润水平很低，客户数量极其庞大，那么企业会倾向于采用基本型的客户关系，否则它可能因为售后服务的成本较高而出现亏损。因此，一般来说，企业对客户关系进行管理或改进的趋势，应当是朝着为每个客户提供满意的服务，并提高产品的边际利润水平的方向转变的。

2. 发展客户关系

要留住客户，提高客户的忠诚度，可以在正确识别客户的基础上按照以下三个步骤发展客户关系。

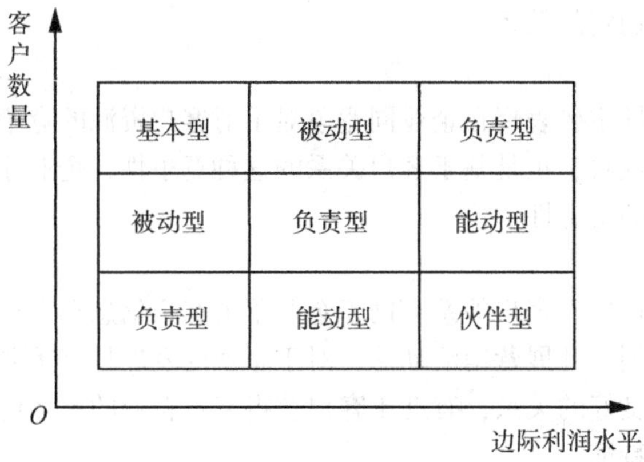

图 4-6　选择客户关系类型示意图

①对客户进行差异分析。不同的客户之间的差异主要在于两点：第一，客户对于企业的商业价值不同；第二，客户对于产品的需求不同。因此，对客户进行有效的差异分析，可以帮助企业区分客户、了解客户需求，进而更好地配置企业资源，改进产品和服务，牢牢抓住客户，取得最大的利润。

②与客户保持良好的接触。客户关系管理的一个主要组成部分就是降低与客户接触的成本，增加与客户接触的收益。前者可以通过开拓自助式接触渠道来实现，用互联网上的信息交互来代替人工的重复工作。后者的实现需要更及时、充分地更新客户的信息，从而加强对于客户需求的透视深度，更精确地描述需求画面。具体地讲，也就是把与客户的每一次接触或者联系放在“上下”的环境中，对于上一次接触或者联系何时何地发生，都应该清楚了解，从而可以在下次继续进行，形成一条连续不断的客户信息链。

③调整产品或服务以满足每个客户的需要。要进行有效的客户关系管理，将客户锁定在学习型关系之中，企业就必须因人而异提供个性化的产品或服务，调整点不仅仅是最终产品，还应该包括服务，如提交发票的方式、产品的包装样式等。

客户关系的进展程度与企业客户管理和服务水平紧密相关，客户关系提升的过程是营销和管理精细化和信息化的过程。由此，我们认为 CRM 可以通过实现客户的忠诚度来提升客户关系。

在客户关系管理条件下，通过网络技术与客户建立互动式管理，创造并稳定客户关系，实现客户忠诚，其模式如图 4-7 所示。

用 CRM 来维护客户关系，应遵循四个原则。

①给客户以亲切感并进行感情投资。

②给客户更多方便和更多选择。

③提供个性化的服务，更有效地满足客户需求。

④提供快速、有效的服务，建立快速反应机制。

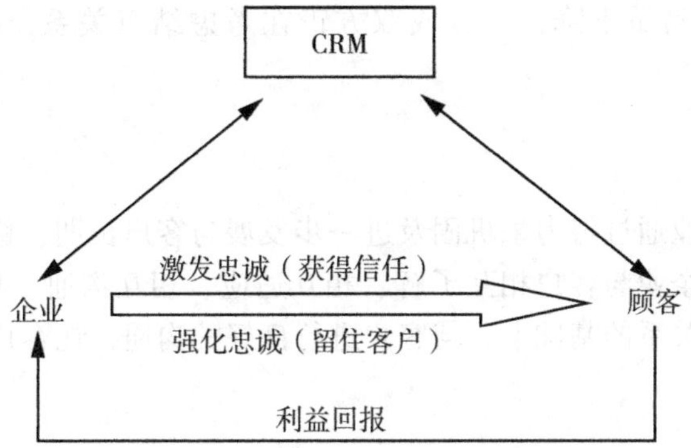

图 4-7　CRM 与客户建立关系

(四) 客户关系生命周期

客户关系生命周期，通常指的是一个客户与企业之间从建立业务关系到业务关系终止的全过程，是一个完整的关系周期。它从动态角度研究客户关系，描述了客户关系从一个阶段向另一个阶段运动的总体特征。

客户关系生命周期分为考察期、形成期、稳定期和退化期。下面简要介绍各阶段的特征。

1. 考察期——关系的探索和试验阶段

在这一阶段，双方考察和测试目标的相容性、对方的诚意、对方的绩效，考虑如果建立长期关系双方潜在的责任、权利和义务。双方相互了解不足、具有不确定性是考察期的基本特征，评估对方的潜在价值和降低不确定性是这一阶段的中心目标。在这一阶段，客户会下一些尝试性的订单。

2. 形成期——关系的快速发展阶段

双方关系能进入这一阶段，表明在考察期双方相互满意，并建立了一定的相互信任和交互依赖。在这一阶段，双方从关系中获得的回报日趋增多，交互依赖的范围和深度也日益增加。双方逐渐认识到对方有能力提供令自己满意的价值和履行其在关系中担负的职责，因此愿意承诺一种长期关系。

3. 稳定期——关系发展的最高阶段

这一阶段，双方或含蓄或明确地对持续长期关系作出了保证。这一阶段有如下特征：双方对对方提供的价值高度满意；为能长期维持稳定的关系，双方都进行了大量的有形和无形的投入；进行高水平的资源交换。因此，在这一阶段双方的交互依赖水平达到整个关系发展过程中的最高点，关系处于一种相对稳定的状态。

4. 退化期——关系发展过程中关系水平逆转阶段

关系的退化并不是总发生在稳定期后的第四阶段，实际上，任何一个阶段关系都可能退化，有些关系可能永远越不过考察期，有些关系可能在形成期退化，有些关系则越过考察期、形成期而进入稳定期，并在稳定期维持较长时间后退化。引起关系退化的原因很多，如一方或双方经历了一些不满意、发现了更合适的关系伙伴、需求发生变化等。退化期的主要特征有：交易量下降，一方或双方正在考虑结束关系，甚至物色候选关系伙伴等。

三、客户保持

客户保持是指企业通过努力来巩固及进一步发展与客户长期、稳定关系的动态过程和策略。客户保持需要企业与客户相互了解、相互适应、相互沟通、相互满意、相互忠诚，这就必须在建立客户关系的基础上，与客户进行良好的沟通，让客户满意，最终实现客户忠诚。

（一）客户保持的原因

客户保持所带来的不仅仅是客户的保留，之所以会保持这些客户，是因为客户对企业的满意和忠诚。事实上，客户很愿意把这种感觉告诉所认识的人，而这种“宣传”的效果绝对胜过企业花巨资拍摄广告所带来的效果。对企业而言，客户保持比吸引新客户更能够带来企业的低成本。据统计，吸引一个新客户所需要花费的成本是维护一个老客户所需成本的5~10倍。

（二）影响客户保持的因素

（1）客户购买行为受到文化、社会环境、个人特性和心理等方面的影响。这部分因素是企业无法控制的，但是对于了解客户的个体特征有着重要的意义。由于来自同一类社会阶层或具有同一种心理、个性的客户往往具有相似的消费行为，企业可以通过这些因素对客户进行分类，对不同类的客户实施不同的营销策略。此外，企业可以将不同客户的销售结果与客户特性进行对比，了解它们之间的关联。

（2）客户满意与客户保持有着非线性的正相关关系。企业可以从建立顺畅的沟通渠道、及时准确地为客户提供服务、提高产品的核心价值和附加价值等方面来提高客户的满意度。

（3）客户在考虑是否转向其他供应商时必须要考虑转移的成本。转移成本的大小直接影响客户维护。转移成本的大小要受到市场竞争环境和客户建立新的客户关系的成本的影响。

（4）客户关系具有明显的生命周期的特征，在不同的生命周期中，客户保持具有不同的任务，一般来说，在考察期客户的转移成本较低，客户容易流失。而随着交易时间的延长，客户从稳定的交易关系中能够获得越来越多的便利，节省了转移成本，客户越来越趋于稳定，客户容易保持原有的交易关系。这使企业需要一如既往地提供令客户满意的服务或产品。

（三）客户保持管理的内容

尽管越来越多的企业管理层意识到维护企业客户的重要性，但是，究竟应该从哪些方面着手来实施这一理念呢？

1. 建立、管理并充分利用客户数据库

企业必须重视客户数据库的建立、管理工作，注意利用数据库来开展客户关系管理，应用数据库来分析现有客户情况，并找出客户数据与购买模式之间的联系，以及为客户提供符合他们特定需要的定制产品和相应服务，并通过各种现代通信手段与客户保持自然密切的联系，从而建立持久的合作伙伴关系。

2. 通过客户关怀提高客户的满意度与忠诚度

客户关怀应该包含在客户从购买前、购买中到购买后的客户体验的全部过程中。购买前的客户关怀活动主要是在提供有关信息的过程中沟通和交流，这些活动能为以后企业与客户建立关系打下基础。购买期间的客户关怀与企业提供的产品或服务紧密地联系在一起，包括订单的处理以及各个相关的细节都要与客户的期望相吻合，满足客户的需求。购买后的客户关怀活动，主要集中于高效地跟进和圆满地完成产品的维护和修理的相关步骤。售后的跟进和提供有效的关怀，其目的是促使客户重复购买行为，并向其周围的人多做对产品有利的宣传，形成口碑效应。

3. 利用客户投诉或抱怨，分析客户流失原因

为了留住客户，必须分析客户流失的原因，尤其是分析客户的投诉和抱怨。客户对某种产品或服务不满意时，可以说出来，也可以一走了之。如果客户拂袖而去，企业连消除他们不满的机会都没有。

投诉的客户仍给了企业弥补的机会，他们极有可能再次光临。因此，企业应该充分利用客户投诉和抱怨这一宝贵资源，不仅要及时解决客户的不满，而且应该鼓励客户提出不满意的地方，以改进企业产品的质量和修订服务计划。

(四) 客户保持的方法

1. 注重质量

长期稳定的产品质量是保持客户的根本。高质量的产品本身就是维护客户的强力凝固剂。这里的质量不仅是产品符合标准的程度，还应该是企业不断根据客户的意见和建议，开发出真正满足客户喜好的产品。因为随着社会的发展和市场竞争的加剧，客户的需求正向个性化方向发展，与众不同已成为一部分客户的时尚。

2. 优质服务

在激烈的市场竞争中，服务与产品质量、价格、交货期等共同构成企业的竞争优势。由于科技发展，同类产品在质量和价格方面的差距越来越小，而在服务方面的差距却越来越大，客户对服务的要求也越来越高。虽然再好的服务也不能使劣质产品成为优质产品，但优质产品会因劣质的服务而失去客户。

大多数客户的不满并不是因为产品质量本身，而是由于服务问题。客户能够用双眼观察到的质量往往比产品或服务的质量重要得多。他们往往把若干因素掺杂在一起：产品或服务的可信度、一致性、运输货物的速度与及时性、书面材料的准确度、电话咨询时对方是否彬彬有礼、员工的精神面貌等，这些因素都很重要，其中一些甚至非常关键。有人提出，在竞争焦点上，服务因素已经逐步取代产品质量和价格，世界经济已进入服务经济时代。

3. 品牌形象

面对日益繁荣的商品市场，客户的需求层次有了很大的提高，他们开始倾向于商品品牌的选择，偏好差异性增强，习惯于指名购买。客户品牌忠诚的建立，取决于企业的产品在客户心目中的形象，只有让客户对企业有深刻的印象和强烈的好感，他们才会成为企业品牌的忠诚者。

4. 价格优惠

价格优惠不仅仅体现在低价格上，更重要的是能向客户提供他们所认同的价值，如增加客户的知识含量、改善品质、增加功能、提供灵活的付款方式和资金的融通方式等。如客户是中间商，生产企业通过为其承担经营风险而确保其利润也不失为一种具有吸引力的留住客户的方法。

5. 感情投资

一旦与客户建立了业务关系，就要积极寻找商品之外的关系，用这种关系来强化商品交易关系。例如，记住个人客户的生日、结婚纪念日，企业客户的厂庆纪念日等重要的日子，采取适当的方式表示祝贺。对于重要的客户，企业负责人要亲自接待和拜访，并邀请他们参加本企业的重要活动，使其感受到企业所取得的成就离不开他们的全力支持。对于一般的客户可以通过建立俱乐部、联谊会等固定沟通渠道，保持并加深双方的关系。

对于以上客户保持的各种方法，企业既要认识到这五个方面都很重要，忽视任何一个方面都会造成不利的后果，同时又应该权衡这五个方面不同的侧重点。客户保持的第一层次是注重质量，品牌形象和优质服务是第二层次，在此基础上构建起价格优惠和感情投资是第三层次。

四、客户流失和客户挽留

（一）客户流失

1. 客户流失的含义

客户流失是指企业的客户由于种种原因不再忠诚，而转向购买其他企业的产品或服务的现象。客户流失一般包括两种情况：客户主动选择转移到另外一个供应商，使用他们的产品或服务，我们称之为主动流失的客户；而那些由于恶意欠款等原因被企业解除服务合同的客户则是被动流失客户。

客户背后有客户，流失一位重复购买的客户，不仅使企业失去这位客户可能带来的利润，还可能损失与受其影响的客户交易的机会，此外，还可能会极大地影响企业对新客户的开发。因此当客户关系出现倒退时，企业不应该轻易放弃流失的客户，而应当重视他们，积极对待他们，尽力争取挽留他们，促使他们重新购买企业的产品和服务，与企业继续建立稳定的合作关系。

2. 客户流失的形成过程

如果已经成为公司的客户，说明以前他是认可公司产品的，积累了一定的购买经验，有一定的使用感受。通常情况下，客户在下一次购买产品时，首先会与上一次购买进行比较。如果产品性能还可以，服务也不错，即使价格高一点，客户还会重复购买。但是，客户如果第一次购买后，发现产品性能与宣传的不一样，使用过程中出现问题得不到解决，或者投诉无结果，客户就会抛弃以前的公司，而去选择其竞争对手的产品。客户流失主要集中在售后服务出现问题之后，抱怨、投诉得不到解决时，客户流失的过程如图 4-8 所示。

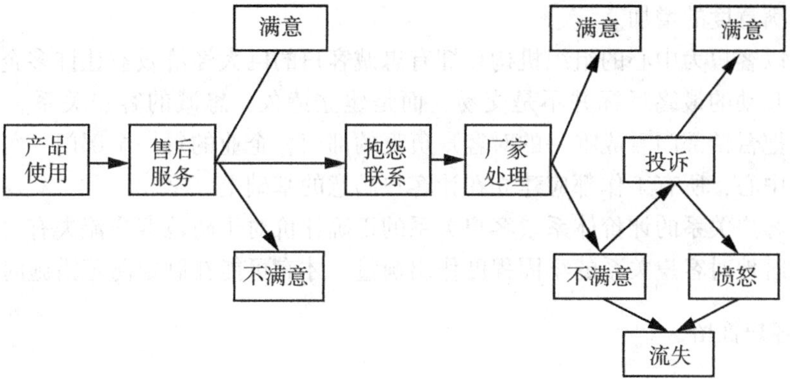

图 4-8　客户流失的过程

3. 客户流失的原因分析

客户流失的原因有很多，从客户价值和客户满意的角度来看，主要有以下几种。

①自然流失。由于客户的经济情况改变或发生地域上的迁徙等，将会被迫和企业断绝交易关系。这种类型的客户流失不是人为因素造成的，也是不可避免的，应该在弹性流失范围之内。

②竞争流失。由于企业竞争对手的影响而造成的流失称为竞争流失。市场上的竞争突出表现在价格和服务上。竞争对手采取优惠、特价、折扣等措施，或是推出功能和质量更好的产品和服务，将原来属于本企业的客户挖走。

③过失流失。企业自身工作中的过失，引起客户的不满而造成的流失称为过失流失。比如，企业形象不佳、产品性能不好、服务态度恶劣等。过失流失在客户流失总量中所占的比例最高，但企业也可在分析客户流失因素的基础上，通过采取一些有效手段来防止。

④恶意流失。一般是指企业主动放弃客户。企业产品技术含量提高，升级换代，目标客户群体发生改变，从而主动放弃部分原来的客户。客户的信用度低、客户有故意欺诈行为等也会导致企业放弃这部分客户。

⑤其他流失。除上述几种情况外，还有很多导致客户流失的原因。例如，企业员工跳槽而带走的客户；企业对市场监控不力，市场出现混乱，客户经营企业的产品不能获利而导致客户流失等。

4. 客户流失的防范策略

①实施全面质量管理。关系营销的中心内容就是最大限度地实现客户满意。为客户提供高质量的产品和服务，是创造价值和实现客户满意的前提。而实施全面质量管理，有效控制影响质量的各个环节和因素，是创造优质产品和服务的关键。

②重视客户抱怨管理。客户抱怨是客户对企业产品和服务不满的反应，它表明企业经营管理中存在缺陷。客户抱怨是推动企业发展的动力，也是企业创新的源泉，企业必须妥善处理客户抱怨和投诉。

③建立内部客户体制，提升员工满意度。企业提供给客户的服务是对负责提供服务的员工的满意度的函数。员工满意度的增加会导致员工提供给客户的服务质量的增加，最终会导致客户满意度的增加。

④建立以客户为中心的组织机构。拥有忠诚客户的巨大经济效益让许多企业深刻认识到，与客户互动的最终目标并不是交易，而是建立持久、忠诚的客户关系。在这种观念下，不能仅把营销部门看成唯一的对客户负责的部门，企业的每一个部门、每一个员工都应以客户为中心，所有工作都应建立在让客户满意的基础上。

⑤建立客户关系的评价体系。客户关系的正确评价对于防范客户流失有着很重要的作用，只有及时地对客户关系的牢固程度作出衡量，才有可能在制定防范措施时有的放矢。

（二）客户挽留

1. 客户挽留的含义

运用科学的方法对将流失的有价值的客户采取措施，争取将其留下的营销活动，即客户挽留。它将有效地延长客户生命周期，保持市场份额和运营效益。因此，客户挽留是CRM 实现的关键功能之一。

2. 客户挽留的策略

①服务第一、客户为先。优质的客户服务可以为企业带来更高的利润，并保证企业基业长青。聪明的企业不会一味地通过降低和削减成本来增加收入，因为成本削减总有一个限度，聪明的企业是通过重新设计服务战略来达到目的的。服务战略包括制订全方位的客户服务解决方案、建立服务矩阵、加强服务创新和优化服务流程等方面。

企业和顾客应该是双赢关系而不仅仅是买卖关系。客户服务比推广销售和广告宣传更能增加企业营业额和利润，因此，想战胜对手就必须学会站在客户的立场和角度去思考问题。在对客户服务的认识上，企业应该知道：客户服务关系到企业的长远发展，虽然短期内难以见到效益，但服务应该成为持续的行为。

②关系的培育和积累。留住企业的优质客户需要与客户保持良好的关系。当前，业界普遍流行的观点是：企业成功=（能力+勤奋+机遇）×关系。该模式认为，缺少能力、机遇和勤奋中的任何一项，只要有一定的关系，同样可以成功，关系是一个人乃至企业成功的主要因素。不能仅从背景上看，还要从完善自我的角度上来理解关系，积累关系的关键因素就是完善自我。一个人必须从三个方面来完善自我：真诚、尊重和重视别人以及学会问和听，只有这样，才能在交往中积累好自己的关系。

③客户关怀可以成为核心竞争力。核心竞争力是企业在很长的一段时间内形成的，蕴含于企业内质中的，企业独具的、支撑企业过去、现在和未来的竞争优势，并能使企业长时间在竞争环境中取得主动的核心能力。现代经济其实就是客户经济，当今社会所倡导的全局观、全流程的龙头就是客户。

有些企业有自己完整的服务战略，也有很详细的服务规程，但是服务规程执行起来很困难，特别是员工满意度、客户满意度很低，这种矛盾其实是一个企业的服务战略如何落实的问题。实际上，很多企业都存在这样一个瓶颈，认为战略是管理层制定的，执行是基层员工去做的，这其实是战略目标分解工作没到位。把战略目标逐层分解到企业员工日常工作的每一天，这是企业管理层在制定战略时首先要有的意识。此外就是要建立一个执行监控机制，实际上就是把战略目标分解成近期目标、远期目标、年度经营分析、月度指标分析，包括每一个人的行为规划等。

④别忽略潜在的优质客户。每个人的精力都是有限的，不可能和所有的人去打交道。我们要选择重点，先设定自己的目标，然后围绕这个目标来长期、持续地投入时间和精力。但在这一过程中，要反对那种功利的做法，不应该只重视眼前有用的客户，不重要的客户就完全忽略掉，应该对潜在的优质客户也保持持续关注和投入。

3. 客户挽留的流程

①调查原因，缓解不满。首先，企业要积极与流失客户联系，访问流失客户，诚恳表示歉意，缓解矛盾；其次，要了解客户流失的原因，弄清问题究竟出在哪里，并虚心听取他们的意见、看法和要求，让他们感受到企业的关心，给他们反映问题的机会。

②对症下药，争取挽留。企业要根据客户流失的原因制定相应的对策，尽力争取及早挽回流失的客户。

③对不同级别的客户的流失采取不同的态度。企业应该根据客户的重要性来分配投入挽留客户的资源，挽留的重点是那些最能产生盈利的客户，这样才能达到挽留效益的最大化。

针对下面三种不同级别的流失客户，企业应当采取的基本态度如下：对重要客户要极力挽留，对主要客户也要尽力挽留；对普通客户的流失和非常难避免的流失，可见机行事；基本放弃对小客户的挽留努力。

④彻底放弃根本不值得挽留的流失客户。例如以下情况的流失客户根本不值得挽留。不可能带来利润的客户；无法履行合同规定的客户；损害员工士气的客户；声望太差，与之建立业务关系会损害企业形象的客户。

第四节　客户关系管理建立的基础、目的与原则

客户关系管理是在一定的基础上建立起来的，具有特定的目的，而要实现这些目的，在建立客户关系管理的过程中需要遵循一定的原则，可以说，基础、目的、原则是客户关系管理建立的三个必要的因素。

一、客户关系管理建立的基础

客户关系管理的建立需要特定的经济基础和技术基础，二者缺一不可，其中，经济基础是客户关系管理建立的保障，而技术基础是客户关系管理能够实施的必要支持。

（一）经济基础

按照经济发展阶段理论，从经济学角度看，人类社会的发展经历了传统的农业社会、

工业社会以及后工业社会三个历史阶段。在传统的农业社会，由于生产方式落后和生产力水平低下，劳动产出除了满足人们的基本生存需要之外仅有少量剩余，因此商品交换不发达，市场发育也不甚成熟。进入工业社会，以蒸汽机发明为代表的科学技术迅速发展，机器生产代替了手工生产，生产方式的变革使生产效率大为提高，社会生产力水平实现了质的飞跃，人们生产的产品除了满足基本生活的需要之外还有大量剩余，因此商品交换成为一种普遍现象，市场发育逐渐成熟，生产者之间的竞争也逐步形成，而且这种竞争关系随着市场的日益成熟和新技术的不断涌现而日趋激烈，买方市场形成，消费者在交易中掌握了越来越多的主动权，其地位日益提升。在这种形势下，通过市场调研了解消费者需求，进而在满足需求的前提下实现企业利益最大化的市场营销理论得到了绝大多数企业的认可，并成为这一时期指导企业经营管理的主导思想之一。按照福克斯和贝尔提出的后工业时代理论，从20世纪60年代起，美国等发达国家已逐步进入后工业社会（福克斯称为服务经济的社会）。这一时代以服务经济的迅猛发展和经济的信息化为主要特征。经济的信息化进程一方面极大地提高了各个生产领域的生产效率，另一方面又为消费者提供了更多的选择权，使企业更难以在竞争中长久地保持优势。在这种形势下，如何维系顾客并与之建立一种持久的合作关系引起了人们的普遍重视。围绕这一企业关心的现实问题而展开的服务营销、客户满意、客户忠诚以及客户关系管理等研究逐步深入，并成为新形势下指导企业经营管理的主导思想。因此，客户关系管理是随着社会经济的发展而发展起来的一门学科。

（二）技术基础

20世纪中期电子计算机技术的发展，特别是20世纪末信息网络技术的发展，为真正意义上的客户关系管理创造了条件。现代计算机技术使信息的大量存储和自动化处理成为可能，而网络则使企业与客户的联系与沟通变得更为简便、快捷，使企业“一对一”服务的梦想有可能变为现实。有了计算机和信息网络技术的支持，一些企业对业务流程进行了改造，按照以客户为中心的管理理念重新构建了企业的管理系统。其中，客户关系管理系统则成为企业管理系统的重要组成部分，被越来越多的企业应用于经营管理实践。由此可见，没有计算机和网络发展的技术背景，客户关系管理至多也只能是一种观念和思想。而计算机及网络技术的支持，才能够使客户关系管理从观念和思想转变为一种切实可行，并行之有效的管理工具和手段。

二、客户关系管理建立的目的

企业的任何行为都有其特殊的目的，对于客户关系管理来说，其建立的目的主要在于提高企业销售收入、改善企业服务、提高客户满意度以及提高员工生产力。

（一）提高企业销售收入

区别于其他侧重节流、以产品为中心的企业后端管理理念和软件（如ERP、MRPⅡ，财务管理），CRM应用于企业前端组织（如销售组织、服务组织、市场营销组织），主要用于开源。销售管理是CRM核心业务的组成部分。

CRM 的本质是客户价值差别化管理，以及应对方法差别化管理。既然企业 80%的销售收入和利润是由 20%的客户创造的，那么这 20%的最具价值的客户就一定要识别出来，他们对企业的生存和发展至关重要，

另一方面。CRM 注意收集各种客户信息，记录并管理客户的需求差别化，使得企业比客户自己更了解客户。

CRM 帮助企业识别客户价值的差别化和需求差别化，便于企业明确目标，采用最合适的方法对最具价值的客户和最具成长性的客户不断创收，开发一般客户和潜在客户，对低于边际成本的客户找到其问题所在。

（二）CRM 改善企业服务、提高客户满意度

服务管理是 CRM 核心业务的组成部分。CRM 可以改善企业的服务能力和质量，CRM 强调服务是个性化的，是企业整体营销中提高客户对企业满意度的一个环节。

CRM 中的服务可以是个性化的。对购买同样产品的不同客户，服务合约和服务方式可能有所差别。例如对某些客户，接到服务请求后，提供无偿的“下一工作日现场服务”；对某些客户，提供有偿的“远程电话/互联网即时服务”或者“4 小时内抵达现场服务”。在对客户的资产提供维护服务时，可能面对本公司提供的产品，也可能面对第三方提供的产品。

由于服务的经验质量和信任质量一般很高，客户觉得在购买或接受时风险很大。这会有几种结果：服务接受者（客户）通常更加依靠口碑而不是服务组织的广告；客户会更加重视价格、人员和诸如品牌这样的物质线索来评价服务质量；当客户满意时，会对服务的提供者产生高度的忠诚。

CRM 中，服务管理是企业整体营销中的一个重要环节。CRM 把营销思想不仅引入到企业的销售组织，还引入企业的服务组织，并强调内外兼修的营销思想，同时减少了部门壁垒所带来的内耗。支撑有形服务业务的是整个无形的“店后”生产过程和组织系统。从这种复杂性看，客户对服务的满意度不仅要求外部营销，而且还需要内部营销和互动营销。

这种概念最大的贡献就是促使客服组织中的每一个人都实行市场营销。客户评价服务质量不仅看其技术质量（例如是否很快就把笔记本电脑维修好），也看其功能质量（例如服务人员是否对客户表示关心，是否对维修表示信心以及是否给客户一些日常维护建议）。专业人员以及其他服务提供者必须同时传递高度的技术和高度的感受。

CRM 有效避免了销售组织和服务组织之间的壁垒。销售代表在与客户的接触中，可以及时地把客户的服务请求和感受传达给客服代表，及时响应，解决问题并提高客户满意度，或者销售经理及时了解客户对服务的满意度。客服代表与客户的接触中，迅速把新的生意机会转达给销售代表或直接受理，提升销售（up-sell）或交叉销售（cross-sell）。

（三）CRM 提高员工生产力

CRM 在现场销售/服务、销售/服务自动化、协同工作、客户关怀等方面，有效地提高了员工生产力。

CRM 支持现场销售（field sales）和现场服务（field service）。例如在某特定地点，客户要求销售代表在商务洽谈后当场报价、当场签订合同，或者客服人员需要现场查询以往对客户资产维护处理的细节，如果这时既无法连接互联网，又不方便找到电话线路，怎么办？CRM 对解决移动办公提供了两种基本方式：一种是联网在线访问公司数据库；另一种是脱网离线操作。联网在线方式可以随时访问、操作公司数据库并交换数据，但无法适应所有场合（例如在飞机飞行途中处理工作）；而脱网离线方式允许员工提前从公司数据库中下载权限允许的信息到笔记本电脑中，在现场或途中随时处理工作，回到公司或者在能够联网时上传给公司数据库、更新数据。

CRM 支持销售/服务自动化。选择报价方案和自定义产品包，有助于公司员工在销售成品、销售维修部件时自动获得产品清单和当前最合适的价格。对于编写报价单/合同/服务合约文档这类问题，可以让 CRM 系统依据模板去自动生成，为员工赢得时间去处理其他更重要的工作。

CRM 支持协同工作。上面提到过企业销售组织和服务组织之间可以打破部门壁垒、及时沟通。企业会依据自身管理体制和机制的需要，划分出一些不同层面的行政团队（或部门）。CRM 为企业提供了高效的协同工作机制，允许相同部门或不同部门的人员根据业务需要随时动态创建协作小组。

CRM 帮助员工做好个性化客户关怀。例如在节日期间，为增进客户关系，公司安排员工给成百上千的客户寄送信件、发送电子邮件进行问候。员工可以在 CRM 的帮助下，为每一位客户发送个性化的信件。

三、客户关系管理建立的原则

客户关系管理建立的原则是保障目标达成的重要手段。一般建立客户关系管理系统时，我们要遵循以下三条原则。

（一）建立 CRM 的推动力是企业内部的革新需求

几乎在所有的行业中，企业的管理模式、运行模式、与供应商和客户的关系都在发生着急速的变化。即使在今天的市场上得以生存的成功企业也无时无刻不在关注着未来的市场、未来的客户以及未来的应变方法。信息技术的迅猛发展，将原来的信息不对称的状况大大改变了。客户对厂商的影响力逐步增强，越来越多的企业领导者发现，要让今天的和未来的客户满意，必须将企业与客户的距离拉近，必须充分、深刻地了解现有和潜在的客户，必须从客户的需求出发设计企业的产品、服务甚至运营流程。

实施 CRM，会带来企业内外部的改变。企业应用 CRM 系统，不应当仅仅是信息部门或销售部门内部的事情，而应当是整个企业在高层领导的直接参与指导下的多方协同调整。建设 CRM 的过程中，企业内部的高层管理者必须承担起项目负责人的角色，才能让 CRM 顺利地开展实施，才能完成多方面的转变。

良好的 CRM 实施方法是从上到下的。也就是说，在企业内部高层的支持和直接参与下，实施小组制定出 CRM 目标、客户价值分类的依据，并动员相关部门为整个项目投入精力和资源，实现内部和外部的转变，最后才能达到客户和企业的双赢效果。

（二）建立 CRM，目标必须明确

将以客户为中心的 CRM 管理理念贯彻到各个客户接触点之后，企业的绩效应当有较大的提高。各种绩效衡量指标的提高对于企业管理来说都很重要，在实施 CRM 之前，项目决策人需要根据企业本身的管理现状，将最需要解决的问题和最期望获得的改变排出优先顺序，以此来确定实施目标。

确立实施目标之后，企业针对这一目标的现状进行调查，确定量化指标，例如，如果实施目标定义为“提高销售业绩”，那么可以测量的指标包括但不仅限于：

①现有的销售周期是多少天？

②现有的销售成功率（潜在客户转为正式客户的比率）是多少？

③在销售人员需要（潜在）客户信息时，是否能够及时地获得最新资料？

④销售人员离开时，企业是否能够保留客户信息？

⑤销售人员对成单的估计精确率大约为多少？是否因人而异？

在实施结束，系统启用了一段时间之后，企业应以同样的量化指标来衡量实施的效果，并把效果通知到每个实施小组成员，逐步增强企业上下对 CRM 的理解，便于确立下一个改进目标和实施计划。

（三）建立 CRM 不仅是安装软件

在企业的高层参与下确定了 CRM 实施目标之后，在软件实施小组的配合下，企业将开始流程优化和技术更新。

其中，流程优化能否成功，将直接关系到 CRM 实施的成败。在开始实施的时候，有两种情况是比较常见的：一种情况是企业内部的流程没有形成明确化、规范化的步骤及文档，企业运作主要通过惯例和领导直接指示的方式进行；另一种情况是企业内部已经具备规范的流程，但是整个流程是围绕着产品和内部管理来设计的，忽略了如何对客户更亲切、让客户更方便以及给客户更好的感受。这两种情况都要求企业内部的 CRM 项目负责人和客户关系管理系统实施小组能够紧密配合，根据 CRM 系统的功能和特点，进行符合 CRM 战略目标的流程再设计。

第五节 客户关系管理的作用与功能

客户关系管理作为企业管理客户关系、收集客户信息并从客户信息中提取有价值信息的过程，无论对于企业还是客户，都具有非常重要的作用。就企业来说，客户关系管理能够使企业实现营销职能、销售自动化、提高企业效率；就客户来说，客户关系管理能够帮助客户节约购买成本，满足潜在需求，并能得到无微不至的服务。

一、客户关系管理的作用

（一）CRM 对企业的作用

1. 营销智能（MI）

营销智能功能是指企业用发展的眼光看待客户关系。这部分功能应该是按照这样一个流程来执行的：CRM 系统根据所有的历史数据，自动地进行数据分析，在此基础上，提出市场预测，并自动产生具体的营销活动建议。在营销活动结束后，CRM 系统能够收集活动中的反馈资料，这些资料就成为历史数据，为实现下一轮的商务智能营销提供第一手的数据。

2. 销售自动化（SFA）

SFA 主要是提高专业人员的大部分活动的自动化程度，它包含一系列功能，不仅涵盖了销售活动本身及参与销售活动的人员管理，同时也包括了随着销售活动而产生的服务管理。SFA 的另一部分重要内容就是提供服务，在大多数情况下，保持客户和保持获利能力依赖于提供优质的服务。客户只需轻点鼠标或打一个电话就可以转向企业的竞争者，因此，客户服务对公司非常重要。CRM 系统通过整合多种客户的联系渠道，针对客户的个性化要求，提供可靠的信息，从而提高客户满意度，培养客户忠诚度。

3. 提高效率

企业级的 CRM 系统通常把产品的销售、市场、客户服务以及技术支持信息集中存放于统一的中心信息库。销售人员把账户信息装入“配置引擎”以及名为“市场销售百科全书”的可共享的数据库中。数据库向销售人员提供了可存取产品与竞争者信息的有效手段，以使他们能够及时掌握准确的市场信息，获得更大的销售利润。有了数据库，企业不会因为某一位销售人员的离职而丢失重要的销售信息，同时，它的自动化处理过程还可以使企业的销售人员摆脱烦琐的管理事务。CRM 系统的智能性及全面性，使得销售人员可以按照 CRM 系统设定的操作流程来追踪其广告活动，更好地针对未来的市场做出正确的选择。销售管理人员也可以在足不出户的情况下，采用最好的销售模式管理产品的整个销售过程，完成整个销售过程中的每一个环节。同时，CRM 提供的方案还能帮助新雇员很快熟悉某一产品的销售周期，指导其按照公司整体的销售模式来进行销售工作。因此，那些采用了 CRM 系统的企业相对于没有采用 CRM 系统的企业，可以降低对某些重要销售人员的依赖性，同时也可以降低对新雇员的培训成本。

（二）CRM 对客户的作用

CRM 的目标是客户，重点是关系管理。因此，企业一旦建立了 CRM 系统，就会对它的目标主体——客户产生作用，其作用具体表现在以下几个方面。

1. 节约购买成本

这里所指的购买成本，并不是具体指某一产品或服务的价格，而是指在购买的行为过程中所花费的成本，包括时间成本、沟通成本及机会成本。如果你是一位客户，你的供应商已经采用了 CRM 系统，它所有的前端工作人员，都会根据 CRM 信息库提供的与你要求一致的信息同你联系。你的任何一个细微的要求都不会丢失（除非是 CRM 计算机系统全面崩溃），你将得到与你的要求及描述一致的产品或服务，甚至在某些情况下还会超过你的预期。面对你的个性化要求，你只要提出过一次（如果你不再申明更改或取消的话），供应商就会不折不扣地执行下去。

CRM 系统的实施，使得客户减少了对供应商的“教育成本”，因为你的供应商是主动向你学习，全方位了解你的购买特征。当然，客户也不愿意因为更换供应商而再付出一次“教育成本”。形成的这种关系，正是 CRM 所追求的执行主体与目标主体之间（供应商与客户）的双赢关系。

2. 满足潜在需求

作为 CRM 目标主体的客户的潜在需求，CRM 系统会给予满足。供应商会根据 CRM 的要求，尽可能收集更多的客户信息。根据这些信息，CRM 系统给供应商提出这样的建议：在什么时候、哪些客户有可能购买企业的哪些产品，用什么手段与这些客户进行联系。

如果你是一个生产企业的供应人员，你会发现你的供应商在本企业生产部门提出申购要求以前，通过你最容易得到信息的渠道给你提供了产品的报价方案。令你惊奇的是，供应商提供的产品目录及数量与生产部门提出的申购要求非常接近，甚至完全一致。这些功能的实现是因为这些供应商采用了 CRM 系统而满足了客户的潜在需求。当然，供应商也通过这个过程获得了销售利润。

3. 接受无微不至的关怀和服务

作为客户，当你购买了某个产品后，你可能担心产品能否完全满足你的需求，不知产品的售后服务如何。但是，当你的供应商采用了 CRM 系统之后，你就会感受到由此而产生的无微不至的关怀和服务。CRM 系统是通过良好的服务和技术支持来保证客户的满意度，维护客户对供应商的品牌忠诚的。因此，CRM 在给企业带来竞争优势的同时，也使客户得到了更多的方便和益处。

总之，CRM 的终极目标就是帮助企业满足客户的需求。企业除了通过产品及服务来满足客户需求之外，还可以通过 CRM 来实现提高客户忠诚度、满意度这一目标，这也是 CRM 的优势之一。调查结果表明，目前客户已经不再像过去那样长期保持对某一企业的忠诚，因为客户拥有了更多的选择、更多的购买渠道。如果客户对某一供应商不满意，则可迅速转向其他的供应商，而企业为此付出的代价是：发展一个新客户往往要比留住一个老客户多付出 4~6 倍的投入。良好的 CRM 不仅可使企业更好地挽留现有的客户，而且还可以使企业及时追踪那些即将丢失的客户，找回已经失去的客户。

二、客户关系管理的功能

CRM 主要有互动管理、营运管理、决策支持、系统整合四种功能，通过这四种功能的有效组合，基本可以满足企业对 CRM 功能的整体要求。

（一）互动管理

随着互联网技术的发展以及电子商务的应用，客户与企业之间互动的渠道越来越多，从传统的面对面互动和电话拜访，到现在流行的 E-mail、互联网以及自动语音系统，可谓不胜枚举。良好的 CRM 可以有效地管理各个互动渠道，使互动渠道的运用更加高效。同时，通过对客户资料的分析与客户价值评价，可以依照客户的分类等级来选择、创造与客户互动的新模式，进而有效降低营运成本。此外，CRM 系统还可以记录各个互动渠道获取的客户资料，方便相关人员查询，从而提升客户服务质量和企业的整体工作效率。

（二）营运管理

营运管理主要包括营销管理、销售管理、客户服务与支持三大核心功能。

1. 营销管理

营销管理的核心是营销自动化。营销自动化为营销提供独特的能力，如营销活动计划的编制和执行、计划结果的分析、清单的产生和管理、市场预测等。传统的数据库营销是静态的，需要花费大量的时间对一次市场营销战役的结果做出一个分析统计的表格，在此期间可能失去很多宝贵的商业机会，而营销自动化是建立在多个营销战役交叉的基础上，能够对客户的活动及时做出反应，更好地抓住各种商机。

2. 销售管理

销售管理的核心是销售自动化，销售自动化是CRM所有功能中增长最快的一个领域，也是当前CRM应用最广泛的一种功能。它可实现移动销售、账户管理、合同管理、创新管理、销售预测、盈利分析等。虽然销售自动化是CRM功能中应用最广泛的，但同时也是最困难的一个过程，这不仅是因为它的动态性，还因为销售部门的观念阻碍销售自动化的过程。

3. 客户服务与支持

客户服务与支持主要集中在售后服务方面，但也提供一些售前信息，如产品、广告等。多数情况下，客户保持和获利能力依赖企业提供的服务质量，因此客户服务与支持非常重要。客户服务与支持的主要功能包括现场服务、客户关怀、纠纷处理、订单跟踪、维修行为安排等。通过客户服务支持、销售自动化和营销自动化的有效组合，能够为企业提供更多的商机，向现有客户交叉销售更多的产品。

（三）决策支持

完整的CRM强调客户资料的一致性与完整性，CRM决策功能中的数据仓库与数据挖掘技术可将客户资料系统地存储与管理，不仅方便CRM营运功能的执行和运用，还可以通过在线分析、数据挖掘等资料分析工具对客户、交易与产品等相关资料进行分析，切实了解客户对企业的贡献度和客户的偏好与需求，甚至预测客户未来的消费行为模式与商品结构，并将结果作为营销策略的决策依据。

（四）系统整合

CRM系统只有与企业的生产、财务和物流等业务流程管理系统进行整合，才能在客户服务及资料分析方面发挥实质性的功效。整合前段和后段的资料，企业才能全面了解客户的互动及交易资料，分析出客户对企业的贡献度，并决定是否值得继续为该客户加强服务品质等。系统整合的重点是与ERP和供应链管理之间的整合，实现企业内外部流程的协同。

本章小结

本章介绍了客户关系管理与现代营销理论和价值链理论的关系。客户关系管理的理念变革如下：从以产品为中心到以客户为中心；从交易营销到关系营销；从大规模生产到大规模定制；CRM 是管理和信息技术的结合。

客户关系管理的核心思想：客户让渡价值是建立高质量客户关系的基础；重视客户的个性化特征、实现一对一营销；提高客户满意度、留住老客户，争取新客户；客户关怀贯穿营销的全过程。客户关系管理的运作流程包括：环境分析、构建理念与目标、制定策略、企业流程重建、系统建立、分析信息和知识管理。

客户关系管理的作用主要分为对企业的作用和对客户的作用。对企业，它可以提高效率，促使企业进行智能营销；对客户，它可以节约客户的购买成本、满足客户的需求以及提供无微不至的服务。客户关系管理具有客户信息管理、市场营销管理、销售管理、服务管理和客户关怀等功能。它是社会经济发展的需要，也是信息技术发展的产物。

关键术语

客户识别　客户关系　客户关系生命周期　客户保持　客户流失　客户挽留

课后习题

1. 客户关系管理的作用有哪些？
2. 客户关系管理的核心思想是什么？

实践训练题

1. 如何在企业内部实施客户关系管理？
2. 如何进行客户维护？

案例分析题

星巴克的“客户感受”

星巴克成功的原因有很多，其中一个很重要的因素就是其提供的产品都非常适合于消费者的定位和口感，而这跟它们长久注重客户实际感受有着密切的关系。

众所周知，星巴克每推出一款新的咖啡，都会十分注重客户感受的反馈，任何人去星巴克消费时，都可以额外品尝一些新款的咖啡，并说出自己对该产品的感受。更为重要的是星巴克十分重视“二次法则”，如果你第二次要了同样的咖啡，那么你就会被问及你对该款产品的感受，为什么会喜欢该种类的咖啡，这款咖啡给您带来的感受，并为星巴克填写一张调查问卷，然后星巴克把客户感受加以总结，以讨论哪种新品应该进入市场。

星巴克注重的是“客户感受”，而不是“感受客户”。因为这两者是两个截然不同的概念，感受客户是企业去评价客户，重心还是以企业为主；而客户感受，完全是将重心移到客户，把客户真正的感受作为企业提高客户满意度的重要手段和企业发展的基石。而这也就是现今的中国企业与星巴克在对待客户方面的最大区别，即大多数中国企业重视的是经营客户，而不是星巴克递进式的客户感受方式。

资料来源：皮骏．客户关系管理教程［M］．2版．上海：复旦大学出版社，2016.

思考题：星巴克在对待客户方面，有哪些值得我们学习的地方？

第五章 客户关系管理系统理论

【引例】

假如拥有 CRM 系统

清早上班，启动 CRM 系统，你首先快速查看了本周的日程，确认一些重要的会议或访问日程，并且设置了自动提醒；通过日历共享功能，你检查了几个主要助手的工作日程；你直接在系统里新建几个任务，指派给助手，系统会自动向任务执行人发出消息。紧接着，你利用预先设置好的查询模板，快速查看了“我指派的任务已经完成的”，“我指派的任务超时未完成的”，下属工作的进展与反馈一目了然。

拥有 CRM，你不再需要等待下属提交各类周报、月报和季报，管理不再滞后于经营，你可以随时在线查看各种表格、报表和图表，获得决策的依据。利用销售管道图，你直观地考察当前每个销售阶段完成任务指标的比例。利用预测功能，你查看了未来 6 个月的销售金额预测值，并以柱状图形式与此前的历次预测对比，检查趋势背离情况等。

资料来源：顾明．客户关系管理应用［M］. 2 版．北京：机械工业出版社，2015.

【学习目标】

1. 认识 CRM 系统的产生、发展和定义。
2. 了解 CRM 系统的特征、创新和作用。
3. 掌握 CRM 系统的一般模型及组成。
4. 掌握 CRM 系统的各项功能。
5. 了解 CRM 系统的发展趋势。

【教学目标】

1. 什么是 CRM 系统？CRM 系统有哪些模块？
2. 各模块有什么功能？CRM 系统的发展趋势是什么？

第一节 客户关系管理系统的概念

客户关系管理系统，即 CRM 系统，是基于企业对客户关系管理的需求以及管理信息技术的支撑发展起来的，能够借助软件、硬件和网络技术为企业收集、管理、分析客户信息，并将分析结果应用于客户关系管理实践中，为企业决策提供支持。

一、CRM 系统的产生

（一）CRM 统的理论演变

客户关系管理是一种管理理念，它来源于西方的市场营销理论。市场营销理论随着时代的发展从最初的“以产品为中心”，围绕着产品（product）、价格（price）、地点（place）、促销（promotion）的 4Ps 营销管理模式，向“以客户为中心”，强调向实践客户/消费者（customer/consumer）、成本（cost）、渠道（channel）、方便性（convenience）的 4Cs 理论模式转变；从交易营销转向关系营销，不仅强调赢得用户，而且强调长期地拥有用户；从单一销售转向建立友好合作关系；从不重视客户服务转向高度承诺。客户关系管理为实现缩减销售周期和营销成本、增加收入、寻找扩展业务所需要的新的市场和渠道以及提高客户的价值、满意度、盈利性和忠诚度的目的，吸收了数据库营销、关系营销、一对一营销等营销管理思想的精华，并提出客户生命周期（从一个客户开始对企业进行了解或企业欲对某一客户进行开发开始，直到客户与企业的业务关系完全终止且与之相关的事宜完全处理完毕的这段时间）和客户终身价值理论（客户在其整个生命周期过程中，为企业所做贡献的总和）。

（二）CRM 系统的产生

客户关系管理系统形成的重要原因就是它拥有现代管理信息技术的支撑。所谓现代管理信息技术主要是将现代信息技术（感测技术、通信技术、计算机技术和控制技术）综合应用到管理领域，尤其是在计算机技术和控制技术所引发的网络革命以及在此基础上产生的电子商务革命的推动下，各种智能化的管理信息技术在企业与客户交互的各个领域得到了广泛而充分的应用。例如，随着数据库技术的发展，以及数据仓库、商业智能和知识发现等技术的应用，企业收集、管理、加工和利用客户信息的质量大大提高。系统集成技术的发展，又使得企业可以将各个应用子系统在客户中心战略的总体规划下进行优化整合，实现面向客户的资源配置体系。另外，基于互联网的信息技术正逐渐成为成熟的商业手段和工具，并且也越来越多地应用于企业信息化的建设中，这使得企业的信息系统具备了适应市场客户动态变化的灵活性和开放性。

这些先进技术的发展使得客户关系管理不再停留在理论的阶段，而是有效地增强企业的销售能力、营销能力、客户服务与支持能力以及对客户需求的反应能力，进而改善企业自身与客户之间的关系，使得客户服务在技术层面有了充分的保障。在这些先进的网络技术与信息技术的支持下，客户关系管理的实现成为可能，并进一步帮助企业在激烈的市场竞争中提升核心竞争力。

（三）CRM 系统的发展

CRM 系统的体系结构经历了 3 个发展阶段：从主机/终端（H/T）体系结构到客户

机/服务器（C/S）体系结构，再到浏览器/服务器（B/S）体系结构。

自20世纪80年代开始，CRM系统大多采用主机/终端体系结构。主机承担通信工作，并且进行数据处理，主机与每个终端由一条通信线路相连。

到20世纪90年代，CRM系统大多变为两层的C/S体系结构。C/S体系结构将复杂的应用网络的用户交互界面（GUI），和业务应用处理与数据库访问以及处理相分离，服务器与客户端之间通过消息传递机制送回客户端，应用开发简单且具有较多功能的强大的前台开发工具。C/S模式的网络通信量低、速度快，有很强的实时处理能力，能够实现对数据库的实时处理和大批量的数据更新。因为C/S模式的平台一般采用适于安全性好的局域网络协议，数据的安全性有保证。

在20世纪90年代末期，随着互联网技术的不断发展，尤其是基于Web的信息发布和检索技术的发展，整个应用系统的体系结构从C/S的主从结构向灵活的多级分布的B/S体系结构演变。B/S体系结构是把C/S结构中的服务器分解为数据服务器和应用服务器，同时将原来在客户机一侧的应用程序模块与显示功能分开，将应用程序模块放到Web服务器上单独组成一层，客户机上只需安装单一的浏览器即实现显示功能。由于B/S模式基本上将全部计算任务转移到服务器端，客户端只简单地接收用户指令并将其发送到服务器，系统的开放性得到了很大的改善，而且系统对将要访问系统的用户数的限制也有所放松。此外，B/S模式还具有易于维护、易于升级、操作简便等特点。

（四）CRM系统的发展现状

进入信息技术高速发展的时代，现代技术对CRM系统的影响也逐渐体现，人工智能、云计算、物联网等技术的应用，为CRM系统注入了新鲜的血液，在从技术上改变CRM系统功能的同时，更从理念上对CRM系统进行了重塑，使人们以一个全新的视角、全新的态度面对客户关系管理。

二、CRM系统的定义

CRM系统是以对客户数据的管理为核心，客户数据库是企业重要的数据中心，记录企业在市场营销与销售过程中与客户发生的各种交互行为，以及各类有关活动的状态，提供各类数据模型，为后期的分析和决策提供支持。通俗地说，CRM系统就是利用软件、硬件和网络技术，为企业建立一个客户信息收集、管理、分析、利用的信息系统。

具体地说，一个合格的CRM系统能够做到以下内容：

①帮助记录、管理所有公司和客户打交道过程中的记录，并且能够通过分析，辨别哪些客户是值得努力的，以及这些客户都有哪些特点和趋势。这对充分理解客户很有用。

②实现自动化管理，动态地跟踪客户需求、客户状态变化到客户订单，能够记录各种客户意见。

③CRM系统可以通过某些自动的电子渠道（如短信、E-mail、网站等）承担某些“机械化”的任务。例如，当你向客户推销某个新产品，你可能一个人无法向很多客户进行说明，或者拜访他们，你可能希望有很多下属，按客户进行分工，按照你期望的方式、在期望的时机、采用统一的说法来向客户进行说明或者拜访客户。这个时候，CRM系统

可以帮助你将这些说法、方式、时机等用电子方式表达出来，并且帮助你将这些东西分配给你的下属，让他们按照要求执行，并通过 IT 系统自行将结果反馈给你。

三、CRM 系统的主要特征

CRM 系统是以最新的信息技术为手段，运用先进的管理思想，帮助企业最终实现以客户为中心的管理模式。一个完整的客户关系管理系统应当具有综合性、集成性、智能化和精简性、高技术等特征。

（一）综合性

客户关系管理系统首先综合了大多数企业的客户服务、销售和营销行为优化和自动化的要求，其标准的营销管理和客户服务功能由支持多媒体和多渠道的联络中心处理来实现，同时支持通过现场和数据仓库提供服务。销售功能由系统为现场销售和远程销售提供客户和产品信息、管理存货和定价、接受客户报价和订单来实现。统一的信息库下开展有效的交流管理和执行支持，使得交易处理和流程管理成为综合的业务操作方式。无论在新兴行业还是传统行业，CRM 都使企业拥有了畅通有效的客户交流渠道、综合面对客户的业务工具和竞争能力，从而能帮助企业顺利实现由传统企业模式向以电子商务为基础的现代企业模式转化。

（二）集成性

企业资源规划（ERP）等应用软件系统的实施给众多企业带来了内部资源的优化配置，客户关系管理（CRM）则将从根本上改革企业的管理方式和业务流程。更为重要的是，CRM 在电子商务背景下，将努力实现企业级应用软件尤其是与企业资源规划、供应链管理、集成制造和财务等系统的最终集成。CRM 解决方案因其具备的强大的工作流引擎，可以确保各部门、各系统的任务都能动态协调和无缝完成。以 CRM 与后台 ERP 的集成为例，CRM 的销售自动化子系统，能够及时向 ERP 系统传送产品数量和交货日期等信息，营销自动化和在线销售组件，可使 ERP 的订单与配置组件功能发挥到最大，客户可以真正实现按需要配置产品，并现场进行订购。事实上，企业经营者都明白倘若他们不能把销售和服务部门的信息和后台联系在一起，就会导致许多潜在营业额的流失，只有将 CRM 与 ERP 集成、前后端应用软件完全整合才可能成为未来的赢家。而且，CRM 与 ERP 的集成还可确保企业实现跨系统的商业智能，这将是 CRM 系统的又一个特点。

（三）智能化和精简性

客户关系管理应用系统还具有商业智能的决策和分析能力。CRM 的成熟将使得它不光能实现商业流程的自动化，而且能为管理者提供分析工具或代为决策。CRM 系统中包含并深化了大量有关客户的信息，CRM 通过成功的数据仓库建设和数据挖掘，对市场和客户需求展开了完善和智能的分析，并为管理者提供决策的参考。CRM 的商业智能还可以改善产品定价方式、提高市场占有率、提高客户忠诚度、发现新的市场机会。一个优化的 CRM 系统在整合 ERP 系统后，其商业智能将大大增强。同时，商业智能要求对商业流程和数据采用集中管理的办法，这样可简化软件的部署、维护和升级工作；而基于互联网部署的 CRM 解决方案，包括通过 Web 浏览器可以实现用户和员工随时随地访问企业的应用程序和知识库，节省了大量的交流成本。

（四）高技术

客户关系管理系统应用涉及种类繁多的信息技术，如数据仓库、网络、语音、多媒体等多种先进技术，同时为实现与客户的全方位交流，在方案布置中要求呼叫中心、销售平台、远端销售、移动设备以及基于互联网的电子商务站点的有机结合，这些不同的技术、不同规则的功能模块和方案要结合成为一个统一的 CRM 环境，就需要不同类型的资源和专门的先进技术的支持。以多媒体的企业客户联络中心为例，以 CTI 技术支持的呼叫中心，要能让 Web 用户通过使用互联网、在线聊天系统或视频会议系统来与它实时进行交互式的交流，它的实施就要求有关人员具备呼叫中心和 Web 环境等多方面的技术知识。此外，CRM 为企业提供的数据知识的全面解决方案中，要通过数据挖掘、数据仓库和决策分析工具的技术支持，才能使企业理解统计数据和客户关系管理模式、购买行为等，再整合不同来源的数据并以相关的形式提供给业务管理者或客户，IT 技术的影响是巨大而又是最终的。不过，技术终归是商业目标实现的工具，除非一个企业理解了实施客户管理策略的业务驱动力量和影响力，否则拥有多少专门技术都不能保证它取得成功。

四、CRM 系统的创新与作用

（一）传统 CRM 的局限性

随着信息技术的发展以及企业需求的不断提高，传统客户关系管理系统已经体现出了极大的局限性，主要表现在以下几个方面。

1. 技术局限性

传统的 CRM 系统是基于客户机/服务器（C/S）架构的系统，它受到技术的局限，一般多用于局域网，如果通过互联网远程使用，速度就会受到很大的影响，并且只能支持少量用户的远程使用，用户一多系统将无法正常使用，甚至可能会崩溃。

2. 应用局限性

传统的 CRM 系统既要安装服务器端，又要安装客户端，哪个环节出了问题都可能导致系统不可用，而且升级很麻烦。同时，传统的 CRM 一般都是按照用户数收费，不仅在增加用户时非常麻烦，也会大幅度增加企业的投入成本。

（二）CRM 系统的创新

随着世界经济和企业的不断发展，传统的 CRM 系统无法继续满足企业高效率、低成本的发展需求，这就要求我们根据企业的不同要求不断地进行创新。

1. 功能创新

CRM 系统应具备销售管理、营销管理、客户服务和呼叫中心等功能。根据企业的需求我们可以对不同的功能加以创新。

①销售管理创新，销售力量自动化。针对销售类公司，CRM 系统创建了销售力量自动化（sales force automation，SFA）。SFA 通过对人员权限、销售阶段、客户类别、销售区域、行动规范等业务规则和基础信息（如产品）的设置，使得销售人员在其授权范围内，对所管理的客户、联系人、机会等按统一的业务规范进行有序的管理。在销售过程中，通过具体的客户、联系人、机会关联的行动安排和行动记录，建立详细的跟踪计划并自动生成人员工作日程表（按日、周、月、年），实现了按每一个客户、每一个机会（项目）的基于具体行动的人员日程、跟踪记录，并提供了丰富的统计分析与工作支持，从而实现了对销售过程基于行动的量化管理。SFA 能够有效支持销售主管、销售人员对客户的管理、对销售机会的跟踪，能够有效执行销售规范、实现团队协同工作，帮助销售人员与潜在客户进行互动，将潜在客户发展为真正客户并保持其忠诚度。SFA 克服了以往不能准确了解客户的具体状态与阶段，无法配置适合的手段、方法、人员，不能有效地满足客户需求的缺点。

②营销管理创新，消费积分管理。针对快速消费品行业，CRM 系统增设了消费积分管理。该系统包括了积分管理平台与积分互动门户两个系统，以积分管理为核心，实现会员办卡（会员档案管理、会员升级、会员挂失、会员存款、会员结账、会员延期），会员消费（预付费消费、会员赠送、退货、内部员工提成）和积分返点（赠送礼品、赠送代金券）等会员管理功能。快速消费品企业普遍重视对经销商资源的管理和维护，而对于数量庞大的消费者则普遍缺乏有效的联系和沟通。消费积分管理能够帮助企业有效地把握消费者更多个性化需求，了解到更多有价值的消费需求信息，从而做出更为有效的营销决策。

③客户服务创新。向客户提供主动的客户关怀。客户关怀包括两个方面：一是提醒客户享受应得的服务（主动提醒客户享受应得的服务，可避免产品的误用，保护客户利益。同时，主动提醒还会给客户留下企业诚实、可信的良好印象）；二是提供增值服务（建立在基本服务基础之上，企业额外提供的服务，会让客户大喜过望，有利于赢得客户高度满意并建立客户忠诚）。根据营销和服务历史向客户提供个性化的服务，在知识库的支持下向客户提供更专业的服务和严密的客户纠纷跟踪，这些安排都成为企业改善服务的有力保证。新型的 CRM 系统改变了企业以往采取等客户上门，只能解决客户不满意问题的缺陷，使得企业比客户自己更了解客户不再成为口号。

④呼叫中心创新，基于 CTI 技术的呼叫中心。现代呼叫中心采用了计算机电信集成技术（computer telecommunication integration，CTI）。它将计算机的信息处理功能、数字程控交换机或带语音板的计算机的电话接入和智能分配、自动语音处理技术、互联网技术、网络通信技术、商业智能技术与实际业务系统紧密结合在一起，将通信系统、计算机处理系统、人工业务代表、信息等资源整合成统一、高效的服务工作平台，充分利用计算机和电信通信网的先进功能，集成并与企业连为一体，是一个完整的综合信息服务系统，为用户提供系统化、智能化、个性化、人性化的服务。传统的呼叫中心仅由话务员接听，由于其不一定是专业人员，常常难以提供专业的、满意的服务。现代呼叫中心改善了给顾客的反馈信息，提高了为顾客服务的质量，在为企业带来良好经济利益的同时，也为企业树立了良好的外部形象。

2. 技术创新

针对现代企业的需求，CRM 系统引入了数据挖掘技术。数据挖掘是从大量的、不完全的、有噪声的、模糊的、随机的数据中提取隐含在其中的、人们事先不知道的，但又是潜在有用的信息和知识。数据挖掘能够辨别潜在客户群，并提高市场活动的响应率，可以帮助企业从以前购买行为的信息中分析这个客户下一次购买行为的关键因素，并支持企业对已有的客户进行交叉销售（交叉销售是指企业向原有客户销售新的产品或服务的过程）。数据挖掘技术的引入改变了传统的 CRM 系统在产品方面不能对不同的产品进行分析，不能多角度（客户类别、地域、时间、社会因素等）了解公司产品销售情况、销售变化情况的缺点，帮助企业保持较高的客户获取和保持率，并维持企业的可盈利性，降低营销费用。

3. 应用创新

应用创新即 CRM 系统和 ERP 系统的整合。ERP 系统是一个事务处理系统，强调准确记录企业中人、财、物各项资源的轨迹，无缝集成企业生产、库存、仓库、财务等管理末端，提高企业的“自动化”能力，从而极大地降低人力需求及差错，提高效率。而 CRM 的体系设计以客户关系发展和维系为目标，系统以统一的客户数据库为中心，为系统用户提供客户的统一视图和对客户的分析、预测等工具。CRM 系统和 ERP 系统两者的有效整合可以实现资源的共享。CRM 系统中的市场信息、客户信息、订单信息、产品和服务的反馈信息等通过系统的处理分析，及时地传递给 ERP 系统和企业实际部门，使 ERP 系统实现理想的订单生产模式，迅速满足客户个性化需求；同时，ERP 系统中的产品信息、生产进度、库存情况和财务结算等信息也可以及时传递到 CRM 系统中，为客户提供整个交易过程中全程跟踪服务，提高客户满意度。CRM 系统和 ERP 系统的整合，最终使企业的利益实现最大化、长久化，使投资回报率最高。

（三）CRM 系统的作用

实施客户关系管理的目标就是了解企业的客户、满足客户的要求和维系客户，建立企业与客户之间的长期、稳定关系，实现从客户更高的满足中获利。在我国实现两个根本转变的过程中，加强客户关系管理对于企业更好地满足客户需求，充分利用客户资源，提高企业经济效益和市场竞争力具有十分重要的作用。

1. 使客户得到最大限度的满足，实现企业承诺

企业对客户承诺的实质是使客户的利益得到最大限度的满足。在消费趋势从“大众趋同化、数量增长型”转向“多样化、个性化”的形式下，通过客户关系管理，可以实现对具体客户的具体分析和有针对性的满足，并随时收集和分析客户反应，及时调整产品或服务策略，从而大大提高为客户服务的效率和质量，使客户得到最大限度的满足。

2. 提高企业长期经济效益

尽管进行客户关系管理需要一定投入，但是却可以有效地提高企业的长期经济效益。首先，通过客户关系管理可以有效地保证客户的重复购买。其次，确保老客户可以大大节省营销费用，显然，维持关系比建立关系更容易。在市场竞争激烈的情况下，争取新客户不仅费用高，而且有更高的风险。最后，通过客户关系管理还可以降低服务成本。已经有

很多企业注意到，企业从一些客户及其交易中获得的利润水平经常大大高于另一些客户及其交易的利润水平。具体了解每个客户获利的多少，分析这种差距产生的原因，对于降低成本、提高企业利润水平是十分重要的。通过对客户利润水平的分析，还可以识别盈利和亏损的客户，并根据具体情况采取相应的对策，以提高企业的长期利润水平。

3. 提高企业的市场竞争力

通过加强客户关系管理，使企业从争取更多客户转向更好地满足有限的客户，不仅可以提高企业的盈利水平，还可以集中使用和合理调配企业资源，在一定客户群体中形成竞争优势，并逐渐建立良好的 B2B、B2C 等方面的客户关系，从而有效地提高企业的市场竞争能力。从另一个方面看，在激烈的市场竞争中，避免失去客户的最有效措施是关心客户和更有针对性地满足客户，加强企业与客户的长期稳定关系，不断提高客户的忠诚度。一旦企业使客户获得高度满足，并赢得很高的忠诚度，就会永远留住客户。

4. 开发利用客户资源

加强客户关系管理也是开发利用客户资源的重要途径。通过双向的信息交流，建立客户档案和开展与客户的合作等，可以从客户的反馈中获得有关产品特征、需求变动和潜在客户等方面的信息。这些来自客户的信息往往具有针对性和可靠性强的特点，与其他来源的市场信息相比，对企业营销策略具有更为重要的参考价值。通过加强客户关系管理，可以充分发挥消费者的积极性，开发他们的知识与经验资源，获得新产品开发构思和改进服务的设想，促使企业为客户提供更好的产品或服务。

第二节　CRM 系统的一般模型

CRM 系统是以数据仓库为基础，通过与客户和市场的接触活动，实现销售管理、营销管理、客户服务等功能，进而为企业客户关系管理的实现提供一定的技术支持。

一、CRM 系统的一般模型概述

集成了 CRM 管理思想和最新信息技术成果的 CRM 系统，是帮助企业最终实现以客户为中心的管理模式的重要手段。CRM 系统的一般模型反映了 CRM 最重要的一些特性，如图 5-1 所示。

从图 5-1 中可以看出，这一模型阐明了目标客户、主要过程以及任务功能之间的相互关系。CRM 的主要过程是对营销、销售和服务这三部分业务流程的信息化。首先，在市场营销过程中，通过对客户和市场的细分，确定目标客户群，制订营销战略和营销计划。其次，销售的任务是执行营销计划，包括发现潜在客户、信息沟通、推销产品和服务、收集信息等，目标是建立销售订单，实现销售额。最后，在客户购买了企业提供的产品和服务后，还需对客户提供进一步的服务与支持，这主要是客户服务部门的工作。产品开发和质量管理过程分别处于 CRM 过程的两端，由 CRM 提供必要的支持。

在 CRM 系统中，各种渠道的集成是非常重要的。CRM 的管理思想要求企业真正以客户为导向，满足客户多样化和个性化的需求。要充分了解客户不断变化的需求，必然要求企业与客户之间有双向的沟通。因此，拥有丰富多样的营销渠道是实现良好沟通的必要

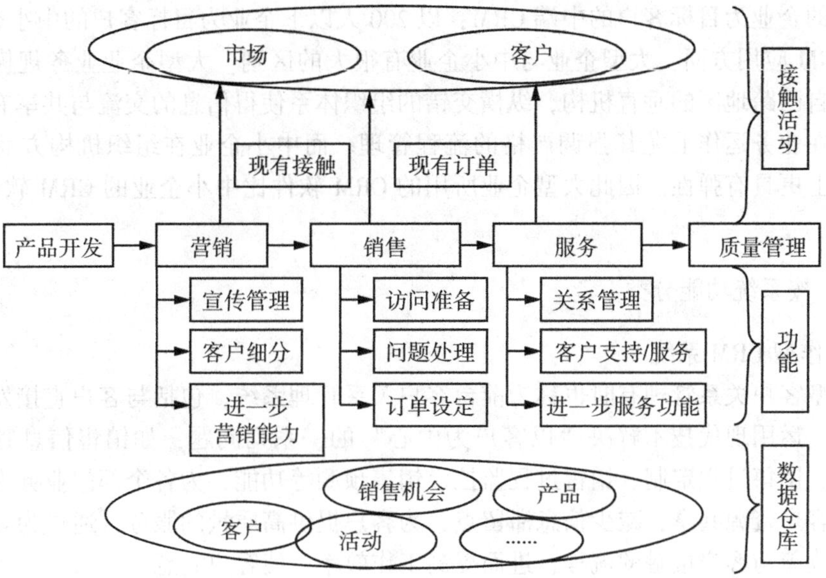

图 5-1 CRM 系统的一般模型

条件。

CRM 改变了企业前台业务运作方式，各部门间信息共享，密切合作。位于模型中央的共享数据库作为所有 CRM 过程的转换接口，可以全方位地提供客户和市场信息。过去，前台各部门从自身角度去掌握企业数据。而对于 CRM 模型来说，建立一个相互之间联系紧密的数据库是最基本的条件。这个共享的数据库也被称为所有重要信息的“闭环”。由于 CRM 系统不仅要使相关流程实现优化和自动化，而且必须在各流程中建立统一的规则，以保证所有活动在完全相同的理解下进行。这一全方位的视角和“闭环”形成了一个关于客户以及企业组织本身的一体化蓝图，其透明性更有利于与客户之间的有效沟通。这一模型直接指出了面向客户的目标，可作为构建 CRM 系统核心功能的指导。

二、CRM 系统的类型

在新技术和新应用的推动下，CRM 市场得到快速的发展，新公司加入和现有公司以合并、联合以及推出新产品的方式重新定位，这一领域可谓日新月异，CRM 解决方案呈现出多样化的发展态势。为了全面了解 CRM 系统，本章从以下几个角度对 CRM 系统进行分类。

（一）按目标客户分类

根据客户的行业特征和企业规模来划分目标客户群，是大多数 CRM 的基本分类方式。在企业应用中，越是高端应用，行业差异越大，客户对行业化的要求也越高，因而，出现了一些专门的行业解决方案，比如银行、电信、大型零售等 CRM 应用解决方案。而对中低端应用，则常采用基于不同应用模型的标准产品来满足不同客户群的需求。一般将

CRM 分为三类：以全球企业或者大型企业为目标客户的企业级 CRM；以 200 人以上，跨地区经营的企业为目标客户的中端 CRM；以 200 人以下企业为目标客户的中小企业 CRM。

在 CRM 应用方面，大型企业与中小企业有很大的区别。大型企业业务规模大，各业务系统有自己跨地区的垂直机构，纵横交错的组织体系使得信息的交流与共享有一定的困难，同时在业务运作上尤其强调严格的流程管理。而中小企业在组织机构方面要简化很多，运作上更具有弹性。因此大型企业所用的 CRM 软件比中小企业的 CRM 软件要复杂、庞大得多。

（二）按系统功能分类

1. 操作型 CRM 系统

操作型客户关系管理有时也称为前台客户关系管理系统，包括与客户直接发生接触的各个方面，运用现代技术解决“以客户为中心”的一系列问题，如销售信息管理、销售信息分析、销售过程定制、销售过程监控、销售预测等功能，为各个部门业务人员的日常工作提供客户资源共享，减少信息滞留点，为客户提供高质量的服务，通过为客户服务的自动化来改善与客户接触的流程，进而提高工作效率，使客户满意。

2. 分析型客户关系管理系统

分析型客户关系管理系统通常也称后台客户关系管理系统，它不需要直接同客户打交道，其作用是分析理解发生在前台的客户活动，主要是从运营型客户关系管理系统应用所产生的大量交易数据中提取有价值的各种信息，为企业的经营管理和决策提供有效的量化依据。

分析型客户关系管理系统主要面向客户数据分析，针对一定企业的业务主题，设计相应的数据库和数据集市，利用各种预测模型和数据挖掘技术，对大量的交易数据进行分析，对未来的趋势做出必要的预测或寻找某种商业规律。作为一种企业决策支持工具，分析型客户关系管理系统用来指导企业的生产经营活动，提高经营决策的有效性和成功度。

3. 协作型客户关系管理系统

协作型客户关系管理系统是指企业通过各种途径、网络直接与客户互动的一种状态。协作型客户关系管理系统作为一种综合的解决方案，它基于多媒体联系中心，将多渠道的交流方式融为一体，建立统一的接入平台——交互中心，为客户和企业之间的互动提供多种渠道和联系方式，提高企业与客户的沟通能力。

在工作中，由于员工和客户要同时完成某项工作，都希望快一点解决问题。这就要求客户关系管理系统的应用必须能帮助员工快速准确地记录客户请求的内容并快速找到问题的答案。如果问题无法在线解决，协作型客户关系管理系统还必须提供智能升级处理，员工必须及时做出任务转发的决定。

第三节 CRM 系统的组成

根据 CRM 系统的一般模型，可以将 CRM 系统划分为接触活动、业务功能及数据仓库功能三个部分。这三个功能是以技术功能为基础的，技术功能的实现可以促进各个功能的发展。

一、接触活动

CRM 系统应当能使客户以各种方式与企业接触，典型的方式有呼叫中心、直接沟通、传真、移动销售（mobile sales）、电子邮件，互联网以及其他营销渠道，如金融中介或经纪人等。CRM 系统还应当能够或多或少地支持各种各样的接触活动，如图 5-2 所示。企业必须协调这些沟通渠道，保证客户能够采取方便或其偏好的形式随时与企业交流，并且保证来自不同渠道的信息的完整性、准确性和一致性。今天，互联网已经成为企业与外界沟通的重要工具，特别是电子商务的迅速发展，促使 CRM 系统与互联网进一步紧密结合，发展成为基于互联网的应用模式。

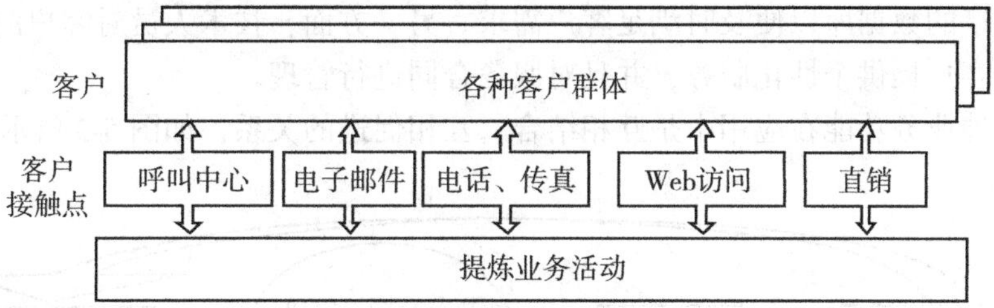

图 5-2 不同层次的接触活动

在客户交互周期中的客户接触参与阶段，CRM 系统主要包含以下内容。

①营销分析，包含市场调查、营销计划、领导分析以及活动计划，并提供客户特征，使营销过程更具计划性，达到最佳化。

②活动管理。保证完整营销活动的传送，包括计划、内容发展、客户界定、市场分工和联络。

③电话营销。通过各种渠道推动潜在客户的产生，包括名单目录管理，最好一个企业有多个联系人。

④电子营销。保证互联网上个性化的实时、大量的营销活动的实施和执行。开始于确切、有吸引力的目标组，通过为顾客定制的内容和产品进行进一步交互。

⑤潜在客户管理。通过潜在客户资格以及从销售机会到机会管理的跟踪和传递来发展潜在客户。

二、业务功能

企业中每个部门必须能够通过上述接触方式与客户进行沟通，而市场营销、销售和服务部门与客户的接触和交流最为频繁。因此，CRM 系统主要针对这些部门进行支持。

然而，并不是所有的 CRM 产品都能覆盖所有的功能范围。一般来说，一个系统最多能够支持两至三种功能，如市场营销和销售。因此，在系统评价中，功能范围可以作为 CRM 系统性能评价的重要衡量标准之一。

CRM 系统的业务功能通常包括市场管理、销售管理、客户服务和支持。

市场管理的主要任务是：通过对市场和客户信息的统计和分析，发现市场机会，确定目标客户群和营销组合，科学地制定出市场和产品策略；为市场人员提供制订预算、计划、执行和控制的工具，不断完善市场计划；同时，还可管理各类市场活动（如广告、会议、展览、促销等），对市场活动进行跟踪、分析和总结，以便改进工作。

销售管理部分则是销售人员通过各种销售工具，如电话销售、移动销售、远程销售和电子商务等，方便及时地获得有关生产、库存、定价和订单处理的信息。所有与销售有关的信息都存储在共享数据库中，销售人员可随时补充或及时获取，企业也不会由于某位销售人员的离去而使销售活动受阻。另外，借助信息技术，销售部门还能自动跟踪多个复杂的销售路线，提高工作效率。

客户服务和支持部分具有两大功能，即服务与支持。一方面，通过计算机电话集成技术（CTI）支持的呼叫中心，为客户提供每周 7×24 小时不间断的服务，并将客户的各种信息存入共享的数据库以便及时满足客户需求。另一方面，技术人员对客户的使用情况进行跟踪，为客户提供个性化服务，并且对服务合同进行管理。

以上三种业务功能在应用中是互相结合、互相促进的关系，如图 5-3 所示。

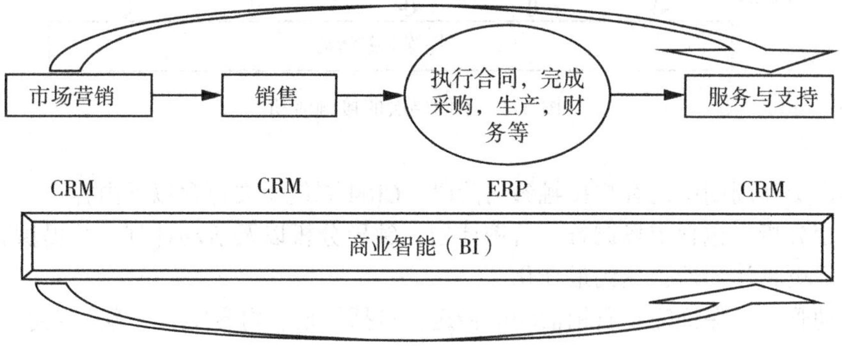

图 5-3　CRM 系统的业务功能及其关系

三、数据仓库功能

数据仓库在客户关系管理中起着重要的作用。首先，数据仓库将客户行为数据和其他相关的客户数据进行集成，为市场分析提供依据。其次，数据仓库对客户行为的分析以 OLAP、报表等形式传递给市场专家。市场专家利用这些分析结果，制定准确、有效的市场策略；同时，利用数据仓库、数据挖掘技术，发现增加销售、保持客户和发展潜在客户的方法，并将这些分析结果转化为市场机会。最后，数据仓库将客户的市场机会的反应行为，集中到数据仓库中，作为评价市场策略的依据。

在客户关系管理中，数据仓库主要有以下几方面功能。

1. 保留客户

目前，公司都面临着客户流失的问题，保留客户也就成了市场竞争的一个重要内容，但并不是所有的客户都有保留的价值。因此，要通过数据仓库中的数据，分析出最具价值的客户，并针对这些客户制定相应的客户保留政策。

2. 降低管理成本

对于企业来说，管理大量的客户数据也是一项工作量庞大的工作，数据仓库的应用使数据的统一、规范管理成为可能，同时提供了快速、准确的查询工具，这可以大大降低企业的管理成本。

3. 分析利润的增长

数据仓库不但记录当前数据，还记录了大量的历史数据。可以通过历史趋势发现产品销售与客户关系管理的关系以及利润增长同客户关系管理的关系，分析利润增长的最终目的还是促进利润增长。

4. 增强竞争优势

数据仓库的应用使得企业有更强的市场适应能力。企业通过历史数据分析市场变化趋势，特别是客户需求的变化趋势，可以及时改变产品性能以适应客户需要，这有助于企业抢占先机，巩固并增强企业的竞争优势。

5. 性能评估

根据客户行为分析，企业可以准确地制定市场策略和市场活动。然而，这些市场活动是否能够达到预定的目标，是评价改进市场策略的重要依据。同样，重点客户的发现过程，也需要对其性能进行分析，在此基础上修改重点客户发现过程。这些性能评估都建立在客户对市场反馈的基础上。

四、技术功能

（一）对客户互动渠道进行集成的能力

对多渠道进行集成与对 CRM 解决方案的功能部件的集成是同等重要的。不管客户是通过互联网与企业联系，或是与携带有互联网功能的便携电脑的销售人员联系，还是与呼叫中心代理联系，与客户的互动都应该是无缝的、统一的、高效的。如前所述，统一的渠道还能带来内部效率的提高。

（二）支持网络应用的能力

在支持企业内外的互动和业务处理方面，互联网的作用越来越大，这使得 CRM 的网络功能越来越重要。以网络为基础的功能对一些应用（如网络自主服务、自主销售）是很重要的。一方面，网络作为电子商务渠道来讲很重要；另一方面，从基础结构的角度来讲，网络也很重要。为了使客户和企业雇员都能方便地应用 CRM，需要提供标准化的网络浏览器，使用户只需很少的训练或不需训练就能使用系统。另外，业务逻辑和数据维护是集中化的，这减少了系统的配置、维护和更新的工作量，就基于互联网的系统的配置费用来讲，也可以节省很多。

（三）建设集中的客户信息仓库的能力

CRM 解决方案采用集中化的信息库，这样，所有与客户接触的雇员都可获得实时的客户信息，而且可以使各业务部门和功能模块间的信息统一起来。

（四）对工作流进行集成的能力

工作流是指把相关文档和工作规则自动化地（不需人的干预）安排给负责特定业务流程中特定步骤的人。CRM 解决方案应该具有很强的功能，为跨部门的工作提供支持，使这些工作能动态地、无缝地完成。

目前，CRM 系统在技术上仍不够成熟。根据 Forrester 研究公司的报告估计，目前只有 10%的产品在引入前不需做相应的调整，而 30%的产品则必须做全面的修改，导致引入成本非常高，这些产品以后可能仍不能与现实相适应。软件厂商正试图通过向客户提供通用的开发工具、公共开放的接口以及对大型数据模型和组成结构的详细文档来改变上述现状。

CRM 的主要目的就在于在适当的时间通过适当的渠道将合适的产品提供给合适的客户。通过应用 CRM 系统，企业提高了前台业务的运作效率。客户信息可以从中央数据库完整地获取，而不依赖于销售渠道产品及客户的分析结果以及产品销售、地区销售等的预测，能够非常容易且实时地得到利用。企业可以通过 CRM 系统来对销售进行管理，使其能在有很多决策部门的大型组织中实现复杂的销售过程。CRM 还能简化识别目标客户的工作，加强与目标客户的联系，能够更为合理地分配营销资源，提高反馈率，并加强宣传的作用，从而减少市场营销成本。

总之，CRM 系统支持营销、销售和服务过程，使得对客户和所谓的“闭环”过程有一个全方位的视角，其作用是由业务功能和技术功能两方面共同决定和完成的。

第四节 CRM 系统功能划分

CRM 系统中，企业之间的业务差别比较大，系统功能侧重点有所不同，但都包含基本的功能模块，一般的 CRM 系统功能模块可划分为销售、营销、客户服务、商务智能等几个模块，表 5-1 是 CRM 系统的一般功能模块。

表 5-1 **CRM 的功能模块**

功能模块	子模块	主要功能
销售	现场销售，移动销售	使用者是那些在企业外部从事销售的人员。通过远程登录或者互联网等方式，他们上传自己的销售进展情况，并且从企业得到最新的产品、销售、库存信息，完成销售机会跟踪，配置产品、定价、报价、订单销售工作
	常规销售	服务对象是办公地点在企业内部的销售人员，他们使用系统完成销售机会跟踪、配置产品、定价、报价、订单销售工作
	合作伙伴管理、渠道管理	集中管理企业的各种合作伙伴，比如代理商，批发商、零售商等
	自助销售	使顾客可以通过网络、电话等完成产品的购买

续表

功能模块	子模块	主要功能
市场营销	市场活动管理	市场活动的设计和执行监控工具，通常的做法是把市场活动分为几个阶段，每个阶段设定相应的目标，使市场活动的效果比较明确和容易衡量
	内容管理	内容管理又称营销百科全书、知识库等，包含丰富的产品信息、市场信息、竞争对手信息、各种媒体信息等，为市场活动提供帮助，其他模块比如销售、支持也可以从中受益
服务支持	来电管理	记录或者跟踪处理来自外部的呼叫请求，某些业务转移到其他功能模块处理，比如客户投诉转给服务
	基于互联网的服务支持	互联网作为一种双向的、互动的媒体被越来越多的企业用来作为和外部联系、交流的纽带，因此互联网也就成为为客户提供服务的重要途径，其所提供的服务手段有：客户自助服务、客户通过 E-mail 提出服务请求、在线的服务支持（在线文字支持、在线语音支持，在线视频支持）
	联系中心	企业和外部的联系通道，包括各种各样的联系手段，比如呼叫中心、传真、E-mail、网页等。不同的呼叫请求转交不同的功能模块和部门人员处理。这是一个公共模块，为几乎所有模块服务
	现场服务支持	现场服务支持任务分派，以及为现场服务人员的服务提供支持，比如提供产品、客户信息等
数据处理	数据过滤	一个数据整理工具，从大量的销售、市场反馈、客户反馈意见等数据中整理出对企业有用的数据
	数据分析	商务智能的一部分，提供灵活的查询手段，来自销售、市场汇总数据的各种视图和分析图表，为企业决策提供帮助

另外，几乎所有的 CRM 系统都提供客户管理、联系人管理和日程管理功能。客户管理和联系人管理是客户和联系人的档案管理，里面集中显示各个部门收集的关于该客户和联系人的信息，包括该客户的购买记录、合同情况、联系人的个人情况、爱好、联系记录等。日程管理包括日程安排、约会和提示等。

一、销售管理子系统

CRM 系统中，销售管理主要是对商业机遇、销售渠道等进行管理。该模块将企业所有的销售环节结合起来，形成统一的整体。销售管理模块有助于缩短企业销售周期，提高销售的成功率，同时还为销售人员提供包括企业动态、客户、产品、价格和竞争对手等大量的最新的企业信息。

销售管理子系统可以快速获取和管理日常销售信息。从机会受理、对联系人的跟踪，到预测和查看最新的渠道信息，能够为提高销售人员工作效率提供流畅、直观的工作流功能，同时也保证了每个客户和每个销售机会的销售小组成员之间能进行充分的沟通。另外，销售经理也能有效地协调和监督整个销售过程，从而保证销售取得最大的成功。

（一）销售管理子系统的功能结构

销售管理子系统一般包含客户（销售）信息管理、订单管理、业务流程管理、动态库存调配管理、分销商信息管理、销售统计分析与决策支持等功能模块。

客户（销售）信息管理模块负责收集客户（销售）的相关资料，帮助用户准确把握客户的情况，提高销售效率与质量。

订单管理模块可以处理客户订单、执行报价、订单创建、联系与账户管理等业务，并提供对订单的全方位查询。

业务流程管理模块通过在各业务部门间按照业务规则传递相关数据和信息，帮助用户管理其销售运作，保证销售订单的顺利完成。

动态库存调配管理模块、分销商信息管理模块，能为用户提供各种功能，支持销售活动。

销售统计分析与决策支持模块通过对销售数据的多方面统计、查询，提供用户所需的信息，为决策提供帮助。

（二）销售自动化

1. 销售自动化的概念

销售自动化（sales force automation，SFA）是销售管理子系统的重要组成部分。销售自动化是以自动化方法替代原有的销售过程，这个自动化方法即信息技术。强大的销售能力是任何企业获得收益的关键。网上销售在过去一段时间内一直是商界最热门的话题之一，CRM 系统的应用将通过企业业务流程的重构，增强企业的销售能力，同时实现销售力量自动化，提升销售的水平。

2. 销售自动化的主要功能

销售自动化适应了在激烈的市场竞争中销售机构提高本身管理水平的要求，可以帮助企业获得竞争优势。一般而言，它可以帮助销售部门和人员高质量地完成日程安排、联系人和客户管理、销售机会和潜在客户管理、销售预测，建议书制作与提交、定价与折扣、销售地域分配和管理，以及报销报告制作等工作。按照最常见的分类方法，SFA 的主要功能将集中体现在联系人管理、销售机会管理和活动管理这三个方面。

①联系人管理功能。联系人管理功能是指 SFA 系统可以通过整合 Web 等多种渠道以及来自普通的应用办公程序的客户资料，以期达到完善客户接触资料的管理和使用功能。

②销售机会管理功能。销售机会管理功能可以帮助销售部门和销售人员跟踪产品、客户、销售定额并预测前景，收集潜在客户需求和联络资料的数据库应用系统及“市场百科全书”，管理销售机会，为销售经理和其他销售人员及时提供反馈意见，使决策过程有序化。

③活动管理功能。销售人员可以利用客户关系管理系统管理自己的日程表、活动计

划、待处理工作，快速地将时间和会议进行安排，快速查看待处理的工作内容，也可以将各项活动按照其重要程度排序，并附上相应的联系人、客户名称等信息，从而更好地进行客户管理。

二、市场营销管理子系统

（一）市场营销管理

根据调查，市场专业人员会将 80%的时间花费在开展市场活动和制定程序上，而花在制定策略、规划和分析上的时间只有 20%。随着互联网等新兴市场营销渠道的出现，电话推销和传统的直邮方式也在同步使用，市场营销活动的实施和效果跟踪已越来越复杂和耗费时间。

市场营销管理子系统对客户和市场信息进行全面的分析，从而对市场进行细分，产生高质量的市场策划活动，指导销售队伍更有效地工作。通过营销管理子系统可以使市场营销专业人员能够对直接市场营销活动的有效性加以计划、执行、监视和分析。市场营销管理子系统还为销售、服务和呼叫中心等提供关键性的信息。

市场营销管理子系统是 CRM 系统的核心组成部分之一，用户组织中负责市场营销的人员可以利用这一模块在不断变化的竞争环境中系统地、科学地、更加有效地管理市场营销方案。它的特点在于对所有和市场营销相关的信息进行综合管理和同步运用。

市场营销管理子系统的功能结构如图 5-4 所示。

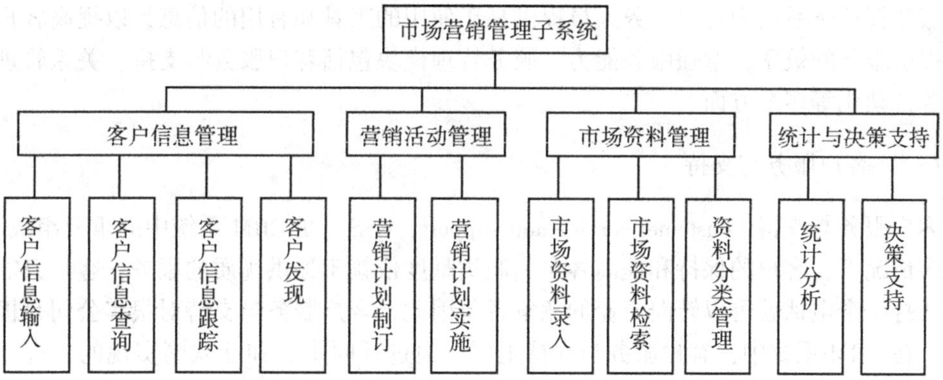

图 5-4 市场营销管理子系统的功能结构

（二）营销自动化

1. 营销自动化的概念

营销自动化（marketing automation，MA），也称技术辅助式营销，是营销管理子系统中的重要组成部分。其着眼点在于通过设计、执行和评估市场营销行动和相关活动的全面框架，赋予市场营销人员更强的工作能力，使其能够直接对市场营销活动的有效性加以计划、执行、监督和分析，并可以应用工作流技术，优化营销流程，使一些共同的任务和过程自动化。

MA 的最终目标是，企业可以在活动、渠道和媒体间合理分配营销资源以达到收入最大化和客户关系最优化的效果。营销自动化是通过营销计划的编制、执行和结果分析，清单的产生和管理，预算和预测，资料管理，建立产品定价和竞争等信息的知识库，提供营销的百科全书，进行客户跟踪、分销管理，以达到营销活动的设计目的。

2. 营销自动化的功能

营销自动化主要实现以下功能：

①增强市场营销部门执行和管理通过多种渠道进行的多个市场营销活动的能力，包括基于网络和传统市场的营销宣传、策划和执行；

②可对活动的有效性进行实时跟踪，并对活动效果做出分析和评估；

③帮助市场营销机构管理、调度其市场营销材料等库存宣传品及其他物资；

④实现对有需求客户的跟踪、分配和管理；

⑤把市场营销集成到销售和服务项目中，以实现个性化营销。

三、服务管理子系统

一个成功的公司不但需要向客户提供高质量的产品，更重要的是对销售的产品提供一流的服务。在 CRM 系统中，服务管理模块记录客户服务信息，处理客户所购买的产品/服务的售后服务以及跟踪客户的产品/服务状况，从而使公司达到留住客户的目的，抓住对客户进行附加销售的机会。

服务管理子系统为客户服务人员提供易于使用的工具和有用的信息，以提高客户服务人员提供服务的效率，增强服务能力。服务管理模块包括客户服务与支持、关系管理和客户服务自动化等多个方面。

（一）客户服务与支持

客户服务与支持（customer service and support，CSS）是 CRM 系统中的重要组成部分，在很多情况下，客户的保持和提高客户利润贡献度依赖于提供优质的服务，客户只需轻点鼠标或打一个电话就可以转向企业的竞争者。因此，客户服务与支持对很多公司是极为重要的。在 CRM 系统中，客户服务与支持主要是通过呼叫中心和互联网实现的，有助于产生客户的纵向及横向销售业务。CRM 系统中的客户服务与支持可以帮助企业以更快的速度和更高的效率来满足客户的独特需求，保持和发展客户关系。它可以向服务人员提供完备的工具和信息，并支持多种与客户交流的方式，可以帮助客户服务人员更快速、更准确地解决用户的服务咨询，同时能根据用户的背景资料和可能的需求向用户提供合适的产品或服务建议。客户服务与支持是企业业务操作流程中与客户联系最频繁的部门，对保持客户满意度至关重要。

客户服务与支持管理子系统的功能结构如图 5-5 所示。

客户（服务）信息管理模块收集与客户服务相关的资料，可完成包括现场服务派遣、客户数据管理、客户产品生命周期管理、支持人员档案和地域管理等业务功能。此外，通

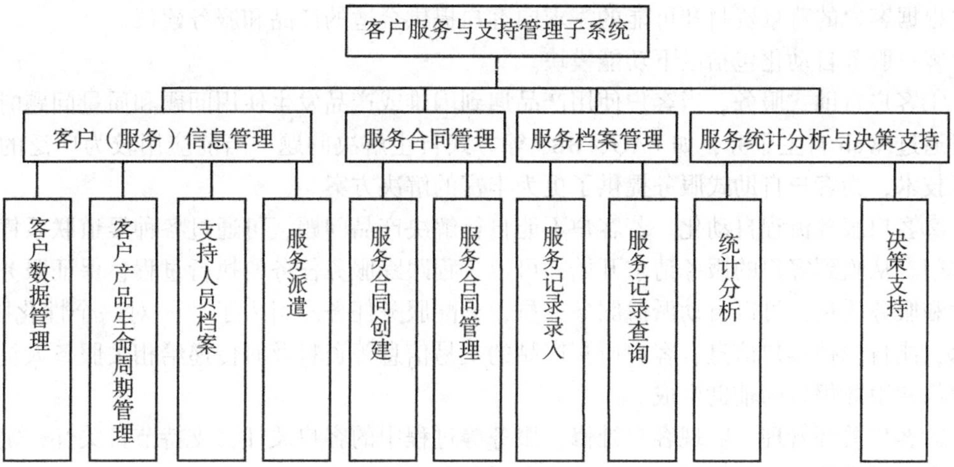

图 5-5　客户服务与支持管理子系统的功能结构

过与 ERP 系统的集成，客户（服务）信息管理模块可为后勤、部件管理、采购、质量管理、成本跟踪、财务管理等提供必需的数据。

服务合同管理模块通过帮助用户创建和管理客户服务合同，确保客户能获得应有的服务水平和质量，跟踪保修单和合同的续订日期，通过事件功能表（根据合同制定的定期的客户拜访、产品维护日程）安排预防性的维护行动。

服务档案管理模块使用户能够对客户的问题及解决方案进行日志式的记录，包括联系人管理、动态客户档案、任务管理以及解决关键问题的方案等，从而提高检索问题答案或解决方案的响应速度和质量。

服务统计分析与决策支持模块能对客户服务资料进行分析和处理，使企业既能根据客户的特点提供服务，又能对客户的价值进行评估，从而使客户的满意度和企业盈利都能得到提高。

（二）关系管理

关系管理主要是合作伙伴关系管理。关系管理的主要功能包括：对企业数据库信息设置存取权限，合作伙伴通过标准的 Web 浏览器以密码登录的方式对客户信息、公司数据库、与渠道活动相关的文档进行存取和更新；合作伙伴可以方便地存取与销售渠道有关的销售机会信息；合作伙伴通过浏览器使用销售管理工具和销售机会管理工具，如销售方法、销售流程等，并使用预定义的和自定义的报告。

（三）客户服务自动化

实现客户服务自动化，对提高客户满意度、维护客户关系至关重要。客户服务自动化可以帮助企业以更快的速度和更高的效率来满足客户的售后服务要求，以进一步保持和发展客户关系。客户服务自动化系统可以向服务人员提供完备的工具和信息，支持与客户的多种交流方式，可以帮助客户服务人员更有效、更快捷、更准确地解决客户的服务咨询，同时根据客户的背景资料和可能的需求向客户提供合适的产品和服务建议。

客户服务自动化包括以下功能模块。

①客户自助式服务。当客户使用产品遇到困难或产品发生使用问题和质量问题时，客户可通过 Web 自主服务，如 FAQ、BBS 等方式自主解决问题。当前应用较为广泛的人工智能技术，为客户自助式服务提供了更为丰富的解决方案。

②客户服务流程自动化。若客户不能自行解决产品问题，可通过各种渠道联系售后服务部门。从收到客户的服务请求开始，可以全程跟踪服务任务的执行过程，保证服务的及时性和服务质量，可以自动派遣服务人员，分配服务任务。引入了"一对一个性化服务"理念，能自动把客户信息、客户所买产品的交易信息等资料及时传递给相关服务人员，实现维修和服务报告的辅助生成。

③客户关怀管理。实现客户维修、服务等过程中的客户关怀，支持节日关怀，定期提醒客户进行预防性维修和保养，提高客户对服务的满意度。

④客户反馈管理。及时对服务反馈信息进行收集、整理和分析，及时响应客户反馈。

⑤建立知识库。建立标准的服务知识库，帮助所有的服务人员及时共享服务经验，帮助维修人员进行故障诊断、技术支持，迅速提升新员工的服务水平，实现了相关服务案例分析，实现了服务问题的自动分析诊断，实现了用于在巨大的维修和售后服务知识库中进行查找的强有力的检索功能。

⑥收集信息。及时收集服务过程中的客户需求信息和潜在购买意向，及时提交给销售、营销部门，由相关人员进行跟踪、管理。

⑦提供接口。提供与客户服务中心（呼叫中心）的接口，支持采用不同的方式与客户进行交流，包括互联网、E-mail、传真、IVR（交互式语音应答）、电话等。

四、现场服务管理子系统

（一）现场服务

现场服务是指对需要到客户现场提供服务的客户需求的服务管理。现场服务管理是指用以配置、派遣、调度和管理服务部门、人员和相关资源，负责完成高效率的服务与支持活动的管理活动。现场服务具有在生产部门和产品服务支持部门之间提供密切联系的功能，是 CRM 系统的一个重要组成部分。CRM 系统中的现场服务管理子系统正从单一的后台功能转向一个紧密整合后台和前台服务系统的企业系统。现场服务管理的应用必须与联络中心与呼叫管理系统整合起来，同时在一定程度上与销售与营销系统整合起来。其主要功能有任务建立、服务委派、服务记录、任务核销、服务统计等。

①任务建立。根据座席服务移交的客户服务请求建立现场服务任务，确定任务完成时间和任务要求。

②服务委派。根据现场服务任务安排执行人员，系统提供派工单，员工服务负荷统计及任务日程等功能。

③服务记录。记录现场服务任务的执行情况以及问题解决情况和客户意见。

④任务核销。检查现场服务任务完成情况，核销服务任务。

⑤服务统计。服务经理可通过服务统计功能统计分析员工服务工作状况和客户服务请求状况，以及服务请求波动规律，以便合理调配服务资源。

（二）服务管理模式

根据服务方式的不同可以将服务管理分为两种模式。

1. 现场服务管理模式

现场服务管理模式是现场服务管理系统的核心，可执行 CTI 响应功能，包含现场服务派遣、现有客户管理、客户关系生命周期管理、服务技师档案和地域管理等功能。此外，它与其他应用系统的集成可提供管理和运行期间服务机构所必需的功能，如集中式的人员培训、订单管理、后勤、零部件计划和管理、质量管理、成本跟踪等。

2. 移动现场服务管理模式

这种模式可以支持移动计算、网络计算和数据信息同步，利用无线设备可使在现场的服务技师或工程师实时访问服务、产品和客户信息，同时，企业 CSS 部门还能通过此系统与他们保持联系。

五、呼叫中心管理子系统

（一）呼叫中心

呼叫中心（call center）子系统将销售管理与服务管理模块的功能集成起来，使一般的业务人员能够向客户提供实时的销售和服务支持。呼叫中心是基于 CTI 技术的一种新的综合信息服务系统，由早期的、仅以电话和接话人员组成的电话服务热线发展而来。

呼叫中心将计算机技术和电信技术融为一体，使客户能与那些对产品性能、价格行情和指南信息十分了解的服务座席进行对话。呼叫中心系统自动将客户电话接到服务座席，同时在座席计算机屏幕上显示有关呼叫人查询的相关信息。呼叫中心涉及呼叫处理、智能路由、自动语音提示、呼叫数据集成、网络及数据库等多种先进技术。呼叫中心也依靠人作为中介，沟通数据库信息并对电话另一端客户进行服务工作。尽管从技术上可以建立无须人员介入的呼叫中心，但一般情况下，呼叫中心总是建立一定数量的人工服务座席。电话作为首选的通信媒体，常常是企业与客户之间的第一接触点。

（二）呼叫中心的主要功能

呼叫中心主要功能包括：呼入呼出电话处理；互联网回呼；呼叫中心运行管理；软电话；电话转移；路由选择；报表统计分析；管理分析工具；通过传真、电话、电子邮件、打印机等自动进行资料发送；呼入呼出调度管理。

呼叫中心作为企业与客户沟通的重要渠道之一，也是为数众多的客户乐于使用的渠道，在这一交互界面集中了大量客户的基本信息、需求信息和业务活动信息，可据此提升业务处理能力，是呼叫中心渠道的主要任务。正是这种特点，在全球 CRM 系统表现最佳的应用案例中，无论是产品还是解决方案，都将呼叫中心纳入 CRM 系统的整体战略框架中，作为 CRM 系统不可或缺的组成部分。

第五节　CRM 系统的发展趋势

进入 21 世纪，随着全球经济一体化进程的加快和竞争的加剧，现代企业管理的重心随之从传统的生产、物流、财务等内部管理转向全面的客户关系管理，CRM 系统因而成为企业的核心管理系统之一。企业的应用需求和信息技术的发展是推动 CRM 系统发展的重要因素，目前 CRM 系统的发展呈现出以下几种趋势。

一、客户关系管理的理念变革

经过多年的应用与发展，CRM 管理理念的边界和内涵也处在变化与发展之中。

（一）CRM 关系边界的变化

这个趋势表明 CRM 的关系理念将不断地拓展到各个社会生活领域，CRM 中的“C”将涵盖企业的所有利益相关者，CRM 将提升到企业全面关系管理的层面，转变成 XRM，将客户的内涵和关系管理的边界拓展到更大的范围。另外，在公共服务、电子政务等领域将越来越关注关系管理的内涵。

（二）CRM 管理理念的变化

虽然 CRM 强调以客户为中心，但就 CRM 的具体实践而言，企业采用 CRM 几乎都是以企业利益为中心，在企业和客户的“权利斗争”中，企业基本上主导着关系的发展与维持情况，企业与客户在利益上的冲突还是很明显的。然而，维持关系的长期稳定，只有双方进行平等互利的合作才能实现。因此，在 CRM 的经营理念中，企业在维护自身利益的基础上，将会越来越多地关注客户利益，同时也要更多地关注所有其他利益相关者的利益。目前，企业社会责任（CSR）在企业中的推广应用就是一个明显的事例。

（三）E-CRM

传统的 CRM 已无法满足需求，它将逐渐地演变成为一种 E-CRM，以使整个供应链关系同步化。广义的 E-CRM 是由以下四个核心概念的开头字母组成的缩写。

E——电子商务（E-business）：电子商务与现存的和未来的商务活动的一体化。

C——渠道管理（channel management）：进行市场营销的综合性、互动性的服务渠道管理。

R——关系（relationships）：建立在优质、高效、便捷服务基础上的真正的客户关系。

M——对企业的一体化管理（management of the total enterprise）：前台操作与后台操作的一体化。

E-CRM 强调只要从事电子商务就必须将其视为一个单独的市场区域，能持续性地及时更新客户资料，利用统计分析功能发挥网络营销的最大优势，进行一对一的营销服务，真正照顾到每一位客户的实际需要。

二、优化工作流管理与监控

(一) 工作流管理概念

CRM 系统的另一个发展趋势是系统提供方便的工作流管理与监控。工作流（work flow）就是自动运作的业务过程的部分或整体，表现为参与者对文件、信息或任务按照规程采取行动，并令其在参与者之间传递。简单地说，工作流就是一系列相互衔接、自动进行的业务活动或任务。

工作流管理（work flow management，WFM）是人与电脑共同工作的自动化协调、控制和通讯，在电脑化的业务过程中，通过在网络上运行软件，使所有命令的执行都处于受控状态。在工作流管理下，工作量可以被监督、分派给不同的用户达成平衡。企业的业务流程因业务的差异和业务参与部门的不同往往非常复杂，而业务部门组织结构的调整、人员权限的调整和业务管理流程等的调整，都会对 CRM 系统的流程产生影响。传统的系统是对系统的源代码进行修改，如此一来不仅降低了响应的及时性，而且增加了用户对开发商的依赖性。将工作流管理的先进技术引入系统后，能实现工作流程的灵活定制和管理。

用户可以通过工作流管理模块，方便地定制工作的流转方向、流转时限，查阅人员的权限，轻松实现部门和业务流程的变更，同时提供了工作流的每一个节点的动态监控、报警的设置和管理。通过工作流监控功能，能随时跟踪监控系统中各业务的整个流程，并设置业务处理的时限警戒线。

(二) 工作流管理在 CRM 系统中的应用

如果有一个灵活的工作流程处理机制建在 CRM 系统中，处理上述流程间的自动化工作，将可以把 CRM 系统的应用效益带入另一个崭新的天地。工作流管理本质上是对企业现有业务流程的自动化管理，这就要求企业的业务模型和业务流程做相应的调整，以便符合工作流管理的基本准则，从而提高工作流管理的效率。提高企业的实时运作水平和对客户的响应速度需要企业内部各部门之间的高效协同工作和及时的消息传递，任何单一的应用系统必须在企业整体系统的调度下才能更高效率地运作。因此，单一的系统往往不能很好地实现服务流程的自动化和实时交互性，必须通过集成其他应用系统才能提高总体应用水平和效率。工作流管理系统实际上是企业众多应用系统的操作系统，能够将企业的各个应用系统集成在一起，为提高整个企业的工作流执行和管理效率服务。

工作流管理在企业 CRM 系统中的应用可以分为两种不同的方式，也就是工作流管理应用的两种模式，它们分别是嵌入式工作流管理和自主式工作流管理。

1. 嵌入式工作流管理

嵌入式工作流管理是指企业建立整体的工作流管理系统，并在系统的流程定义工具中将各个应用系统所处理的活动进行定义。在整体工作流管理中，一旦工作流管理引擎触发到一个需要外部应用系统处理的工作或者活动，则由工作流引擎调用外部应用程序。

2. 自主式工作流管理

自主式工作流管理是指企业还没有建立整体的工作流管理系统，也就是说，企业还没有个满足各种应用系统的“操作系统”，但各个应用系统可以通过系统之间的接口相互调用，同时系统在内部也存在着一系列的协同操作或子系统，当系统内部的操作触发系统内部另外一个操作的时候，系统本身就自动调用系统内部其他的操作。这就相当于，一个应用系统本身也存在着自己的工作流管理引擎。这种情况正在各种应用系统建设的过程当中自觉或者不自觉地出现，而且越来越广泛。因此，在一个企业级的应用系统内部建立自己的内部工作流引擎已是一种趋势。

三、融入先进的技术

（一）采用先进的软件技术架构

企业级软件系统的体系结构经历了三个发展阶段：从主机/终端（H/T）体系结构，到客户机/服务器（C/S）体系结构，再到浏览器/服务器（B/S）体系结构。

1. 早期的软件体系结构

早期的软件大多采用主机/终端体系结构，直到20世纪90年代才大多变为两层的C/S体系结构。它将复杂的应用网络的用户交互界面（GUI）和业务应用处理与数据库访问以及处理相分离，服务器与客户端之间通过消息传递机制进行对话，由客户端向服务器发出请求，服务器进行相应的处理后经传递机制送回客户端，使得在处理复杂应用时，客户端应用程序显得“臃肿”，限制了对业务处理逻辑变化的适应和扩展能力，当访问量增大、业务处理复杂时，客户端与后台数据库服务器数据交换频繁，易造成网络瓶颈。

为解决这类问题，出现了采用三层式程序结构的趋势，即将大量数据库I/O的动作集中于App Server，有效降低WAN的数据传输量，客户端不必安装数据库中间件，可简化系统的安装部署。Business Logic 集中于App Server，如要修改，仅需更新服务器端的组件即可，易于维护。当前端使用者数量增加时，可扩充App Server的数量，系统扩展性好。

2. B/S软件体系结构

互联网技术的不断发展尤其是基于Web的信息发布和检索技术，导致了整个应用系统的体系结构从C/S的主从结构向灵活的多级分部结构转变，使其在当今以Web技术为核心的信息网络的应用中被赋予新的内涵，这就是B/S体系结构。

B/S软件体系结构，即Browser/Server（浏览器/服务器）结构，是随着互联网技术的兴起，对C/S体系结构的一种变化或者改进的结构。在B/S体系结构下，用户界面完全通过WWW浏览器实现，一部分事务逻辑在前端实现，但是主要事务逻辑在服务器端实现。B/S体系结构主要是利用不断成熟的WWW浏览器技术，结合浏览器的多种脚本语言，用通用浏览器就实现了原来需要复杂的专用软件才能实现的强大功能，并节约了开发成本，是一种全新的软件体系结构。基于B/S体系结构的软件，系统安装、修改和维护全在服务器端解决。用户在使用系统时，仅仅需要一个浏览器就可运行全部的模块，真正做到了“零客户端”，且很容易在运行时自动升级。B/S体系结构还提供了异种机、异种网、异种应用服务的联机/联网、统一服务的最现实的开放性基础。

目前，CRM系统软件架构经常采用J2EE体系结构。这些年来，基于B/S结构的分布式应用平台得到了迅猛的发展，当前主要的分布式应用模型有CORBA模型、NET模型和

J2EE 模型等。其中，J2EE（Java 2 platform enterprise edition）以其良好的可移植性、可重用性、可伸缩性、可维护性和面向电子商务等诸多优点独具优势。

J2EE 体系框架把绝大部分的应用逻辑和数据处理都集中在应用服务层上（应用服务层可以由几台或几十台机器组成，采用负载均衡理论，对应用逻辑进行分解）。这种体系结构提高了系统的处理效率，降低了系统的维护成本（当业务逻辑发生改变时，只需要维护应用服务器上的逻辑构件），保证了数据的安全和完整，同时还简化了体系结构设计和应用开发程序，具有良好的可扩展性，可满足各种需求，可自由选择应用服务器、开发工具、组件，并提供了灵活可靠的安全模型。

3. 面向服务的体系结构（SOA）

最近两年，出现了一种被誉为下一代 Web 服务的基础架构，这就是面向服务的体系结构 SOA（service-oriented architecture）。SOA 是一个组件模型，它将应用程序的不同功能单元（又称为服务）通过这些服务之间定义良好的接口和契约联系起来。接口是采用中立的方式进行定义的，它独立于实现服务的硬件平台、操作系统和编程语言。这使得构建在各种这样的系统中的服务可以一种统一和通用的方式进行交互。

SOA 是按需连接资源的系统，是一种用于构建分布式系统的构架方法和理念，它的核心是依据这种方法构建的引用可以将功能作为服务交付给用户。SOA 的实现可以基于 Web 服务，但是它也可以使用其他技术来代替。与过去的组件化模式相比，SOA 的不同之处还在于：它变过去的技术组件为业务组件（又叫服务），强调的是技术无关性，关注的是实现怎样的业务功能——在业务请求与响应之间随时搭建快速通道，变过去的紧耦合为松耦合，既保证系统弹性，又不失系统效率，它可以根据需求，通过网络对松散耦合的粗粒度应用组件进行分布式部署、组合和使用，从而实现重复利用软件资源、快速响应市场需求变化、提高生产力等目标。

这种新型的架构是当前解决异构系统整合，应用系统集成最理想的方案。SOA 可以利用现有资源，实现跨平台的整合，增加程序功能部件的重复利用，减少开发成本，加快新应用的部署，降低实施风险，促进流程的不断优化。因此，SOA 成为软件技术的重大发展方向之一。

（二）采用分布式技术

1. 分布式管理

由于目前不少企业呈现跨地域的特点，拥有地理分散的子公司的企业，地理位置的分散造成了业务数据的分散，总公司与各分公司处于不同的城市或城市中的不同地区，在业务上它们除了处理各自的数据，也需要彼此之间进行数据的交换和处理。CRM 系统除采用 B/S 架构外，另一技术潮流是采用分布式数据库应用，提供分布式数据库的数据复制和同步功能，数据的分解采用使局部应用达到最大，这使得各处理机之间的相互干扰降到最低。负载在各处理机之间分担，可以避免临界瓶颈，能降低网络传输负荷，解决组织机构分散而数据需要相互联系的问题。

（1）分布式技术的概念。

分布式数据库系统（distributed database system，DDBS）是在集中式数据库系统成熟技术的基础上发展起来的，但它不是简单地把集中式数据库分散地实现，它具有自己的性质和特征。分布式数据库系统中的数据是物理分布在用计算机网络连接起来的各个站点上的，这些站点又称为节点，它们在通信网络中连接在一起，每个节点都是一个独立的数据库系统，它们都拥有各自的数据库、中央处理机、终端，以及各自的局部数据库管理系统。每一个站点都有自动处理的能力，完成本站点的局部应用。每个站点上的数据并不是互不相关的，它们构成一个逻辑整体，在分布式数据库管理系统的统一管理下，共同参与并完成全局应用。分布式数据库系统可以看做一系列集中式数据库系统的联合，它们在逻辑上属于同一系统，但在物理结构上是分布式的。分布式数据库系统中的这种“分布”对用户来说是透明的，本地与远程结合的“接缝”是隐蔽的，用户几乎感觉不到远程与本地结合的接缝的存在，即一个分布式系统看起来完全像一个非分布式系统。分布式数据库系统的结构能很容易地扩展系统，在数据库中增加一个新的节点，不影响现有系统的正常运行，易于扩展处理能力和系统规模。

（2）采用分布式技术的优势。

分布式数据库的结构能反映当今企业组织的信息结构，本地数据在本地维护，需要时可以存取异地数据。同时，企业内部各部门间的信息既能交流共享又能统一管理，既需要各部门的局部控制和分散管理，也有整个组织的全局控制和高层次的协同管理。分布式数据库符合当今信息系统应用的要求，符合当今企业组织的管理思想和管理方式，尤其适合地域上相对分散而管理上相对集中的大型企业组织，便于企业向全球化扩展。

2. 远程访问

全球化的商业环境使分布在世界各地的企业各分支机构员工、合作伙伴和客户之间的联系更加紧密，许多企业拥有大量游离在公司总部之外的远程用户和远程工作人员，他们可能是异地的销售人员、国内外出差的管理人员、在家办公的远程员工或希望接入公司信息的远程办事处、合作伙伴、客户或移动客户，他们需要一种安全有效的方法来接入公司网络并访问数据。如何安全、快捷、方便地远程访问企业内部资源成为当务之急。

（1）远程访问技术的概念。

CRM 系统的又一趋势就是采用远程访问技术，实现跨地域存取，如采用 Microsoft Windows 2000 Server 的终端服务功能。终端服务的结构为传统的两层或三层式客户端/服务器结构提供了一项重大的改革。采用终端服务后，所有客户端应用程序的执行、数据处理及资料存储都会在服务器上执行，通过终端机仿真便可让同质的应用程序在异质的桌面硬件上执行。

（2）采用远程访问技术的方式。

远程访问技术是企业网络平台的一种有效的延伸，解决了地域局限的问题。用户不再需要处于企业局域网络平台覆盖范围之内，就可灵活地利用远程访问技术接入到企业内部网络平台，访问企业网络应用。远程访问有以下三种方式。

A. 架设专线。此方式通过架设光缆或租用光缆，实现总公司与分支机构的网络连接，一般适用于同城相距数千米的总部和分支机构。

B. 基于 PSTN。PSTN（公用电话网）是长期以来远程访问应用较为普遍的一种技术方式，此种方式投入小，也具有很好的灵活性，缺点是带宽受限制、安全性极差。

C. 基于互联网的 VPN。此方式利用互联网作为传输载体，采用 VPN 技术，实现企业网宽带远程访问，是目前最佳的解决方案。

（三）融入现代呼叫中心技术和集成门户技术

1. 现代呼叫中心技术

CRM 系统的另一个技术潮流是融入现代呼叫中心技术，提供电话、E-mail、传真、WAP、Web、PDA、面对面等各种各样与客户互动的灵活接入方式，并能根据呼叫接入的不同提供多种的路由算法和提供基于经验的智能路由等功能。

现代呼叫中心是一种充分利用通信网络和计算机网络的多项功能集成，与企业各业务渠道连为一体的完整的综合信息服务系统，能有效地为用户提供多种服务。呼叫中心不仅在外部为用户提供服务，也在内部协调整个企业的管理和服务。

早期的呼叫中心主要起咨询服务的作用，现代呼叫中心应用了计算机电话集成（CTI）技术，使呼叫中心的功能大大加强。现代化的呼叫中心主要有以下几种。

（1）互联网呼叫中心（Internet call center，ICC）。

互联网呼叫中心为客户提供了一个 Web 站点直接进入呼叫中心的途径，使得呼叫中心从传统形式上的“拨号交谈”扩展到现代形式的“点击交谈”。

（2）多媒体呼叫中心（multimedia call center，MCC）。

多媒体呼叫中心是基于 CTI 技术的传统呼叫中心与 ICC 的相互结合。每天它把各种通信技术集成到一起，通过语音、图像和数据的集成，信息可通过多媒体来传输。

（3）可视化多媒体呼叫中心（video multimedia call center，VMCC）。

可视化多媒体呼叫中心是客户和业务代表可以通过视频信号的传递面对面地进行交流的技术。

（4）虚拟呼叫中心。虚拟呼叫中心，即座席人员可以在任意地点有效地工作。

虚拟呼叫中心的应用可以最大限度地节省投资以及促进人力资源的充分利用。

呼叫中心作为一种不断发展的全新现代化服务方式，一直备受企业重视，是企业在竞争中出奇制胜的法宝。一个利润以亿元计的公司，可以没有后台智能商业系统，也可以没有 ERP，但必有一个一拨就通的联系电话，它就是呼叫中心。当今，多渠道的呼叫中心所呈现出来的重要作用不仅体现在客户服务上，更体现在市场营销和销售策略上。

通过采用现代呼叫中心，企业客户可以按自己的交流渠道偏好与企业交流，企业也可依客户渠道偏好与客户互动，并使得企业的市场、销售和服务部门建立起与客户互动的、统一的沟通界面，从而强化与客户沟通的效果。

2. 集成门户（portal）技术

门户是基于 Web 的应用，它为用户访问多个应用和各种信息资源提供单一的入口和统一的界面。门户具有个性化界面定制、内容聚合、单点登录、多设备支持等特点。

CRM 系统在技术实现上的潮流是集成门户（portal）技术，以及交互式语音应答系统（IVR）和 CTI 中间件等呼叫中心技术，实现客户门户（customer portal）、伙伴门户（partner portal）和员工门户（employee portal），并能为客户、合作伙伴和员工提供灵活的交互语音应答服务，实现了呼叫中心 CTI 控制的全部功能，如语音导航、查询、语音信箱、传真、外拨等基础的业务服务，支持语音、传真、短信、互联网等多媒体的统一接入，具有混合排队、智能路由、负载均衡的先进体系结构设计，并结合TTS、ASR等先进的语音处理技术，提供每周7×24小时的不间断服务，能随时应答用户的呼叫并提供相应的服务。

（四）采用商业智能（BI）技术

随着全球经济一体化的进程和高技术的发展，企业比以往任何时候都面临着更为复杂的生存环境。市场竞争的压力对企业决策的质量和速度都提出了更高的要求。作为管理客户资源这一企业核心资源的信息系统，CRM系统必须具备强大的数据分析和挖掘功能，为管理者做出正确的决策提供及时而准确的依据。

1. 商业智能

商业智能是指利用数据挖掘、知识发现等技术分析和挖掘结构化的、面向特定领域的、存储于数据仓库内的信息，它可以帮助用户认清发展趋势、识别数据模式、获取智能决策支持、得出结论。商业智能的范围包括客户、产品、服务和竞争者等。

商业智能系统一般由数据仓库、数据分析、数据挖掘、在线分析、数据备份和恢复等部分组成。商业智能系统从不同的数据源收集的数据中提取有用的数据，对数据进行清理以保证数据的正确性，将数据进行转换、重构后存入数据仓库（这时数据变为信息），然后寻找合适的查询和分析工具、数据挖掘工具、OLAP工具对信息进行处理（这时信息变为辅助决策的知识），最后将知识呈现到用户面前，转变为决策。

2. CRM系统中的商业智能

在CRM系统中，商业智能主要是指客户智能。利用客户智能，可以收集和分析市场、销售、服务和整个企业的各类信息，增加客户的满意度和忠诚度，实现获取新客户、支持交叉销售、保持和挽留老客户、发现重点客户、支持面向特定客户的个性化服务等目标，提高盈利能力。

（1）商业智能的功能。

商业智能系统从企业运作的日常数据中开发出结论性的、基于事实的和具有可实施性的信息，使企业能够更快、更容易地做出更好的商业决策，使企业管理者和决策者从一种更清晰的角度看待业务数据，提高企业运转效率、增加利润并建立良好的客户关系，使企业以最短的时间发现商业机会，捕捉商业机遇。如何时何地进入何市场，如何选择和管理大客户，以及如何选择和有效地推出商品优惠策略等。同时，通过提供决策分析能力，使企业更有效地实现财务分析、风险管理、诈骗检测、分销和后勤管理，以及销售状况分析等。

（2）商业智能的处理过程。

CRM运营系统通过多种渠道与客户互动，通过市场营销（marketing）、销售（sales）和服务（service）等业务流程的管理，将客户的各种背景信息、偏好、行为习惯、交易数据、信用状况等信息收集并整合在一起，再将这些运营数据和外来的市场数据通过整合和变换，装载进数据仓库（data warehouse）。

CRM分析系统运用OLAP和数据挖掘（data mining）等技术从数据仓库中分析相关规

律、模型和趋势，让客户信息和知识在整个企业内得到有效的流转和共享，并进一步转化为企业的战略规划、科学决策和各业务流程的辅助支持，用于提高在所有渠道上同客户交互的有效性和针对性，把合适的产品和服务，通过合适的渠道，在适当的时候，提供给合适的客户，从而实现企业利润的最大化。

四、整合其他系统

CRM 系统不是一个孤立的系统，它还需要扩大与企业各种电子商务应用的交互，通过 XML、Business API 和组件等技术或采用集成的 EAI 解决方案，实现 CRM 系统与 ERP、SCM 等系统的整合和数据共享与交互。

（一）CRM 系统与 ERP 系统的整合

CRM 系统仅仅是电子商务的一个子集，内容只涉及营销、销售、服务和技术支持等企业的外部资源，由于企业业务处理常常会牵涉到人、财、物的管理，这是单纯的 CRM 系统所不能胜任的。新经济环境要求 CRM 系统不仅仅要充分利用企业外部资源，还要能够与企业现有的 ERP 系统，包括采购、生产制造、财务、库存、销售系统相集成，消除数据与应用的不一致性，将企业内外部资源产生的价值组成一条增值的价值链，将客户的需求、企业的生产制造活动和供应商的制造资源进行整合。

企业的运行是连续的，而且越连贯其工作效率越高，对市场的反应就越快，就越能适应市场的需要。单独使用 CRM 或 ERP 系统都会阻碍企业运行的连贯性和降低对市场、客户需求的反应速度。单独使用 CRM，则缺乏来自企业后台的动态信息，无法实时更新，使业务层、数据流方面存在断层，客户交易信息很难做到实时响应；单独使用 ERP，则没有顺畅的营销、销售和服务支持网络，无法以企业现有的资源实时响应客户需求。

企业单独使用 CRM 系统，或单独使用 ERP 系统，或同时使用两个单独运行的 CRM 和 ERP 系统，没有进行有效集成，会形成一个个“信息孤岛”“信息碎片”，严重阻碍企业管理信息化建设的步伐。企业业务的运行迫切需要将这些“信息孤岛”有效地整合在一起，CRM 系统与 ERP 系统进行整合是管理思想发展的必然趋势，是企业信息化应用的高级阶段，是弥补两个系统功能局限性的要求。

（二）CRM 系统与 SCM 系统的整合

SCM 对于产品或服务的有效性传递非常重要，但在产品差异化越来越小的今天，一个领先的制造商也许有能力在任一时间将大量产品投向市场，但是，如果不能对个别客户的独特需求做出反应，不能结合客户的需求去设计乃至在流通体系上改进产品，那么结果可能是大量产品积压在了仓库中。企业必须通过优化其流通网络与分销渠道，减少库存量，加快库存量周转来改进它们的供应链，但要做到这些，就必须实现与企业信息系统、客户数据知识、销售、营销和服务职能的集成。

无论是 CRM 系统还是 SCM 系统，其根本宗旨都在于降低库存、加快资金周转、提高企业的管理水平，以提高企业对市场的响应速度，企业的整体发展规划必然要求两者的最终集成。供应链管理和客户关系管理的整合，将真正实现企业实时响应客户需求，实现需求和供应链上资源的最优配置，从而全面提升企业的竞争力。

五、CRM 的新模式

（一）移动 CRM

随着移动互联网技术的广泛应用，移动 CRM 作为 CRM 的新模式，以其独特的优势，将在未来的客户关系管理领域得到充分的发展，并逐渐成为客户关系管理的重要模式。

移动 CRM 是 CRM 系统和无线通信技术的结合，将传统 CRM 中的销售、营销、服务信息等通过多种无线设备提供给企业相关的员工，为企业员工在无线环境下提供一个"移动办公"的条件。

1. 移动 CRM 的产生

（1）无线互联网技术的发展。

从技术上讲，无线互联网技术使人与人通过各种无线终端之间、无线终端与计算机之间互联，推动了电子商务的发展，进而推动 CRM 从互联网时代的 E-CRM 发展到无线互联网时代的移动 CRM。近年来，包括无线应用协议、移动 IP、蓝牙协议、通用分组无线业务、无线局域网、第三代移动通信技术等无线互联技术的飞速发展，为移动 CRM 的产生提供了可能。

（2）企业对移动 CRM 的需求。

随着商业时代环境变化的速度越来越快，企业对于及时传递信息、提高工作效率、降低成本、随时联系户外员工等方面的要求日益增强，正是基于这种需求，移动 CRM 得以产生，并正在快速地发展。

2. 移动 CRM 的功能

移动 CRM 的主要功能包括移动营销、移动销售自动化、移动现场服务以及移动客户服务。移动 CRM 的功能贯穿售前、售中和售后整个过程，如图 5-6 所示。

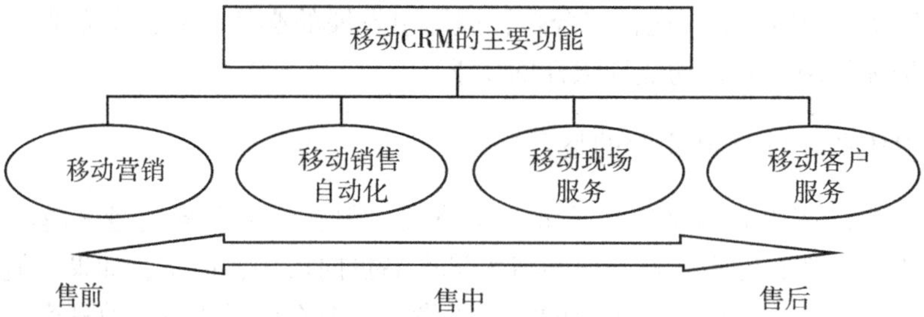

图 5-6　移动 CRM 的功能

①移动营销。在强大的数据库支持下，利用移动通信设备这一主要传播平台，直接向目标受众定向和精准地传递个性化即时信息的营销方式。

②移动销售自动化。在传统的销售队伍自动化的基础上，引入 RFID、CPRS、Web 等新技术，可以有效地缩短销售周期，并帮助销售人员实时掌握市场信息，获得销售机会。

③移动现场服务。能够改进服务执行效率并为有偿服务创造机会、降低现场服务成本、提高准确度、改进客户服务，使客户更加满意，开拓服务商机。

④移动客户服务。利用移动信息技术对客户进行多渠道的实时服务，帮助企业以更快的速度和更高的效率满足客户独特的需求，更好地保持和发展客户关系。

3. 移动 CRM 实施的关键问题

（1）流程转换问题。

移动 CRM 的应用，将促使企业业务系统由被动工作转变为主动工作，因此，在应用的同时必须伴随企业流程的转换。移动 CRM 是集成网络、电脑、手机、PDA 等设备的 CRM 系统，能够将员工与企业结为一个互动的整体，实现主动提醒员工执行或完成某项任务，从而改变业务流程。同时，移动 CRM 能够帮助管理者将工作重点从操作转移到决策，有助于企业决策支持和商业智能的形成。

（2）构建完整的企业架构。

为保证企业自身的流程转变以及响应客户需求能力的提高，需要部署和建设完整的 CRM 体系，从内部信息和技术架构上提供有力的保障。移动 CRM 在应用的过程中，需要在 CRM 生态体系的每一部分利用新增的功能模块和设计的架构，实现 CRM 系统的完整功能。

（二）U-CRM

无处不在的商务（ubiquitous commerce，u-commerce）是一种基于内容感知的服务，它更多地关注如何通过客户所处时间、地点等信息，识别客户在不同环境下的角色，提供更具针对性的商务服务。这种主动服务和高度定制化可以为当前的 CRM 发展带来很大的革新，u-commerce 环境下的 U-CRM 应运而生。

1. 相关名词

①发布者：信息需求的发起者和最终的利用者。

②媒介机构：拥有泛网基础结构的组织。

③智慧对象：附有 RFID 的产品。

2. 基本过程

U-CRM 的基本过程如图 5-7 所示。

①发布者将无线射频识别标签编号嵌入信用卡、产品中，以这种方式将 RFID 标签和客户关联在一起。

②当客户和智慧对象一起移动时，媒介机构将持续捕捉和跟踪 RFID 标签。

③发布者实时或定时向媒介机构发出数据需求，媒介机构抽取所需的感知数据并进行修正后，将包含所需的情景数据修正后的信息提供给发布者。

④发布者将修正后的感知数据与客户数据库中的客户信息进行映射后，将客户的情境数据存储在内容数据仓库中。

⑤通过内容数据仓库中数据的挖掘分析，发布者可以了解到客户的行为方式，并以此为基础将高度个性化的服务实时或定期地提供给客户。

目前，对于 U-CRM 的研究和应用仍处于探索阶段，其功能和流程需进一步的完善和

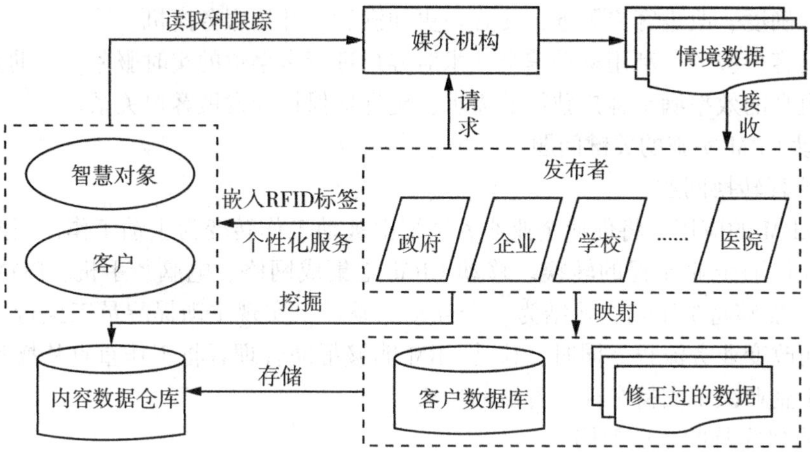

图 5-7　U-CRM 的基本过程

改进，但就其应用的广泛性来说，U-CRM 仍是客户关系管理的一个重要发展趋势。

本章小结

CRM 系统是以对客户数据的管理为核心，客户数据库是企业重要的数据中心，记录企业在市场营销与销售过程中和客户发生的各种交互行为，以及各类有关活动的状态，提供各类数据模型，为后期的分析和决策提供支持。

CRM 系统的体系结构经历了三个发展阶段：从主机/终端（H/T）体系结构到客户机/服务器（C/S）体系结构，再到浏览器/服务器（B/S）体系结构。

CRM 系统是以最新的信息技术为手段，运用先进的管理思想，帮助企业最终实现以客户为中心的管理模式。因此，一个完整的客户关系管理系统应当具有综合性、集成性、智能化和精简性、高技术等特征。

CRM 系统功能模块一般划分为销售、营销、客户服务、商务智能等几个部分，本章具体阐述了销售管理、市场营销管理、服务管理、现场服务管理和呼叫中心管理五个子系统。

企业的应用需求和信息技术的发展是推动 CRM 系统发展方向的重要因素，目前 CRM 系统的发展呈现出以下几种趋势：采用先进的软件技术架构；采用分布式技术；采用参数化的设定理念；提供方便的工作流管理与监控；融入现代化呼叫中心和门户技术；采用商业智能（BI）技术；CRM 系统与其他系统的整合。

关键术语

CRM 系统　销售自动化　营销自动化　客户服务与支持　呼叫中心　E-CRM　移动 CRM

课后习题

1. CRM 系统有哪些业务功能？
2. 客户关系管理系统经历了哪些发展阶段？各阶段有什么特点？
3. 简述客户关系管理系统的一般模型。
4. 简述客户关系管理系统的技术功能。
5. 简述客户关系管理系统的发展趋势。

实践训练题

1. CRM 系统各功能模块有哪些功能？
2. CRM 系统同其他系统如何整合？

案例分析题

CRM 实施与 ERP 实施的区别

1. 项目范围不同。CRM 项目的实施范围主要是企业前台业务部门（市场、销售和客户服务），而 ERP 项目的实施范围主要针对企业后台业务部门。CRM 的实施范围较窄，而 ERP 的实施范围相对较宽。因此，一般来讲，CRM 项目的投资规模比 ERP 项目小，实施周期比 ERP 项目短。

2. 项目实施队伍不同。由于项目范围的区别，CRM 项目的实施队伍主要由企业前台业务部门的人员组成，而 ERP 项目的实施队伍主要由企业后台业务部门的人员构成。

3. 分析和诊断现有政策和流程的思路不同。CRM 强调政策和流程首先以满足客户需求为导向，兼顾成本；而 ERP 侧重于政策和流程以削减企业运作成本和提高效率为目标，本质上采取以产品为中心的管理模式。

4. 描绘业务蓝图。一般 ERP 系统的实施往往没有系统地运用其思想，在系统分析的基础上重新设计或改进业务流程，从而导致项目实施的效果并不理想；为此，笔者在阐述 CRM 的实施方法中，觉得有必要将描绘业务蓝图作为 CRM 实施中的一个独立的阶段。

5. 基础数据的准备。由于项目的范围和目标不同，CRM 项目中的基础数据主要涉及市场、销售以及客户服务与支持的有关数据，而 ERP 中的基础数据主要有关企业后台业务部门所使用的数据，都不系统、不全面，尤其缺少客户服务信息和市场信息。

资料来源：http：//www. ctiforum. com/jishu/wenzhai/316739. html.

思考题：结合上述内容，如何整合使用 CRM 与 ERP？

第六章　客户关系管理战略

【引例】

花旗银行“一对一”战略管理

花旗集团是全球领先的金融服务公司，在全球涉及范围超过160个国家和市场，拥有2亿客户账户。通过花旗公司和花旗控股，花旗集团为个人、公司、政府和机构客户提供广泛的金融产品和服务，包括个人银行及信贷、公司银行与投资银行、证券经纪和财富管理。

花旗银行是进入中国较早的外资银行，因各种原因对中国市场的战略规划相对于传统的中资银行具有较大的差别。最主要的差别在于，花旗银行更注重中国市场大客户领域的开拓，公司对于大客户细分市场的战略偏向十分明显。

从公司的业务费率表格中可以清晰地发现，花旗银行对于小额账户的收费相对较高。相反，如果在花旗银行存入大量的现金，成为花旗银行的大客户，各种业务操作的费用会大大降低。这就是花旗银行在中国市场推行的大客户高端市场战略。

同时，花旗银行为大客户提供了多种专属理财服务，包括花旗私人客户业务、花旗贵宾理财、花旗睿智理财、花旗商业银行、花旗精英直通金融服务、花旗环球旅行服务。

这些专属服务均由花旗银行专人负责，服务周到细致。在银行、金融业有一个等式：$20\times2=2\times20$。其含义是：找2个大客户，每个客户给银行带来20的收益，与找20个小客户，每个小客户给银行带来2的收益是相等的。如果选择大客户就要为大客户服务投入更多的人力、物力和财力，大客户实际上是需要进行关键性财务管理的客户。花旗银行为每一位大客户都制订了具有“个性”的服务方案，这使得花旗“一对一”战略服务的实现具有坚实的基础。

在账户管理的模式下，银行经常看客户的存款是多少、贷款是多少，而不考虑客户带给银行的整体回报——客户的综合回报率。大客户是需要银行员工给予更多关照的客户。小客户打一个问候电话，就可能解决问题。但是，对大客户的关照需要策划，因为与大客户接触的界面，每一个时点、每一个环节都会影响大客户对公司的判断。正是这种实时、完善的服务，使花旗银行获得了成功。

资料来源：花旗银行网站，www. citibank. com. cn.

【学习目标】

1. 理解客户关系管理战略的内涵。

2. 能够根据客户关系管理的远景和目标相应地制定合理的客户战略。

2. 熟悉客户关系管理战略的核心活动和实施效果评价。

【教学目标】

1. 如何制定客户战略？如何实施 CRM 战略？

2. 如何评价 CRM 战略的实施？

第一节　客户关系管理战略概述

客户关系管理（以下简称 CRM）是企业竞争取胜的法宝，它能够有效提高企业的核心竞争力，然而 CRM 在实施过程中却存在一些问题，这使得实施效果与企业的期望之间存在一定的差距。企业要想成功地实施 CRM，就必须将 CRM 的实施上升到战略高度，制定战略规划。企业选择合适的 CRM 战略，正确地认识客户和对待客户，更加主动地分析和预测客户的需求和想法，针对客户的需求迅速做出反应，都直接影响着企业的生存与发展。

一、CRM 战略的理解

战略一词已经被广泛使用。对于大多数企业而言，提到企业战略、产品战略等比较好理解，但是客户关系管理战略却让人不好理解。这是因为企业界、学术界对客户关系管理本身的认识还没有达成共识。因此，要理解客户关系管理战略，我们只能按照企业一般战略的框架加以认识。我们可以更加全面地将 CRM 理解为一种旨在理解、预测、管理个性化客户需求的经营战略，它是一种战略的、流程的、组织的和技术的变革历程，它触及企业内部许多独立的部门，它需要正确处理与许多理念的关系，如企业战略、供应链管理、企业资源规划等。企业要想有效地实施 CRM，至少需要站在企业发展的战略高度上从以下几个方面对 CRM 加以理解。

1. CRM 是一种管理理念

CRM 的核心思想是将企业的客户（包括最终客户、分销商和合作伙伴）视为最重要的企业资产，通过完善的客户服务和深入的客户分析来满足客户的个性化需求，提高客户满意度和忠诚度，进而保证客户终身价值和企业财务收益增长的实现。CRM 吸收了数据库营销、关系营销、一对一营销等最新管理思想的精华，通过满足客户的需求，特别是满足最有价值客户的特殊需求，来建立和保持长期稳定、互惠互利的“双赢”客户关系。

2. CRM 是一种管理机制

CRM 也是一种旨在改善企业与客户之间关系的新型管理机制，可以应用于企业的市场营销、销售、服务与技术支持等与客户相关的领域。它通过向企业这些部门的专业人员提供全面的个性化的客户资料，强化其跟踪服务、信息分析的能力，帮助它们与客户和生意伙伴之间建立和维护一种亲密信任的关系，为客户提供方便、快捷和周到的优质服务，提高客户满意度和忠诚度。CRM 在提高服务质量的同时，还可以通过信息共享和优化业务流程来有效地降低企业经营成本。

3. CRM 是一种管理软件和技术

CRM 是以信息技术、软硬件系统为基础的管理方法和应用解决方案的总和。它既是帮助企业组织管理客户关系的方法和手段，又是一系列实现销售、营销和客户服务流程自动化的软件乃至软件系统。CRM 将最佳的业务实践与数据仓库、数据挖掘、工作流、呼叫中心、企业应用系统集成等信息技术紧密结合在一起，为企业的销售、客户服务和决策支持等领域提供了一个智能化的解决方案。CRM 集成了互联网和电子商务、多媒体技术、数据仓库和数据挖掘、专家系统和人工智能等当今最先进的信息技术。

总之，CRM 是现代管理思想与信息技术相结合的一种竞争战略，它通过最佳业务实践与信息技术的融合，围绕“以客户为中心”设计和管理企业的战略、流程、组织和技术系统，并提供一个自动化的解决方案，其目的是提高客户交付价值和忠诚度，进而实现企业收入的增长与效率的提高。

二、CRM 战略的分析

客户关系时代的到来，为企业的经营和发展创造了新的环境，使企业面临着更多的机遇和挑战。企业在引入 CRM 之前，必须先明确本企业的核心业务和未来的发展方向，以及 CRM 在整体战略中的作用。表 6-1 列出了企业在实施 CRM 战略之前必须明确的一些问题。

表 6-1　　**实施 CRM 战略之前必须明确的一些问题**

产业方面 ■ 企业处于什么行业？ ■ 产业结构的现状及未来可能发生的变化趋势？ ■ 产业标杆和基准是怎样的？ ■ 在产业的内外部是否存在足以瓦解现有产业结构的战略性力量？
企业方面 ■ 企业的使命、愿景和战略意图是什么？ ■ 企业战略与客户价值是否相容？ ■ 企业的资源和能力优势何在？ ■ 企业的文化是否“以客户为中心”？ ■ 是否有能力评估客户持续价值？ ■ 是否有能力管理、评估客户持续价值？ ■ 企业的人力资源和业务流程是否能够满足客户期望？ ■ 企业组织架构是否能够支持客户关系管理的核心流程？ ■ 企业是否支持跨部门或与分支机构的合作？

续表

竞争方面 ■ 竞争者具有怎样的行为和特征？ ■ 竞争者的竞争策略如何？ ■ 新竞争者的进入障碍及未来的发展前景？ ■ 新竞争者是否具有某些后发优势？他们是否可以不受现有产业结构的束缚？
渠道方面 ■ 不同分销渠道在当前和未来的作用如何？ ■ 新的分销渠道存在哪些机会？ ■ 企业产品或服务如何销售出去？
客户方面 ■ 谁是企业当前或潜在的客户？企业的细分市场主要有哪些？ ■ 是否存在市场细分、一对一营销和大规模定制化的机会？ ■ 企业与客户已存在或准备建立的关系是什么？ ■ 如何将客户沟通的结果反馈到企业经营中，并据此做出相应调整？ ■ 企业准备采用何种信息技术平台以满足客户现在或潜在的需求？

通过对表 6-1 中所列问题的回顾，企业可以对自身的状况有一个清晰的认识，有助于企业制定当前或未来的 CRM 战略。我们可以根据客户服务个性化程度的高低与客户信息完整程度的高低两个维度，将企业对 CRM 战略的选择类型分为以下四类：产品销售战略、客户营销战略、服务支持战略和个性化关系营销战略（一对一营销战略），如图 6-1 所示。

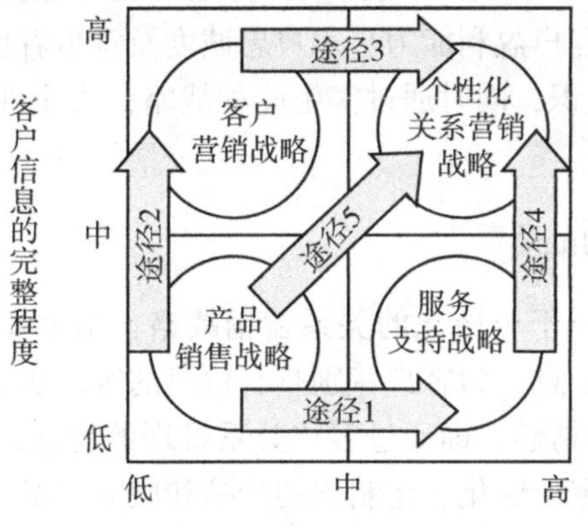

图 6-1　CRM 战略的分类矩阵及其转换途径

在图 6-1 中的 CRM 分类矩阵中，纵轴反映的是客户信息的完整程度，包括对客户信息的掌握量和信息分析的复杂程度；横轴反映的是客户服务的个性化程度，即企业为客户提供的产品或服务所体现的个性化或定制化程度。横轴和纵轴的交互就形成了四种基本的战略定位，每种战略定位都有其专门的特征，适合特定的商业环境。随着战略定位从左下方向右上方调整，CRM 的战略形势越来越复杂。在所有四种基本战略中，个性化关系营销战略最为复杂，它不仅要求企业收集和分析大量的客户信息，而且必须具有为客户提供个性化服务的愿望和能力。下面分别讨论四种基本战略。

（一）产品销售战略

产品销售战略是以产品为导向的营销战略。它在某种程度上讲，不是真正意义上的客户关系管理。它考核企业营销效果的指标主要还是依据销售数量。这种战略对客户信息的要求不高，主要为客户提供通用的产品和服务，追求规模效应，比较适合于注重销售的企业采用。受掌握客户信息的数量和手段的局限，这类企业的客户关系管理很难摆脱产品导向。

（二）服务支持战略

服务支持战略属于基于产品战略的营销战略。相对于大多数企业单纯的产品战略，服务支持战略是向 CRM 战略靠近的一种选择。通过实施此种战略，企业力图识别客户群中有价值的客户加以保持与挽留，并将企业的资源重点投向这些客户，企图通过提高服务与支持水平而不是主要通过深挖客户信息来改善与客户的关系，因而对客户信息的要求不高。

（三）客户营销战略

客户营销战略属于客户导向营销战略，企业在为客户提供产品与服务时，已经把营销的中心由单纯提供产品转向重视客户的需求，并通过充分挖掘客户信息加强对需求的理解，有效区分客户价值、客户盈利能力、客户忠诚度及竞争者反应等。这种战略表明企业正在加深对 CRM 本质的认识，同时通过实施此种战略，为企业进一步识别交叉销售和扩展销售提供机会。

（四）个性化关系营销战略

个性化关系营销战略属于个性化的关系营销战略，是企业 CRM 战略中的理想形态。企业通过充分掌握的客户信息，为客户特别是有价值的客户实施基于个性化的关系营销战略。该战略体现了 CRM 的精髓，即通过客户关系管理的功能，识别客户的偏好和需求特征，在此基础上为客户制定个性化、定制化的产品和服务，最大程度地满足此类客户的需求，抓住那些有价值的客户，使企业效益最大化。

在迈向完全意义上的 CRM 过程中，不同的企业可能处于不同的战略起点，因此实现目标的途径也可能不同。图 6-1 还描述了从初级的 CRM 战略迈向完全意义上的 CRM 战略的各种战略途径。假设企业当前采用的是产品销售战略，则应该积极地评估当前的各项活动和策略，将所有已经实施的、面向客户的措施有效地整合起来，以寻找战略性的突破，追求更高级形式的 CRM 战略。采用产品销售战略的企业可以采用途径 1，通过建立呼叫中心或自动应答系统等服务支持手段，加深与客户之间的关系；或者采用途径 2，通过构建更为完整的数据库，有效地寻找目标客户，提高营销的针对性。一般来说，当前采用产品销售战略的企业由于自身的意愿或者能力的约束，很少采用途径 5 直接转向个性化关系营销战略。这些企业大多采用循序渐进的方法，先从产品销售型转向客户销售型或服务支持型，然后采用途径 3 或途径 4 最终迈向个性化营销战略。

三、CRM 战略的内容

通过上一节的分析，我们可以认为企业要想成功实施 CRM，必须把 CRM 的实施上升到战略高度，为 CRM 的成功实施制定战略规划。CRM 的实施战略应当是一种把战略、技术和人结合起来的综合方法，这种方法是以客户为向导的企业战略的一部分。CRM 战略需要寻找恰当的客户并能正确地理解客户的需求。因此，一个完整有效的 CRM 战略必须包括以下几个主要方面：CRM 的远景和目标，客户战略、CRM 战略的核心活动、CRM 战略的实施基础和 CRM 战略的评价，如图 6-2 所示。

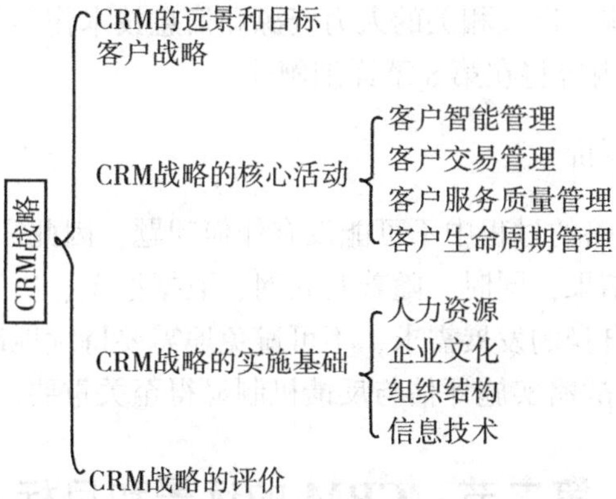

图 6-2　CRM 战略的内容

（一）CRM 的远景和目标

CRM 的远景和目标说明了企业对 CRM 的基本理解，这是制定实施 CRM 战略的基础，它可以帮助企业明确“以客户为中心”的价值观念，帮助企业理解目前所处的环境和未来的发展前景。如果企业脱离了实际，盲目依赖信息技术实施 CRM 战略，必将造成大量资金、时间和人力资源的浪费，最终导致 CRM 项目的失败。

（二）客户战略

客户战略可以帮助企业明确“客户是谁”“客户想要什么”“我们能为客户做什么”等问题。这些问题有助于对客户关系组合进行管理，而不是简单地把客户视为营销活动的对象。一项客户战略至少应该包括客户理解、客户竞争、客户吸引力和客户管理能力四个核心要素。

（三）CRM 战略的核心活动

CRM 战略的核心活动包括客户智能管理、客户交易管理、客户服务管理和客户生命周期管理，其中客户智能管理可以帮助企业更好地利用客户资料和深入理解客户需求，客户交易管理可以为企业与客户之间的交易提供多种渠道，同时，企业可通过客户质量管理为客户提供多种产品及相关服务，这些是系统地发展长期客户关系，即客户生命周期管理的基础。在企业完成客户战略制定的基础上，CRM 战略的四项核心活动就可以相互融合了。

（四）CRM 战略的实施基础

成功实施 CRM 的四项核心活动需要几个必要条件，即人力资源、组织结构、信息技术和以客户为导向的企业文化，四者缺一不可。“以客户为中心”的商业模式需要企业对经营理念进行革命式的再造，从根本上改变企业体制，构造一个“从客户利益出发”的企业文化体系和组织结构，以及相关的人力资源和信息技术作为贯彻与执行的保障。有关 CRM 实施与企业变革的内容将在第 8 章详细阐述。

（五）CRM 战略的评价

企业在实施 CRM 战略的过程中不可能没有任何问题，因此需要不断地对 CRM 战略进行改进，以便达到预期结果；同时，随着互联网、数据挖掘、决策支持系统和专家系统等技术的不断发展及企业自身的发展需求，不可避免地需要持续地改进和增加 CRM 的功能。因此，建立相应的 CRM 战略实施评估与反馈机制显得至关重要。

第二节 CRM 的远景和目标

一、CRM 的远景

许多企业在管理客户关系时往往会碰到很多难以解决的问题，如无法测度客户的价值、缺乏有关客户真实需求的洞察力、缺乏以不同方式对待具有不同重要性客户的战略方法等，其结果只能使许多企业都无法把有限的资源花费在最有价值的客户身上，无法实现客户价值、客户体验质量和交付成本之间的平衡，这意味着投资的浪费、重复的努力、不兼容的解决方案和日益不一致的客户体验。而 CRM 可以指导企业走向最终的理想状态，并确定相应的行动方案。如果没有根据企业当前的需求（企业竞争能力和竞争优势）、市场所要求的速度和投资合理性所需要的经营收益等因素来生成和调整 CRM 远景，并使它们保持高度匹配和一致的话，企业充其量只能取得有限的短期成功。

（一）CRM 远景的形成过程

CRM 远景的形成过程并不是自上而下的，也并不是一成不变的。在形成 CRM 远景之前，企业需要进行客户需求研究和经营环境分析；所制定的远景必须与企业总体战略以及各种企业资源（如人力资源、财务资源、实体资源、知识产权和竞争能力等）相一致；远景本身必须清晰、明确、现实，使得企业所有个体都知道企业的努力方向、自己的角色和贡献，共同为CRM远景的实现而努力。

1. 外部环境分析

现代企业的生产经营活动日益受到外部环境的影响。企业要制定和实施CRM战略，首先必须全面、客观地分析和把握外部环境的变化，以此为依据来制定相应的战略目标和部署实现战略的具体步骤。企业与其外部经营环境、其他竞争或合作的组织及公众等外部因素共同处于一个相互作用、相互联系、相互影响的动态系统之中，所有这些影响企业成败但又存在于企业外部、非企业所能控制的潜在因素或力量，就构成了企业的外部环境。CRM战略的外部环境分析主要是围绕三个方面来进行的，即营销方面、销售方面和服务方面。

（1）营销方面。当今的营销环境正在发生着深刻的变化。一方面，产能过剩和产品同质化让客户有了更多选择，也给客户带来更多的选择困惑，同时，信息的透明化和客户注意力分散导致企业与客户的沟通更加困难，企业面临着相当大的营销压力；另一方面，领先企业和专业营销机构基于CRM的理念，利用以互联网为代表的信息网络技术、进行卓有成效的营销创新，建立了体现现代市场营销新观念的营销方法体系，拓宽了许多新的营销渠道。例如，当Web2.0、P2P、宽带、流媒体、无线通信等一系列技术日趋成熟并相互融合之时，博客、RSS、即时通信、手机电视、移动电视、楼宇电视、列车电视等一系列新媒体也纷纷出现，并构成了全新的营销平台，体现了一种新技术→新媒体→新营销的发展趋势。因此，企业制定CRM战略时，应充分考察并研究当前营销环境的变化，特别是新的营销手段的出现。

（2）销售方面。销售模式正在向多样化、自动化和知识化的方向发展。需要根据不同的渠道采取不同的客户管理策略，借助一些销售自动化工具，包括一些通信设备（如PDA、掌上电脑、手机等）、网络（如互联网等）和管理软件（如SFA等），来实现销售的统一协调管理；通过知识库创建、编辑、管理包括产品、竞争厂商、样板客户、应用方案等与销售相关的业务经验和知识，供销售人员查询和引用。因此，在进行销售环境分析时，应关注多种销售渠道的建立情况、销售自动化工具的应用情况、销售经验与知识的积累和使用情况等。

（3）服务方面。服务方式正呈现出全方位、全天候和定制化的趋势。由于许多产品的质量出现了趋同倾向，企业之间的差异化通常来自独特的设计、情感诉求、价值区分和个性化的服务等因素；客户在年龄、文化程度、生活背景和价值观等方面存在差异，导致不同个体对统一服务方式的感知和体验也存在着差异，这些都对企业服务质量控制提出了更高的要求。

2. 内部环境分析

CRM战略的制定和实施，不仅要客观地分析企业的外部环境，而且要对企业自身素质和能力加以科学地剖析。对自身内部环境的分析，是企业CRM战略制定过程中的重要工作。其中，企业的内部环境是指企业能够加以识别和控制的内部因素，主要包括企业战略、组织文化、流程和组织结构、人力资源、信息环境、知识储备与研发能力、绩效管理体系、财务管理能力、采购体系、营销和销售能力等。在实践中，正是以企业内部环境为基础的独特能力，最终决定了 CRM 战略及其实施的效果。

（二）CRM 远景的内容

经过上述分析过程，企业可以通过许多方式来界定 CRM 远景。总的来说，企业 CRM 远景要素与关键问题如表 6-2 所示。

表 6-2　　企业 CRM 远景要素与关键问题

要素	关键问题
企业远景	什么是企业最重要的目标和理想的未来状态？ 企业对生存、成长和盈利性的投入水平如何？ 企业从事经营的目的是什么？企业正在从事什么业务？ 应该专注于一个产业，还是多样化？ 如果选择多样化，应该相关多样化吗？
目标客户与市场	企业想要确定的目标市场是什么？ 谁应该是企业的客户？企业希望满足其什么需求？
地理范围	企业应该服务哪些地理区域？ 企业应该在地区、国家，还是国际、全球的范围内展开经营活动？
主要产品与服务	企业提供的产品与服务范围是什么？
核心技术	企业希望拥有什么类型的技术？
竞争优势的基础	企业应该保持哪些独特能力？ 客户在购买产品与服务时，可以获得哪些价值？
价值观	企业拥有的价值观和共享的信念是什么？

二、CRM 的目标

从全局角度来看，企业在实施 CRM 之前要明确地制定一个长远的、清晰的总体发展目标。CRM 的实施是以该目标为导向进行的，明确预期目标不但有利于推进目标所规定的各项任务，而且能够对具体的实施过程起到辅助和带动作用。首先，企业制定目标前必须依据对远景的分析，确定自身的管理模式、业务流程、组织结构等环节中的优势、劣势及存在的关键问题，同时，根据企业实际需求及未来发展方向最终选择服务于企业总目标的 CRM 系统。从战略角度来看，企业的发展需要经历一个长期的多阶段的过程，为了保证 CRM 的成功实施，企业可以将总目标细分为短期的不同阶段的绩效目标，以便进行阶段性考核。从管理角度看，企业还要建立一整套判断项目成功或失败的标准，对 CRM 的应用情况能够根据市场的不断变化有效地进行规划、评测以及有针对性地改进，从总体上把握实施周期。

CRM 战略目标不是一个空洞的概念，要能够为企业整体业务的发展提供导向。CRM 战略制定与实施的主要目的在于向客户提供超越竞争对手和客户期望的优异客户价值，实现较高的客户满意度，与客户维持长期的合作关系，并设法提高客户的忠诚度。因而它应当具有可分解性，可以在整体指引组织的同时，分解成与各个业务流程相对应的战略目标和要求。从这种意义上讲，CRM 战略可以分为核心目标和业务目标，CRM 的战略目标如图 6-3 所示。

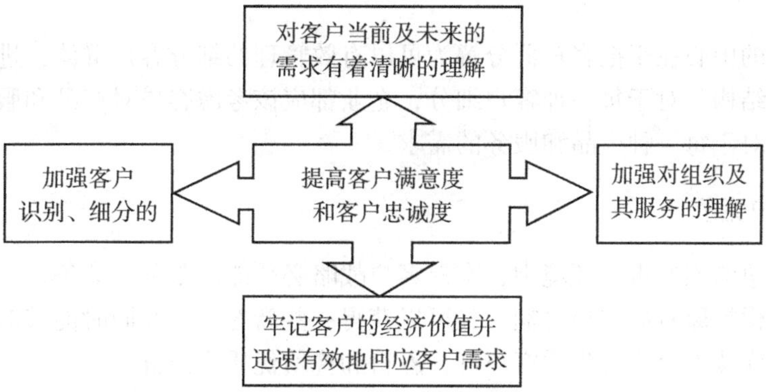

图 6-3　CRM 的战略目标

如图 6-3 所示，企业的着眼点应该是优化客户体验，提升客户满意度，以便谋求竞争优势，最大化企业利润；在成本控制的基础上，加强客户的识别、细分、不断挖掘具有价值潜力的新客户，提高现有客户的满意度，赢取客户的忠诚度和实现较高的客户挽留率。企业应牢记客户的经济价值并迅速有效地回应客户需求，客户及其需求是企业所有业务的关注点，为了寻求新的差异化竞争优势，企业必须对当前及未来的客户需求形成清晰的认识，实现经营观念从产品中心观向服务中心观的转化，对产品与服务的个性化和定制化给予前所未有的战略关注。越来越多的实践证明，企业成功的关键在于有效地提供差异化的、有价值的服务，针对不同的客户关系和个性化的客户需求提供相应的产品和服务，并在最大化客户满意度的同时实现企业利润的持续稳定增长。

在制定 CRM 战略目标时，应综合考虑多方面因素。CRM 战略目标必须在方向上与企业的总体战略目标保持一致；必须考虑企业未来中长期发展战略与规划，杜绝“贪大求全”的思想，遵循“总体规划、分步实施、分步受益”的原则，根据企业未来的发展方向和时间进度决定企业实施 CRM 相关功能模块的优先次序。

在制定 CRM 战略目标时，还应该遵循技术服务于经营管理的宗旨。未来的 CRM 系统实施是为企业经营管理服务的，必须考虑企业未来业务发展的战略部署，做到管理软件能够与企业发展趋势相适应，具备一定的可扩展性和灵活性。人们应该认识到，技术只是使能因素，而不是解决方案。

第三节 客户战略的制定

一、客户战略的内容

所谓客户战略，就是企业对如何建立和管理客户关系的目标及目标实现途径的整体性把握。一项客户战略至少应该包括以下四个核心要素。

（一）客户理解

客户战略的中心在于把客户群分解为可以有效管理的细分客户群体，进而形成合理的客户关系组合结构。对于每一种客户细分，企业都应该考虑客户对产品和服务的需求的共性，再细分为对于每一种产品和服务的需求。

（二）客户竞争

在一个竞争激烈的市场环境中，有效客户战略必须能够服务于竞争。企业竞争力应该体现在：既能保持原有的客户份额，又可以获得一些新客户、并同时能够对客户的结构构成进行优化，淘汰不合格的劣质客户群，赢得和挽留优质客户群。

（三）客户吸引力

培育客户忠诚和与客户建立牢固的情感纽带，形成直接吸引力，同时形成口碑式的间接吸引力是非常关键的，因为这将是企业能够通过交叉销售和升级销售来保持和提取更大客户价值的重要因素之一，也是尽可能发掘优质客户和吸引有利可图的其他企业的优质客户的重要因素。

（四）客户管理能力

企业的每一位员工都应该积极地为客户提供服务，而不是仅仅将其归为客户服务部门的责任对象，企业作为一个有机的整体，必须构建强大的全面客户服务和管理体系。

二、客户增长矩阵

为了便于企业将关注的焦点长久地集中在客户身上，在这里引进一个客户增长矩阵，如图 6-4 所示。客户增长矩阵通过图解说明了不同的客户战略，依靠这些战略，企业能够发展并且建立与客户的特殊关系。

（一）客户忠实于你的战略

首先，我们已经发现，随着客户忠实于你方面的逐渐加强，能从许多方面产生出渐增的利益率。有经验表明，忠实客户倾向于将大量的时间花在企业身上，他们担当了推荐介绍方面的代理商，从而为企业带来了新的客户，并且企业最终为他们服务可能比为新客户服务所花费的成本要少得多。这些因素结合起来提供了强大的证据，表明企业的收益率直

		产品/服务	
		现有的	新的
客户	现有的	客户忠实于你	客户扩充
	新的	客户获得	客户多样化

图 6-4 客户增长矩阵

接与客户忠实程度相关。因此，应该将战略上的关注焦点集中在客户的回头率上，这比获得更大的市场份额更重要。

其次，如果一个企业拥有合适的客户，那么它就会获得竞争优势，同样一个客户忠实于你的战略就是获得持续竞争优势的基础。如果没能拥有合适的客户，那就说明客户忠实于你的这种程度是不恰当的，显然在这里存在一个匹配关系。

（二）客户扩充战略

客户扩充战略常常与客户忠实于你的战略结合在一起使用，这两个战略都涉及一个问题，那就是要维持企业已经与客户建立起来的关系。新增的产品或服务都要适合客户群体，例如，通过零售商店提供金融服务就是从客户扩充战略中获得更大回报的一个实例。

类似这样的战略扩充已经使行业或市场的界定变得越来越模糊。以前处于不同市场范畴的企业，现在正为获得同样的客户而竞争，并且正依靠这些战略去满足同样的客户需求。

（三）客户获得战略

为了获得更合适的客户，需要对潜在的客户进行需求分析，在有需求的地方需要应用客户获得战略。例如，当企业在迅速增长的市场中运作的时候，或者当市场快速增长有一些特殊需求的时候，尤其在后一种情况下，重点可能就是要获得新客户，但这些新客户的需求类似于现有的客户。客户获得战略对于当前的客户群体是否能够招来新客户具有重要的意义。对于许多小的企业来说，运用此战略可以通过当前客户的口碑传播，以低成本获得新客户来扩大规模，而老客户的行为模式会给企业带来指导作用。

（四）客户多样化战略

客户多样化战略涉及了最高的风险问题，因此该战略涉及企业使用新产品和新服务来与新客户做生意谋求发展的状况。除非有特殊的机会，否则它作为企业所遵循的切实可行的战略是非常不可靠的。例如，前几年在国营军工企业向民用企业的转型中，许多企业新开发的产品出来了很久，还没有找到合适的客户，结果造成产品大量积压，其原因是客户群体、销售渠道发生了根本变化。如果客户多样化战略在没有充分研究透彻之前就进入实施阶段的话，企业不但要应付根本不同于以往的客户，同时还要解决新产品技术的问题。

（五）不同的客户战略结合

通过对上述各种战略的分析，企业要制定战略，首先必须实施好客户忠实于你的战略，然后通过忠实客户向下推荐，以及向客户提供新产品和新服务，将客户扩充战略及客户获得战略与客户忠实于你战略结合起来，如图 6-5 所示，使企业不断获得新客户，而且当前客户也变得更加忠诚，其根基就在于客户忠实于你的战略是开发发展战略的基础，这也是 CRM 战略的根本出发点。

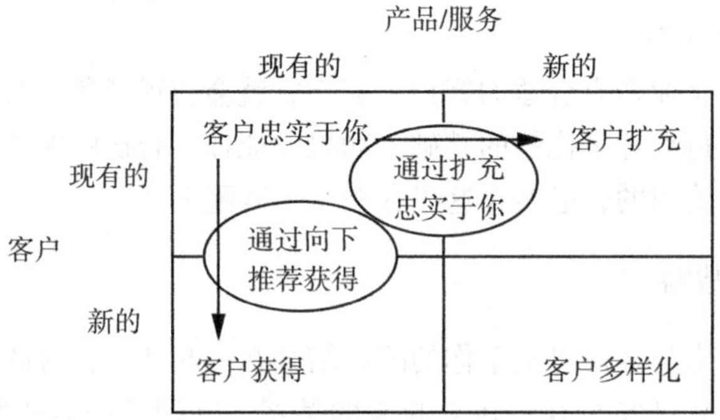

图 6-5　客户增长矩阵的要素组合

我们已对 CRM 战略框架有了基本的认识，若对客户本身内在的认识不够的话，再好的战略也会变成无的放矢。有关客户本身的分析将在本书第 7 章介绍。

第四节　CRM 战略的核心活动

一、客户智能管理

客户智能是创新和使用客户知识，帮助企业提高优化客户关系的决策能力和整体运营能力的概念、方法、过程以及软件的集合。对该定义的正确理解可以结合图 6-6 中的客户智能体系框架，从以下五个方面展开。

（一）理论基础

客户智能的理论基础是企业对客户采取决策的指导依据，这既包括企业分析和对待客户的理论和方法，也包括分别从客户和企业角度进行的价值分析。通过消费行为分析、满意度分析，利益率分析等诸如此类的指标的测评与衡量，达到决策科学化、合理化的目的。

对客户价值进行分析对与客户有关的活动具有巨大的支持作用。比如，客户标识（customer identification）、客户分类（customer segmentation）、客户差异（customer differentiation）、客户满意（customer satisfaction）、客户忠诚（customer loyalty）等客户活

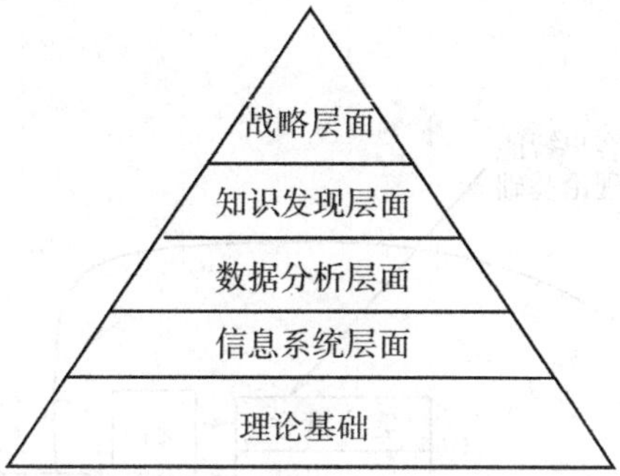

图 6-6 客户智能体系框架

动有了客户价值分析的支持，就会有的放矢，引导正确的客户关系。

（二）信息系统层面

信息系统层面成为客户智能系统的物理基础，表现为具有强大决策分析功能的软件工程和面向特定应用领域的信息系统平台，如 CRM、ERP、销售自动化、商业活动管理等。与事务型的 MIS 不同，客户智能系统能提供分析、趋势预测等决策分析功能。

（三）数据分析层面

数据分析层面是一系列算法、工具或模型。首先获取与所关心主题有关的高质量的数据或信息，然后自动或人工参与使用具有分析功能的算法、工具或模型，帮助人们分析信息、得出结论、形成假设和验证假设。

（四）知识发现层面

与数据分析层面一样，知识发现层面是一系列算法、工具或模型，它将数据转变成信息，而后通过知识发现，将信息转变成知识。

（五）战略层面

将信息或知识应用在提高决策能力、运营能力以及企业建模上等客户智能的战略层面，利用多个数据源的信息以及应用经验和假设来提高企业决策能力的一组概念、方法和过程的集合。它通过对数据的获取、管理和分析，为贯穿企业组织的各种人员提供知识，以提高企业战略决策和战术决策能力。

客户发展战略指的是企业坚持以客户为中心的发展战略，它将企业内部资源条件与外部环境因素结合起来考虑，最终目标是实现客户价值最大化。客户发展战略离不开企业其他战略类型的支持，如目标市场战略、营销组合战略、市场竞争战略、财务战略、协作战略、组织战略、人才战略等。以客户为中心的发展战略不能代替企业总体战略，但是总体战略是最具有参照价值的战略。

客户智能体系可以简单地用客户智能基础理论和基于客户智能理论的客户智能系统两

个逻辑层面表示，展开的客户智能体系如图 6-7 所示。其中，客户价值分析所支持的客户活动具体含义如下。

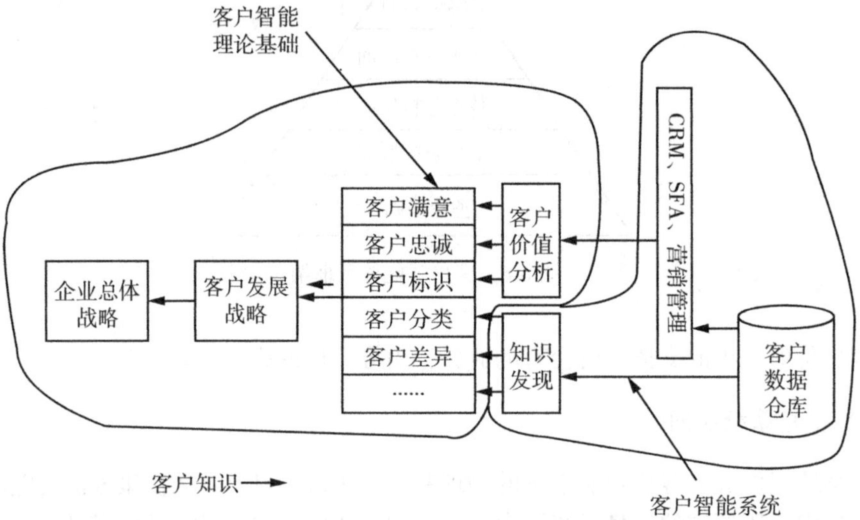

图 6-7　展开的客户智能体系

1. 客户标识

客户标识又称客户认识（awareness），即知道谁是企业的客户。如果企业没有集成的客户数据，那么企业很有可能会遭受客户认识危机。集成的客户数据是指客户的操作数据存储，它存储了集成的和经过净化的当前客户数据。企业的任何与客户打交道的职员每时每刻会参考其中的数据，了解客户目前产品和服务的处境、当前的接触信息、接触结果、突发事件等。对存储当前信息的数据库的正确利用会大大提高企业对客户评价的准确性和认识能力。

2. 客户分类

假设企业已经认识到客户的存在，但如何知道哪些客户对企业是盈利的，哪些是不盈利的？仅依据对客户当前信息的分析，很难得出令人满意的答案。企业此时需要对客户有关的历史纪录。针对不同的客户分类方式，有时采用分析技术可以实现，当面对较深层次的分类任务时，就需要引入知识发现技术了。

一个好的数据仓库环境，可完全满足客户分类对数据的多重需求。数据仓库环境集成了与客户有关的当前和历史的数据，并在此基础上建立起面向不同分析任务的应用（数据集市），比如，客户利润率分析、销售渠道分析、商业活动分析等，这些分析算法必须与企业的商业模式相一致。

3. 客户满意

企业是否能够测量客户满意度？在企业中，客户满意分别与企业员工的积极性和企业实施的优惠政策是否有关系？如果答案是否定的，那么可以认为企业还没有建立以客户为中心的环境。

这种正确的环境绝不是仅建设先进的呼叫中心等手段所能实现的，它需要一个企业的企业文化、组织结构、管理模式等整体环境的大调整，以适应从以产品为中心到以客户为中心的转变；另外，它还包括使用知识发现技术对客户知识的正确发现和使用，了解客户满意需要的是什么，如何改进产品使得客户更满意。

4. 客户差异

客户差异是指企业根据不同客户对企业贡献的大小，实施在客户身上的不同的价值回报，分析的对象包括客户生命周期价值、消费行为、VIP 特征等。企业需要建立相应的知识发现模型。此外，企业必须具有对知识发现结果——客户知识的快速反应的能力，企业各部门能够做到基于客户知识的互动。

5. 客户忠诚

客户忠诚直接的表现是客户的持续购买，它反映了企业对客户不断更新的需求的有效把握。客户忠诚是对客户知识的反复有效利用的结果。客户忠诚的获得是企业在客户关系上最难达到的境界，但却是最佳的客户扩充战略。通过持续的接触，忠诚客户数据的收集成为最容易和最有效的事情，但忠诚客户的保留问题仍离不开知识发现技术的支持。随着人们越来越深刻地认识到客户忠诚的重要性，知识发现技术在客户保留中的作用也会逐渐显现出来。

总之，客户智能的目标是将企业所掌握的信息转换成竞争优势，提高企业决策能力、决策效率、决策准确性，为完成这一目标，客户智能必须具有实施数据分析到知识发现的算法、模型和过程。有关客户知识的进一步分析将在本书第 7 章介绍。

二、客户交易管理

企业各部门每次与客户的接触都是十分重要的，企业应该把握每一次与客户接触的机会。在进行客户交易管理的过程中，企业应重点考虑以下两个方面的问题。

（一）全面客户接触点管理

客户接触点管理是指企业决定在什么时间（when）、什么地点（where）、如何（how）与客户或潜在客户进行接触，并达到预期沟通的目标，以及围绕客户接触过程与接触结果所展开的管理工作。客户接触点管理的核心是企业如何在正确的接触点以正确的方式向客户提供正确的产品/服务。

客户接触点管理体系的规划包括：客户视角的接触点研究、客户接触点需求与客户接触转变研究、多渠道客户接触点规划与体验设计、多渠道接触点建设与投资策略、多渠道客户接触点信息整合管理、客户接触成本评估与渠道接触优化、多渠道客户接触点体验测量与绩效优化等。

（二）投诉管理

投诉管理也是客户交易管理的基本组成部分。客户保持力会因不良的服务而受到破坏，但是企业从不良的服务中恢复的方式将会决定能否留住原有的客户。全面客户接触点管理的侧重点是一般情况的客户接触行为，而投诉管理要求企业以专业的方式应对失败的状况。无论是由现场的员工来完成，还是由事后的数据分析员来完成，投诉管理都有助于促进长期的客户关系。从企业的角度来看，企业的投诉管理是一种直接反馈的工具，是持续提升整个价值链的基础。

三、客户服务质量管理

（一）服务质量管理

服务质量不同于产品质量，它具有更多的难把握性，站在企业角度或站在客户角度认识的服务质量可能有所差别。从企业的角度看，服务质量是企业在对客户的服务过程中，为使目标客户满意而提供的最低服务水平，也是企业保持这一预定服务水平的连贯性程度。从客户的角度看，企业服务的对象是客户，服务质量的好坏最终是由客户的意见决定的，客户对服务质量的理解是基于其对该服务质量的感知，同一项服务会因客户不同而产生不同的感知服务质量。

美国经济学家菲根堡姆提出了全面服务质量管理的概念，它是指由企业所有部门和全体人员参加的，以服务质量为核心，以客户忠诚为导向，从为客户服务的思想出发，综合运用现代管理的手段和方法，建立完整的质量体系，通过全过程的优质服务，全面满足客户需求的质量管理活动。

（二）服务质量管理的原则

企业在实施服务质量管理的过程中应遵循以下原则。

1. 以客户为关注焦点

这一原则是质量管理的核心思想。任何企业都依存于客户，企业失去了客户，就失去了存在和发展的基础。因此，企业必须时刻关注客户潜在的需求和期望及其对现有服务的满意程度，根据客户的要求和期望改进工作，以取得客户的信任，稳定地占领和扩大市场。

2. 领导作用

领导作为决策者在质量管理中起着举足轻重的作用。领导者要在充分考虑本企业和资产所有者、员工、客户、合作者、行业、社会等各相关方面的需求后制定方针，做出规划，确定具有挑战性的能被员工理解的企业目标，并带领员工努力实现目标。其中的关键是通过其领导作用及所采取的各项措施，创造一个能使员工充分参与的，既有民主又有集中、既有纪律又有自由的工作环境，只有在这种环境下，才能确保质量管理体系得以有效运行。

3. 全员参与

人是企业之本，产品和服务是人劳动的结果，加强质量管理工作需要全体员工的参与。首先要使员工了解他们在岗位中的作用及他们工作的重要性，明确其目标和责任，然后给他们创造提高知识技术和经验的机会，使他们对本职工作有使命感，渴望参与对质量管理工作的持续改进，并努力做出贡献。

4. 持续改进

持续改进是增强企业满足客户要求的能力的循环活动。市场是变化的，客户会不断地提出新的要求，如果企业不能随之持续改进，就会失去客户，进而失去市场。任何企业的质量管理体系的充分性都是相对的，都要经过一个从不够充分到比较充分，再到很充分的持续改进的过程。此项工作在实施中是通过使用质量方针、目标、审核结果、数据分析、纠正和预防措施以及管理评审的方针，来促进质量管理体系的持续改进。

5. 服务定制化

企业要想在网络经济时代大显身手，就必须遵循个性化战略。在个性化时代，客户是千差万别的。管理大师德鲁克在描述企业的定义时曾这样说，企业的宗旨只有一个，就是创造客户。从生产者来讲，服务是否为客户欢迎，最主要的是能否把自己的服务与竞争对手区别开来，让消费者一见钟情。所以，从某种意义上说，创造客户就是创造差异。服务应当是在大规模定制的基础上针对特定客户需求的服务体系，包括产品线的宽度、深度，产品的个性化定制、质量状况，甚至包括产品的售后服务的各个要素。

6. 沟通响应及时化

服务企业应该与每个客户进行对话，并让这种对话成为一种学习的关系。客户会说出他们需要的服务，企业则为他们提供所需要的东西。客户在这种合作关系中会提供建议，并具体说明需要什么样的服务。企业应从培养客户的忠诚度出发，全面了解客户所需，包括他们需要什么、何时需要、怎样需要，从而提供合适的、个性化的、即时的、具备竞争力的促销活动，“锁定”客户的使用习惯，建立服务品牌忠诚。

四、客户生命周期管理

客户关系生命周期是指当一个客户开始对企业进行了解或企业对某一客户进行开发开始，直到客户与企业的业务关系完全终止且与之相关的事宜完全处理完毕的这段时间。生命周期理论是一个十分有用的工具，将其引入客户关系的研究可以清晰地洞察客户关系发展的动态特征，不同阶段驱动客户关系发展的因素不同，同一因素在不同阶段的内涵不同，客户关系的发展是分阶段的，不同阶段客户的行为特征及其为企业创造的利润也不同。因此，客户关系生命周期理论是从动态的角度研究客户关系基础。

目前，客户关系生命周期的研究和应用引起越来越多学者的兴趣。现有的研究一般是将客户关系生命周期的阶段划分为考察期、形成期、稳定期和退化期四个阶段，简称为四阶段模型。考察期是客户关系的孕育期，形成期是客户关系的快速发展期，稳定期是客户关系的成熟期。

在具体实施过程中，企业应注意到在客户关系的不同生命周期阶段，客户的关注重点和企业的管理重点是存在差异的。在客户生命周期四阶段模型的基础上进一步归纳总结出各阶段的客户特征和相应的企业管理重点，如表 6-3 所示。

表 6-3 客户关系管理生命周期的管理重点

阶段	集群特征	管理重点
初识期	信任与投入程度都相对较低，追求消费习性的一致性和心理品位追求的一致性	重视商品品牌的丰富性 重视产品与服务的质量 重视客户与企业对商品、服务或价格的价值观认知的一致性 提供商品以外的免费服务等非物质利益
矜持期	心理与行为因素的平均水平比初识期略高，该客户群在心理因素方面的得分相对高于其行为表现，从而显示出其内心深处已经对企业形成高度认同，只是消费行为的表现仍趋保守	重视商品品牌的丰富性 重视产品与服务质量 提供商品以外的免费服务等非物质利益
平稳期	在行为和心理因素方面，均明显高于初识期和矜持期的客户群，而且与企业的关系已经处于平稳状态，愿意提供建议和实际参与合作	重视商品品牌的丰富性 重视与客户间接的互动和沟通接触机会
思异期	在行为和心理因素方面，均明显高于初识期和矜持期的客户群，而且与企业的关系已达平稳状态，但有些客户有尝试做出改变的心理，消费行为可能有妥协倾向	重视与客户间接的互动和沟通接触机会 防止客户转换供应商
稳固期	关系建立最长久，心理与行为因素都表现出很高的客户忠诚，是关系强度最高的阶段，愿意提供建议和实际参与合作，对商品和企业形成了高度的信任	重视商品品牌的丰富性 重视人员服务 重视客户与企业对商品、服务或价格的价值观认知的一致性 重视与客户间接的互动与沟通接触机会 提供商品以外的免费服务等非物质利益

在实践中，具体的 CRM 战略实施活动可以通过以下途径针对不同客户的特点和企业管理重点加以实现：(1) 设立呼叫中心或服务台，为客户提供服务支持，并根据客户所阐述的需求提供适当的产品；(2) 努力识别出所有客户中值得挽留的目标客户，并将资源和能力投入到最重要的客户身上；(3) 与客户进行“一对一”个性化沟通，运用一系列数据分析来加深对客户需求的理解，通过构建更为完善的数据库，寻找目标客户，提高客户管理策略的针对性；(4) 更加注重提高数据的质量，并有效地加以管理和利用；(5) 进一步识别交叉销售和升级销售的机会，尽可能提高客户盈利性；(6) 建立复杂多变的数据平台（如数据仓库系统），并配备相应的分析工具（如数据挖掘软件）。不同的企业

还可根据自身情况以及本行业的特点实施不同的战略活动，例如，分析客户的购买模式，向客户推销具有更高附加值的服务；分析客户的需求和偏好，更好地支持客户挽留活动等。

第五节　CRM 战略实施的评价

一、CRM 战略实施评价的目的

作为 CRM 战略实施流程中不可或缺的重要环节和实施保证，建立有效的 CRM 战略评价和控制体系对企业成功实施 CRM 战略，达到既定战略目标意义十分重大。在企业 CRM 战略的实施中，对 CRM 战略的有效评价和控制有助于企业识别与把握 CRM 战略实施的重要方向，对各环节的关键活动和实施效果形成评价与控制，对组织的有效激励提供重要依据，并保证战略实施的持续改进以及战略目标的最终实现。具体来讲，对 CRM 战略的合理评价与控制主要有三个作用。

（一）辅助决策制定

公司实施 CRM 评价方法会因不同部门决策制定方式的不同而不同。企业通过对客户需求信息的收集、整理和分析，对客户进行有效细分，识别出企业的高价值客户，进而制定有针对性的营销策略和发展战略。当公司制定有关客户的战略时，对 CRM 客户分析活动的有效评价可以协助特定的决策者制定和改善企业的竞争策略，这种有关客户的决策一般是以“如何管理客户关系”为中心、以提高客户的满意度和忠诚度为目的的。

（二）指导进行中的活动或策略

对 CRM 战略活动的评价并不是仅仅用来协助企业全面制订计划、制定决策，它也可以被用来引导与客户相关的日常活动，这与影响决策制定相关，但又不同于决策制定。评价客户活动不仅有助于企业决定采用哪一种客户战略，还有助于前端员工和领导完成日常性的任务。

（三）预测未来的状态

企业需要使用 CRM 技术来协助预测客户的需求，或者预测未来的潜在客户或市场态势。在营销中使用预测性模型已经很长时间了，而且使得营销获得了很大的成功。CRM 技术和方法可以用来协助企业改进现有产品的设计，并通过与客户进一步的协作来开发新的产品。数字技术使得公司降低了与客户交互的成本，并且其交互的机制也比较容易评估。

应该看到，CRM 战略是一个不断修正、逐步展开的循环过程，对组织的调整和管理转型不仅要有足够的思想准备，而且需要在 CRM 战略的实施中不断完善基础设施，实现流程重组和确保基础数据的准确性，并注意有可能引发各种变化。

二、CRM 战略评价的流程

CRM 战略的评估应该是一个对 CRM 战略的有效性进行持续评估的动态循环过程，同时它也是一个与 CRM 战略流程并行的系统工程。CRM 测评模型如图 6-8 所示，评价的过程是在率先确定 CRM 的任务和目标之后设计出 CRM 战略框架，以便确定主要的战略因素；接下来是要找出 CRM 活动与所要实现的商业目标之间的内部联系。通过对这些内部联系进行分析，管理人员可以清楚怎样做才能获取更多收益、什么样的视角对于获取收益是至关重要的，然后通过收益分析来测评 CRM 实施的效果。可以看到，这一评价过程有助于管理人员对 CRM 战略形成更深入的理解，可以帮助他们制定和实施合理的 CRM 战略。在把 CRM 活动转化为最终收益之前，上述过程步骤将会不断地重复进行。

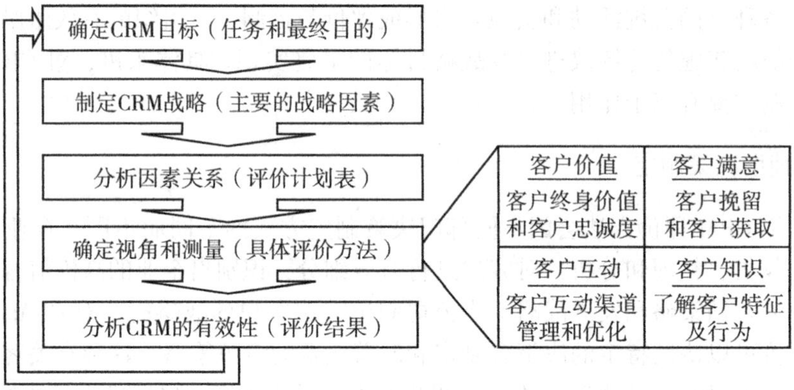

图 6-8　CRM 测评模型

三、CRM 战略评价的关键维度

评价维度是实现 CRM 战略评价目标中至关重要的因素。在传统的评价体系中，主要包括四个维度，分别是财务维度、客户维度、内部作业流程维度及创新与学习维度。这四个维度是以企业为中心的评价体系，其中财务维度强调为股东创造的价值，所涉及的财务目标往往与利益的评估相关联；客户维度强调为客户创造的价值，指标主要包括客户满意、客户挽留、吸引新客户和目标市场与市场份额等；内部作业流程维度关注的焦点是提升企业作业流程的效率和效果，重视从创新到售后服务的整个流程，以及对研发过程的评价；创新与学习维度则能帮助企业识别出对当前和未来成功最为关键的因素，进而对企业的持续发展能力进行评估。

与传统评价体系相比，以客户为中心的评价维度应该更强调提升客户忠诚和客户利益，更强调增强互动渠道的有效性和追求卓越的客户资产经营方式，CRM 评价维度对比见表 6-4。因此以客户为中心的评价指标体系应包括以下四个方面的维度：客户知识、客户互动、客户价值和客户满意。

1. 客户知识维度

客户知识维度包括客户细分群体的层次和对客户数据的管理，它关注于技术上的改进、对客户需求的理解和有关客户特征的数据库，这些指标会影响与客户互动的过程，进而对客户价值和客户满意产生重要影响。

表 6-4 **CRM 评价维度对比**

以企业为中心	关注焦点	以客户为中心	关注焦点
财务维度	为股东创造价值	客户知识维度	理解客户和对客户信息进行分析
客户维度	为客户创造价值	客户互动维度	增强互动渠道的有效性和追求卓越的客户资产经营方式
内部作业流程维度	提升企业作业流程的效率和效果	客户价值维度	提升客户忠诚和客户利益
创新与学习维度	通过实施持续的改善措施，保持企业的创新能力和变革能力	客户满意维度	获取商业价值

资料来源：JONCHYEOK K，SUH E，HWANG H. A model for evaluating the effectiveness of CRM using the balanced scorecard［J］. Journal of Interactive Marketing，2003，17（2）：10.

2. 客户互动维度

客户互动维度包括卓越的运营能力、有关客户服务的互动渠道管理和流程管理。在实践中，与客户接触与互动过程进行有效的管理和持续的改进，直接会对客户价值、运营效果和高质量的 CRM 服务产生重要影响。

3. 客户价值维度

客户价值维度包括企业从客户那里所获取的利益，如客户终身价值、客户忠诚或客户资产等。如果客户对企业的产品或服务表示满意，那么企业基本上不必担心客户离去。为了保证这种互惠关系，客户价值维度指标促使管理人员持续地寻找方法，以便赢得客户承诺和客户忠诚。

4. 客户满意维度

客户满意维度表明了客户对企业所提供产品和服务的满意水平，这是一种产品或服务能够符合客户期望从而给客户带来一种心理的或非心理的满足，它在很大程度上决定了购买者将来是否能够成为企业的长期客户。

四、CRM 战略实施的关键成功因素

企业要取得 CRM 战略实施的成功，必须关注如下几个方。

（一）确保战略实施过程协调一致

作为企业总体战略的一部分，CRM 战略必须与其他相关战略之间保持协调一致。为了取得 CRM 的成功，企业应该在组织内部有效地沟通各种战略意图，确保组织的战略意

图得到绝大多数员工的理解和认同。如果企业希望以客户导向作为基本经营理念，以提高客户满意度为根本目的，但没有一套完整的战略来保证客户导向型观念，并获得组织上下的普遍认可，即使费了多番周折，也无济于事，始终摆脱不了传统产品导向型观念的影子。因此，要实现战略过程的协调一致，必须强调各部门之间业务活动的相互配合，共同服从于组织整体的客户关系战略。

（二）调整组织结构——从“交易管理”转向“关系管理”

事实上，一个企业的组织结构能够在一定程度上反映该企业对客户和客户关系所持的基本理念。通过考察生产、营销、销售、采购和其他业务活动在整个企业中的地位，就可以很清楚地知道企业到底崇尚什么。从 CRM 角度看，客户是企业最重要的资产，能不断为企业带来收益，因此，企业的所有活动都应该围绕客户关系展开。关系管理不仅要为本企业的产品寻找客户，还应该投入大量的努力来维持和培养关系，以增加客户关系可能带来的价值。而关系价值的增加必须通过改善关系过程来实现，企业必须在组织结构上做出调整，促进跨部门的协作，以适应关系管理的需要。如果组织过于分权化，可能难以为客户提供协调一致的服务，影响服务的质量和一贯性；而过于集权化的组织则不利于发挥各部门或员工的积极主动性，也无法创造性地为客户提供服务。因此，企业应该根据自身的情形，在集权和分权之间做出权衡，做出选择。对于那些尽可能标准化或程序化的过程，企业应尽可能内化到组织规章或软件系统中，以形成对员工自主性的一种约束机制，在充分发挥员工积极主动性的同时，保证企业的统一形象。

（三）培育有利于 CRM 滋长的组织文化

组织文化是影响 CRM 成败的重要因素。通常，组织文化是一种无形的因素，是企业在长期发展和成长过程中形成的理念和价值观等。总体来讲，有两个方面的文化因素会影响 CRM 的效果，第一个就是实施重大变革的能力。如果一个企业在历史上曾经经历数次失败的变革或者内部员工普遍缺乏迎接挑战的勇气，那么这个企业可能会形成一种惧怕变革的保守文化。在这样的组织文化氛围中，要想迅速引入 CRM 恐怕十分困难，因此，必须采用循序渐进的方法，逐渐营造一种有利于变革的文化，慢慢地将客户导向型观念灌输到每个员工的心中。第二个是各业务部门之间的协作意识。各部门之间是否愿意合作，是否遵守承诺，是否服从共同的战略等，均是影响 CRM 成败的重要因素。这些因素往往是无形的，企业很难对它们进行衡量和测评，因此，企业必须采用一些定性的手段，来分析当前文化中存在的优势和劣势。在发展优势的同时，消除文化上的劣势因素，使企业的整体文化更有利于 CRM 战略的成长和发展。

（四）建立一个集成的信息环境

对每一位客户而言，与企业发生接触和信息交换的渠道有很多种，既有电子方式的，如电子邮件、互联网、电话等，也有非电子方式的，如信函、服务接触等。为了给客户提供一个有效的接触方式并综合地利用各种客户数据，企业应该建立一个集成的信息环境。一方面，企业可以通过该环境，获取客户数据，了解客户的想法和需求；另一方面，客户可以通过该信息环境，选择最有效的信息获取方式，实现有效的沟通。在前面我们已经谈过，CRM 是基于数据的一种管理，如果没有完善的客户信息和数据，也就不可能实现真正意义上的 CRM，而一个集成的信息环境无疑可以实现对各种数据的有效收集和汇总，为实现 CRM 奠定数据和信息的基础。

（五）争取企业高层的大力支持

要成功地实现 CRM，不仅需要在组织上、文化上和技术上做出重大调整，而且还需要调节各部门之间的活动，因此，获得组织高层人员的认同和支持是十分必要的。没有高层的支持和参与，几乎不可能实施任何跨部门的业务战略，也不可能营造有利于 CRM 的组织结构和文化，更不可能投入巨资来兴建集成的 CRM 信息技术系统。在实施 CRM 的过程中，至少应该有一名高层经理人员具体负责对整个过程的支持。直接支持 CRM 过程的高层经理必须满足如下三方面的条件：首先，高层经理的支持不能仅停留在表面上，还必须深入了解 CRM 的内涵和相应的运作模式；其次，高层经理必须能够对整个 CRM 过程施加积极的、正面的影响，敦促跨部门的合作；再次，高层经理还必须逐步采取措施，确保整个企业高层都能对 CRM 有一个全面的理解和认识，以进一步获得高层经理的支持。

第六节　案例分析——西蒙电气 CRM 战略实施

西蒙电气诞生于 1916 年，总部设在巴塞罗那，如今已是世界最大的专业开关制造商之一，在法国、葡萄牙、德国等都有控股公司，营销网络遍布世界 55 个国家和地区。

（一）寻求制胜法宝

经过 5 年的摸索与适应，西蒙电气在中国市场已经基本奠定了在高档电工市场的地位。前期为了进一步优化产品设计资源、生产制造资源，西蒙电气在江苏生产基地实施 ERP 系统，规范了公司后台资源；然而，随着公司的快速发展，西蒙电气公司领导层发现，公司的发展瓶颈已经不再是资源的整合问题，而是随着客户、渠道资源激增，面对生产力严重过剩的市场环境。要想继续保持行业领跑者的地位，企业需要整合客户、渠道的信息及往来历史，同时反复挖掘利用已有的资源，因此西蒙电气在前端销售环节，需要一套具有先进管理理念同时功能强大的管理系统——CRM，来帮助企业解决难题。

（二）完善战略部署

正如西蒙中国营销总部总经理周建军先生（后文简称周总）的描述："适时在 CRM 上的投入是西蒙电气的战略步骤之一。作为一个具有 87 年专业历史的国际品牌，西蒙非常看重先进科学的管理，产品的质量和安全问题早在很多年前就已经解决，因此客户对于产品以及服务的满意度成了公司追求的最大目标。"周总的描述道出了当时企业进行 CRM 系统规划的初衷。西蒙电气把 CRM 作为企业发展战略来考虑，所以在系统选型之初就十分谨慎。公司于 2003 年 9 月开始联络当时市场上能够提供 CRM 解决方案的近 30 家厂商，准备从资质、技术能力、案例经验、客户反馈、综合能力等多方面对各个 CRM 厂商进行考评。

在此期间，周总以及西蒙其他选型小组成员，对 TurboCRM 公司提出的业态理论产生了浓厚的兴趣，西蒙谈出了他们的想法："你们用业务形态来定位 CRM 应用的理论比较新颖，交付 CRM 解决方案要看业态，而不是行业，是否可以让我们实地考察一下？"随后，TurboCRM 公司与西蒙选型小组一行奔赴天津，他们要参观的客户是知名的制药企业——天津博福-益普生制药有限公司。直到进入博福公司之前，周总一直充满疑惑：电工？制药？这两种截然不同的行业在 CRM 应用方面会有相似之处吗？

这种疑惑，随着博福 CRM 项目负责人逐步深入的系统应用介绍而慢慢消退：西蒙和博福的产品种类虽然迥异，但是业务开展过程以及关注的业务管理重点非常相似，都属于典型的推广业务管理模式，这些内容恰恰是 CRM 解决方案中的重点。正是基于对企业营销管理模式的独到见解，以及专业快速的响应速度，TurboCRM 公司最终成为西蒙电气 CRM 系统平台供应商，协助西蒙进一步提升企业竞争力和盈利能力。西蒙电气的战略部署进一步完善了。

（三）力争行业鳌头

西蒙电气 CRM 项目负责人说："我们企业发展速度很快，我们希望通过 CRM 系统建设，能够进一步完善企业的信息化体系，让我们的发展如虎添翼，力争行业鳌头。"事实确实如此，CRM 系统应用初期已经为西蒙电气公司带来了崭新的工作模式，也奠定了企业深化发展的基础。

首先，根据西蒙电气具体的业务体系特征（营销渠道除了两个传统的电工产品的销售渠道——建筑工程和五金店的零售外，还包括新兴的大卖场、家装、超级市场等领域)，通过 CRM 系统平台，明确不同业务线的具体流程，建立了清晰的员工应用系统的权限规则。不同区域的每个员工都能够在了解自身业务线范围内的数据信息前提下，进行有序的信息共享。

其次，CRM 系统提供了灵活多样的工作计划保障机制，通过邮件、手机等通信手段进行提醒，使每项工作都能在计划内按时完成，充分保障了客户服务的个性化，并提高客户服务满意度，西蒙电气的员工说："无论在哪里，CRM 好像就在身边，客户对我们的服务表示更加满意，CRM 确实拉进了我们与客户之间的距离。"

此外，西蒙电气的员工对于 CRM 系统提供的"消息中心"似乎情有独钟。每天开机进入系统，首先查看"消息中心"。CRM 的"消息中心"为西蒙电气的员工提供了一种灵活的主动信息获取机制。系统发生的任何信息变动，只要与自身相关，都会通过订阅，自动提交到自己系统的"消息中心"，起到了很好的工作协同保障作用。

西蒙电气的 CRM 系统应用还在不断地深化和拓展过程中，他们深信，CRM 不仅仅能够帮助他们整合客户信息，控制销售及服务过程，CRM 还将基于大量的客户信息及数据，进行机会的预测和挖掘。

西蒙电气已经做好了未来几年的发展规划："要争取电工行业的领先地位，首先应该转变旧有观念，采取切实的行动满足客户的需求，提高客户满意度；如何理顺、处理好与客户的关系，巩固并扩大企业的市场占有率，需要电工企业来真正地尊重客户、尊重客户的价值，在开发、策划、销售、服务的全过程中贯彻以客户为本的理念，以客户需求作为决策、计划的出发点。只有这样，才会有可能在卧虎藏龙的市场竞争环境中，突破发展瓶颈，找到属于自己的那片天空!”

正基于此，西蒙电气将会继续在 CRM 应用提升的道路上不断探索，不断创新。

本章小结

企业要想成功地实施 CRM，就必须将 CRM 上升到战略高度，制定战略规划。CRM 战略直接影响企业怎么认识客户和怎样对待客户，也就是直接影响着企业的生存与发展大计。在进行 CRM 战略选择与制定时，首先企业要从战略管理上明确 CRM 的发展方向和目标，确定 CRM 对组织、技术、流程和业务模式等方面的要求，从而为 CRM 的实施制定长远规划和目标。一个完整有效的 CRM 战略必须包括以下五个方面的内容。

（1）CRM 的远景和目标。

CRM 的远景和目标明确了企业对 CRM 的基本理解，为 CRM 项目的具体实施指明了方向。CRM 是一项系统工程，涉及企业内部各个不同部门和分散在不同部门的人，没有共同的远景和目标，人心不齐，则无法达到预期的目标。企业可以通过多种方式来界定 CRM 的远景和目标。

（2）客户战略。

客户战略可以帮助企业明确“客户是谁”“客户想要什么”“我们能为客户做什么”等问题。这些问题有助于确保有效地管理客户关系，而不是简单地将客户视为营销活动的对象。一项客户战略至少应该包括客户理解、客户竞争、客户吸引力和客户管理能力四个核心要素。根据客户战略的核心要素及其要求，企业可以制定不同的客户战略形式。

（3）CRM 的核心活动。

CRM 的核心活动包括客户职能管理、客户交易管理、客户服务管理和客户生命周期管理。客户职能管理可以帮助企业更好地利用客户资料并深入理解客户需求，客户交易管理为企业提供多种与客户交易的渠道，客户服务管理为客户提供多种服务，客户生命周期管理旨在发展与客户的长期关系。在客户战略的基础上，可以实现这四种核心活动的项目融合。

（4）CRM 的实施基础。

战略实施就是将战略转化为行动。无论战略制定得多么有效，如果不能恰当地实施仍不可能保证组织的成功。人力资源、组织结构、信息技术和以客户为中心的企业文化是成功实施 CRM 战略的必要条件。“以客户为中心”的商业模式需要企业对经营理念进行革命式的再造，根本改变企业体制，构造一个“从客户利益出发”的企业文化体系和组织结构，以及相关的人力资源和信息技术作为贯彻与执行的保障。另外，在战略实施过程中，最高管理者的领导能力固然重要，但中层和基层管理者执行计划的主动性也同样重要。

（5）CRM 的战略评价。

战略评价就是通过评价企业的经营业绩，审视 CRM 战略的科学性和有效性，包括 CRM 战略的控制过程、实施效果，需要做哪些调整。CRM 管理的实践表明，战略制定固然重要，战略实施同样重要。一个良好的战略仅仅只是战略成功的前提，有效的战略实施才是 CRM 战略目标顺利实施的保证。另外，如果企业没有制定出合适的 CRM，但是在实施过程中，能够克服原有战略的不足之处，那也有可能最终获得成功。

关键术语

客户　关系　管理　客户关系管理

课后习题

1. 简述 CRM 战略的内涵及内容。
2. 简述 CRM 战略矩阵和客户增长矩阵。
3. 列举 CRM 战略核心活动涉及的具体内容。

实践训练题

1. 为一个你了解的从事电子商务的 B2C 企业制定 CRM 战略。
2. 对一个你熟悉的企业的 CRM 战略实施效果进行分析和评价。

案例分析题

万豪与德勤的战略合作分析

Deloitte（德勤）是一个品牌。数以万计的德勤专业人士联合向经筛选的客户提供审计、企业管理咨询、财务咨询、风险管理及税务服务。万豪国际集团历史悠久，是全球具有领导地位的酒店管理企业。万豪国际在美国以至全球 66 个国家及地区，已经拥有超过 3200 家酒店，提供与传统酒店业相关的酒店管理服务、与现代化酒店业相关的酒店收益管理服务及其他酒店整合业务。

“9·11 事件”中，世贸大厦坍塌，总部位于世贸大厦的德勤总部遭到毁灭性打击，造成的直接影响是德勤无法将全球业务持续进行。于是，德勤总部的行动目标是迅速找到一个临时性的办公地点以恢复业务。为此，德勤向市场上众多的酒店管理集团提出临时租用办公场地的意向，而且诉求非常明确，即为 200 至 500 名的员工寻找为期两个月的办公场所。而当时的市场的情况是，许多国际跨国公司在“9·11 事件”之后都在寻找临时办公场所以恢复公司的业务，纽约市写字楼与酒店市场的需求量陡然攀升。众多酒店管理集团都向德勤公司回复了可能提供的场所及报价，但与众多竞争对手不同的是，万豪集团将德勤作为重要大客户，成立了特别小组，为其提供了详尽、具体、完善的解决方案。最终万豪集团在众多的竞争对手中脱颖而出，不仅赢得了德勤集团为期两个月的短期租赁合同，而且得到了德勤公司一份长期合同。

万豪集团在“9·11 事件”之后同样面临纽约市巨大的租赁市场需求。作为纽约市拥有客房数量最多的酒店管理集团，万豪集团在这样的市场环境中并未盲目的以高利润为战略导向，而是选择了更为长远的与大客户共同赢利的战略导向。德勤公司的业务范围及服务提供方式，决定了其对酒店的需求是长期而且相对稳定的，这也是万豪将其作为大客户战略管理重点目标的原因。万豪在为德勤公司提供服务的时候面临的是相对低的利润额，但收获的却是与德勤公司长期合作的巨额利润。

在“9·11 事件”这样的突发事件影响下，德勤获得了万豪集团提供的战略性帮助；同样在相对稳定经营的时期，万豪集团也从德勤这样的大客户这里获得了长期的稳定收益。双方利益的共同满足是战略目标制定的基础。在这个案例中，万豪集团明智的大客户合作战略目标不仅为公司树立了良好的市场形象，而且赢得了包括德勤在内的大客户的市场认同，更是赢得了相对稳定的长期经营利润。

资料来源：维基百科，www.wikipddia.org；德勤官网，www.deloitte.com.

思考题：在实施客户关系管理战略时，可能会遇到哪些困难？

第七章　客户关系管理和客户分析

【引例】

发现客户的特殊爱好

某通信设备公司的业务经理李峰，其企业产品在业内处于前列，产品性价比也不差。一年来，李峰多次拜访某集团单位的设备采购部王经理，但都未能获得对方对产品的认可和采购，每次都是不欢而散。该单位每年采购同类产品的金额高达几千万元，李峰尝试了很多方法但都未能如愿，难以同对方建立良好的客户关系，李峰一直不知如何是好。

一次偶然拜访时，恰好王经理外出不在。李峰发现对方办公桌上放了很多篆刻作品。经询问才知道，王经理喜欢篆刻到了如痴如醉的地步，这些作品也全是王经理个人的得意之作。面对此事，李峰心生一计，不由得心花怒放起来。

拜访归来，李峰赶紧收集相关的篆刻书籍资料，努力学习篆刻知识，累积了一定的基础知识后，李峰又去拜访王经理。这次李峰闭口不谈产品，以篆刻为题谈古论今，并以篆刻爱好者的角色赞赏对方的作品，不断请教对方，高度赞赏王经理在篆刻方面的造诣，双方大有相见恨晚的感觉。尤其是王经理，多年来身边的朋友不少，但真正喜欢篆刻和懂得篆刻的人却是少之又少，如今碰巧遇到一个，而且又特别欣赏自己的作品，态度与以前自然不可相比，双方的个人关系升华到前所未有的地步。

此次过后，李峰又亲自陪同王经理观看了一次篆刻展览，双方的个人感情日益增厚，没过多久，李峰轻易就获得了每年近3000万元的订单。

【学习目标】

1. 学习和掌握如何识别有价值的客户，理解和掌握客户识别矩阵。
2. 理解客户互动的概念，掌握与客户互动的管理方法。
3. 学习客户知识的概念，掌握如何管理客户知识的方法。
4. 学习和理解客户关系管理能力的概念，掌握提升客户关系管理能力的方法。

【教学目标】

1. 客户识别。
2. 客户互动管理。

3. 客户知识管理。
4. 客户关系管理能力的评价与提升。

第一节 客户分析

在产业与市场的不同发展阶段，客户自身可能存在着相当大的差异，而这种差异及由此而导致的关系行为与市场特征的差异，都需要通过具体分析才能获得。在发展成熟的市场应用阶段，这一分析过程显得尤为重要。企业应该在对所收集的客户信息进行分析的基础上，区分和识别不同客户的特征和行为，分析客户的需求和发展趋势，为满足不同市场和客户的需求而不断改善自己的产品结构，完善销售和服务体系，以便使企业能够在适当的时间，针对特定的客户战略，推出个性化的产品和服务。

一、客户分析的含义

客户分析是根据客户信息数据来分析客户特征，评估客户价值，从而为客户制定相应的营销策略与资源配置计划。通过合理的系统客户分析，企业可以知道不同的客户有着什么样的需求，分析客户消费特征对商务效益的关系，使运营策略得到最优的规划；更为重要的是可以发现潜在客户，从而进一步扩大商业规模，使企业得到快速发展。

企业可从以下几个方面对客户进行分析。

（一）分析客户个性化需求

“以客户为中心”的个性化服务越来越受到重视。实施 CRM 的一个重要目标就是能够分析出客户的个性化需求，并对这种需求采取相应措施，同时分析不同客户对企业效益的不同影响，以便做出正确的决策。这就使得客户分析成为实施 CRM 时不可缺少的组成部分。

（二）分析客户行为

通过客户分析，企业可以利用收集到的信息，跟踪并分析每一个客户的信息，不仅知道什么样的客户有什么样的需求，同时还能观察和分析客户行为对企业收益的影响，使企业与客户的关系及企业利润得到最优化。

（三）分析有价值的信息

利用客户分析系统，企业不再只依靠经验来推测，而是利用科学的手段和方法，收集、分析和利用各种客户信息，从而轻松地获得有价值的信息，如企业的哪些产品最受欢迎，原因是什么，有什么回头客，哪些客户是最赚钱的客户，售后服务有哪些问题等。客户分析将帮助企业充分利用其客户关系资源，在新经济时代从容自由地面对客户。

目前我国企业对客户的分析还很欠缺，分析手段较为简单，方法也不够系统和完善。而简单的统计方法虽然可以在一定程度上得出分析结果，但因为不同企业发展中存在一定的不平衡性，利用简单的统计模式得出的结论容易有较大的误差，难以满足企业的特殊需求。因而企业需要有更加完善的客户分析方案，进一步提高客户分析的合理性、一致性，并能在潜在客户的培养和发现中提供更多的决策支持。

二、客户分析的内容

具体来说，CRM 中的客户分析包含以下六个方面的内容。

（一）商业行为分析

商业行为分析是指通过利用客户的资金分布情况、流量情况、历史记录等方面的数据，来分析客户的综合利用状况。其主要包括以下几点。

（1）产品分布情况：分析客户在不同地区、不同时段所购买的不同类型的产品数量，可以获取当前营销系统的状态、各个地区市场状况，以及客户的运转情况。

（2）消费者保持力分析：通过分析详细的交易数据，细分那些企业希望保持的客户，并将客户名单发布到各个分支机构以确保这些客户能够享受到最好的服务和优惠。细分标准可以是单位时间交易次数、交易金额、结账周期等指标。

（3）消费者损失率分析：通过分析详细的交易数据来判断客户是否准备结束商业关系，或是否正在转向另外一个竞争者。其目的是对那些已经被识别结束了交易的客户进行评价，寻找他们结束交易的原因。

（4）升级/交叉销售分析：对那些即将结束交易周期或有良好贷款信用的客户，或者有其他需求的客户进行分类，便于企业识别不同的目标对象。

（二）客户特征分析

（1）客户行为习惯分析：根据客户购买记录识别客户的价值，根据价值来对客户进行分类。

（2）客户产品意见分析：根据不同的客户对产品所提出的各种意见，以及当各种新产品或服务推出时客户的不同态度来确定其对新事物的接受程度。

（三）客户忠诚分析

客户忠诚是基于客户对企业的信任度、来往频率，服务效果、满意程度以及继续接受同一企业服务可能性的综合评估值，可根据具体的指标进行量化。保持老客户要比寻求新客户更加经济，保持与客户之间的不断沟通、长期联系、维持和增强消费者的感情纽带，是企业新的竞争手段，而且维持客户忠诚度的竞争具有隐蔽性，竞争者看不到任何策略变化。

（四）客户注意力分析

（1）客户意见分析：根据客户所提出的意见类型、意见产品、日期、发生和解决问题的时间、销售代表和区域等指标来识别与分析一定时期内的客户意见，并指出哪些问题能够成功解决，而哪些问题不能，并分析原因。

(2) 客户咨询分析：根据客户咨询产品、服务和受理咨询的部门以及发生和解决咨询的时间来分析一定时期内的客户咨询活动，并且跟踪这些建议的执行情况。

(3) 客户接触评价：根据企业部门、产品、时间区段来评价一定时期内各个部门主动接触客户的数量并了解客户是否在每个星期都收到多个组织单位的多种信息。

(4) 客户满意度分析与评价：根据产品、区域来识别一定时期内感到满意的20%的客户和感到最不满意的20%的客户，并描述这些客户的特征。

(五) 客户营销分析

为了对潜在的趋势和销售数据模型有比较清楚的理解，需要对整个营销过程有一个全面的观察。

(六) 客户收益率分析

对每一个客户的成本和收益进行分析，可以判断哪些客户是真正为企业带来利润的。

在CRM中，企业的生产、营销、服务及市场都是围绕客户进行的。客户分析将成为成功实施CRM的关键、帮助企业最大限度地提高客户满意度，同时也降低了企业的运营成本，提高了企业的运作效率。接下来，本章将从与CRM战略实施密切相关的客户识别、客户互动和客户知识三个大的方面对客户相关信息进行深入分析和探讨。

第二节　客户识别

一、客户识别

(一) 客户识别的含义

客户识别就是通过一系列技术手段，根据大量客户的个性特征、购买记录等可得数据，找出谁是企业的潜在客户，客户的需求是什么，哪类客户最有价值等，并把这些客户作为企业CRM的实施对象，从而为企业成功实施CRM提供保障。

客户识别是一个全新的概念，它与传统营销理论中的客户细分与客户选择有着本质的区别。传统营销理论是以选择目标市场为着眼点，对整个客户群体按照不同因素进行细分，随后选择企业的目标市场（客户）。而客户识别是在已经确定好目标市场的情况下，从目标市场的客户群体中识别出对企业有意义的客户，作为企业实施CRM的对象。由于目标市场中客户的偏好等个性特点各不相同，不同客户与企业建立并发展客户关系的倾向也各不相同，因此他们对企业的重要性是不同的。

(二) 客户识别的意义

客户识别对企业实施CRM的重要意义主要体现在对企业的客户保持和客户获取上。

1. 客户识别对客户保持的影响

客户保持是企业实施CRM的主要目标之一，它对企业的利润有重要影响。对美国9

类行业的调查数据表明，客户保持率增加5%，行业平均利润增长幅度为25%~85%。客户保持对公司利润的影响之所以如此巨大，是因为保持现有客户比获取新客户的成本低得多，一般可节约4成至6成。但是客户保持也是需要成本的，在现有的客户群体中，并不是所有的客户都会同企业建立并发展长期合作关系。如果不加区别地对所有客户努力保持，势必会造成客户保持成本的增加。如果事先通过客户识别的方法，识别出具有较大概率同企业保持客户关系的客户，并有区别地开展客户保持，就会起到事半功倍的效果，大大节省企业的客户保持成本。

2. 客户识别对新客户获取的影响

尽管CRM把重点放在客户保持上，但客户关系的发展是一个动态的过程，企业还是需要获取新客户的。新客户的获取成本大大高于老客户的保持成本，其主要原因是在新客户的开发过程中，客户的反馈率太低，导致获取每个客户的平均成本居高不下。如果能够有效识别最可能成为企业客户的潜在客户，并有针对性地开展新客户的获取努力，势必能够大大节省企业的新客户获取成本，其节省幅度比在客户保持中使用客户识别时的节省幅度还要大。这样就可以杜绝新客户开发中无谓的投入，用尽可能少的客户获取成本获得尽可能多的客户。

二、识别潜在客户

（一）潜在客户的定义

潜在客户是指存在于消费者中间，可能需要产品或接受服务的人。这个定义，也可以理解为，潜在客户是经营性组织机构的产品或服务的可能购买者。潜在客户是其存在的买点与企业卖点，即客户接触完全对位或部分对位，但尚未购买企业产品或服务的客户。这类客户数量大、分布广，但由于各种原因，他们现在并不购买企业的产品，但若企业加大营销努力，就有可能使其成为企业的现实客户。

潜在客户是组织争取的对象，是客户管理关注的重点之一，及时调查、分析、研究和把握潜在客户的需求是组织应该经常实行的必不可少的活动。不断把潜在客户变为现实客户，正是组织兴旺发达的标志。潜在客户包括三个层面：①对某个地区来说，该地区可能是潜在的销售市场，该地区的组织或个人则称为潜在客户；②对某个阶层（如以收入划分的阶层，以城乡划分的阶层等）来说，该阶层的组织或个人则称为潜在客户；③对某个组织或个人来说，可能是本组织的潜在客户。一般来说，对地区性的潜在客户可能较容易开拓，而对单个的潜在客户却难以使其成为现实客户，阶层性的潜在客户可能居于两者之间。但是，组织不能只考虑自己的难易问题。况且，在经济全球化的时代，某个地区、某个阶层的客户对本组织来说是潜在的，而对本组织的竞争对手来说可能早已是现实客户了。因此，要求企业不断开拓。

（二）潜在客户的转化

促进潜在客户转化为现实客户是企业客户关系管理的又一重点内容。潜在客户的转化，其实质就是市场拓展。潜在客户的转化需要一定的条件，同时也需要企业营销管理人员和客户管理人员进行一系列的促进工作。这样客户才不至于只停留在潜在位置上，而是发展成为企业实实在在的客户，为企业带来更多的经济利益，为进一步识别有价值的客户打下坚实的基础。企业在促进潜在客户向现实客户转化的过程中，可以按照以下几个要点进行。

1. 强调客户的需求和欲望

产品的品质、产品的文化品位都取决于客户的认知，真正的营销价值是客户的心智。发现潜在客户，为客户提供合适的产品，必须调查客户的内心世界。只有充分地与客户进行沟通，了解产品知识、品牌价值、产品的效用需求及其评价标准、客户的个性品位等因素，才能找准潜在客户心理，获得现实客户。客户产品策略只是企业向客户传达利益的工具和载体，也就是满足客户需求与欲望的形式。企业发展产品策略必须从客户的需求与欲望出发，而不是从企业的研究与开发部门出发。市场上最成功的产品往往不是提供最好的产品，而是市场最需要的产品，即通常所说的适销对路。

2. 加强品牌建设

在同类产品较多的情况下，企业只有通过富含客户追求的品牌来达到目的，这是客户较高层次的需求和欲望。通过品牌力量的扩张，来达到市场的扩张。产品属性易复制，而品牌个性、文化价值、利益及其组合是难以复制的。品牌力量的渗透扩展，形成品牌接受力，进而形成品牌偏好、品牌忠诚、占有市场，获得竞争优势。

3. 降低客户付出成本

对于客户来说，客户付出的成本包括货币、时间，甚至还包括在客户使用产品中所带来的烦恼和不快。此外，客户一般只会购买他们认同的价值，客户不认同，产品就卖不出去。因此，企业需要分析客户的认知，根据认知价值对产品进行定价。定价的关键不是卖方的成本，而是买主对价值的认知，而认知价值是利用多种沟通手段在购买者心目中建立起来的。

4. 提供购买便利

企业生产出来的产品只有通过一定的市场营销渠道，经过物流过程才能在适当的时间、地点以适当的价值供应给广大客户。这时，企业考虑的是如何大量销售和降低成本。为了形成优势，企业必须不断分析市场状况和客户购买行为，根据客户购买方式的偏好为客户提供最好的服务和最大的方便。

5. 进行有效的沟通

促进潜在客户的转化要求企业与客户“对话”，进行沟通。企业必须与客户进行信息交换。为了达到这种目的，首先，企业必须了解客户的媒体习惯和类型；其次，了解客户需要何种信息，然后对客户需要进行回应。产品生命周期缩短、产品多样化和个性化也要求企业时刻倾听客户的声音，时刻保持与客户沟通，时刻留意客户的功向，应季、应时、应人地满足市场需求。

6. 重视与客户的接触

接触管理主要解决的问题就是，企业选择在什么时间、什么地点或什么情况下与客户进行有效沟通，此外，还要分析接触时间、接触方式、接触内容等因素对客户有什么样的重要影响。信息传达的方式和时机与所传达的内容密切相关。在接触管理过程中，企业必须考虑最能影响客户购买决策的因素以及潜在客户的信息传递因素。

7. 强化潜在客户动机

强化动机可以促使潜在客户购买本企业的产品，这是能否实现销售的关键。这一阶段企业应该考虑很多的因素，包括哪些客户在寻求资料？客户从什么渠道寻求资料？资料来源的相对重要性？购买者最终关注的是哪方面的产品特性等。

8. 促进客户购买

潜在客户在决策过程中，总会遇到各种阻力，包括经济的、社会的阻力，这些阻力会影响购买者的决定，所以了解可能面临的阻力，就能通过恰当的营销手段，如价格调整、产品的优良性能、广告宣传、支付的形式、退换的条件等来消除潜在客户购买的阻力。

9. 实现销售

要使潜在客户的需要得到充分满足，并获得有力的评价，这样才有可能让客户重复购买，并且对其他的客户产生积极的影响。要实现销售，企业要有正确的销售渠道作保证，所以要研究目标客户和潜在客户的信息，以及产品在他们心目中的地位；安排售后服务活动，包括技术咨询服务、安装调试、维修服务、客户意见收集和处理工作等。

三、识别有价值的客户

实际上，并不是所有的客户都想与企业保持关系。在对有经验的营销人员的咨询和调查中发现，总存在这样一些客户，他们的购买决策只受价格因素的影响，若其他企业的价格较低，他们马上转移过去，有的还公开告诉企业谁的价格低就买谁的。营销人员也发现有些客户更关心商品的质量、价值和服务，在大多情况下，他们宁愿多花些钱。

正如有的学者指出的那样，一般情况下，客户可能划分为两种类型：交易客户（transaction buyer）和关系客户（relationship buyer）。一个交易型客户只关心商品的价格，在购买商品之前，他们会花上几个小时的时间在网上查询价格，他们不怕等待，他们会因为买到更便宜的东西而沾沾自喜。另一种是关系型客户，这些客户希望能找到一个可以依赖的供应商，他们寻找一家能够提供可靠商品的友好企业，让企业认识他们、记住他们，并能帮助他们，与他们建立一种关系，一旦他们找到了这样的供应商，他们就会一直在那里购买商品和享受服务。交易型客户给企业带来的利润非常有限，企业销售给他们的商品的利润率要比关系型客户低得多，所以，企业无须与所有的客户建立关系，重要的是清楚地区分出交易型客户和关系型客户。

识别有价值的客户实际上需要两个步骤：首先，要分离出交易型客户，以免他们干扰企业的营销计划，让企业减少在与这些毫无忠诚可言，只关心价格的客户身上花费无谓的时间和金钱。目前很多优秀的数据库营销系统都能通过计算单个客户的积累销售总边际贡献和折扣百分比来跟踪客户。其次，在剔除了这些价值量不大的交易型客户以后，企业就可以分析剩下的关系型客户了。企业可以将全部的有价值的关系型客户分为截然不同的3类：①给企业带来最大利润的客户；②带来可观利润并且有可能成为企业最大利润来源的客户；③现在能为企业带来利润，但正在失去价值的客户。

对于第一类客户，企业最好进行CRM营销，目标是留住这些客户。企业从这些客户的手中得到的是所有的生意，与这些客户进行CRM营销能保证企业不把任何有价值的客户遗留给竞争对手。

对于第二类客户，他们可以为企业带来可观的利润并有可能成为企业最大利润的来源，与这些客户进行营销同样非常重要。这类客户也许会在企业的竞争对手那里购买商品，所以针对这类客户开展营销的直接目的是提高企业在他们的购买中的份额。

对于第三类客户，企业如果对其进行特别的关照和交流，可能会增加一些他们的购买量，但是与大量的营销开销对比，就会显得特别昂贵、不值钱。企业可以经过一些分析，剔除这部分客户以降低企业实施 CRM 的工作量和投入。

由以上分析，我们已经知道有的客户能给企业带来利润，有的则不能；有的客户相比之下可能会给企业带来更大的利润，有的客户则更具有长远的价值。CRM 不是对所有客户不加区分的对待，而是不断为有价值的客户提供优厚的价值服务，并从这些客户得到一种有选择性的价值交换，如果无法评价客户价值，就谈不上建立并维系良好的客户关系。衡量客户对企业的价值的标准要看客户对企业产品消费增加的潜力及其对企业的长期价值，不同客户之间的差异主要取决于他们对企业的价值的不同。

传统的客户分类方法依据的是企业对客户的特征统计（如客户的购买量、购买的产品类型、购买频率等)。这些特征变量有助于预测客户未来的购买行为，这种划分是理解客户群的一个良好的开端，但是这还远远不够。目前比较实际的方法是按照客户价值对客户进行分类。首先，企业可以根据不同的客户价值决定如何在客户中分配企业的有限资源，确定客户投入方案，以此来建立和维系客户关系。然后在一定资源预算的范围内根据客户的不同需求，设计和实施不同 CRM 策略，保持有价值的客户在未来转化为潜在价值客户，而对那些不论是现在还是将来都对公司无利可图的客户则鼓励其转向竞争对手，从而最终达到以合理成本实现最大企业总体利润的目的。

客户价值可以具体划分为两个维度，即当前价值和长期潜在价值，每个维度分为高低两档，由此可将整个客户群分成 4 组，细分的结果可用一个矩阵表示，称为客户价值矩阵，如图 7-1 所示。

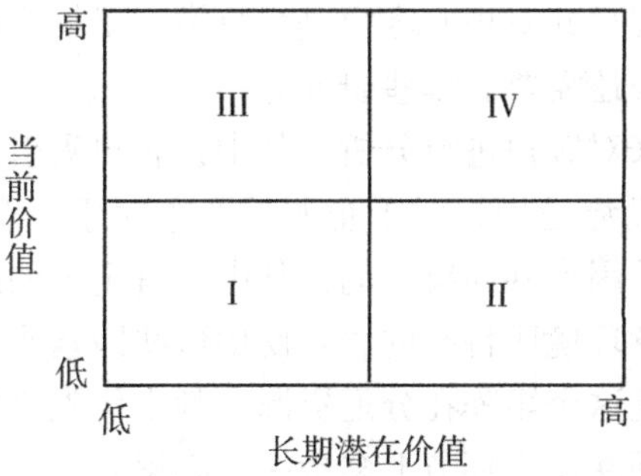

图 7-1　客户价值矩阵

客户当前价值是客户按照目前的购买模式不变，在将来能为企业创造的价值。客户长期潜在价值是通过采用合适的客户保持策略，使客户购买行为模式向着有利于增大对企业利润的方面发展时，客户未来有望为企业带来的利润总和的价值。客户长期价值是决定企业资源投入预算的最主要依据。

根据每个客户的当前价值和客户长期潜在价值，企业的所有客户可以分成四类：在这四类客户中，Ⅳ类客户对企业最有价值，为企业创造的利润最多，称为“白金客户”，Ⅲ类客户对企业的价值次之，也是公司利润大户，称为“黄金客户”，而Ⅳ、Ⅲ两类客户的数量不大，约占20%，而为企业创造的利润约占企业总利润80%，常说的“企业最有价值客户”指的就是这两类客户；Ⅱ类客户属于有价值潜力的客户，通过再造客户关系，未来有可能转化为Ⅲ类或Ⅳ类客户，但就当前来说带给公司的利润很薄，称为“铁质客户”，Ⅱ、Ⅰ两类客户在数量上占了绝大多数，约占公司客户总数的80%，但他们为公司创造的利润大约只占公司总利润的20%。

企业可根据客户利润的预测，将各类客户的数量、每类客户对公司的贡献和每类客户大致的资源投入比例作一个粗略的对照的分析，企业客户资源分配如图7-2所示。

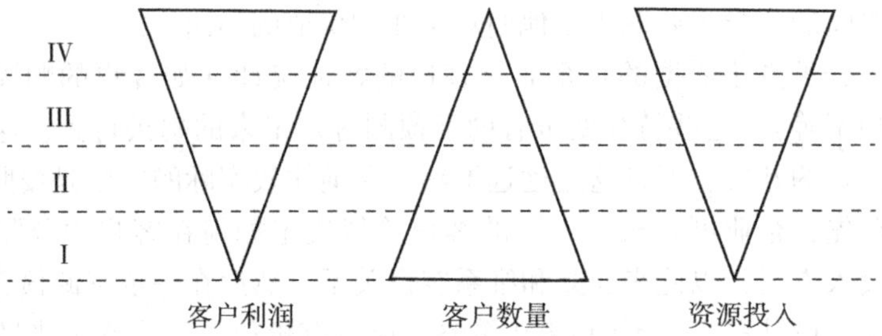

图7-2　企业客户资源分配

四、关键客户识别与选择矩阵（KAISM）

识别潜在客户和有价值客户的方法有很多，这里介绍一种比较实用的工具——关键客户识别和选择矩阵，该矩阵是由彼得·切维顿提出来的。关键客户识别与选择矩阵的主要目的和好处是：识别潜在客户并对现有客户进行分类；了解客户对企业自身的竞争优势的认知；确定对竞争者的优势还需要做哪些研究等。

该矩阵使用两个因素来对客户进行分析。其中，客户吸引力是指客户或者潜在的客户什么地方吸引企业；相对优势是指相对于企业的竞争对手，企业有什么地方能够吸引客户。每个轴都是由一系列的因素共同决定的，其中既有定量的因素也有定性的因素，但它们都是企业所处的具体经营环境所特有的。在使用这些因素作为测量指标之前，企业必须首先明确界定它们。要想让这个矩阵在分配资源、判定优先级别和确定客户关系类型方面真正有所帮助，企业就必须在这个环节上多费一些心思。

企业可以将其客户大致分为以下四种类型（见图7-3）：关键客户、关键发展客户、维持客户、机会主义客户。将客户分为四种类型，并不意味着取此就一定要舍彼。划分客户类型主要是一种决定资源分配方式的手段。关键客户应该比维持客户得到更多的资源，并不一定就意味着关键客户更为重要，只是说明它们是不一样的。

释放资源以投资于关键客户，如图7-4所示，它显示了在这四类客户之间分配资源的

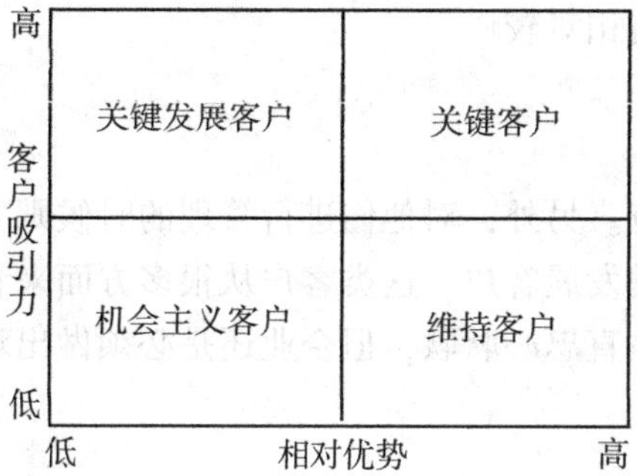

图 7-3 客户类型

基本原则。最有价值的资源、人力和时间应该投资于关键客户和关键发展客户。与此同时，企业也要找到其他一些占用资源较少的手段，以便对维持客户和机会主义客户进行管理和服务。如果能做到这一点，不仅可以节省大量的时间和精力，以用于 KAISM 矩阵的上半部分客户，而且由于下半部分客户的管理效率提高，企业由此而额外获得的利润也可以投资到上半部分客户身上。

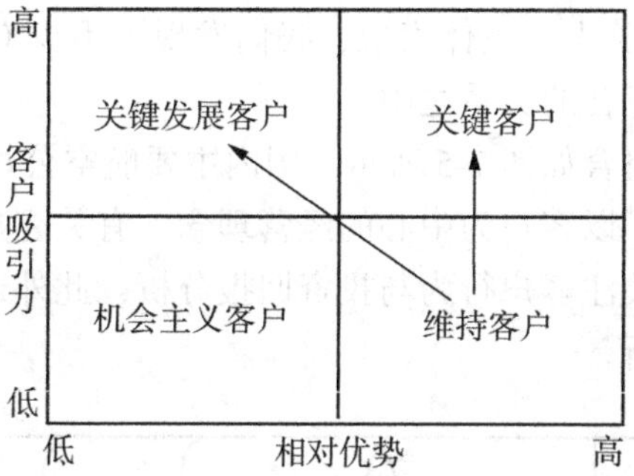

图 7-4 释放资源以投资于关键客户

了解了 KAISM 矩阵的目的和好处之后，现在我们就来简单介绍一下如何对这四种类型的客户分别进行管理。

（一）关键客户

企业与关键客户之间相互看重。在这种情况下，企业应分配更多的资源来发展这种关系。保证人力和时间的投入是最关键的。企业应该建立一个关键客户团队，专门负责了解客户的需求，并调整企业内部的业务流程来满足他们。

（二）关键发展客户

通常会有很多客户出现在这个象限中。该象限里面的都是那些企业积极争取但尚未获得的客户。大多数企业都是要争取的客户多于要保持的客户。在这种情况下，企业的任务主要是探索性的——研究需求和认知态度，并获准进入。这些客户同样需要投入大量的资源，但对其投资的回报速度相对较慢。

（三）维持客户

这些客户必须继续保持。另外，对他们进行管理的时候则要想着如何从他们身上撤出资源，投向关键客户和关键发展客户。这类客户从很多方面来看都是很难管理的。他们是很好的客户，可能多年来一直忠心耿耿，但企业还是必须做出艰难但正确的决定，即从这类客户中抽回资源和精力。

（四）机会主义客户

对于这些客户，企业要根据他们的优先级别，在正确的时间、以正确的方式提供热情的服务。企业不能轻率地向他们做出无法兑现的承诺。要欢迎他们的光顾，但也要谨记自己的目标——从他们身上获取收入以发展关键客户和关键发展客户。

五、案例分析——中国航空业的客户识别分析

目前就中国国内航空业而言，几乎所有的航空公司都推出了自己的常旅客计划（FFP）或构建了相应的大客户服务体系、呼叫中心服务平台等，通过观察、分析最近以来国内航空公司在 CRM 实施上的具体表现，我们发现了不少 CRM 战略生成的闪光举措，特别是在市场细分与战略组合的关系之中。

航空市场细分与战略组合如图 7-5 所示。国内主要航空公司都进一步明确了市场细分与战略组合的关系，呈现了以客户为中心的经营理念。有关客户分析工作已经由简单的客户开发分析转变为进一步关注客户行为与投资回报分析，此外还包括设计服务效果及促销手段的客户响应效果的分析。

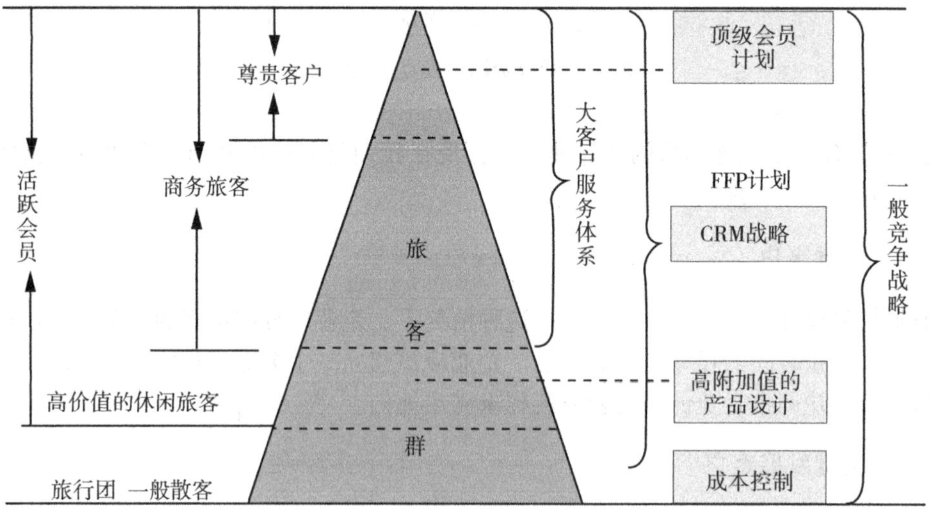

图 7-5 航空市场细分与战略组合

下面就以某航空公司会员的历史变动分析与平均投资回报分析为例加以说明。某航空公司××~×′×′年会员历史变动模型如表7-1所示。该航空公司把会员分成顶级会员、高端会员、中端会员，低端会员、非营利会员、不活跃会员和新会员七大类，并列示了从××年到×′×′年各类会员的变动情况。例如，原有顶级会员572人，由于有83位新会员、40位不活跃会员、1位非营利会员、12位低端会员、58位终端会员、254位高端会员的加入和369位会员的退出，在××年共有顶级会员651位。

表7-1　　某航空公司××~×′×′年会员历史变动模型　　单位：名

	××年	顶级会员	高端会员	中端会员	低端会员	非营利会员	不活跃会员
顶级会员	572	203	257	65	21	2	24
高端会员	14150	254	4713	6057	1759	327	1040
中端会员	64518	58	3222	22195	20182	4091	14770
低端会员	90899	12	745	10452	24740	6374	48576
非营利会员	8028	1	50	655	2027	1080	4215
不活跃会员	616474	40	825	7926	22295	6840	578548
新会员		83	2142	19731	67783	25595	778905
×′×′年合计		651	11954	67081	138807	44309	1426078

表7-2是某航空公司××年各活跃会员区间平均投资回报率分析。例如，顶级会员的平均投资回报率为81.86%，高端会员为51.02%，中端会员为29.34%，低端会员为15.03%，非营利会员为-11.60%。

表7-2　　某航空公司××年各活跃会员区间平均投资回报率分析

金额单位：万元

会员区间	会员数	总收益	基础运营成本	里程兑换成本	项目运营成本	投资回报率
顶级会员	651	4 427.82	2 378.46	54.16	2.16	81.86%
高端会员	11 954	29 715.34	19 238.66	398.08	39.57	51.02%
中端会员	67 081	6 2691.48	47 427.43.	820.06	222.07	29.34%
低端会员	138 807	40 145.02	33 916.51	523.66	459.52	15.03%
非营利会员	44 309	9 489.11	10 448.80	139.02	146.68	-11.60%
合计	26 2802	146 468.81	113 409.86	1 934.98	870	26.03%

目前，国内航空公司已经充分认识到CRM实施效果与企业长期受益的密切关系，并试图寻找那些能提高客户关系的战略决策因素，以及相应的改进措施。例如，国内某航空

公司已经开始构建企业客户资产模型及其监控体系。根据当前 CRM 实施的各项指标评估客户资产的变化趋势，预测“假设情景”下的未来收益，以便识别出客户收入和利润的主要驱动因素，并据此调整企业的相关战略和实施策略。同时，不少航空公司在既定的 CRM 战略的指导下，开始广泛利用呼叫中心，实施内部流程重组，开展“无缝隙服务”与直接渠道建设等，以便进一步控制终端市场。所有这些变化，都源于航空公司比以往任何时候更加专注于客户的实施需求和企业长期利润的最大化。或者说，航空公司比以往任何时候更能感受到战略实施的压力。

第三节　客 户 互 动

一、客户互动的含义

在市场上为客户提供能够为其带来优异价值的产品和服务，企业需要充分利用信息的潜在内涵和各种互动技巧，努力在客户的购买流程中发展与客户的合作关系。在实践中，除了向客户提供定制化的产品和服务以外，“以客户为中心”的观念还应包括与客户互动的类型和风格。通过互动、对话来建立对客户的了解，知道什么时候该提供什么东西，才能让客户心甘情愿地与企业合作。相关资料积累得越多，掌握客户的精确性就越准，应对不同挑战所提出对策的有效性也就会越高，从而降低风险，提高企业利润。

实际上，客户互动的概念十分宽泛，客户与企业双方的任何接触，都可以视为互动，例如，产品和服务的交换、信息的交流和业务流程的了解等都包含于其中。互动并非是当前网络经济时代的产物，在社会学领域中，互动是指人类特有的一种有意识的过程。例如，互动可以被细分成交换、竞争，合作、冲突和强制。互动一般都具有双向沟通和共同利益的特征。

二、客户互动的驱动因素

在客户互动的转变过程中，有些驱动因素无时无刻不在推动客户互动向前发展与演进。这些驱动因素包括客户角色的转变、营销观念的转变，当然也离不开在互动演进中扮演重要角色的技术因素；此外，还包括社会学与传播学理论知识的发展。本书着重对前三种驱动因素进行探讨，具体表现在以下几个方面：

（一）营销环境的变化

在当今以竞争为主导的动荡环境里，营销环境的变化格外引人注目。例如，从大众消费到个性化消费，每个消费者都变得更加独一无二，此外，网络技术和互动媒体方式的发展也同样引起营销环境的巨大变化。

（二）营销观念的变化

在交易营销的理念下，传统的消费品市场规模较大，生产者与客户建立长期的互动关系几乎是不可能的。但随着交易营销观念被关系营销观念所取代，企业与客户之间的互动变得越来越频繁。

（三）企业核心价值认知的改变

传统意义上讲，许多企业都以“利润最大化”为其核心价值观，是以企业为中心的，强调的是企业独立的创造价值。但网络经济的发展正促使企业的核心价值观向“客户价值最大化”转移，开始真正以客户为中心，强调的是与客户共同创造价值。

（四）与信息技术相结合的营销方式的转变

由于信息技术的发展，使得企业能够做到“一对一”营销，从而彻底改变了以前面向大众市场、追求市场份额的营销模式，客户份额和客户终身价值得到了前所未有的关注。

（五）信息技术推动的管理方式转变

企业管理软件的引入，使得企业管理的方式发生了翻天覆地的变化，使许多先进的管理理念迅速转化为管理实践，如 ERP 和 CRM 等软件的引入。

显然，以上这些都是客户互动演进的驱动因素，正是它们的“合力”，使得客户互动不断向前发展，使理论与实践不断融合。

三、客户互动与客户关系的演进

（一）客户关系的纵向深化

一般而言，交换过程的一端是单纯的交易关系，而在另一端则是长期的双向合作关系，处于中间位置的则是增值型交换关系，关系连接谱如图 7-6 所示。

图 7-6　关系连接谱

其中，交易型交换包括匿名服务柜台发生的交易，以及在 B2B 市场上持续发生的强调价格和及时交付的标准化产品交易；在关系连续谱的另一端是合作型交换，强调的是密切的信息联系、社会联系与过程联系、相互投入和对长期利益的预期；二者之间是增值型交换关系，企业的重心从获取客户转向挽留客户，强调的是深入理解客户需求及需求的不断变化，然后尽可能根据这些需求提供个性化的产品和服务。不过，这只是为了便于进行理解而进行的理论区分，在实践中则往往呈现出某些综合特征。

（二）客户关系的横向深化

企业的营销与实践经历了一个从以前的直接销售到 20 世纪 60 年代的大众营销，20 世纪 80 年代的目标营销、数据库营销、电话营销、直邮、互动营销、直复营销，再到当前的 CRM 营销的发展过程。相应地，在每个营销发展阶段中，客户关系都呈现出不同的特征。客户关系和客户互动的横向进化如表 7-3 所示。

表 7-3　**客户关系和客户互动的横向进化**

进化阶段	时间	主要特征	客户互动方式
直接销售	20 世纪 60 年代以前	小商店；熟客；重视关系；增加客户了解；培养客户忠诚度和信任感	个人互动
大众营销	20 世纪 60 年代	集中化大规模生产，大范围分销，单向媒体沟通为主，成本效益高；大众媒体促销；品牌认知和市场份额是衡量成功的重要标志	以人工为主的媒体支持互动，频率低，缺少个性化
目标营销	20 世纪 80 年代	通过邮件或电话等信息技术手段，联系特定目标客户，与目标客户进行双向沟通；具有获得客户直接回应的潜在可能性，回应率对于营销成功十分重要	以人工为主的媒体支持互动，注重反馈
关系营销与客户关系管理	20 世纪 90 年代至今	在维持大规模生产和分销体系的同时，发展与客户亲密的接触；客户知识和个人接触都是为了赢得客户信任感和忠诚度；客户份额是衡量成功的重要指标	以机器为主的媒体支持互动开始出现，互动深度增加，开始对互动进行定制化

四、客户互动的有效管理

随着客户角色的转变和竞争的加剧，企业必须与客户进行有效的互动。对于客户管理而言，客户与企业的互动并不只是简单的信息交换，它可以让企业与客户之间建立一定的联系，并由此实现有效的客户互动。一般而言，客户只愿意与具备最优秀客户互动能力的企业进行接触，所以成功的客户互动管理可以使企业获得更大的客户份额和更多的营业收入。因此，不管是为了在合适的场所或情景与客户互动，还是为员工与客户之间的互动提供必要的信息，企业都有必要对客户互动加以管理。

虽然存在众多的影响客户互动的因素，但不管通过何种互动渠道，不管是面对面的交流、电话、电子邮件或网站，还是其他渠道，参与互动的人、技术和流程都是客户互动中的三大关键因素。只有对这三项因素进行整合管理，才能为客户创造出令人满意的、感觉受到重视的客户互动。有效的互动管理如图 7-7 所示，它列出了实现有效客户互动的三个主要驱动因素及它们之间的相互作用，包括有效的员工、有效的内部流程和有效的信息技术（IT）。

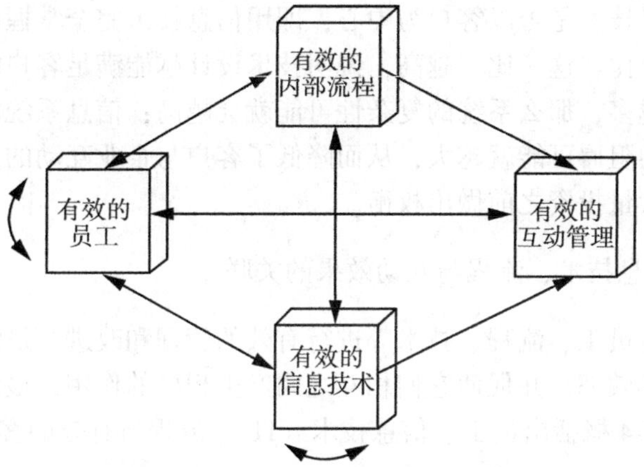

图 7-7 有效的互动管理

（一）员工的有效性

企业的人力资源实践对客户互动的效果有重要的影响。具体而言，不论员工是否被授权实时地解决客户问题，人力资源实践直接影响着员工对客户互动技术和流程的了解程度。

有效员工的衡量标准中一个重要因素就是给企业客户服务代表（customer service representative，CSR）授权，这有助于员工在工作中掌握客户互动的自由度。没有被传给专家或者高级管理人员的客户互动所占的比率越高，说明企业对 CSR 的授权水平就越高。CSR 辞职会增加企业重新雇佣和培训人力的成本。此外，非接触时间也是有效员工的一个需要考虑的要素，它是指一个 CSR 在不与客户进行互动时，在文件处理和培训上所花费的时间。

（二）流程的有效性

企业的内部流程对客户互动质量也有着强烈的影响，流程的设计与实施，应该可以最有效地利用互动过程中的每个要素。例如，如果流程设计具有感应客户态度、需求、认知变化的能力，那么企业就可以对这些改变做出反应，从而获得竞争优势。类似地，企业对变化做出反应的速度会反映出流程的柔性。

有效流程的衡量标准基本上涉及入站和出站接触。其中，入站接触与互动需求相关，而出站接触则关系到销售/电话销售以及与客户挽留相关的流程。

（三）有效的技术

信息技术有为企业带来竞争优势的潜力。这些技术可以让企业调整企业行为，使之适应客户需求，还可以显著改变企业的流程和人事制度。正确使用技术，可以让流程和人事制度更富有柔性、更加快捷、更加有效。

有效技术的衡量标准常常需要考虑以下因素：信息技术的复杂性，包括信息技术使用和学习的难度；信息技术是否以客户为中心，即用信息技术完全掌握的客户接触在整个客户接触中所占的百分比，这一比率越高，说明技术设计越能满足客户的需求。此外，企业在信息技术上投资越多，那么系统的复杂性可能就会越高；信息系统的复杂性越高，客户与企业接触时遇到的阻碍可能就越大，从而降低了客户与企业互动的驱动力，因此，管理者必须在是否进行大量投资之前做出权衡。

（四）员工、信息技术、流程与互动效果的关联

企业之所以要对员工、流程、技术等进行有效的管理和改进，最终目的就是通过这种管理和改进来提升其效率，并促使它们相互之间产生积极的作用，最终对客户互动效果产生积极的影响。表 7-4 概括出员工、信息技术（IT）、流程与有效的客户互动之间的联系。

表 7-4　　员工、信息技术、流程与有效的客户互动之间的联系

	有效的客户互动
有效的员工	员工授权减少，企业互动效率提升，如果由高层管理者来控制客户流失的威胁，而不是由 CSR 来控制，那么接触的平均持续时间将会降低 具有更高水平员工的授权企业，倾向于更高水平的客户关注，允许 CSR 掌控更多客户问题的企业，往往有更高的客户关注水平，之所以会这么做，是因为管理人员深信：客户并不喜欢因为一个问题而被转到互动系统的其他部分 对于更高客户关注水平的企业而言，其平均劳动力耗费可能会更高；客户关注水平提高，可能会带来额外的成本与收益 在客户关注水平较高的企业中，CSR 的非接触时间占整个工作时间的百分比可能更高；关心客户的企业，同样关心员工的工作环境
有效的信息技术	在信息技术上投资越多的企业，客户等待的时间将缩短，这说明企业在信息技术上的投资能够在一定程度上提高系统效率 信息技术越复杂，客户关注水平可能越低；由于客户与企业接触难以掌控，所以总体的客户关注水平将会降低；脱离客户的视角而引进新技术，往往会造成客户关注水平的降低 在信息技术的应用中，对客户的关注程度越高，互动系统的有效性也就越高
有效的流程	对于那些拥有更多出站接触的企业而言，其客户关注水平往往更低 对将互动管理外包的企业而言，其客户互动效果可能会变差。这一现象有两种可能的解释：一是如果为了降低成本而外包，那么对客户的需求就会被降低到第二位；二是如果因为难以对接触数量加以有效管理而采取外包，那么对客户的需求将会被摆脱运营性问题的需求所取代

五、案例分析——福特汽车公司的客户互动中心

福特汽车公司（Ford Motor Company）需要将其在北美客户中心的传统呼叫中心升级为多渠道客户互动中心。这个互动中心能够对网页上的自助服务、电子邮件、电话等多渠

道上的客户请求做出回应。福特汽车公司需要定义其新的目标，同时它也需要支持网页上客户服务的技术。福特汽车公司评估了现有呼叫中心的资料，并且发现有25%的电话代表有回复电子邮件的技术。因此，福特汽车公司对新员工在某些方面的能力进行了培训，并且引入了适应客户服务操作的教育计划。

“我们还制订了全新的培训计划，包括回复电子邮件及因特网渠道管理技术的培训，以便这些服务人员能够更好地使用福特的客户支持中心。同时，我们还设计了课程，对所有在福特汽车公司现有网络互动渠道上的CSR进行技能培训。”

另外，福特汽车公司还实施了两种可以使用网络的CRM软件。第一种是电子邮件回复软件，能够接受不同福特汽车网站上的邮件，并且将其发送给特定技能组合的客户服务人员。这种软件还可以提供有选择的方式来获取有价值客户的信息，这些信息对于理解客户需求和偏好是必不可少的。随着与所有权人对话渠道的增加，新的数据收集方式也得以在系统中实现。

第二种软件是以实用知识为基础的软件工具，为客户进入自然语言检索或者追踪相关需求的答案而提出的一系列问题。这种自助服务应用，可以为客户的相似质询提供快速的回应，从而为客户带来了低成本、易使用的电子邮件或者电话互动。

新的客户互动中心，让福特汽车公司可以掌控每年数以万计的自助服务互动和数以十万计的客户服务邮件。不仅如此，这些新的客户互动，还使得该企业更加了解客户，更能满足客户的需求，提升了客户忠诚，并将福特汽车公司的服务定位扩大为适用于互联网的客户互动与服务。

第四节　客户知识

一、客户知识

（一）客户知识的含义

客户知识是企业进行商务活动所需要的一类重要的商务知识，是企业知识的一个重要组成部分。Gebert等（2003）对客户知识的定义具有一定的代表意义，他们把客户知识定义为：客户与企业在交易及交流过程中需要、产生或拥有的一种经验、价值、情景信息和专家洞察力的动态组合。通过客户知识的定义可以看出，客户知识蕴含在企业的CRM流程当中，它跨越了组织的界限，不仅存在于组织的各部门当中，还存在于组织外部的客户当中，既有显性的知识，也有隐性的知识。

客户知识的产生要经历一个动态的过程，它是从客户信息开始的。客户信息是指客户喜好、客户细分、客户需求、客户联系方式等一些客户的基本资料。收集客户信息是每个企业都在进行的工作，但这些客户信息一般都被不同的部门所有，信息往往不是连续变化的，零乱的、支离破碎的客户信息没有丝毫价值，企业在进行营销决策和销售时很难用好这些客户信息。即使是再完善和丰富的客户信息也无法直接利用，只有通过科学手段对客户信息进行去伪存真、去粗取精，客户信息才具有利用价值。

客户信息的积累是获取客户知识的第一步，客户信息是客户知识的原材料，只有把信息以一种有意义的形式组织在一起时，信息才会变成知识。客户数据、客户信息和客户知识常被混淆使用，其实它们是不同的概念，在信息的价值链上处于不同的层次。客户数据是客户信息的基础，客户信息是分散的、不连续的，具有完全的转移性；而客户知识是针对特定客户的需求和问题，在信息分析的基础上提供的解决方案。

作为企业重要的资产，客户知识对企业 CRM 战略的制定与实施的作用越来越重要。借助客户知识，企业可以了解到客户对企业的产品或服务不断变化的需求和在购买、使用或维护产品中所积累的经验等。对客户知识进行有效的管理可以灵敏地感知客户需求的变化，更好地识别和细分客户的需求，通过对客户知识的把握，可以识别潜在客户和新的市场机会。企业在与客户的互动交往中创建、交流和应用客户知识来增加企业价值和维持良好的客户关系。

（二）客户知识的分类

从基于 CRM 流程的知识管理的视角出发，可以把客户知识分为三种类型，即关于客户的知识、客户需要的知识和客户拥有的知识。其中，关于客户的知识是指被企业收集来的，用于了解客户动机的知识，包括客户的历史记录、背景、需求、期望以及购买活动；客户需要的知识是指企业为了满足客户需求，使他们满意的知识，包括关于产品、市场和供应商的知识；客户拥有的知识是指客户所拥有的关于产品、供应商和市场的知识。

依据客户知识形成的过程，可将企业中的客户知识分为客户信息知识、客户操作知识和客户隐藏知识。客户信息知识主要包括：①客户自然情况，如姓名、年龄、性别等；②社会属性，如地址、职业等；③特长、信仰等。通常客户信息知识可以从客户注册信息中直接获得，不经常变动和修改。客户操作知识主要包括客户习惯、爱好，需求、个人位置信息、购买信息等。客户操作知识主要通过集合分析和数据挖掘技术（如决策树、统计、神经元网络等）从客户历史操作的数据中来获得。客户隐藏知识是在客户信息知识和客户操作知识的基础上，采用数据挖掘技术来推断和预测出关于客户对组织有价值的知识。客户操作知识和客户隐藏知识的重要区别在于：客户操作知识用于描述客户经常性或现时性的特征，而客户隐藏知识是用于描述客户未来的特征，比如未来的需求和购买趋势等。

另外，按照客户知识存在的方式，又可以将客户知识分为显性客户知识和隐性客户知识。具体来讲，显性客户知识是通过人的整理和组织，可以以文字、公式、计算机程序等形式表现出来，并可以通过正式的、系统的方式（如书本、计算机网络）加以传播，便于其他人学习。而隐性客户知识是与人结合在一起的经验性的知识，很难将其文字化或公式化，它们在本质上以人为载体，因此难以通过常规的方法收集，也很难通过常规的信息工具进行传播。有效的客户知识管理不是停留在与客户直接交流而得到的明确知识，更重要的是隐性客户知识的共享和创新。一般来说，隐性知识比显性知识更完善、更能创造价值，对隐性知识的挖掘和利用的能力是企业对客户知识进行有效管理的关键。

（三）客户知识的特点

需要注意的一点是，作为营利性的企业，不愿意也没必要对所有的知识都进行管理，企业需要的是对能够给其带来效益和利益的知识的管理，比如，岗位（职位）知识、客户知识、团队知识等。从客户知识形态、价值等方面来看，客户知识具有以下几个方面的特点。

（1）对组织有价值：并不是所有关于客户的数据和信息都是客户知识，只有能有效为组织目标服务的部分才是客户知识。

（2）动态性：组织客户范围的不断变化及客户自身需求和满意度的不断变化决定了客户知识的动态性。

（3）边际成本递减、边际收益不减：获得一个新客户比留住一个老客户要花更多的钱，将新产品卖给老客户要比卖给新客户容易得多。

（4）含有推断成分：采用技术手段发掘出来的客户购买模式或潜在需求很可能与实施有偏差，需要不断的修正，由此得到的客户知识必然含有推断成分。

（5）可转化为关系资本：客户知识作为衡量客户关系的重要尺度，在组织中经过一定过程可转化为体现组织与客户关系的关系资本。

二、客户知识管理

韦兰与科尔首次系统的提出了客户知识管理（CKM）这一概念，他们将其定义为：构建一个系统来获取客户知识，并运用客户知识以及信息技术建立更有价值的客户关系。这个定义还比较笼统，阿兰·库珀（Alan Cooper）通过进一步分析 CRM 流程中蕴含的客户知识，将 CKM 定义为：利用先进信息技术和客户互动交流，帮助客户找出问题及答案，进而适应周围环境，把客户需求过程与企业的营销过程融合在一起，实施定制化服务。

虽然目前对 CKM 还没有形成统一的定义，但可以肯定的是，客户知识是企业最重要的资源之一，CKM 是在 CRM 流程的基础上进行的，CKM 的最终目标是提高企业 CRM 的能力。

我们可以简单地将 CKM 概括为以下几个方面的内容。

（一）客户知识的获取

如前所述，客户知识获取的前提是信息的收集和处理，企业如果能保证信息处理的质量，企业的营销决策就能从客户知识中获益。所以，企业应该以客户为中心改善客户信息的处理程序，此时应优先考虑的是 CKM 系统内各部分的一体化，因为提高人与人之间信息和知识的流动性是最大的问题，企业应尽力消除各部门和各层次组织成员之间的信息障碍，开发、收集及整合各种客户信息。

企业需要一个在各接触点上收集有关部门的各种客户信息的系统，该系统将所有信息汇集为一个连接各数据库的知识体系。企业主要有四种途径来利用信息提炼出客户知识：企业可以从客户的购买行为中找到彼此之间的联系；整理客户对企业产品或服务的意见或建议，从中找出改进产品或供应链的知识；从客户数据库中寻找并分析潜在客户的属性；总结、分享各接触点在与客户打交道过程中获得的经验教训。其中，从现有数据中挖掘有用知识，是获取客户知识的一个重要途径，数据挖掘一般通过数据总结、数据分类、数据聚集和关联规则等手段来发现知识。

（二）客户知识的共享

客户知识共享就是打破不同知识所有者之间的壁垒，实现知识在一定范围内的自由流动和自由使用。客户知识共享要解决如何建立和谐的共享文化和灵活有效的激励机制，促进客户在企业不同群体之间充分流动，减少客户知识生产重复性投入的问题，以最大的程度节约知识获取成本，并有利于客户知识的应用和创新。

客户知识的共享存在着一些障碍。其中一个主要的原因就是知识代表着个人力量的源泉，尤其是隐性客户知识是组织成员在与客户打交道的过程中获得的经验，他们认为这是个人价值所在，不愿意与他人分享；另一方面，有些员工惧怕被认为是无能、无知的，不愿意接受或使用他人的思想成果。此外，不同专业或背景的人员之间的知识共享是 CKM 的根本要求，如果他们之间的差异太大，以致失去相互对话的基础，知识的共享便不可能发生。

企业员工同意分享知识的条件是互惠、名声和无私的心态。其实，企业中存在着一种内部的知识市场，知识在需求方和供给方之间进行交换，而互惠、名声和无私的心态则在其中起着支配机制的作用，信任是这一市场顺利运作的必要条件。借助 CKM 理念和适当的工具可以有效地解决客户知识的转移和共享过程中的问题，提高企业竞争能力和对市场的适应能力。

（三）客户知识的创新

日本管理学家野中和竹内提出了知识转化的四种模式，即 SECI 模式，个人的隐性知识经过社会化、外在化、组合和内化四个阶段，可实现个人之间、个人与组织之间的知识传递，并最终产生新的隐性知识。在这个过程中，显性知识和隐性知识发生了转化，它是一个动态的、渐进的过程，实质上就是知识的创新过程，被称为“知识螺旋”。“社会化”，是从隐性知识到隐性知识的转移，它通过观察、模仿和亲身实践来共享经验。“外在化”是从隐性知识到显性知识的转移，它利用类比、隐喻和假设将隐性知识清楚地表述出来，倾听和会谈是推动隐性知识向显性知识转化的重要工具。“组合”是从隐性知识到显性知识的转移，它将零碎的显性知识进一步系统化和复杂化，将员工头脑中的零散知识整理为组织知识。“内化”是从显性知识到隐性知识的转移，员工将系统化的显性知识运用到工作中，并创造出新的隐性知识，它意味着组织知识又转化为组织中其他成员的隐性知识。

知识创新是一个螺旋上升的过程，例如，关于客户需求的隐性知识可以通过社会化和外在化转变成为新产品的概念，这种概念化知识又可以通过组合产生系统知识，开发出新产品原型，而系统化知识又可以通过内化转化成为运营知识，进行产品的大规模生产。这样，基于经验的知识又启动了新一轮的知识创新过程。由知识创新的过程可知，企业要促进客户知识的创新，必须创造良好的环境来促进隐性客户知识和显性客户知识之间的转化。

（四）客户知识的应用

将客户信息和客户知识投入使用是 CKM 的最后一个内容。CKM 能否获得成功，很大程度上在于产生的客户信息和知识能不能投入使用。企业通过营销、销售、客户服务和支持与客户打交道，客户知识通过使用与集成，作用于客户。客户知识管理以客户的终身价值为核心内容，通过对客户的识别、交流、获取以及挽留来了解客户的业务流程。良好的CKM可以作为电子商务企业的一个显著的竞争优势，通过在与客户交往过程中创建、交流和应用知识来增加企业价值和维持竞争优势。具体来说，客户知识的运用可以帮助企业完成下列业务：

1. 建立个性化定制服务

CKM增强企业的竞争优势，并不仅仅意味着客户的规模和利润最大化，更重要的是赢得最大的现有客户价值和客户忠诚。企业一般会根据客户的需求以及所掌握的客户知识来转变经营方式与经营内容，这意味着企业必须确认、跟踪客户信息，并与客户进行互动交流，然后根据所掌握的客户知识，向客户提供满足特定要求的产品或者服务。在企业与客户互动的过程中，每一次交流都会增进企业满足客户当前需求与潜在需求的能力。

2. 跨越细分市场模式

企业必须根据个性化的客户体系而不再是根据传统的细分市场来定位市场、制定经营策略、把握市场变化、预测客户消费行为以及选择恰当的渠道策略等。企业虽然要利用客户信息，但掌握客户信息的多寡和质量不是衡量企业成功与否的标准，而是要看企业能否通过对客户知识的获取、存储和利用来提高客户忠诚、增加客户保持和提高客户关系质量。

3. 建立学习型关系

客户的忠诚在很大程度上取决于在商务关系中企业与客户相互学习的强度。学习型关系能使双方在持续交往过程中所做的决断变得明智。客户提出需求，或企业自身发现客户的需求，然后再据此改进产品或服务。这种周而复始的过程，自然会令客户热切地做出回应，在忠诚度上回馈企业。学习型关系一旦形成将十分稳定，这种关系给企业带来的直接好处就是，当竞争对手以同样方式吸引客户的时候，由于转换成本比较高，客户拒绝转移而继续忠诚于企业，从而帮助企业锁定了客户。企业与客户建立学习型关系的时间越长，客户离开的成本就越大。通过与客户保持长期的学习型关系，企业不仅可以留住客户，而且还能够扩大盈利空间。

三、客户知识管理的流程

罗伯特·韦兰强调，企业对客户知识进行管理时，可以通过一个有效的闭合环路将客户知识有效地引申到指定策略上；将精力集中到合适的客户和拓深有关知识上；用最恰当的方法引申出有关知识；最后，知道怎样整理、分享这些知识，并让这些知识发挥出杠杆作用。罗伯特·韦兰认为客户、知识与管理必须在一个“封闭的环境”中紧密合作，这个“封闭的环境”指的是集中精力获取目标客户和正确的知识，并且将这些客户知识以最好的方式应用，以使客户价值最大化。客户知识管理封闭环如图7-8所示。

“计划”是指确立CKM的目标、短期或长期计划。“聚焦”是指在合适的层面和深度上建立知识，即客户知识的定位，根据企业的行为性质、知识的需求、客户的购买特征及获取客户知识的成本收益等因素来确定企业应该收集的客户知识的宽度和深度，并锁定目

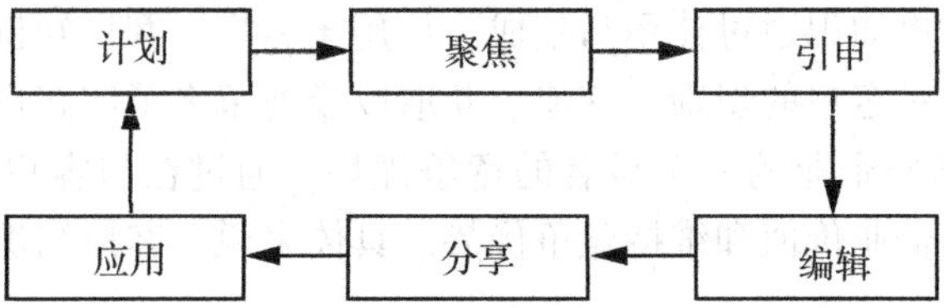

图 7-8　客户知识管理封闭环

标客户。“引申”是指通过对话、观察、预测等方式来挖掘出企业营销管理所需的各项客户知识。“编辑”是指对挖掘到的客户知识进行整合、分析、归纳出更深层次的联系、规律和经验，寻找有利的营销机会。“分享”是指客户知识在企业内部员工之间的交流，促进隐性客户知识与显性客户知识之间的转化。“应用”是指企业成员运用客户知识来指导其营销管理活动实践，以期发挥客户知识的增值效益。通过客户知识的运用实施，可以了解前面步骤中的不妥与偏差，发现新的客户知识，进而对下一轮的 CKM 提供指导意见，调整 CKM 的计划和目标。

如果在没有充分的客户知识的基础上管理客户关系，会限制传递给客户的价值量。如果拥有充分的客户知识，但是没有把它应用在正确的位置上，即没有通过编辑、整理，让知识在企业网络中发挥杠杆作用的话，企业常常会失去很好的市场机会，浪费资源，所以 CKM 循环上的每一个环节都不可以马虎，否则会影响到客户知识的价值发挥，而且企业应该将其所有客户的信息整合进来，以便对这些信息进行全面的分析、利用，同时也方便企业内部所有成员的使用。

CKM 的闭路循环，是企业实施 CKM 期望达到的一个良性循环，它是一个知识不断拓深、价值不断提升的过程。它能比竞争者更快地获取、运用客户知识，并更好地服务于客户，不断交互、学习，从而构筑起一种壁垒和比较优势，进而增加客户的转换成本和竞争者的进入障碍。

客户知识管理是一个循环渐进的过程，按照客户知识存在的形式，可以将客户知识分为显性客户知识和隐性客户知识两大类，对应这种分类方式，有两种典型的客户知识管理循环流程，分别是显性客户知识管理流程和隐性客户知识管理流程。

四、案例分析——通用电气（GE）公司的客户知识管理

GE 公司的家电事业部门在 20 世纪 80 年代初期建立了电话服务中心，接受客户和经销商的咨询，经过 30 余年的发展，GE 的客户服务中心已经成为具有 CRM 功能的重要部门，不仅为公司更快更有效地解决大量的客户问题，而且也创造了一个能将客户资料和信息转化为客户知识的流程。

与国内的家电企业类似，美国家电市场在 20 世纪 80 年代开始处于饱和状态，每年只有 1%~3%的增长率，而且 75%的销售额来自旧家电更新需求，产品寿命的延长和同质化产品的充斥，使客户对同一品牌的重复购买率不足 30%。

对于 GE 来说，提高产品的客户价值的途径是提高客户对其 6 种到 8 种主要家电产品

的重复购买率，公司可以很容易地根据客户产品的使用寿命来推算客户的购买行为，而客户是否重复购买则取决于客户对产品的满意度。那么，客户知识就包含客户是用什么品牌的产品，客户对这个品牌的满意度和客户的购买意愿。比如，GE 知道使用某个出厂 5 年的某款冰箱的客户经常询问某一新款冰箱的功能，就可以专门针对这些客户设计促销方案。

到 1998 年，每年打到 GE 公司家电咨询中心的电话已经超过 300 万个，80%是与产品直接相关的，18%是来自消费者，其余则来自经销商，大多数的咨询电话是售后服务和使用保养问题，也有很多是询问新产品功能的。

客户服务人员在简短（平均每个电话的对话时间少于 4 分钟）的电话交流中有机会用 3 种方式增加客户价值：有效地回答客户问题、增加与客户未来可能购买产品的特定信息以及得到足以对未来产品的品质与功能有提升价值的信息。在解决客户问题时，GE 可以立即改变客户满意度和客户重构比例；得到了客户对现在使用产品状况和对未来产品需求知识，GE 可以借此对本身的产品进行更精确的改造，并设计更加有的放矢的营销计划；基于大量的对客户反应的积累，GE 可以设计出让客户更满意的产品。

目前 GE 家电部门拥有 3500 万个美国家庭的资料，相当于美国家庭数的 1/3。资料库的资料已经由开始的仅由客户服务人员提供，变成由所有的与客户连接点提供，包括客户服务人员、业务人员、产品维修人员、技术工程师、经销商和市场营销人员，每一个群体不仅必须把资料汇集到 CKM 资料库中，而且还有权利使用资料库中的资料以对新产品开发和营销计划做出支持，在公司内部形成了封闭的 CKM 环路。充足的客户资料库成为解决客户问题的依据，因为资料库中汇集了大量的公司内部的专家知识和各类问题处理的答案，客户服务人员可以立即为客户进行问题解答（有 75%的客户问题可以马上得到解决），对于不能马上解决的，则进入公司内部给产品专家解决，解决的方法再进入资料库作为以后处理同类问题时的参考。

GE 家电的 CKM 为公司带来了巨大的价值，即时问题的解决促成了 80%的重购率，客户对提供产品的企业品质有了更深一层的认识，同时封闭环路中的客户知识为业务、营销和新产品开发带来了极有价值的依据。

第五节 客户关系管理能力

一、客户关系管理能力的含义

关于客户关系管理能力，目前并没有一个明确的定义，在这方面做出比较突出贡献的是埃森哲和普华永道公司，它们对客户关系管理能力的研究主要是通过企业在 CRM 活动中的表现展开的。研究实践表明，对客户关系管理能力的界定不仅需要描述企业在客户关系管理活动中的表现，还需要借鉴企业能力和核心能力的定义。企业能力理论认为，企业能力是企业拥有的实现组织目标所需的知识和技能。能力是决定企业异质性的根本，隐藏在企业资源背后的、以人为载体的，配置、开发、保护和整合资源的能力，是企业竞争优势的深层来源。进一步地说，企业的所有能力核心和根本的部分，可以通过向外辐射，作用于企业的各种能力，进而影响企业能力的发挥和效果，这部分则被界定为核心能力。

客户关系管理能力是指企业以实施 CRM 为导向，在经营活动中配置、开发和整合企业内外的各种资源，主动利用、分析和管理客户信息，迅速满足客户的个性化需求，从而建立、发展和提升客户关系，并形成竞争优势的知识和技能的集合。

通过对企业客户关系管理能力的界定，我们还可以看到企业客户关系管理能力的强弱受到企业的每一个职能部门的影响，它并不仅仅与营销、销售和客户服务部门有关。首先，企业与客户的关系好坏源于企业能够为客户创造价值的大小，而影响客户需求、创造客户价值需要所有职能部门的参与，营销、销售和客户服务部门所做的工作仅仅是企业创造和传递客户价值的一部分；其次，企业的客户关系管理能力不是一种单一的能力，而是许多种能力的集合，换句话说，企业的客户关系管理能力包括多种子能力，而建立、保持和发展客户关系需要所有部门的参与，所以这种能力包含企业内外部的多种资源，融合了企业的多种能力；最后，每个企业的客户关系管理能力都是异质的，如果企业的客户关系管理能力是其他企业难以模仿的，成为所有能力中的核心和根本部分，就可以影响其他能力的发挥和效果，成为企业的核心能力，为企业带来长久的竞争优势。

二、客户关系管理能力的构成

客户关系管理能力可划分为三种能力：客户洞察能力、创造和传递客户价值的能力以及管理客户关系生命周期的能力。这三种能力既密切联系又保持相对独立。

（一）客户洞察能力

客户洞察能力是指企业通过各种行为特征识别客户、分析客户偏好和行为习惯并从中得到有价值的决策信息的能力。由于客户洞察过程涉及数据、对数据的分析和对分析结果的理解，所以企业的客户洞察能力受到数据资源、数据分析能力和对分析结果理解力的影响。目前，信息技术高度发达，如数据挖掘技术就包含了各类统计分析工具，只需具备一定的统计知识，借助强大的数据挖掘技术就能轻松完成复杂的数据分析工作，故对于企业来说，关键在于理解和运用分析出来的结果，以此作为相关的决策信息。客户洞察能力与客户识别和企业客户知识管理是密切相关的。

（二）创造和传递客户价值的能力

创造和传递客户价值的能力可以理解为在客户购买产品和服务的过程中，使客户价值和企业价值最大化的能力。无论是吸引客户的营销能力，还是生产和提供客户所需要的产品的能力，以及协同关系网络伙伴快速传递产品和服务的能力都属于创造和传递客户价值的能力的一部分。

创造和传递客户价值的能力首先取决于员工的观念和素质，因为员工的表现直接影响企业为客户创造价值的大小和价值的实现，所以必须将员工表现和客户满意度结合起来，对员工进行再教育或再培训。创造和传递客户价值的能力要求企业的各部门之间甚至企业和企业之间有效地协同工作，企业内各部门的协同工作能够提高为客户服务的效率，从而增加为客户提供的价值，企业间的协同工作主要指与供应商、分销商以及企业合作伙伴建立良好的合作关系。例如，企业的供应商需要理解其服务的对象，以便对客户需求变化做出快速反应，企业必须与分销商合作，形成强大的、各有所长的分销网络，及时进行信息交流、提供支持，及时快捷地运输产品。通过合作能够带来很多益处，如共同分担成本，将企业的产品和信息及时传递给客户，并将客户反馈的信息传递给企业，客户信息共享带来市场的扩展，新产品的共同开发所带来的风险和成本的降低等。所以，为了加强创造和传递客户价值的能力，企业应该将供应商、分销商以及其他合作伙伴紧密结合起来，更好地满足目标客户群的需求。

(三) 管理客户关系生命周期的能力

管理客户关系生命周期的能力可以理解为与目标客户发展和保持良好关系的能力。如果说创造和传递客户价值的能力是让目标客户满意的能力，那么管理客户关系生命周期的能力就是培养目标客户忠诚的能力，为此，企业应当具备与客户充分交流的能力，追踪客户的能力，还应当具备根据交流和追踪的结果，针对不同客户提供个性化、情感化的服务能力。为客户提供个性化、情感化服务主要是进行客户关怀和产品关怀。

根据以上定义和分析，我们可以看到这三种能力是密切相关的，其中，客户洞察能力为提高创造和传递客户价值能力及管理客户关系生命周期能力提供了支持，创造和传递客户价值能力和管理客户关系生命周期能力的提高也为客户识别和分析收集到更多更有价值的客户数据提供了便利。同时，这三种能力的独立性则表现在它们之间不存在必然的因果关系，也没有固定的发展顺序，企业可以根据实际情况优先发展任何一种能力，其结果都能够提升企业的客户关系管理能力，获得竞争优势。例如，由于产品和服务的易于模仿和同质化现象严重，银行注重发展客户识别和分析能力，以便不断推出新型的、满足客户需求的服务。戴尔公司则由于其强大的创造和传递客户价值的能力而获得竞争优势，它为客户提供个性化的产品，通过与供应链伙伴的合作实现零库存，低廉的产品价格和迅速的配送使客户获得了更大的价值。联想公司则关注客户关系的发展和保持，它通过建立呼叫中心及时为客户解答其在使用电脑中遇到的各种问题，必要时迅速派遣服务人员进行维修，从而赢得客户的支持和信任。

三、客户关系管理能力的评价体系

对企业的客户关系管理能力进行评价，能够通过横向比较，明确企业的客户关系管理能力水平，同时有利于进一步探讨客户关系管理水平与企业绩效的关系，推断企业在未来竞争中的地位，从而确定提升客户关系管理能力的紧迫性和投入资源的多少，为提升客户关系管理能力奠定基础。

需要特别注意的是，评价企业客户关系管理能力不是简单地根据直觉判定，因为直觉判定不可避免地带有很强的主观性、片面性，其结果也不一定准确。企业应该通过科学的方法建立合理的指标体系，然后根据评价的要求划分评价等级、构造评语，根据一定的方法对各个指标进行评价，根据实际情况确定各个指标的权重，最后运用数学方法计算得出评价结果。由于整个流程的每一步都有科学依据和比较成熟的操作方法，得出的结论也更为科学、客观和有效。本书主要介绍的是国内学者邵家兵等人提出的一种客户关系管理能力评价体系。

（一）评价体系的构建依据

在前面章节中我们将客户关系管理能力划分为三种能力，即客户洞察能力、创造和传递客户价值的能力以及管理客户关系生命周期的能力。其实这种划分方法也为客户关系管理能力评价体系的构建提供了一个框架。客户关系管理能力是一种结合企业多种资源，集成多种子能力的复杂体系，将客户关系管理能力分为三个方面进行评价，不仅能够全面地反映客户关系管理能力，而且能够简化客户关系管理能力的评价，使企业能够及时发现哪一方面的能力需要改善和提升，这对于评价客户关系管理能力是一个可行的方案。

利用这一思想可以将客户关系管理能力的三个方面设计成一级指标，即客户洞察能力、创造和传递客户价值的能力、管理客户关系生命周期的能力。同时，从每一种能力所涉及的部门出发，分析客户关系管理能力受到企业哪些相关部门的影响，在三类一级指标之下，结合客户关系管理流程和所涉及的部门，分别设计分指标，以反映出客户关系管理能力的强弱。

客户关系管理能力实际上涉及企业所有的部门，同时，企业所有的活动都应该围绕着客户展开，其中涉及的最重要的几个部门分别是现场销售、市场销售、产品开发、定制化生产、物流配送以及高层管理部门。企业可以根据自身的实际情况，结合上述指标体系设置的依据，构建适合本企业的客户关系管理能力评价体系。

（二）客户关系管理能力评价指标

1. 客户洞察能力指标

正如前文对客户洞察活动的描述，客户洞察主要是完成对有价值的客户的识别和对客户需求进行深入分析。邵家兵等在埃森哲公司的客户洞察能力指标体系的基础上，综合考虑了客户洞察活动的过程，同时参照了部分对 CRM 系统的评价指标，提出以下几个方面的二级指标：市场信息反馈能力，对客户的了解程度，客户信息分析能力和黄金客户的识别能力，来衡量企业的客户洞察能力。

2. 创造和传递客户价值能力指标

创造和传递客户价值的过程涉及研发、生产、销售和配送等部门，因此评价这一能力的指标构成比较复杂。邵家兵等借鉴了埃森哲公司的评价客户定制能力的指标，选取研发新产品的能力、定制化生产能力、员工的服务水平和品牌管理能力作为衡量创造和传递客户价值能力的部分指标。此外，考虑到客户在购物的同时享受到的便利，又增加了三个指标：客户使用产品的方便性、销售渠道的多样性和企业的交货能力。

3. 管理客户关系生命周期能力指标

几乎所有对客户关系管理的研究都认为，企业与客户的交流和互动是维系客户关系的重要手段，企业与客户交流的能力是管理客户关系生命周期能力的重要组成部分，随时随地与客户有效交流是交流的价值所在。因此，可以用交流渠道的多样性、交流的即时性和交流的有效性表示企业与客户交流的状况。同时，考虑到客户需求的差异化，企业与不同的客户互动时，必须有不同的服务，所以将企业对客户关系的把握能力作为管理客户关系生命周期能力的指标。此外，关注客户变化和处理客户抱怨这两方面的能力，也是衡量管理客户关系生命周期能力的重要指标。

客户关系管理能力指标及其衡量标准如表 7-5 所示。

表 7-5　**客户关系管理能力指标及其衡量标准**

准则层	指标层	衡量标准
客户洞察能力	市场信息反馈能力	市场信息的反馈速度
	对客户的理解程度	企业根据对客户的了解做出的决策所产生的效果
	客户信息分析能力	处理客户信息的速度、准确性和有价值的分析结果占分析结果总数的比例
	黄金客户识别能力	采用了相应的措施之后。企业的黄金客户份额和销售利润是否有明显的增长
创造和传递客户价值的能力	研发新产品的能力	开发出新产品的速度
	定制化生产能力	定制化产品和服务的宽度，完成定制化产品所需的平均时间，提供定制化产品和服务所花费的成本
	员工的服务水平	员工的服务态度，与客户情感交流的技巧，对客户情感变化的感知和反应速度以及在服务中的创新能力
	交货能力	交货的速度和灵活性
	销售渠道的多样性	销售渠道的多少
	客户使用产品的方便性	本企业的产品是否易于操作、易于维护
	品牌管理能力	保持品牌的吸引力和美誉度；增强相关品牌系列效应；利用创新加强品牌组合
管理客户关系生命周期的能力	对客户关系的把握能力	维护客户关系的投入和取得的效果（如客户流失率的降低）之比
	对客户变化的反应能力	从发现客户变化迹象到客户真正改变的时间长短以及客户的流失速度
	处理客户抱怨的能力	解决客户抱怨的平均时间和客户对解决方案的满意程度
	交流渠道的多样性	解决客户抱怨的平均时间和客户对解决方案的满意程度
	交流的及时性	客户平均等待时间；客户放弃率
	交流的有效性	解答客户问题所花费的平均时间和交流人员的友好性、机敏性、见识性

四、影响客户关系管理能力的因素

CRM的基本活动是CRM的基石，CRM要想真正发挥作用必须依赖于CRM价值链上的基本活动，同时，这些活动也是影响客户关系管理能力的因素。影响客户关系管理能力的因素及影响方式如表7-6所示。

表7-6　影响客户关系管理能力的因素及影响方式

影响客户关系管理能力的因素	影响方式
信息技术	使相关流程实现优化和自动化，提高效率；提供多种方式与客户随时随地交流；实现客户信息共享
提供领导	制定合理的客户关系管理能力发展目标；协调企业各个部门；足够的财务支持
企业文化	使企业员工建立起以客户为中心的价值取向；激励员工为提升客户关系不断创新；树立形象，吸引更多的潜在客户
人力资源管理	员工是否具有以客户为中心的价值观并用其指导实际行动，直接影响客户的购买欲望；员工的知识结构和服务技巧影响企业为客户服务的情感化和个性化水平；企业员工的全局观影响最终的客户价值
组织设计	企业的集权程度影响员工的积极性和创造性；中间管理层的多少影响信息流动的速度和真实性；各部门整合程度影响为客户服务的效率
供应链伙伴	通过企业间的协调和资源优化，降低成本，共享信息，使客户价值最大化

（一）信息技术

CRM软件信息系统不仅要使相关流程实现优化和自动化，而且必须在流程中建立统一的规则，以保证所有活动在完全相同的理解下进行。这一全方位的视角和数据库形成了一个关于客户以及企业组织本身的一体化蓝图，其透明性更有利于与客户之间的有效沟通。因此，CRM的软件结构充分体现了以客户为中心的思想，对企业客户关系管理能力的提升具有重要作用。

（二）高层领导

高层领导对客户关系管理的认识和理解越充分、越深入，对客户关系管理能力的培养就越支持和关心。如果缺少了这样的支持者，针对提升客户关系管理能力的前期研究，规划也许会完成，会完成一些小流程的重新设计，可能会购买相关的CRM技术和设备，但企业出现有意义的改进的可能性很低。根据美国一项针对226家实施CRM的企业的调查显示，这些企业投在每一个CRM使用者身上的成本，平均是10385美元，包括软硬件、实施、培训及技术支持，然而其中实施CRM产生显著成效的企业，投在每一个CRM使用者身上的成本，平均却高达17003美元。不管怎么节省，CRM要实施成功，都有一个投资门槛。抱着投资少量资源尝试一把心态的企业，通常的下场是白白浪费钱。另外，为提升客户关系管理能力所引起的组织变革也要支付相应的成本。所以，客户关系管理能力的发展需要高层领导的理解以获得足够的财务支持确保成功。

（三）企业文化

企业文化是被一个组织中所有成员所共享并作为公理来传承给组织新成员的一套价值观、指导信念、理解能力和思维方式。它代表了组织中不成文的、可感知的部分。每个组织成员都涉入文化之中，但文化通常不为人关注，只有当组织试图推行一些违背组织基本文化准则和价值观的新战略和计划时，组织成员才会切身感受到文化的力量。

以产品为中心的企业文化对客户关系管理能力的培养有阻碍作用，而以客户为中心的企业文化能够通过其导向功能和约束功能使企业员工建立起以客户为中心的价值取向，在与客户的交流过程中更多地考虑客户的利益，避免损害客户利益满足企业利益的短视行为，实现客户与企业的双赢。同时，以客户为中心的企业文化让客户是企业的利润和长期竞争力的源泉的观念深入人心，能够将员工团结起来，激励员工为提升客户关系和企业的长期发展不断创新。当以客户为中心的企业文化形成固定模式后，能够帮助企业在社会上树立起全心为客户服务的形象，从而赢得人们的信赖和好感，吸引更多的潜在客户。因此，以客户为中心的企业文化能够提升企业的客户关系管理能力。

（四）人力资源管理

客户对企业的感观和客户关系的维系依赖于与客户交流的企业员工的服务质量。因为客户无论通过何种方式与企业接触，都是与企业中的人员交流。企业员工的观念、技能和素质直接影响到企业为客户创造和传递的价值以及企业与客户的关系。

首先，企业员工是否具有全心全意为客户着想的观念，是否把以客户为中心的企业文化中的条条款款转化为真心为客户付出的实际行动直接影响客户的购买欲望和企业形象。其次，企业在激烈的竞争中脱颖而出，不仅仅需要员工的服务态度好，更重要的是关注客户的个性化需求与情感需求，而客户的个性化需求和情感需求的表现方式比较模糊，因此，基层人员对产品知识和企业背景知识的熟悉程度，在心理学、社会学和技术方面的素养，敏锐的洞察力和高超的服务技巧，对现场各种微妙信息的捕捉和把握以及适当的决策能力对客户关系的影响至关重要。最后，影响企业与客户关系的不只是企业营销部门的营销人员和直接为外部顾客提供服务的其他服务人员，也包括所有的企业员工，在为客户创造和传递价值的过程中，任何一个环节的低效率或低质量都会影响最终的客户价值。所以，企业的每一个员工都应当具有全局观念，生产研发部门的人员也需要即时了解市场的变化和客户的需求，积极配合营销部门的要求，研制生产出客户喜爱的产品。

（五）组织设计

组织的集权程度、管理层次的多少和整合程度对客户关系管理能力有重大影响。过于集权容易压低员工的创造精神，因此，给基层员工授予更大的权利，有利于调动他们的积极性，发挥其创造性，使他们在面对客户的个性化需求时能够采取更为灵活和多样的措施，而不必对每件小事都层层上报等待审批。这样不仅能为客户提供更为快捷和个性化的服务，而且满足了员工实现自我价值的愿望，使员工更加满足和忠诚，对员工未来的服务能力产生积极的影响，从而推动客户关系管理能力的发展。过多的管理层次使信息沟通时间过长，造成信息失真以及由不相容目标所导致的代理成本的增加，决策者也无法对顾客的需求和市场的变化做出快速反应。压缩中间管理层，能够使信息快速流动，有利于消除高层管理者与客户之间的鸿沟，让高层管理者随时了解客户的需求和变化，及时制定应对策略，在满足客户需求的同时提高企业利润。企业的整合程度指企业跨越传统的职能部门的界限，各个部门整合起来为客户服务。企业的整合程度越高，各部门间的合作程度越高，工作越协调，越能够有效减少各部门间的摩擦。

（六）供应链伙伴

随着全球经济的一体化，人们发现在全球化大市场的竞争环境下，任何一个企业都不可能在所有业务上都成为杰出者，企业与企业的竞争已经不是个别企业在一定时间、一定空间，为争夺某些终端、某些顾客的一对一的单打独斗，也不再是为了争夺市场占有率和覆盖率的竞争，而是基于产品开发设计、生产制造、配送与分销、销售与服务的跨时空的整体性竞争。因此，企业外部的供应链伙伴也对客户关系管理能力产生重大影响。

以制造业企业为例，供应链伙伴包括供应商、合作者和分销商。供应商指企业所在供应链的上游企业，供应商供货及时，能够降低企业的库存，降低生产成本，从而为客户让渡更多的价值。供应商根据企业要求提供特殊的原材料的能力对企业为客户量身定制产品的能力和速度有重大影响。分销商是指将企业产品传递给终端消费者的供应链下游企业，虽然随着电子商务的发展，越来越多的企业面向客户进行直销，分销商的角色会发生变化，但在目前，他们仍然具有一定的地位，即使在未来，他们仍然能帮助企业将产品和服务传递到客户手中，只是业务的侧重点将发生变化。因此，分销商的服务水平对客户满意会产生影响，在一定程度上延伸了企业客户管理能力。同时，分销商对客户信息的反馈是否及时和准确也会影响企业的客户关系管理能力。

五、案例分析——商业银行客户关系管理能力评价体系

商业银行客户关系管理的对象是银行与客户之间的伙伴与交易关系，它要求商业银行充分利用信息技术，围绕客户推进各个层次的业务，并针对不同的客户群体制定不同的营销与服务策略，以提高客户的满意度，从而改善商业银行与客户之间的关系，最终达到银行与客户共同价值最大化的目的。

商业银行客户关系的实质就是商业银行与客户之间通过不断的接触，并在接触的过程中积累各自的相关经验，从而使得双方发生心理和行为的变化，以达到双方心理和行为的改变过程。因此，从这个角度分析，商业银行的客户关系管理，是商业银行与客户相互学习、相互协作的互动过程，商业银行的客户关系管理能力与客户以及银行的学习过程、学习能力以及学习方式等有着非常密切的联系。

事实上，提高商业银行的客户关系管理能力就是把商业银行建立为学习型组织。在学习型组织理论中，彼得·圣吉以系统动力学的相关研究成果为基础，认为建立学习型组织要具备以下5项能力：进行自我超越、改善心智模式、建立共同愿景、进行团队学习、系统思考。这5项能力可以作为商业银行评价客户关系管理能力的一级指标。在具体指标体系的构建过程中，要从商业银行的实际经营状况出发，确立相应的原则，坚持指标体系的科学性、全面性、层次性和可行性等原则。商业银行客户关系管理能力的指标体系如表7-7所示。

表7-7 **商业银行客户关系管理能力的指标体系**

一级指标	二级指标	三级指标
自我超越能力	员工敬业精神	员工离职率（定量）
		员工责任心（定性）
		绩效考评离散程度（定量）
	员工的使命感	核心价值观（定性）
		核心目标（定性）
	银行创新意识	新产品的产值率（定量）
		发表科技论文的数量（定量）
		获得科研经费的数量（定量）
	银行诚信意识	拖欠贷款的比率（定量）
		银行对银行的评价（定性）
		客户对银行的评价（定性）
心智模式能力	移情作用能力	纠纷发生次数（定量）
		银行的凝聚力（定性）
		客户投诉次数（定量）
	抱怨处理能力	银行形象（定性）
		客户投诉处理比率（定量）
		售后服务的投入（定性）
	反向思维能力	员工的学历（定性）
		银行对待失败的态度（定性）
		员工反应的敏捷程度（定性）
	客户导向程度	高层参与营销会议频率（定量）
		客户建议的采纳次数（定量）
		对目标客户需求的态度（定性）

续表

一级指标	二级指标	三级指标
共同愿景能力	高层战略能力	高层年度考察次数（定量）
		三年净资产增长率（定量）
		银行的行业排位（定量）
	组织人格魅力	高层管理者的人格魅力（定性）
		中层管理者的人格魅力（定性）
		一般员工的人格魅力（定性）
	组织合作意识	非正式组织的发展状况（定性）
		年度纠纷发生次数（定量）
		上下级关系的状况（定性）
	信息共享能力	规章制度的完善性（定性）
		等级森严的程度（定性）
		上下级的沟通状况（定性）
团队学习能力	深度会谈状况	讨论的自由程度（定性）
		年度会谈的次数（定量）
		会谈制度完善程度（定性）
	团队发展历史	团队学习的传统（定性）
		三年团队发展速度（定量）
		初创者团队意识（定性）
	团队建设投入	高层团队建设意识（定性）
		中层团队管理执行能力（定性）
		三年团队建设平均经费（定量）
	员工素质状况	高层管理者年度自学时间
		忠诚管理者的学历（定性）
		一般员工的学习欲望（定性）
系统思考能力	流程整合能力	内部流程整合能力（定性）
		外部力量整合能力（定性）
		客户联系界面管理能力（定性）
	考核有效程度	考核的信度（定性）
		考核的效度（定性）
		考核的广度（定性）

续表

一级指标	二级指标	三级指标
系统思考能力	制度完善程度	定制化能力（定性）
		交货及时状况（定性）
		客户回访次数（定量）
	渠道合作状况	年度发生合作的次数（定量）
		合作者的评价（定性）
		合作后的利润增量（定量）

本章小结

企业应该在对所收集的客户信息进行分析的基础上，区分和识别不同客户的特征和行为，分析客户的需求和发展趋势，为满足不同市场和客户的需求而不断改善自己的产品结构，完善销售和服务体系，以便企业能够在适当的时间，针对特定的客户，推出个性化的产品和服务。

为了在市场上为客户提供能够为其带来优异价值的产品和服务，企业需要充分利用信息的潜在内涵和各种互动技巧，努力在客户的购买流程中发展与客户的合作关系。在实践中，除了向客户提供定制化的产品和服务以外，“以客户为中心”的观念还应包括与客户互动的类型和风格。通过互动、对话来建立对客户的了解，知道什么时候该提供什么东西，才能让客户心甘情愿地与企业合作。相关资料积累得越多，掌握客户的精确性就越高，应对不同挑战所提出对策的有效性也就会越高，从而降低风险，提高企业利润。

客户知识是企业进行商务活动所需的重要的商务知识，是企业知识的一个重要组成部分。客户知识定义为：客户与企业在交易及交流过程中需要、产生或拥有的一种经验、价值、情景信息和专家洞察力的动态组合。通过客户知识的定义可以看出，客户知识蕴含在企业的 CRM 流程当中，它跨越了组织的界限，不仅存在于组织的各部门当中，还存在于组织外部的客户当中，既有显性的知识，也有隐性的知识。

客户知识管理（CKM）的定义为：构建一个系统来获取客户知识，并运用客户知识以及信息技术建立更有价值的客户关系。这个定义还比较笼统，阿兰（Alan）通过进一步分析 CRM 流程中蕴含的客户知识，将 CKM 定义为：利用先进信息技术和客户互动交流，帮助客户找出问题及答案，进而适应周围环境，把客户需求与企业的营销过程融合在一起，提供定制化服务。

客户关系管理能力是指企业以实施 CRM 为导向，在经营活动中配置、开发和整合企业内外的各种资源，主动利用、分析和管理客户信息，迅速满足客户个性化需求，从而建立、发展和提升客户关系，形成竞争优势的知识和技能的集合。

关键术语

客户分析　客户识别　潜在客户　交易型客户　价值型客户　客户互动　客户知识　客户关系管理能力

课后习题

1. 概述客户识别与选择矩阵之间的关系。
2. 什么是客户知识？论述客户知识管理的具体内容。
3. 简述客户关系管理能力包括哪些方面以及如何提升客户关系管理能力。

实践训练题

1. 福特汽车公司客户互动中心是如何实施客户互动的？
2. 给出一个成功案例并结合案例，分析如何提升企业客户关系管理能力。

案例分析题

茫茫人海　谁是客户

“没想到销售工作这么难！真没法干了。”这是某奶品公司的销售业务员小姜从这家社区便民店走出来时冒出的念头。

这也难怪，这是他今天遭到客户的第五次拒绝。该奶品公司今年开发出一种以女性为目标顾客的保健酸奶，该产品在其他市场受到消费者的青睐。小姜刚到这家公司，今天是他第一次独立拜访客户。

小姜毕业于一所大学的商学院营销专业。其实，他并不喜欢营销，只是高考成绩不理想，被调剂到了这个专业。在他看来，销售并不需要较高的学历，销售就是求人的事情，只要能说会道就行了。另外，他认为销售人员地位低下，因此，他看不上这个工作。他的理想是先当办公室的白领，然后，一级级升上去，最终进入公司的管理层。有本科学历的销售人员在这家公司并不多，因此，当公司为期两周的培训结束后，公司让他开辟社区便民店或小超市市场时，他想：“这有什么难的？产品好，自然有人要。”于是毫不犹豫地接受了。

这几天他一直开着小面包车在外面跑，可是，一家客户也没有拿下。好话说了一大堆，人家却以种种理由加以拒绝，不是价格太高，就是怕影响目前销量很好的同类产品的销售，或者以货架已满，确实没有上货的空间等为借口。每天酸奶货样从车上搬下搬上，公司为了节约成本，小姜是销售、司机、搬运一身兼，名义上是白领，实际上和工人差不多，一天下来累得腰酸腿疼。三天下来一单生意也没有拿下，小姜觉得真没脸见人。

“自己真不是干销售的料。”想到这儿，他决定回公司，要求不干销售，调到广告、管理等坐办公室的内勤岗位上，毕竟自己是一个大学生嘛！

资料来源：刘子安．销售客户关系管理．北京：对外经济贸易大学出版社，2011.

思考题：当遇到类似情况时，你会如何处理？

第八章　客户关系管理与企业变革

【引例】

美国西南航空公司的客户选择

美国西南航空是一家总部设在美国德州达拉斯的航空公司。在载客量上，它曾是美国第一大航空公司，2007年共运送10191万名乘客。与美国其他竞争对手相比，它以“廉价航空公司”而闻名，从1973年开始每年都盈利。2010年9月27日，美国西南航空宣布收购穿越航空。美国西南航空公司是由罗林·金与赫伯·凯莱赫在1971年6月18日创建的。首航从达拉斯到休斯敦和圣安东尼奥，是一个简单配餐而且没有额外服务的短程航线。

美国西南航空公司以机票低廉著称，它的竞争对手曾不怀好意地说：“乘坐西南航空廉价航班的旅客应该感到羞耻。”原来，美国西南航空公司为了与美国其他航空公司进行差别化竞争，将目标定位在对航空票价敏感的低端市场上，飞机上不设商务舱和头等舱，而且对航空服务进行了一系列的简化。

乘客到了机场的候客厅后，也不给安排座位，乘客要像坐公共汽车那样去排队，上了飞机后自己找座位，如果你到得早，可以找到一个好座位，如果你到得晚，就很可能坐在厕所边。飞机上也不供应餐饮，乘客一上飞机就可以听幽默的笑话，直到飞机降落，一路上嘻嘻哈哈、闹哄哄的。

美国西南航空公司的这种“节约”服务，对收入低、消费低的人士有很大的吸引力，因为乘客可以极低的价格乘坐飞机。但对于稍微上层的白领人士来说，就不适合了。他们不太在乎机票价格，但需要较好的航空服务，他们受不了要自己去“抢”座位。另外，他们上飞机后往往要想问题、做事情或者休息，不喜欢吵吵嚷嚷的。因此，官员、商务人士很少愿意乘坐西南航空公司的班机。

不过，这正是西南航空公司所追求的效果，它很清楚自己的服务对象。因此，总裁凯勒尔在电视上说：“我认为乘客根本没有必要理会这种诬蔑，因为每坐一次西南航空的航班，您的包里就又省下了一笔钱。如果您对我们提供的服务感到不满，那么非常抱歉地告诉您，您不是我们服务的目标客户，我们不会因为您的抱怨而改变我们的服务方式。如果您认为我们的服务令你感到不适的话，您可以乘坐别的航空公司的飞机。当您感觉需要我们服务的时候，欢迎您再次乘坐西南航空的班机。”

资料来源：http：//baike. so. com/doc/5391324. html.

【学习目标】

1. 理解 CRM 与知识管理对构建企业核心竞争力的重要作用。
2. 掌握 CRM 如何构建企业核心竞争力。
3. 了解业务流程重组的概念及基本原则。
4. 掌握实施 CRM 业务流程重组的内容。
5. 理解组织再造的概念及设计原则。
6. 掌握 CRM 对企业组织再造的关键性要求及影响。
7. 掌握 CRM 战略与企业文化的融合。

【教学目标】

1. 通过客户关系管理提升企业核心竞争力。
2. 客户关系管理中业务流程重组。
3. 客户关系管理中组织再造。
4. 打造客户关系管理中的企业文化。

21 世纪是知识经济的时代，世界经济开始从物质经济向知识经济转型，原有的管理模式也不再适用，有时甚至成为社会生产力发展的障碍，因此，管理必须变革才能跟上时代发展的步伐。在物质经济形态下，企业的经营以产品为中心，品牌资产成为企业追逐的目标；而在知识经济形态下，企业的经营转变为以客户为中心，经营的核心问题也转变为“如何驾驭和提升客户资产”。也就是说，在新经济时代，企业的管理目标正在从品牌资产向客户资产转移，如图 8-1 所示。

旧经济 → 新经济

实物 → 服务

交易 → 关系

吸引客户 → 维系客户

以产品为中心 → 以客户为中心

品牌资产 → 客户资产

图 8-1　新经济变化趋势

在充满机遇和挑战的新经济时代，企业要想成功增加客户资产就必须引入 CRM，并不断提升客户关系管理的能力。CRM 是一种旨在改善与维护企业和客户之间关系的新型管理理念和机制。它提供了一个收集、追踪和分析客户信息的系统，可以帮助企业提高客户价值和客户利润贡献度，进而增加客户资产。同时，它还可以帮助企业充分利用其客户关系资源，拓展新的市场和业务渠道。

CRM的实施使企业关注的重心从过去的产品、生产，转向以客户为中心的核心竞争力。因此，要提升企业的核心竞争力，就必须提升企业的客户关系管理能力，也就是使企业的业务流程、组织结构、企业文化等都朝着以客户为中心、信息通畅、反应迅速的目标进行相应的转变。所以说，客户关系管理带来的企业多层面变革才是CRM帮助企业走向现代经营的真正契机，而经过变革的企业，也为实施CRM系统铺平了道路，使CRM的实施与应用水到渠成。

本章将从客户关系管理与企业变革关系的角度，讲述企业如何在新经济时代通过实施客户关系管理来影响企业变革，从而提高企业核心竞争力。

第一节 客户关系管理与企业核心竞争力

经济全球化、信息技术以及电子商务的发展不仅改变着企业的管理和运作模式，也直接影响着企业的竞争力。如果说ERP帮助企业优化了内部的管理流程和其他内部资源，那么，CRM作为一种全新的管理战略及电子商务解决方案，则使企业外部的客户资源得以合理利用，促使企业从对短期性资源优化配置能力的关注延伸到对长期性资源优化配置能力的培养上，成为推动企业发展的全新动力，从而促使企业更加关注其核心竞争力的打造。

一、企业核心竞争力概述

（一）企业核心竞争力的概念

自1990年美国学者普拉哈拉德（Prahalad）和英国学者哈默尔（Hamel）提出企业核心竞争力的概念后，核心竞争力迅速成为企业管理理论研究的热点，一度风靡全球。一项文献研究表明，20世纪90年代SCI、SSCI和A&HCI所收录的论文中，关键词为“核心竞争力”的论文多达176篇，且呈逐年递增的趋势。企业核心竞争力理论在20世纪90年代的企业理论和战略管理领域中可谓是异军突起。当时，美国一批企业战略研究人员提出，必须重新认识和分析企业的核心竞争力。他们通过对许多大公司的研究、分析，得出如下结论：企业成败的关键在于是否拥有核心竞争力。

企业核心竞争力的理论最早是由美国密歇根大学商学院的普拉哈拉德教授和伦敦商学院的哈默尔教授1990年在《哈佛商业评论》发表的论文《公司的核心竞争力》中正式提出的。这一理论很快引起了学术界和企业界的广泛关注，尽管最初关于这一理论的讨论都是定性的，但是在学术界和企业界的共同努力下，有关企业核心竞争力的模型已经逐步走向定量化，发展成为一套比较成熟的企业竞争力问题的解决方法。

所谓企业核心竞争力（core-competence），是指支撑企业可持续性竞争优势的、开发独特产品、发展特有技术和创造独特营销手段的能力，是企业在特定经营环境中的竞争能力和竞争优势的合力，是企业多方面技能和企业运行机制，如技术系统、管理系统的有机融合。

具体来说，并不是所有的竞争优势都是企业的核心竞争力，只有把这些优势由人的管理技能以有效的方式组织起来，比竞争对手更充分发挥时，才会对企业的成功起关键性作用，才能形成核心竞争力。也可以说，核心竞争力是企业长期形成的，蕴含于企业内质中的，企业独具的，支撑企业过去、现在和未来的竞争优势，并使企业长时间内在竞争环境中能取得主动的核心能力。它不仅仅表现为企业拥有的关键技术、产品、设备，或者企业的特有运行机制，更为重要的是将技能、资产和运作机制有机融合的企业自组织能力。

企业核心竞争力是将各种资源在行动上组合起来并引导它们为特定的生产目标服务的整合能力、组合能力。按表现形式的不同，可将其分为三类：核心产品、核心技术和核心能力。这三者之间关系密切，产品来自技术，技术来自能力。核心能力是指企业在经营运作中形成的一种特有的、适应市场机会的、能形成持续竞争优势的、特定的知识运作体系。它表现在市场竞争中，就是核心竞争力。这三种不同的表现形式，恰好反映了企业核心竞争力形成的基本过程，即核心技术—核心产品—市场份额—核心能力。因此，一些公司最大限度地扩展其核心产品在世界市场上的份额，为各种客户生产核心产品，使公司获得加强核心竞争力和扩展步伐需要的收益。

（二）企业核心竞争力的构成要素

从普拉哈拉德（1990）提出核心竞争力的概念起，技术就作为一个关键的构成要素被研究者们接受。而对核心竞争力的其他构成要素，学者们的观点则存在较大的分歧，其中一些具有代表性的构成要素理论如表 8-1 所示。

表 8-1　　**核心竞争力的一些具有代表性的构成要素理论**

代表人物	类别	构成要素
邹海林（1999）	五要素构成论	（1）研究开发能力；（2）创新能力；（3）将技术成果转化为现实生产力的能力；（4）组织各生产要素进行有效生产的能力；（5）应变能力
周星、张文涛（1999）	核心+辅佐能力	核心竞争力的核心是核心技术能力，并需要企业的响应能力、战略决策能力、核心的生产制造能力、市场营销能力和组织协调能力来辅佐，以获得企业的竞争优势
王秉安（2000）	两类竞争力构成论	（1）硬核心竞争力（核心产品、核心技术和核心能力）；（2）软核心竞争力（经营管理等）
王毅（2000）	两维系统构成论	（1）能力；（2）能力架构与层次
周卉萍（2000）	三要素构成论	（1）技术和体现这一技术的新产品、新服务方式；（2）管理文化氛围；（3）新理论、新经验的学习率和传递率
管益忻（2000）	全要素构成论	凡企业特有的、足以胜过竞争对手的所有要素，如市场预测、人力资源开发、市场营销、经营决策，品牌战略、企业文化、制度创新等
许正良、王利政（2003）	三力结合	核心竞争力是由企业文化力、企业学习力、企业创新力有机结合构成的企业竞争优势的能量源

续表

代表人物	类别	构成要素
胡宜挺、李万明（2005）	基于大系统理论与进化论	技术（T）、管理（M）、文化（C）是核心竞争力的构成要素，并建立TCM三角模型，针对企业不同的生命周期阶段，提出核心竞争力将表现为技术优势型、管理优势型和文化优势型三种形态

综上所述，企业核心竞争力的构成要素可以具体表述为核心技术能力、核心生产能力、战略决策能力、营销能力、组织协调能力、管理机制、管理思想或理念以及企业文化和价值观等。这些企业赖以生存和发展的关键要素既有有形的，也有无形的，既包含可以测度的“硬”能力，也包含某些“软”能力。

（1）核心技术能力，包括企业的研发（R&D）能力、产品和工艺的创新能力等，是构成企业核心竞争力的中心，决定了企业能否最快、最优地将技术资源向技术优势转化。

（2）核心生产能力，是企业核心竞争力赖以形成的基础。

（3）战略决策能力是企业对复杂多变的环境中的重要事件、机会、危机、威胁等做出正确反应以及规划未来的能力，它决定着企业核心资产的配置状况，关系到企业未来的兴盛与衰亡。

（4）企业的营销能力和组织协调能力是企业核心竞争力实现的重要保证。

（5）企业文化和价值观是企业核心竞争力形成和发展的重要条件。

企业核心竞争力的大小不仅取决于上述各项能力的强弱，而且取决于它们彼此间的匹配程度，任何一方面的能力过于弱小，都会在很大程度上影响企业的核心竞争力。

（三）企业核心竞争力的“树形”理论

普拉哈拉德教授在研究核心竞争力时提出了一个非常形象的“树形”理论。他把现代化、多样化的企业视为一棵大树，“树干和主要树枝是核心产品，树叶、花朵和果实是终极产品”“树根为维护企业的健康提供养分，维持生命，保持稳定”，是企业的核心竞争力。

“树形”理论把企业核心竞争力描述成一个从核心竞争力到核心产品，再到终极产品的发展延伸过程。同时，普拉哈拉德教授又指出，企业的核心竞争力、核心产品和最终产品之间既有区别，又密不可分。核心竞争力和最终产品之间的有形纽带称为核心产品，是一种或多种核心能力的实际体现，对核心竞争力、核心产品、最终产品作区分至关重要，如能在三个层次上长期取得并保持领先地位，公司就可能在每一个层次都成为赢家。

（四）企业核心竞争力的基本特征

对于企业核心竞争力的基本特征，普拉哈拉德（1990）认为：“首先，核心竞争力能够为企业通向广泛多样化的市场提供一个潜在的途径；其次，核心竞争力能够使最终产品为客户带来重要的价值；最后，核心竞争力应该是竞争者难以模仿的。”而资源学派学者

Jay Barney（1995）对能给企业带来持续竞争优势的关键资源的VRIN属性在核心竞争力的研究也得到了认同和广泛接受，即价值性（valuable）、独创性（rare）、不可模仿性（inimitable）、不可替代性（nonsubstitutable）。可以看出，学者们对企业核心竞争力基本特征的认识比较趋于一致。

企业核心竞争力的基本特征如下。

1. 价值性

核心竞争力因能给客户和企业带来价值而具有价值，这种价值是具有战略性的。由核心竞争力辐射所产生的核心能力，可以让客户用更低的价格享受到所需要的根本性好处或效用，或者用同样的价格让客户享受到更多更好的价值，即能为客户带来长期性的利益，对客户最重视的价值有所贡献，为企业创造了长期的竞争主动权，最终使企业获得超过同行业平均利润水平的超额利润。

2. 独创性与不可模仿性

核心竞争力为企业所独自拥有，是企业在发展过程中长期培育和积淀而成的，蕴涵于企业文化、融合于企业内质之中，为企业创造独特的市场价值。企业的核心竞争力必须是独一无二的、高人一等的、具有特色的竞争优势。它有一种持久的作用力和特有的性质，难以被其他竞争者模仿。比如，企业所拥有的专利、专有技术等都是核心能力的重要因素，而像企业文化这样的软要素则更是不容易被模仿的。企业专长的独创性的持久程度由它赖以存在的基础所决定，内化于整个企业组织体系中。

3. 综合性

核心竞争力以整个企业为载体，具有相互关联性和综合性，任何单项技能、专长、资源或能力要素都不会成为企业的核心竞争力。核心竞争力有别于品牌、专利等无形资产，也不局限于个别产品。它是企业“集体智慧”的结晶，是公司对不同生产技能、技术和体制整合后形成的一种综合能力。

4. 不可替代性

核心竞争力的不可替代性是企业在竞争中获得竞争优势最强有力的武器。寻找替代品和替代路径是竞争者在模仿对手不成功时的另一种尝试，这种方法使许多行业打破了垄断，如通信行业的GSM和CDMA就代替了传统的模拟信号方式。因此，核心竞争力必须具有不可替代性。

5. 动态性

核心竞争力是在企业长期的竞争和发展过程中逐渐形成的，与一定时期的产业动态、企业的资源以及企业的其他能力等变量高度相关。随着相关变量的变化，核心竞争力内部元素动态发展，导致核心竞争力动态演变，这也是一个客观必然。核心竞争力从时间上看是动态发展的，随着技术的发展，企业基础设施如信息系统的完善或创新成果的普及，今天的核心竞争力到明天可能会演变为一般竞争力。同时，核心竞争力如果不注意管理和维护，也会逐步退化乃至丧失。

6. 延展性

核心竞争力是企业的一种基础性能力，是一个坚实的“平台”，是企业其他各种能力的统领，可以支持企业向更有生命力的新领域延伸和扩展，从而使企业获得持续的发展潜力。企业核心竞争力的延展性保证了企业多元化发展战略的成功。如果缺乏延伸和扩展能力，企业就不能获取领先地位，失去的不仅仅是一种产品的市场，而是一系列的行业市场和商机。

综上所述，企业核心竞争力的基本特征可概括为四类，即价值特征、功能特征、属性特征和时效特征。其中，价值特征即价值性，功能特征即延展性、属性特征即独创性、综合性和不可替代性，时效特征即动态性。

二、CRM：打造企业核心竞争力的利器

新经济时代，企业竞争的基础和竞争优势的本质都发生了根本性的变化，从而广泛而深刻地改变着企业的业务运作和管理模式。可以说，以往企业在市场中获胜所需的要素组合，如资源、人力、资本，信息等都可以很快被竞争对手复制。因此，在以客户为导向的新经济时代里，全面掌握客户信息，及时了解客户需求，积极建立并保持良好的客户关系，构建不易被竞争对手模仿、能为客户创造更多剩余价值的核心竞争力体系，对于企业自身来说，显得尤为重要。

CRM 的引入不仅可以帮助企业在管理客户关系方面表现得更佳，而且将帮助企业更快、更好地打造企业核心竞争力。CRM 是提升企业核心竞争力的利器，主要表现在以下几个方面。

1. 多元的市场延展性

良好的客户关系和高质量的客户资源，使企业得以推进交叉销售、向上销售，为企业节约了大批营销和销售费用，也为企业提供了通向多种市场的途径。CRM 环境下的企业核心竞争力是一种基础能力，是一个坚实的“平台”，是企业其他各种能力的统领，可以支持企业向更有生命力的新领域延伸和扩展。

2. 为客户提供更高效率的溢价服务

由于采用了新技术手段，业务处理流程的自动化程度提高了，实现了企业范围内的信息共享，企业不会因为个别经验丰富的营销人员离职而失去与其相关的客户资源，提高了企业员工的工作能力，并有效减少了培训需求，使企业内部能够更高效地运转。企业针对与客户接触的生命周期，为细分客户群提供定制服务，实施客户关怀，客户将发现与这些企业交易比在其他企业开始新的交易更容易、更舒适、成本更低，可以得到更多、更好的符合其需求的服务和利益，或者说得到更多的消费者剩余，从而提高客户转换成本，构成了竞争对手的进入壁垒，达到企业与客户双赢的博弈均衡。

3. 具有高盈利能力的专有客户资产

客户是企业一项重要的无形资产，企业的价值本质上就等于获得客户的盈利能力总和。通过客户关系管理，企业细心了解客户的需求、专注于建立长期的客户关系，并通过在企业内实施“以客户为中心”的战略来强化这一关系，强调与客户多领域的接触与沟通，维系与客户的良好关系，为客户提供全方位、个性化的产品、服务和客户关怀。这种基于客户关系和客户服务的核心竞争力因素，将在市场和绩效中得到充分的体现。优质的服务可以促使客户回头购买更多的产品或服务，企业的整体业务也将从每位客户未来的购买中获益。企业对价值客户的服务越好，这些客户就越会增加购买，并口碑流传、向其他

客户介绍，使企业的盈利能力增加。企业的盈利能力增加，可以进一步提高其服务质量，扩大服务范围，增加服务品种，则又使这些忠诚客户扩展购买，这样企业的成长就进入一个良性循环。利用客户的忠诚以及由此产生的对价格敏感性的下降，使企业得以在一定程度上规避竞争。在市场中获胜所需的条件组合，如土地、人力、资本、信息、技术等，可以很快被竞争对手复制，但是，详细而丰富的客户信息，即有关客户及其爱好的信息和良好的客户关系本身，却很难复制。

三、CRM 如何打造企业核心竞争力

从前文对核心竞争力基本特征的描述中可知，企业的核心竞争力是竞争对手难以模仿的，并且应当对最终产品中客户重视的价值做出关键贡献，从而满足市场和客户的需求，在市场上获得竞争优势。显然，企业的核心竞争力必须从客户需求的角度来定义。不符合客户需求、不能为客户重视的价值做出关键贡献的能力就很难称为核心竞争力。而 CRM 正是为企业创造这种核心竞争力的理念、方法和工具。

（一）CRM 实现企业“以客户为中心”的主要策略

第一，CRM 通过对用户信息资源的整合，在公司内部达到资源共享，从而为客户提供更快速、优质的服务，为企业吸引和保持更多的客户。第二，通过对业务流程的重新设计，更有效地管理客户关系，降低企业成本。具体而言，企业首先要建立“以客户为中心”的流程，企业各个部门的运作都应当遵循“以客户为中心”的原则，工作流程的设计应当面向客户。第三，要以客户需求为中心，以客户需求来拉动组织变革，根据客户的需求信息进行生产或开展服务，并最大程度地满足客户的需求。企业通过 CRM，可以让不同的部门来共享统一的客户资料，这样当不同的部门与客户进行接触时，会做出一贯的响应，而且在向客户行销时，也不会做出各个部门间互相矛盾的行销方案。第四，通过不断更新客户资料，迅速响应客户的需求，从而把握市场的脉搏。总之，通过 CRM 的辅助，企业能够把握住核心竞争力的核心。

（二）CRM 充实企业的核心资源，最重要的是挖掘有效客户资源，维系企业发展的生命线

企业核心竞争力的取得与企业的核心资源具有直接的关系。麦肯锡的专家认为，那些难以复制、难以模仿并能够为企业带来竞争优势的有形或无形资产，包括基础设施、知识产权、销售网络、营销战略以及客户信息等，是创造竞争优势的关键资源。其中，客户信息则是其他核心资源发挥作用的基础，而 CRM 正是处理客户信息的最好工具。CRM 可以实现客户数据的收集、处理、挖掘，并及时更新，还可以让企业全体员工共享统一的、实时的客户信息。首先，在 CRM 系统中设计出客户建议跟踪模块、客户投诉跟踪模块、客户关怀服务模块以及客户价值分析模块，可以使企业量化客户资源，不断挖掘客户的资源价值，成为推动企业发展的原动力。其次，CRM 系统支持两大营销理念：一是数据库营销，即利用数据库技术来统计、分析客户对企业的贡献，并利用数据挖掘技术对客户的购买行为进行分析，重新设计产品和服务，以获取最大利润；二是“一对一”营销，在系

统中建立人文关怀流程，可以实现真正的“一对一”营销、“一对一”销售，从而降低企业营销成本、提高营销成功率，满足客户个性化需求，提高客户的满意度。数据库营销和“一对一”营销从宏观和微观两个方面为企业挖掘客户资源做出了贡献。另外，CRM 可以实现销售自动化和营销自动化，从这两个方面来看，CRM 也可以充实企业的核心资源，为企业最终获得核心竞争力积累资源。

（三）CRM 提升企业的核心能力

CRM 系统将为企业创造出先进的客户智能和决策支持，这对打造企业核心竞争力中的战略决策能力和总体规划能力起到重要的保障和促进作用。CRM 能够使企业跨越系统功能和不同的业务范围，把营销、销售、服务活动的执行、评估、调整等与相关的客户满意度、忠诚度、客户收益等密切联系起来，在提高企业整体的营销、销售和服务活动的有效性的同时，也提高了企业对其业务活动的管理水平。CRM 对客户信息和数据进行有效的分析，为企业商业决策提供分析和支持，这将从根本上保障企业能投入足够且适当的资源建设其核心竞争力，提高企业商业决策的合理性和管理的科学性。

（四）CRM 系统将保证企业核心竞争力的持续性提高

CRM 系统通过技术上的先进性保证企业核心竞争力的持续提高。CRM 在功能方面实现了销售、营销、服务、电子商务和呼叫中心等应用的集成，其目标是持续提高企业运营和管理的自动化水平。CRM 系统自身具有能动的持续进步能力，将保证企业不断根据其资源状况和市场竞争情况，调整竞争战略，突出产品或技术优势，在拥有良好而稳定的长期客户关系的基础上不断获得成功。这些能力对于企业核心竞争力中的相关构成要素将起到持续的推动和促进作用。

（五）CRM 将有利于强化企业核心竞争力

CRM 使企业能够在发展过程中培育和积淀难以被其他企业所模仿和替代的知识和能力。CRM 还能够提高企业专长的稳定程度，强化企业专有能力存在的基础。通过 CRM 内化于整个企业组织体系中并建立在系统学习的经验积累之上的企业专长，比建立在个别专利、技术骨干或某个出色的管理者基础上的专长，具有更好的稳定性。

（六）CRM 将创建企业基于互联网的管理应用框架

CRM 将推动企业在互联网环境下的高速发展，企业只有通过全面的改革以及通过实施和应用 CRM，才能具备在互联网环境下适应变化、不断创新、不断超越的能力，这也是互联网和网络经济赋予企业核心竞争力的新的含义。

四、CRM、知识管理与企业核心竞争力

21 世纪是知识经济时代，知识管理正以其不同于传统管理方式且更快速创造企业新竞争价值的特质，吸引着企业高层决策人士的注目。以知识管理（knowledge management，KM）及以网络平台为基础的 CRM，作为新经济时代的管理新趋势及管理新工具，可以帮

助企业完善商务平台，收集及处理更多的来自企业外部及内部的信息，并做出及时的反馈，完善企业内部数据库及客户管理系统，帮助企业始终与目标客户保持紧密的联系，提供企业更具竞争力的资源。

（一）知识管理的基本内涵与主要内容

知识管理的起源可以追溯到18、19世纪的工业革命以及伴随着大量生产与大规模制造而兴起的管理思想的萌芽。组织的可持续发展、人力与智慧资本的需求促进了知识管理思想的萌芽。知识管理成为一个独立的研究领域则是在知识作为一种生产要素，以及“计算机、科学研究、电信、数字电视与网络等科学结合所导致的大量知识之成长”（Sallis and Jones，2002）的背景下产生的。

IBM Lotus公司对知识管理提出了如下的定义：知识管理通过对信息和专业技能的系统开发和利用，改进和提高部门组织的创新能力、响应能力、生产力和技能素质。知识管理需要完成的主要任务包括数据和信息管理、智力资源管理和关系管理。

1. 知识管理的基本内涵

第一，知识管理的内涵是建立已有知识的知识资源系统，即对企业已有知识进行有效的组织，将其转化为系统的知识资源，以便让更多的人更好地利用。

第二，知识管理的内涵是不断创造新的知识资源，即通过对现有知识资源的应用、学习和研究，创造新的知识资源。知识是需要不断更新的，今天专家级的知识可能就成了明天的基础知识。因此，迅捷、有效的知识创新和知识资源系统是公司维持和提高竞争力的主要途径。

第三，知识管理的内涵是共享知识资源，即在公司内部形成知识共享的文化和意识，使每个成员认识到有责任尽可能与他人分享各种专长，并通过人员、产品以及服务广泛地传播知识资源。

知识共享是知识管理中不可缺少的一个环节，而知识管理的内涵则在于通过知识共享，使企业每项业务的运行都建立在全企业的知识基础上。比尔·盖茨在《未来时速》中论述知识管理时，特别强调了共享的重要性。他指出：“一家公司的高层经理们需要坚信知识共享的重要性，否则即使再努力掌握知识也会失败。”

第四，知识管理的内涵是建立科学的知识开发能力评价系统，即以科学、有效的知识开发能力评价系统激励知识的形成和共享。

第五，知识管理的内涵是实现知识的价值，即利用和挖掘知识资源以获得成功。

正如彼得·德鲁克所指出的，“公司的目标在其外部、在其客户。知识管理的实质是以知识价值为取向的管理，因此，知识管理者必须回答这样一个问题——怎样才能靠更加有效地管理知识来赚钱”。

2. 知识管理的主要内容

（1）纵向内容。知识管理从纵向层次来看，主要包括知识获取的管理、知识利用的管理和知识创新的管理。

①知识获取的管理。对知识获取的管理要求企业及其职工首先要具备获取知识的能力，而且这种能力要求是随着生产的发展和科技的进步而不断提高的。对知识获取的管理

促使企业重视对员工的精神激励，这是一种新型的精神激励，即赋予被管理者更大的自主权和责任，使其意识到自己也是管理层的一员，进而更好地发挥自己的自觉性、能动性和创造性，充分发挥自己的潜力以实现自身的人生价值。

②知识利用的管理。知识的分享和利用是知识获取和掌握的基本目的。知识管理就是要改进知识利用的过程，提高知识利用和分享的效果。一般而言，企业的生产经营过程本身就贯穿着知识分享和利用的过程。这就为知识管理提出了问题：如何通过制度安排鼓励或激励员工共同分享和无保留地利用他们所拥有的知识；如何使员工之间建立充分信任、积极协作，主动改进知识的共享和利用过程的氛围。这些都是对企业发展有决定性意义的管理问题的核心环节。

③知识创新的管理。知识经济改变了过去那种以资源的占有量、资本的总量或增量决定企业发展模式的落后思想，而以创新优势来弥补资源和资本的劣势。因此，知识创新是企业发展的内在驱动力，加强知识创新，企业就可以在市场竞争中获得主动。提高企业的知识创新能力，适应瞬息万变的市场变化，使自己获得更高的利润，而生存和发展是企业知识管理的目标。

（2）横向内容。知识管理从横向层次来看，主要包括信息管理、无形资产管理、经营战略决策管理和人力资源管理。

①信息管理。信息管理是企业知识管理的一个重要组成部分，主要是针对企业内外信息的收集、筛选、整理、存储、传递、分析，研究企业知识管理的开发和利用过程。在信息化时代，信息管理是企业的生命线，信息技术也成为企业知识管理的重要工具。

②无形资产管理。无形资产属于知识资本，是企业的主要资本。企业拥有的知识产权、技术秘密、特许经营权、商誉等无形资产，就如同计算机的软件一样，是“计算机”发挥效用所必需的要素。

③经营战略决策管理。处于知识经济时代的知识型企业，负责外部环境的研究和经营战略的制定与执行，充分体现着知识的获取、利用和创新的知识管理过程，是企业智力和知识的综合运用。与以往的经营战略管理不同，在高科技迅速发展的信息时代，企业战略管理已纳入知识管理的范畴。

④人力资源管理。在知识经济时代，人才的竞争更加激烈，人力资源管理的一项重要任务就是要吸引和留住优秀人才。日本企业通过公司报刊等形式，随时向职工介绍企业各部门举办的讲习会、讲座等情况，并推荐有关的学习资料，努力调动职工学习的积极性。企业还根据职工的文化水平、经营知识、应变能力、工作经验等不同情况对职工进行分层筛选，分别采取内部分期办班培训或选送到高校、培训班学习深造等方式，使公司培训覆盖98%以上的职工。

（二）知识管理与企业核心竞争力

围绕知识进行的管理是企业竞争优势的真正来源。企业的知识储备决定了企业未来发展的能力。拥有自己独特的知识管理模式和机制是企业保持竞争优势的根源所在。通过知识的积累、交流和共享，创造一种让每位员工都能获取、共享、使用组织内部和外部的信息以形成个人知识的环境，并支持、鼓励个人将知识应用、整合到产品和服务中去，最终提高企业创新能力和对市场的反应速度。

从知识管理的角度看，企业核心竞争力的培养可从以下方面理解。

1. 企业核心竞争力应该是企业发展战略的重点

企业核心竞争力不论是否易于被别人所模仿，首先必须是企业本身特别擅长的，企业可以据此进入市场，并在相当长的时期内用此来换取生存的资本。网上零售业巨头亚马逊公司所确定的核心竞争力是高科技产业，而不是人们通常认为的零售业，因此，在亚马逊公司占据主导地位的是软件工程师。亚马逊品牌的创立和令人不可思议的、高速增长的营业额都是由高科技带来的，这就是亚马逊公司的核心竞争力，也是亚马逊公司的发展战略重点。

2. 企业核心竞争力提供了企业的主要竞争优势

在近十年间一直执世界零售业之牛耳的沃尔玛，依靠其核心竞争力提供的优势始终领先于竞争对手。沃尔玛是同行业中最早（1985 年）采用 EDI 技术的企业，这些投资都使得沃尔玛降低了成本，大幅提高了资本生产率和劳动生产率。尽管信息技术并不是沃尔玛取得成功的充分条件，但它却是沃尔玛成功的必要条件。沃尔玛的秘密在于信息技术的投资强化了企业核心竞争力。

3. 企业核心竞争力的发展必须与时代发展相一致

2002 年 1 月 22 日，由于经营情况不佳和部分供应商停止供货，拥有上百年经营历史的美国大零售商凯玛特（Kmart）公司向芝加哥联邦破产法院申请破产保护，成为美国历史上寻求破产保护的最大零售商。凯玛特在 20 世纪 60 年代成为当时美国的第二大零售商。凯玛特在传统营销的方法和策略上有很多独到的地方，甚至至今仍是营销教学的范例，但是在进入 20 世纪 80 年代以后，凯玛特没有能够继续将自身的核心竞争力与时代的发展相结合，因而丧失了竞争优势。麦肯锡公司的研究发现，凯玛特与沃尔玛相比，在所有 IT 技术的使用上基本上落后 10 年，应该说这是凯玛特衰亡的关键原因。

4. 企业文化是企业核心竞争力的主要表现

企业核心竞争力的表现形式是多种多样的。企业核心竞争力存在于人、组织机构、资产和设备等多种载体中，对外的具体表现就是企业文化。通用电气公司的宣传口号是“让我们为生活带来美好的东西”，在这个朴实无华的口号背后是通用电气公司员工对企业的自豪和对技术创新的热爱。这个观念的具体化，就是内部激励机制创造的通用电气公司员工的高效率，组织机构的无边界化，低成本和全球化的协作。

5. 企业特有的知识和资源是核心竞争力的基础

企业核心竞争力的基础是企业的知识管理能力和企业资源的大小。在工业社会，企业的发展在很大程度上依赖于资本的运作，在后工业社会和信息时代，当 IT 和其他高科技居于领导地位之后，企业的未来和核心竞争力完全依赖于企业“资本”的大小，谁拥有知识谁就拥有未来。企业的知识管理水平或者说企业的“资本”厚度决定了企业的未来和企业的核心竞争力。

竞争中的知识管理应用可以通过网络把相关人员组成虚拟团队，不仅可以收集、创造和共享知识，还可以进行高效率的协作。CRM 中的知识库鼓励员工献计献策，利用多种知识管理解决方案，构建全面的知识管理系统，在整个企业范围内部署知识管理的应用。

惠普公司的销售部把大量销售知识输入到一个以万维网为基础的系统，让世界各地的人们都能使用这个系统，其中包括产品信息、竞争情报、详尽报告以及能迅速交货的商品介绍。这种方式使人们获得内部和外部的知识变得更容易、更迅速。

（三）KM 与 CRM 整合对于构建企业核心竞争力的必要性

IDC 知识管理项目高级研究分析员 Greg Dyer 说过："今天，企业启动知识管理项目最普遍的原因是想增加收益和利润，维持企业的关键能力和专家知识，改善客户服务。" IDC 的预测报告《知识管理过程：实践方法》中的研究结果表明，企业正在通过实施 KM 项目来实现它们的商业目标。这类知识管理项目都强调知识共享、最佳实践和客户关系管理等应用。IDC 的预测报告说明了一个问题，即客户关系管理与知识管理息息相关。

如果把企业比做一个武者，CRM 作为企业的前台，直接与客户打交道，就类似于进攻用的"拳头"，而知识管理作为提升整个企业知识水平与创新能力的系统，则类似于一个武者的"内功"。没有"拳头"而仅有"内功"，是有力没处发，缺乏进攻的利器；仅有"拳头"而没有"内功"，则是"花拳绣腿"，进攻的效果也将大打折扣。

这说明，企业中单一的资源通常不能成为企业的核心竞争优势。也就是说，企业的资源是一个体系，需要有效配合在一起才能更好地发挥作用。同样，只有将客户资源与知识资源整合在一起，才能使企业获得持续的竞争优势。因此，要提高企业的核心竞争力，需要同时提升 CRM 系统和 KM 系统的实施成效。

CRM 将客户看做一项重要的企业资源，通过完善的客户服务和深入的客户分析来提高客户满意度和忠诚度，从而吸引和保留更多有价值的客户，最终提高企业利润。而完善的客户服务和深入的客户分析是建立在有效的知识管理基础上的，只有对客户信息进行有效的知识挖掘和知识积累，建立企业知识库，并在有效利用已有知识的基础上，才能提供完善的客户服务，从而提高 CRM 系统的实施成效。

KM 则将知识作为一项重要的企业资源，通过人、流程以及技术的有机结合而有效支撑企业战略目标的实现。随着网络技术的发展，企业与企业之间、企业与客户之间、企业内部各部门之间已不再仅仅是垂直或水平的关系，而是有着全方位、全天候的联系。因此，企业知识管理不应仅仅局限于企业内部，而应在整个价值链的范围内进行。此时，价值链中的各个成员（包括企业内部员工）都成为广义上的企业客户，企业知识管理必然与对这些企业客户的管理密切相关。成功的客户关系管理可以使企业与客户之间的联系更紧密，有利于客户知识的获取，从而更有利于在整个价值链的范围内进行知识管理。因此，CRM 与 KM 的整合可以提升 KM 系统的实施成效。

（四）在 CRM 流程中整合知识管理的途径

全球很多企业采用客户关系管理来提高客户的满意度和忠诚度，但要保持良好的客户关系，并不是只靠技术就能够实现的。企业还需要改进自己的业务流程，在客户需要相关信息的时候企业能够以一种高效的方式向客户提供，而这些则可以通过在与客户的交互中用知识管理来实现。

已经有很多业内专家建议在客户服务中集成知识管理，将知识管理作为 CRM 的一个关键部分。Meta 集团的高级分析师 Tim Hickernell 认为，服务策略中应该包括知识库，企业代理和客户可以通过所有的交互点进入这一知识库。这一知识库要能够提供更为一致的客户体验，从而优化服务成本，提高客户的满意度。Gartner 研究副总裁 Kathy Harris 表示："最终，CRM 一定需要 KM 来实现客户、企业员工以及合作伙伴之间的协同。"

企业可以通过以下途径，在 CRM 中整合知识管理。

1. 为客服定制 KM

其实，为企业的信息设立知识仓库中心的想法并不是最近才出现的，要求共享智力资本的理念也不是革命性的，只是现在企业对知识管理的理解要比以往深刻得多。原因之一是经济形势的因素，在经济窘迫的年代，企业往往会产生很多的变革；如今市场竞争激烈，企业的预算也比以前紧张得多，因此更关注对财务的控制。企业实施任何一个项目都讲究回报，投资回报率（return on investment，ROI）成为这个时代最令人关注的名词之一。

企业发现如果能够充分利用客户服务代表的智慧，让客户服务代表熟悉企业用已有信息建成的知识库，将知识库中的知识按照所有可能的用户进行细分，使之个性化，并授权企业的客户可以通过网络接口获得这些知识，从而进行自助服务，那么企业就能够极大地降低运营成本，同时提高服务的效率和客户的满意度。

2. 从文化开始

知识管理通常来说都是企业层面的项目，实施知识管理的原则之一就是要在各部门中管理和共享知识。如今，所有的企业都将客户满意作为一个关键目标，因此，企业现在都选择在客户接触中心进行知识管理，而其他一些部门包括办公室、人力资源部门以及销售部门则没有，这并不合理。企业必须要按照每个部门的具体需要和目标，有针对性地实施知识管理流程和工具。

针对客户接触中心，在实施知识管理项目时，首先就应该考虑企业的组织文化。企业的客户服务代表愿意使用知识库来检索解决客户问题的方案吗？企业的客户服务代表使用已有的呼叫跟踪或呼叫管理系统把案例记录下来了吗？企业的知识管理解决方案包括了客户服务代表具体的工作流程吗？企业的客户服务代表的具体目标是什么？用什么方法来衡量他们的目标是否实现了呢？在希望从知识管理中获得实实在在的回报之前，这些问题都必须回答清楚。

要想解决文化问题，必须要建立激励机制，奖励那些使用知识库或向系统中添加信息的人员。激励的方式可以是有形奖励，如奖金，也可以是无形奖励，如获得公众认可。知识管理的基本原则之一就是工作流和知识文献必须成为每个人日常工作的一部分。

（五）让客户参与

如今，知识管理不仅仅让企业内部人员使用知识库，客户也必须能够使用自助知识库。网络自助服务（电子服务或在线自助）的好处在于如果你的客户能够快速、方便地找到自己所需的答案，而不必与呼叫中心接触，他们就会对你的企业产生更多的好感，而企业也可以通过把客户咨询业务转到网络上而降低运营成本。

Giga 信息集团的董事 John Ragsdale 说："预算和机构的裁减冲击着许多的客户服务组

织，我从客户那里收集到很多问题都是关于怎样用更少的人去做更多的事。强大的电子服务产品，如知识库、检索技术、客户网络自助服务、E-mail 回复管理，就是把客户问题改为自助服务、减少每个客户代表的答复时间、提高首次呼叫解决问题比率的最好方法，还可以鼓励客户更多地使用廉价的支持渠道，如网络和 E-mail，而不是电话。”

只是把信息放在网上，让你的客户去找，这还不够。企业还要让信息及时、准确、容易地被找到，存放的格式还是客户想要的格式。通过知识管理帮助客户进行在线自助服务，可以让客户通过动态的 FAQ（常见问题解答）和知识搜索引擎快速找到答案。FAQ 和知识搜索引擎都必须能够产生动态的答复，并且这些答复对客户还要有用。这种技术其实就是自主学习搜索引擎（self-learning search engine）。要想建立真正的自主学习搜索引擎，系统必须能够吸收从以往的客户和案例中获得的经验，并能够自我组织，这样就可以把最相关的检索结果放在最上面。它还应包含一个报告系统，可以监视知识的使用情况——显示知识库中哪些内容经常用到，哪些很少或没用到。

在当今多变的市场环境中，改进客户服务、提高客户满意度是企业赢得竞争的关键之一。通过在客户服务中集成知识管理，企业可以让所有主要的用户——客户服务代表、客户、员工、地区代表、合作伙伴等都能够轻松获得准确、一致的信息，这样既能改进服务效率、提高客户满意度，还可以降低企业的运营成本。

第二节　客户关系管理与业务流程重组

一个企业要成功地实施 CRM，首先要做的一项重要工作就是企业业务流程重组。业务流程（business process）是企业输入各种资源，以客户需求为起点，创造出客户满意的产品或服务，以实现价值为终点的一系列活动。在传统的企业组织中，业务流程重组（business process reengineering，BPR）是按照劳动分工的需要而不是按照客户管理的需要来组织的，因此客户管理流程往往是分散的、片断的，这使得企业无法有效地实现以客户为中心的经营管理活动。在 CRM 环境下，客户的概念需要从独立、分散的单个部门的层面提升到企业整体的层面，因此在企业中与客户相关的每一个业务操作和管理环节都需要重新设计整合，这意味着基于客户关系管理的业务流程重组是一场全面性的、系统性的管理变革。

一、业务流程重组（BPR）概念的提出

业务流程重组这一概念来源于企业实践。20 世纪后期，不少大型企业的管理者发现，企业中存在着一种“大企业病”：专业分工过细，导致冗员繁多、机构臃肿、员工技能单一、程序僵化、资源闲置、重复劳动和运营效率低下，从而导致了企业运营成本高、浪费大等管理问题。而企业从接受订单到交货的周期过长，以及对市场变化的反应迟缓等弊病，也使得其与技术快速发展、市场迅速变化的新形势越来越不适应，需要进行管理改革来提高效率。在此情形下，一些先进企业开始了探索，例如，美国国际商用机器公司（IBM）下属的信用公司，以往对用户的融资申请，在公司内部的“公文旅行”至少要 6 天到 2 周才能办完，而实际花在业务工作上的时间总共只有 90 分钟。该公司对原有业务

流程进行了彻底改造，把业务时间缩短了90%，并大大提高了工作效率，使得这一过程只需45分钟就可以完成了。

企业的成功启发了学者，1993年，美国的米歇尔·哈默和詹姆斯·钱皮合作出版了《公司业务流程重组》一书，并以"管理革命的宣言书"作为该书的副标题，标志着业务流程重组理论的正式提出。在这本书中，他们阐述了BPR的定义：BPR就是对企业的业务流程进行根本性再思考和彻底性再设计，从而获得在成本、质量、服务和速度等方面业绩的显著改善。此书的问世引起了各国企业界的广泛关注，推动了一大批企业业务流程的改革。

实施CRM的业务流程是企业通过输入各种资源，以客户需求为起点，到企业创造出客户满意的产品或服务，以实现价值为终点的一系列活动。在一个企业中，业务流程决定了其运行的效率，是企业的生命线。以客户利益为中心，以员工为中心及以效率和效益为中心是实施CRM企业整个业务流程的核心。整个业务流程都是围绕着这三个目标进行的。BPR的核心是对业务流程进行根本性的再思考和彻底性的再设计，进而显著提高企业效率，提升企业价值。

BPR是一种管理思想，更是企业内部的一场管理变革，其所蕴含的管理意义可表述为以下三点：第一，BPR是一项战略性企业重组活动，而不仅仅是战术性的；第二，BPR以提高客户满意度为核心，客户需求是企业实施BPR的最根本动力；第三，信息及网络技术只是BPR的一个要素，此外还包括目标和人两大要素。

企业的使命是为客户创造价值，而为客户创造价值的是企业优化的流程。以客户为导向，意味着企业的流程优化将站在客户的角度考虑一切，尽管这样做时常会与企业的内在设置和其他需求发生冲突，但毕竟企业价值的核心是为客户创造价值，而客户价值的实现是企业一切价值实现的源泉。业务流程的设计与实施，都将以客户的利益为根本利益，以客户的标准为根本标准；反之，成功的流程运营与流程管理也必将为企业创造最核心的价值，即BPR是以客户为导向的BPR。

二、CRM环境下企业业务流程面对的挑战

随着网络经济的发展，市场竞争日益激烈，经济向全球化扩展，与此同时，客户消费心理日渐成熟，出现了感性化、个性化、主动化的消费趋势，致使市场变数激增，变化难以预测。要想成功应对挑战并在竞争中异军突起，企业必须相应于客户关系管理，创建一套有效互动的业务流程。总的来说，CRM环境下企业传统业务流程面临的挑战包括以下几个方面。

（一）交易效率的提高

在CRM环境下，现代信息技术的应用使得客户与企业之间互动的时空限制被打破，从而带来了交易效率的大幅提升，这必然会对企业的销售、营销等传统业务流程的运作效率提出更高的要求。例如，美国戴尔公司采用直销模式，由客户直接向戴尔公司发出列有所需配置详情的订单，然后由戴尔公司"按单生产"。由于消除了中间商环节，戴尔公司提高了交易效率，节约了大量的成本和时间，同时能够腾出更多的精力来了解客户需要。

（二）客户个性化需求的满足

在 CRM 环境下，交易平台和交易工具都有了极大的提升，客户的行为具有了高度的电子化特征，企业产品的订单可能来自地球上任何一个角落的消费者，他们的购物及付款可能采用电子方式。企业要想在这种客户需求日益多元化、个性化的市场环境下立于不败之地，满足客户完全个性化的需求成为必然。许多企业现有的业务流程是无法做到这些的，企业必须进行客户需求导向的业务流程重组。

（三）市场竞争对业务流程的综合适应要求提高

在激烈的市场竞争中，客户需求的快速多变使得企业需要通过持续不断的变化和调整适应状态来保持竞争优势，争取更多的客户资源。这种竞争的动态性造成了企业运作的高风险性，大大地提高了对企业业务流程的综合适应能力的要求。同时，风险意味着市场回报率也极高，企业的业务流程如何才能配合上少则几十倍、几百倍，多则上千倍的投资收益，也是一个挑战。美国微软公司就是一个很好的例子，其在 1968 年创立时年收益仅为几百万美元，而目前其股票市值已超过 2617 亿美元。

（四）业务流程无限扩大

在互联网这个商务平台快速提升的大环境下，无论是虚拟的纯电子商务，还是由实体企业支撑的电子商务，都必须将焦点集中到客户身上，必须提供给客户实时的、互动的、个性化的解决方案，才能在竞争日趋激烈的全球化市场中赢得独特的竞争优势。这就要求企业尽快建立"一对一"的营销平台以及客户接触点的集成管理，实现客户信息的实时共享机制，从而有效地提高应对变幻莫测的市场需求及越来越挑剔的客户的个性化需求的能力。

（五）将客户知识管理融入业务流程

客户知识管理就是有效地获取、发展和维系有利于客户组合的知识与经验，为尽可能地求得最大的价值，"客户""知识"和"管理"必须处在一个封闭的循环体系里，企业运营这个循环体系中的客户知识，从客户关系中求得获得最大收益的行动。在 CRM 环境下，客户知识管理需要与企业的业务流程重组有机交融，因为客户知识和信息的创造、共享与再利用只有与特定的业务流程密切联系，才能发挥其巨大的效用。

三、CRM 系统中的业务流程重组

一个完整的 CRM 应用系统包括业务操作管理、客户合作管理、数据分析管理和信息技术管理四个子系统。企业前端与客户相关的业务流程可以分为业务操作管理流程与客户合作管理流程这两个部分。这两类流程的共性是它们都以企业的外部客户为工作中心，以达成或改进与客户的交易为目标。所以，在 CRM 系统的应用中，涉及企业前端业务流程的重组时，基本可以划分为业务操作管理流程的重组和客户合作管理流程的重组两方面。下面将从这两个方面讨论 CRM 系统中的业务流程重组问题。

（一）业务操作管理流程的重组

企业的业务操作流程主要由营销、销售和客户服务与支持流程这三部分组成。CRM系统通过对业务操作流程的优化和重构，建立符合企业需要的全新功能模块，进而形成全面的企业前端业务流程闭合环路。

1. 营销流程重组

在CRM环境下，要求企业在市场营销活动中能够实现以下六个方面的功能：①针对企业客户定位制定市场营销战略和目标；②设计针对性强，效率高的市场推广活动；③管理实施活动的各种渠道与方式，或对活动的进程进行调整；④评估活动结果，最终找出效果最好的营销活动形式；⑤获得关键客户的互动资料；⑥进行营销活动的市场分析，提出决策参考意见。

为保证实现营销自动化，CRM在营销功能模块方面需要充分应用数据库技术，通过集成的客户信息数据库和客户机与服务器之间的交互，来满足高端决策管理、面向营销的市场分析等需求。

2. 销售流程的重组

销售流程包括报价、订货、折扣、给付差价、销售点管理等一系列活动。销售流程的优化是通过活动的集成来达到的，而集成的前提是简化，流程的简化主要是利用计算机进行业务的管理和监督、控制，将原先不必要的活动和不增值的活动（如单纯业务数据的统计、分析、整理，上报等）进行删除，通过IT技术将销售流程中的某些活动合并，从而减少活动的数目。

在销售环节上，CRM将为企业提供一个管理销售流程的全面解决方案。CRM要求销售中能够提高专业销售人员大部分活动的自动化程度，包括：①覆盖整个销售过程，从销售信息导入到市场时机的把握，从渠道的选择到订单的管理；②支持各种不同类型的销售方式——直销、间接营销、代理销售，电视销售、网络销售等，支持不同销售方式的工作人员通过多种渠道共享客户信息；③实现包括日历和日程安排、联系和账户管理、佣金管理、商业机会和传递渠道管理、销售预测、建议的产生和管理、定价、领域划分、费用报告等在内的功能。

3. 客户服务与支持流程的再造

在客户服务环节，CRM要求企业提供颇具竞争力的售后支持、上门维修和消耗品维护服务，其中包括维护人员的预约与派遣、备件的管理、后勤保障、服务收费和根据合同提供野外维护服务等项目，还应当支持客户自由选择电话、网络等自己认为最方便的通信方法与企业联系，而且不论他们采取何种渠道，都能在最短的时间内得到所需的统一专业的服务。企业则通过内部与客户打交道的各个环节，最终得到与客户相关的各种资料，真实、全面地掌握客户需求，将资料反馈给营销和销售部门，可以实现更大的价值。

在CRM环境下，企业提供客户服务时由于覆盖了从与客户的初次接触到最后的服务账单，从而可以管理整个服务业务流程。

（二）客户合作管理流程的重组

CRM应用系统中，将企业与客户接触、交互与合作的业务功能独立为客户合作管理，这不仅大大提高了企业对客户管理的有效性，而且使相关业务操作流程对客户信息的共享和交流更为便捷，对客户交流渠道的协调更为综合和统一。客户合作管理流程包括企业业务信息系统、联络中心管理和Web集成管理。

1. 企业业务信息系统

企业业务信息系统是企业管理信息系统的子系统，处于企业信息系统的基层。它主要是针对企业的某项业务处理要求，进行数据处理，包括数据的接收、录入、统计、汇总、更新和检索等，代替业务人员相关的重复劳动，提高信息处理、传输的效率和准确性，为决策和业务操作应用系统提供支持。在CRM系统中，包括在客户合作管理子系统中的业务信息系统专指其相关的信息功能，主要包括客户资料管理、客户跟踪管理、业务知识管理。

（1）客户资料管理。客户资料管理其实是一个存放所有客户信息的资料库。其记录和存储所有客户的信息资料，将来自每个销售人员和不同渠道的客户信息以及所有联系人的完整原始档案资料登记入内，并对各类客户联系人分类、统计、查询和打印地址列表、电话列表、信封标签等。以此将客户资料进行集中管理，从而可以及时、准确地了解新老客户的准确信息和发送批量的信件、电子邮件和传真等。

（2）客户跟踪管理。客户跟踪管理是跟踪每次业务操作中与客户联系的情况，对客户提交的电子文件等跟踪记录，对业务人员的重要活动及未来约会提醒设置；业务负责人可以随时将项目及所有信息移交他人继续跟踪；对已成交业务的收款情况及交货情况进行监控；提供多种统计分析功能，对每位业务人员的销售业绩及指标的完成情况进行统计等。

（3）业务知识管理。业务知识管理功能可以提供业务人员日常工作中需要的信息，包括公司介绍、产品介绍、产品报价、经营知识、标准文档、市场活动、媒体宣传、业界动态。产品趋势以及竞争对手及其产品的相关信息，还能提供所有业务人员针对不同案例及市场与销售策略进行讨论的功能。

2. 联络中心管理

联络中心的功能实质上是企业与客户互动的窗口，除了为客户提供相应的服务和支持外，还能完成对有关客户信息的收集和分析。在现代信息技术的支撑下，联络中心的内容和功能都已超出了传统的呼叫中心的范围，但呼叫中心仍然是联络中心的重要组成部分。

呼叫中心，也称作电话中心，是指以计算机通信集成技术为依托，可以提供完整的综合信息服务的应用系统。呼叫中心最初为企业在最外层加上了一个服务层，但在CRM系统中，它不仅在外部为客户提供支持和服务，而且在内部也为整个企业的业务操作管理流程起到重要的支持、协调作用。同时，还要逐步提供7×24小时的不间断服务，允许客户在与企业联络时选择语音、IP电话、电子邮件、传真、文字交谈、视频信息等多种通信方式。呼叫中心功能的拓展使得CRM系统中的呼叫中心逐渐向联络中心的方向发展。

联络中心的目标是通过对客户接触点的综合集成形成统一的企业前端，即综合联络中心 UCC，把电话呼叫、电子邮件、互联网接触及间断联系等渠道统一起来，负责企业与客户接触的前端，同时可摆脱过去成本中心的包袱，转化为企业的利润中心之一。企业的客户服务或销售人员，在 UCC 的构架下，可以用单一的界面同时满足客户电话拨入和从网络上提供服务的要求（web call），在服务人员与客户以一般电话对谈的同时，也要能够与客户同步浏览网页或线上立即传送视频文件。这类功能可以保证企业联络中心与客户互动的质量。

3. Web 集成管理

Web 集成管理是指企业在互联网上推广、宣传、与客户接触等进行统一的全方位的网络商务应用的解决方案。CRM 系统要实现企业通过 Web 支持，销售其产品和服务并不断扩展销售和服务体系，以及将 CRM 与 ERP 等应用系统结合，改善产品的发布和生产周期。CRM 的 Web 集成管理应用互联网体系结构，提供了一个从选择配置到订货的个人化的电子商务解决方案的新接口，从而全面支持互联网交易，使企业能够充分利用互联网扩展自己的电子商务，对企业实施有针对性和个性化的市场战略具有重要的意义。

四、企业业务流程重组的基本原则

实施业务流程重组给企业带来了机遇，同时也带来了风险，为了提高成功的概率，企业在进行业务流程重组时应遵循以下原则：

（一）调整组织结构

业务流程重组的重要原则之一是调整组织结构以适应组织的战略目标，这也是业务流程重组的重要任务。业务流程重组打破了职能部门的界限，使得由不同部门相关人员组成的工作组来完成一个特定的任务或者某一工作步骤成为可能，组织结构趋于扁平化，组建团队的灵活性也大幅提高，以便更好地实现组织的远景规划和战略目标。这样企业可以通过重组在激烈的市场竞争中为顾客提供更好的服务并以此发展业务和拓展市场，将此发展成为企业的核心竞争优势。

（二）组织高层领导直接参与

高层管理者对企业重要资源（包括人、财、物等资源）的支持是 BPR 成功的关键；另外，企业主要业务流程的重组势必引起工作领域内相关流程、技术、工作角色和文化等的变革，高级管理层对重组坚定不移的信心是这些变革能够持续获得必要的资金、人力等资源的基本保障，高级管理层强有力的、持续的支持也是重组能够克服各种阻碍获得成功的必要条件。

（三）充分调动员工参与的积极性

在实施重组的过程中，必须强调员工的积极支持与参与。尽管 BPR 采用严格规范的方法进行系统的分析和设计，然而这种方法常常会忽视人为的抵制因素。被重组部门的员工常常会设法阻止变革或尽力将原有设计改变为他们所能够接受的方案，从而导致重组的失败。为了获得员工对重组的支持就必须对症下药，就要了解员工反对重组的原因并找到相关的解决方法，使员工积极参与和支持重组。同时，从企业决定实施BPR开始，企业管理层与职工之间就要不断进行交流。业务流程重组是第二层次的变革，是多维度、多层次、不连续、激进的变革，因此要向员工宣传BPR带来的机会，如实说明BPR对组织机构和工作方式的影响，特别是对他们自身岗位的影响及企业所采取的相应解决措施，尽量取得员工的理解与支持。如果隐瞒可能存在的威胁，有可能引起企业内部动荡不安，从而使可能的威胁成为现实。

(四) 选择适当的重组环节

在一般情况下，企业有许多不同的业务部门，一次性重组所有的业务部门会导致其超出企业的承受能力。所以，在实施BPR之前，要选择好重组的关键对象。应该选择那些可能获得阶段性收益或者是对实现企业战略目标有重要影响的关键流程作为重组对象，使企业尽早看到成果，在企业中营造乐观、积极参与变革的氛围，减少员工的恐惧和抵制心理，以促进BPR在企业中的推广和日后在企业的进一步实施。

(五) 可靠有效的绩效评估

业务流程重组是一个系统工程，对其实施效果的评价也应是多视角和多维度的，在当今管理的理论界和实务界，普遍认同的系统绩效评价体系是平衡计分卡法。平衡计分卡法的核心思想反映在一系列指标间形成的平衡中，即短期目标和长期目标、财务指标和非财务指标、滞后型指标和领先型指标、内部绩效和外部绩效之间的平衡。管理的注意力从短期的目标实现转移到兼顾战略目标实现，从对结果的反馈思考转移到对问题原因的实时分析。它是一种以信息为基础、系统考虑企业业绩驱动因素、多维度平衡评价的一种业绩评价系统；同时，它又是一种将企业战略目标与企业业绩驱动因素相结合，动态实施企业战略的战略管理系统。它的优点是既强调了绩效管理与企业战略之间的紧密关系，又提出了一套具体的指标框架体系。

(六) 信息技术的运用

信息技术（IT）的运用是业务流程获得根本改变的一个关键手段。大多数传统方法在提高速度和增加准确性的过程中无法同时降低成本，然而IT却能够大大减少实现全部功能的环节或活动，往往可以取得惊人的效果，在重组信息丰富的地方采用IT可以使企业比竞争者具备更大的优势。IT在重组中的应用主要可以分为BPR软件开发工具和BPR实现手段两大类。BPR软件开发工具按功能划分主要包括BPR规划、组织机构实体分析、建模分析、基于活动的成本核算、图形模型仿真、业务绩效度量和绩效分析等模块。

(七) 重建企业文化

企业必须建立与流程管理相适应的企业文化。与流程管理相适应的文化基础是团队精神，即工作小组成员之间的信任感、默契感和积极向上的精神风貌。企业文化的变革应注重员工之间以及上下级之间的交流模式和方式的改进，建立起高效的沟通渠道。如果企业不进行组织管理方面的变革，员工则会缺乏在工作知识、观念、技能和行为上革新的动力，那么任何技术、流程和结构的重组都是不能长久的。

第三节　客户关系管理与企业组织再造

企业组织结构是企业为实现既定的经营目标和发展战略而确立的一种内部权力、责任、控制和协调关系的形式。企业的组织结构不是一成不变的，而应该是随着组织内外部环境以及业务流程的变化而变化的。

传统的金字塔式的组织结构已不能满足市场的需要，难以实现以客户为中心的 CRM 战略的需要。因此，要实施 CRM 战略，企业必须对传统的组织结构进行重新调整，根据以客户为中心的 CRM 战略以及业务流程的需要，减少中间管理层次，扩大管理幅度，使组织结构向扁平化、网络化方向发展。只有这样，员工在为客户服务的时候才可能被赋予极大的权力，也只有当员工被赋予了这种权力时，才能使以客户为中心的理念落到实处，真正为客户提供满意的服务。

一、组织再造的概念及设计原则

传统的企业组织结构实际上是适应工业经济发展要求的科层制组织结构。随着网络经济的发展，传统的、垂直式的、集权式的金字塔形组织结构，逐渐不能适应信息庞大化、时机短暂化、决策复杂化的多变环境，并且逐渐暴露出致命的缺陷。

（一）传统企业组织结构存在的问题

1. 管理成本居高不下

传统的组织结构是建立在严密的分工与协作基础之上的，在分工越来越细、越来越强调专业化的情况下，企业的协调和监控工作变得越来越复杂，导致管理环节增多、管理成本上升和企业效率降低。而存在于企业决策层和作业层之间的数量庞大的中间管理层，也同样消耗着大量的企业资源，进一步增加了企业的管理成本。

2. 企业内部的信息沟通缺乏效率

在传统的企业组织结构中，信息的传递需要在等级森严的体系中穿行——层层汇报、层层批示、层层负责，导致信息沟通缺乏效率，机会在无休止的“研究、审批”中不知不觉地被错过，而且所谓的“上级指示”也常常因为不知实情而造成“瞎指挥”，使得企业不能对外部环境做出及时、正确的反应。另外，在机构重叠，职能交叉的组织结构中，由于不能做到信息和资源的共享，也造成了协调与合作的困难。

3. 企业组织结构无法适应外部环境的变化

传统的企业组织结构通常“以确定性定不确定性”的方法来办事，比如，严格按照规章制度办事，或试图对外界环境进行控制，使其符合组织发展的需要。而这种办法在当今信息传递不受时空限制、市场环境瞬息万变的条件下，显然是无法适应外部环境变化的。

4. 束缚人的创造性

传统的组织结构通过金字塔形的层次结构割裂了部门间和职能间的联系、交流与学习，造就的是一种封闭的，充斥着互不信任、互相贬低的组织文化，对发挥员工的积极性、主动性和创造性极为不利。况且，在这种组织结构体系中由于忽视了非正式的信息交流与沟通，以及不重视良好的人际关系的培养，因而无法组成有凝聚力和战斗力的团队，不利于在市场竞争中发挥整体优势。

上述种种因素，都迫使企业不得不从根本上去重新思考已形成习惯的一些管理理念，如长期以来企业在经营中所遵循的分工思想、等级制度、规模经营、标准化生产和官僚体制等。企业需要认识到，必须打破原有的思维定式，在组织上进行一次彻底的变革，而不再是对原有组织进行简单的调整修补，必须另起炉灶、抛弃现有业务流程和组织结构中的陈规陋习。企业组织再造理论应运而生。

（二）组织再造的定义

"再造"的管理思想和方法，由美国麻省理工学院教授米歇尔·哈默（Michael Hammer）于1990年首先使用。1993年哈默和管理咨询专家詹姆斯·钱皮（James Champy）在合作出版的《再造企业——工商管理革命宣言》一书中，正式提出企业"再造"的定义，即为了在衡量绩效的关键指标上取得显著改善，从根本上重新思考、彻底改造业务流程，其中衡量绩效的关键指标包括产品和服务质量、顾客满意度、成本，员工工作效率等。企业组织再造强调对经营过程进行根本性的再思考和彻底性的再设计，利用先进的制造技术和信息技术及现代化的管理手段，最大限度地实现技术上的功能集成和管理上的职能集成，打破传统的职能型组织结构，建立起过程型的结构，扩展企业的经营目标和机会，改善服务功能与外界环境的关系，最终实现企业在质量、效率，效益等方面的巨大提高。

（三）组织再造理论的基本原则和特征

第一，组织再造必须借助信息技术的力量，去摆脱组织运作中陈旧的方式，从跨职能的角度来看待基本的管理过程，重新定义组织的工作任务，系统地寻求根本性的改变以达到经营管理的突破和跨越。

第二，组织再造与以前的渐进式变革理论有本质的区别。再造是组织的再生策略，它将实现企业由单一决策中心向多决策中心的发展，将全面检查和彻底更新原有的工作方式，把被分割得支离破碎的业务流程合理地"组装"起来，建立一个扁平化、富有弹性的新型组织。

第三，组织再造的关注焦点集中在客户及客户关系上，要运用结果导向和团队设置的方法，通过严格的绩效评估，来确定工作过程的职能，同时也要求高层管理者的实质性参与和全体员工的投入。

第四，组织再造将创造条件让各个职能系统通过竞争实现协调，使企业可以自动地处理外界环境极不稳定的大量信息，更关注创造的主动性、适应的灵活性，力求克服复杂多变环境下不完全、不对称信息所衍生的"内部人控制"和"道德风险"等弊端，以建立开放式的组织体系为目标。

第五，组织再造以知识信息资源的共享和技术优势为依托，具有开放性、实时性、主动性、虚拟性的特点，适于实施与客户交互设计，小批量多样化生产，全程营销的经营模式；强调知识的创造、共享和应用而非知识垄断；强调高层管理者“设计师”的角色，而非“指挥家”的角色；强调分权与扁平式组织，而非集权与金字塔形层级制；强调成员自我管理和自我价值实现的需要；强调组织内共享意愿和目标的建立。

总之，我们可以看到再造理论对于渴望更新经营模式的传统企业以及努力实现“在线飞行”的知识型企业的重要意义。企业再造理论也由此成为企业通过 CRM 系统应用来提高核心竞争力的指导思想之一。

二、CRM：实现企业组织再造与层级扩展

（一）企业组织再造的实现

一个适合企业革新的组织体系和整合的业务流程的系统架构，对于 CRM 项目实施的全过程具有至关重要的意义。系统架构是企业在实施 CRM 项目时必须依据业务流程的重组首先开展的工作。在设计 CRM 的系统架构时，进行企业的结构化系统分析，是企业组织再造的第一步。

结构化系统分析是在 CRM 项目实施中，对企业组织各部门、各种业务及其处理过程详细调查、了解的基础上，提出 CRM 系统和企业组织的新逻辑方案的工作。在这个方案的实施中，将包括对下述工作的汇总：组织结构分析、功能调查与分析、业务流程调查与分析、数据与数据流程调查分析。通过这些调查分析工作，将获得以下结果。

1. 对系统组织和子系统的划分结果

调查企业的现行组织结构、领导关系、物资与资金的流程、信息的流程、业务分工等情况，进行组织与功能的配比分析，征求多方意见，划分出组织系统图表。

2. 对系统业务流程分析、整理的结果

全面细致地了解整个企业基于各个职能部门的业务及流程，并对各种业务的输入、输出、处理过程，以及处理的速度、数量、现存障碍等进行清楚调查；用文字和图例做出业务流程图 TFD（transaction flow diagram）。

3. 对数据及数据流程分析、整理的结果

了解企业的各类报告、报表、票据及计划、资料等系统数据，查清其来源、去向及处理方法和过程，得到完整的数据结构和数据流程图 DFD（data flow diagram）。

4. 对具体业务操作过程的管理模型和方法分析、整理的初步结果

在对企业实际上的组织体系、业务流程、管理功能和数据流程都做了详细的了解、分析并取得初步的图表等结果后，对 CRM 系统就必须进一步开展结构化、系统化的分析，一方面能检查出原有工作的缺点和不足，另一方面能设计出新系统的方案。

在众多实施 CRM 的企业中，思科公司（Cisco）是典型的被公认为通过应用 CRM 获得成功的企业。它在设计企业组织体系时，一方面，将供货商、制造商和装配商密切地联系起来，每个成员的地位平等，实现了利用先进的网络技术使各企业间的技能和知识充分交流，让业务流程衔接得既便捷又紧密，从而使各成员都获得了传统组织中为分工协作所付出的计划、指挥、协调及监控等成本费用的大幅削减所带来的好处；另一方面，Cisco

又通过系统化结构分析，将软件与网络开发部门列为企业最主要的职能部门，把企业的战略资源尽量集中到这一核心能力的开发上，而将非核心的业务以外包的方式，承包给企业松散的合作伙伴或其他企业，这样能降低外部交易成本和核心能力丧失的风险，使自己的生产能力持续提高。所以，Cisco 持续竞争优势的获得，在一定程度上，应归功于实施 CRM 完成的以分立化、扁平化为特征的组织再造。

（二）CRM 再造组织的层级与可扩展性

CRM 成功地实现组织再造可以提高企业决策的效率，充分调动企业员工的积极性，但在再造过程中势必因触动部分组织的局部利益而使其产生抵触。因此组织再造不仅要合理规划重新设计的组织，而且还要考虑建立什么样的组织、如何有效地建立这些组织、如何使组织有效发挥作用等问题。在这种情况下，构建的层级组织是否具有可扩展性将成为关键。

CRM 划分组织系统要考虑到企业不同层级的需求。首先，企业与客户有密切联系的主要部门有市场营销、销售和客户服务部，CRM 系统将满足这些部门级的需求，提高市场决策能力，加强统一的销售管理，提高客户服务质量；其次，CRM 必须将企业的市场、销售和服务协同起来，建立市场、销售和服务之间的沟通渠道，也就是满足企业部门协同级的需求；最后，CRM 要与企业的相关业务系统紧密结合。以客户为中心优化生产过程，必须满足企业级的管理需求。

1. 部门级需求

企业中对 CRM 有最强烈需求的是市场营销、销售和客户服务等部门。要满足企业部门级的需求，CRM 系统至少应该包含数据仓库、数据挖掘系统、销售（自动化）管理、营销（自动化）管理、客户服务与支持等子系统，从而支持市场营销部门开展市场活动管理、跟踪和反馈、进行活动评价，同时得到客户的构成、地理分布等方面的信息，分析客户行为，对客户状态进行分类；支持销售部门提出销售任务、分配任务、评价和度量销售；同时使客户服务部门及时得到系统提供的关于客户服务的准确信息，保证服务中心一致对待客户等。

2. 协同级需求

协同级需求，主要解决企业在运作过程中遇到的实时传递信息和渠道优化的问题。满足了企业协同级的需求，CRM 才能将市场、销售和服务部门紧密地结合在一起。只有将营销数据分析的结果实时传递给销售和服务部门，它们才能更好地理解客户的行为，留住老客户；同时销售和服务部门收集的信息也要及时传递给市场部门，以便对销售、服务和投诉等信息进行及时分析，从而制定出更有效的竞争策略。渠道优化则是指在众多的销售渠道中选取效果最佳、成本最低的销售渠道。总之，通过市场、销售和服务部门的协同工作，可以达到企业实时掌握商机的目标。

3. 企业级需求

CRM 还要满足企业级管理的需求，因为许多企业往往存在比较复杂的管理系统，如果它们相互孤立，就很难充分发挥各系统的功能。CRM 要担负起不同系统之间的相互协调功能，应充分提高企业的运作效率和降低 IT 系统的成本。企业管理系统如财务系统、后端支持生产制造的ERP、支持供应流转的SCM等系统，都要通过CRM整合形成一个闭合的系统，才能全面提高企业运作的能力。CRM与这些系统的结合主要表现在：第一，CRM要从企业已有系统中获得客户数据和信息；第二，CRM系统可以直接集成企业已有IT系统中的一些模块，利用已有系统的功能，同时也降低了自身的成本；第三，CRM的分析结果可以被企业内其他IT系统所运用。

要满足企业不同层级的需求，CRM系统就必须有良好的可扩展性，企业能在不同时期根据自身的经营规模、系统状况和需求灵活地扩展CRM系统的功能。CRM系统中的企业应用系统集成（EAI）方案就是采用应用系统交换（包括数据库适配器、语言适配器和应用适配器等）、信息转换技术，确保将CRM与企业的其他IT系统结合起来。同样，只有满足层级需求且具备良好扩展性的组织，才是CRM重组的目标。

（三）客户关系管理与组织再造策略

CRM系统架构中，如果能够实现组织再造就可以提高企业的决策的效率，充分调动企业员工的积极性，从而提高客户的满意度。但在再造过程中可能会出现部分组织的局部利益受损而产生抵触。因此在重构过程中，不仅要合理规划重新设计的组织，还要考虑建立什么样的组织、如何有效地建立这些组织、如何使组织有效地发挥作用等问题。

（1）企业的组织再造中一定要调动人才的积极性，要把人性因素考虑进去。因为重构是一个复杂的变革过程，而对变革的管理和控制则更为复杂，引导员工参与变革、支持变革将是重中之重。如果没有普通员工愿意为企业发展牺牲短期利益，企业转型就不可能实现。要想赢得员工的支持和信任，就需要全面了解员工与企业组织的关系。

有的企业在组织再造和改革的过程中，可能会受到员工的抵制。这是因为管理者往往是变革的发动者，而员工则是变革的被动接受者。两者对变革的认识是不同的。因此，要想在企业内部顺利实现组织再造或推行变革，高层管理者就必须站在员工的角度，了解他们对变革的看法，并通过考察存在于员工和企业之间的个人契约的内容，来对存在于二者之间的认识分歧做出正确的判断，并想办法通过修改个人契约来消除分歧，形成新的制度平衡。个人契约的修改不仅包括个人契约中的正式维度，还包括其心理维度和社会维度。在组织再造方案中，管理者如果对员工的心理状态十分关注，往往会赢得下属对新目标和新绩效标准的全身心投入，而要想创造一种能激发员工在社会维度上对组织承诺的环境、企业宣扬的东西与管理者行为之间是否一致是关键所在，如果个人契约中的社会维度受到严重破坏，将会影响到管理层的信誉，信誉一旦失去便很难恢复。

（2）企业在调动全员的积极性时，应当充分考虑到满足各类人才的需要，努力开发员工的责任心、上进心和事业心。一些企业在组织再造过程中开展了一项被称为“标杆瞄准”的工程，以在企业内部形成一种渴求改变现状的共识，实现企业的领导和组织成员间的充分有效沟通。标杆瞄准的含义是，企业以行业中的领先企业作为标杆，通过分析比较、跟踪学习乃至模仿等一系列规范化的程序，改进绩效，赶上并超过竞争对手。调查表明：标杆瞄准是占美国国民生产总值近1/4的所有大公司一直表示在将来要继续加强的一项管理活动，追求卓越要求企业制定更完美的目标并通过努力实现它，这对于企业每个员工都有着巨大的感召力和激励作用，他们会有更大的热情去工作。企业如果营造了这样一种工作氛围，对它顺利达成组织再造的目标将有十分重要的作用。

总之，理论上组织再造追求重建管理进程，达到提高组织效率、效益和竞争力的目的，是从整体上对企业组织结构、管理体制、组织文化及其他方面进行的改革。CRM 应用实践中，组织再造为企业减少了职能循环时间，节省了开支，以更好地满足顾客需求，为企业提供一种提高生产效率和利润的可行性方法。CRM 的组织再造将提高企业管理现代化的程度。

三、企业组织结构发展的新趋势

（一）企业组织结构的扁平化

企业组织结构的扁平化就是管理层次的减少和管理幅度的扩大，企业结构形态由标准的金字塔形向圆筒形转化。经过长期的演变，传统的金字塔式的层级组织之所以僵化失灵，一个重要的原因在于它的中层过于庞大。中层的膨胀部分是取决于在传统技术条件下企业规模扩大的相应举措，部分是由于企业各层次对增加下属、扩大管理控制权的自身需要。层次繁多、部门林立、机构臃肿、人浮于事，已成为传统官僚组织普遍的弊病。20 世纪 90 年代初期出现的业务流程再造的潮流，其核心思想之一就是要把原来的金字塔式的组织结构扁平化，使企业的高层能够更接近生产和销售的现场，减少信息的失真，增加组织的灵活性。

（二）企业组织结构的网络化

现代工业企业的组织结构由紧密型转向松散化，企业间网络成为新的企业组织形式。企业组织结构的网络化主要体现在四个方面：一是以技术和资本为纽带形成的企业集团化，通过组成一种新的利益共同体，使众多企业之间的联系日益紧密；二是以契约和资本为纽带形成的经营连锁化。通过发展连锁经营和商务代理等业务，形成了一个庞大的销售网络体系，使得企业的营销组织网络化；三是以契约和共同利益为纽带形成的企业内部组织网状化，内部网状化是实现企业组织彻底扁平化的根本途径；四是以互联网为纽带形成的信息传递网络化。全球网络技术的蓬勃发展和计算机的广泛应用极大地降低了企业间网络的运作费用，推动了企业间网络的发展。

（三）企业组织结构的无边界化

企业组织结构的无边界化是指在组织结构上不设固定和正式的组织机构，代之以一些临时性的任务为导向的柔性组织，如矩阵制、团队组织等。组织更多地不是表现为一种有形的障碍，而是其界限越来越趋向于无形。企业再也不会用许多界限将人员、任务、工艺及地点分开，而是将精力集中于如何影响这些界限，以尽快地将信息、人才、奖励及行动落实到最需要的地方。“无边界化”并不是说企业就不需要边界了，而是不需要僵硬的边界，代之以可渗透性和灵活性的边界，以柔性组织结构模式替代刚性模式，以可持续变化的结构替代原先那种相对固定的组织结构。随着经济信息化网络化全球化的日益发展，企业内外部信息共享、人才共用已成为主要特征。其优点是灵活机动、博采众长、集合优势，不仅可以大大降低成本，而且能够促进企业人力资源的开发，并推动着企业组织结构的扁平化发展。

（四）企业组织结构精练化

企业组织结构精练化又被称为“企业减肥”。通过“减肥”，企业可以增强活力、降低成本，提升自身的核心竞争力。著名的惠普公司原先为促进各工作小组之间的沟通和更好地评估各项决策而设立的38个内部委员会，不仅增加了公司成本，还限制了创新和延缓了决策，仅仅为公司开发的第一代计算机软件起个名字，他们就用了9个委员会、近100个人讨论了近7个月之久。按照交易费用经济学的原理，传统的金字塔式组织结构运行需要的巨额费用和它为企业带来的效益之间的对比，迫切要求打破这种体制。世界上资产几十亿、上百亿美元的大公司也不再直接组织生产，而开始走向委托生产之路。如欧洲电子工程巨头ABB公司将其数千种产品与服务部署在全世界50个作业区，每区设一个领导小组独立运作，其生产决策与总部之间没有直接隶属关系。这些小公司规模虽小但却利润惊人，是名副其实的“小巨人公司”。

（五）企业组织结构非正式化

随着互联网的广泛应用和信息技术的进一步发展，组织中的员工无须在固定的时间、固定的场所去完成固定的工作，也无须面对面进行工作协商和工作汇报，只要能在规定的期限内完成规定的任务即可。上属对执行者任务进度和完成结果的监控完全可通过企业内部的网络进行。这种工作方式的变化使得组织结构呈现出日益非正式化的趋势。例如，面向作业小组或项目团队的授权方式越来越得到众多企业管理者的赏识。在传统组织中企业是按照研究、开发、生产制造、销售的顺序进行经营并进行职能部门授权的，这不利于部门间的横向协调。而面向作业小组或项目团队的授权方式则属于同步经营方式，不仅可以取代传统的职能部门，还可以在团队内部建立一种新型的协作关系。其运作方式是根据产品或项目需要，设立一个或多个作业小组或项目团队，小组或团队内的所有成员均由不同专业的或原来不同部门的专家所组成，完成产品或项目所需的全部或大多数工作任务，任务完成后作业小组或团队即告解散。正是这种临时的、短期的、可变的小组或团队才具有随时适应市场变化的巨大应变能力，为了完成共同的任务，小组内成员可以自主决策，最大限度地发挥自身潜能。这种全新的授权方式使得组织结构变动性较大、灵敏性较高，可以做到随时根据新的市场需求，迅速成立作业小组，进行人力资源重组。

四、面向CRM的网状组织结构

良好的企业管理机制是CRM成功实施的有力保证，而组织结构与业务流程又是企业管理机制的基础。下面提到的面向CRM的网状组织结构，不同于企业联盟等形式的企业间的网状组织结构，而是适用于企业内部的网状组织结构。

（一）面向CRM的网状组织结构的定义

1. 企业核心资源

企业最准确地获取客户需求的理想方法就是将客户纳入产品设计、生产计划、营销、销售等企业运营过程中来，与企业的设计、生产、销售等职能人员协同工作，这样可以准确地了解市场需求，并在设计、生产、销售、客户支持与客户服务的整个过程中做到符合客户要求，所以企业应将客户视为企业的一种资源。同时，客户是产品的购买者，是实现产品价值、使企业获取利润的最终决定者，这就决定了企业的其他资源（如资金、员工等）必须围绕客户进行优化配置，即客户是企业的核心资源。

2. 企业组织结构的基本单元

不同客户对企业的重要程度是不同的，依据帕累托的80/20法则，企业80%的盈利只来自其20%的客户，有80%的客户是让企业赚不到多少钱的，有的甚至让企业赔钱。所以，企业应该根据客户的重要程度来实现资源的优化配置，从组织结构的角度来看，此处的资源主要是人力资源。为此，企业须根据客户价值将客户细分为不同的客户群，客户价值是客户对企业终身利润贡献的大小，是对客户重要程度的量化反映。为不同客户群分配相匹配的设计、生产、销售及客服等职能人员，这就组成了客户服务小组，如图8-2（a）所示。每个小组设一名组长，负责协调组内成员的工作及对成员进行绩效评价。

这样，客户与企业交易的整个过程，包括议价、产品设计生产、营销、销售、客户服务等，这些都可在其所属的客户服务小组内完成。

3. 整体的网状组织结构

为实现人力资源成本的最小化，不同的企业员工可身处多个客户服务小组。这样，众多的客户服务小组以共同的企业员工为联系纽带，构成了整个企业的网状组织结构，如图8-2（b）所示。企业根据客户价值或员工业务能力的变化，还可将客户与员工在不同客户服务小组中进行调整，从而实现资源的动态优化配置，做到最优秀的员工始终为价值最高的客户服务。企业组织结构中的协调中心负责协调客户服务小组之间的工作，对客户及各个小组进行监督、考核与激励，同时也是企业高层与各个客户服务小组之间的信息传递纽带。

（二）面向CRM的网状组织结构的建立及特点

面向CRM的网状组织结构的建立，主要包括客户细分、确定客户样的需求特点与成立客户服务小组。

客户细分以及不同组客户需求特点的分析在前面章节中已详细解释，在此略过。

对于客户服务小组的组建，企业在了解影响客户满意度的因素之后，应“投其所好”，为各组客户分配价值相匹配的其他资源（如人力资源、优惠政策等），组建客户服务小组。一般来说，一级客户会要求高的价格折扣、良好的客户关怀及业务能力强的服务人员等。而对一些零级客户（使企业赔钱的客户），企业可考虑与其断绝业务关系。企业应特别重视的是，员工与客户面对面接触，直接决定着服务质量与企业形象，员工具有的一定决策权更是影响着客户的满意度甚至交易的成败，所以，应确保为价值高的客户群配备高素质的员工，并对员工进行考核与培训，视其表现在不同的客户服务小组间进行合理调动。

面向CRM的网状组织结构适应当今客户关系时代的需要，对实现企业向客户导向型

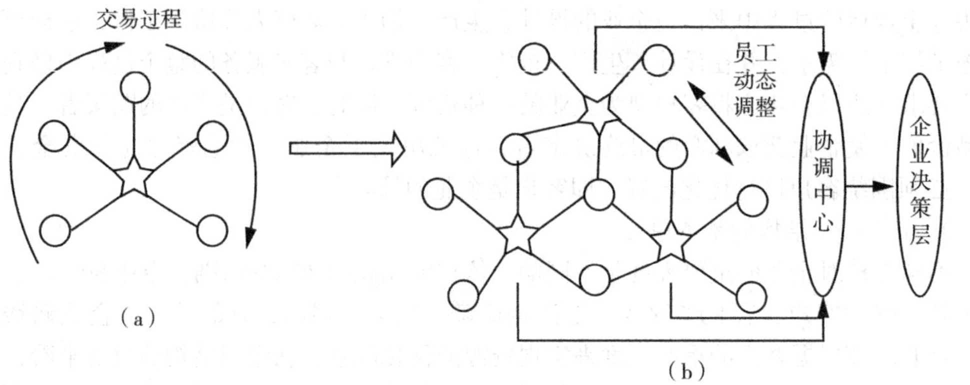

图 8-2 以客户服务小组为基本单元的网状组织结构

转变也将起良好的推动作用。该组织结构具有如下优点：

（1）全部业务过程均在一个客户服务小组中完成，具有稳定性，易于在长期的接触中培养客户与小组多个成员之间的感情，提高客户的忠诚度，且不会因为个别员工的离开导致客户关系的丢失。

（2）企业以客户服务小组为单位进行评价激励，组内员工的酬劳由组长根据业务情况确定，操作方便、公正，员工积极性高，乐于协作。

（3）CRM 系统为实现客户信息的交流与共享提供了有利条件，能帮助客户服务小组成员间协调工作以取得良好的业绩，所以员工乐于使用 CRM 系统。

（4）该组织结构继承了网状组织结构的优点，缩短了信息传递路径，同时，客户服务小组的协同工作与成员的综合业务知识加快了业务处理时间，提高了市场反应能力。

但是新的组织结构也给企业带来了如下挑战：

（1）新的组织结构要求员工有较高的综合素质，能够胜任小组内的各项工作。

（2）企业需要建立有效的协调机制，将各个客户服务小组的工作与企业的整体目标有机结合起来，防止客户服务小组由于利益的驱使而与企业整体战略发生冲突。

（三）应用实例

以浙江省绍兴市某大型印染企业为例，该企业主营布料染制及出口销售。其经营特点是客户数量大，且对产品规格需求变动大，行业竞争激烈。企业过去采用传统组织结构，只有业务员与客户打交道，如果客户有新的需求，业务员需要先咨询打样人员看是否可以满足新需求，如果可以，再向生产计划人员确定交付日期以及到财务部门核算产品成本，并制定价格。一套烦琐的流程下来，客户可能早已经被竞争对手抢走了。另外，业务员工作繁忙常常造成一些老客户的新业务不能得到及时处理，导致了部分客户流失。为了改变现状，企业决定实施 CRM，并实现新的组织结构，在客户细分的基础上，由业务员、打样人员、生产计划人员及会计组成若干客户服务小组，保证小组内部信息的及时沟通，使小组成员熟悉彼此的业务。当有新需求或新客户出现时，小组可以在短时间内完成报价，小组内的任何一名成员都可以处理客户业务，从而提高了企业的市场反应能力与业务处理效率，客户满意度与忠诚度也得到了提升。同时，小组内多名成员与客户之间多对一业务关系的建立也减少了过去由于业务员的离开而产生的客户流失。

第四节 客户关系管理与企业文化建设

客户关系管理战略的实施必然会给企业带来一系列的深刻变革，尤其是 CRM 涉及企业重心由内向外转移，以及企业制度文化、行为文化、业务流程等方面的变化。企业能否意识到这些变化，并在人力资源、制度安排、组织结构、共同价值观等方面做出适当的调整，是企业实施 CRM 战略成功与否的关键。因此，在企业引进 CRM 系统时，首先就应该培育有利于 CRM 实施的企业文化，然后再具体实施该系统，从而在重塑企业文化的同时，推动 CRM 战略的有效实施，进而提高企业的核心竞争力、建立竞争优势。因此，研究 CRM 战略的实施与企业文化之间的融合具有重要的意义。

一、企业文化的建设

(一) 企业文化的内涵与功能

1. 企业文化的内涵

从广义上讲，企业文化是社会文化的一个子系统，是一种亚文化，企业文化的核心也就是社会文化的核心，它既是了解社会文明程度的一个窗口，又是社会当代文化的生长点。从狭义上讲，企业文化是人本管理理论的最高层次。总之，可以对企业文化进行如下定义：企业文化是企业在一定的历史条件下，在物质生产过程中形成的具有本企业特色的文化形式和行为模式，以及与之相适应的制度和组织结构，是以企业管理哲学和企业精神为核心，凝聚企业员工归属感、积极性和创造性的人本管理理论，体现了企业及其成员的价值准则、经营哲学、精神道德、共同信念及凝聚力。

企业文化是企业全体成员所接受的价值体系，包括思维方式、行为规范、心理预测和基本信念。它是一个企业区别于其他企业的特色，企业全体成员所拥有的价值观会渗透到企业的日常生产经营活动中，影响到全体员工的日常工作行为，他们所体现出的工作态度、精神风貌以及经营业绩，反映出一个企业与同行业其他企业的显著差别。

企业文化有两个层面：一是表面上的可见物象和可测行为，即组织成员共同享有的有关人们穿着和行为的方式以及企业环境；二是文化中的可见因素，反映出存在于组织成员思想中的深层次价值观，这些深层次的价值观、基本信念、思维方式才是真正的公司文化。

2. 企业文化的功能

(1) 凝聚功能。企业文化体现着强烈的群体意识，当其价值观被全体成员认同之后，就会形成一种黏合剂，从各方面将成员团结起来，形成强大的向心力和凝聚力。这就是企业文化的凝聚功能。企业文化是一根纽带，把员工个人的追求和企业的追求紧紧联系在一起，像磁石一般，将分散的员工个体力量聚合成团队的整体力量。与企业外在的硬性管理办法相比，企业文化具有一种内在凝聚力和感召力，使每个员工产生浓厚的归属感、荣誉感和目标服从感。企业文化的这种凝聚功能在企业的危难之际和创业之时更显示出其巨大的力量。

（2）导向功能。企业中各个员工、各个部门都有着各自的目标，而组织有组织的目标，企业文化能把员工的个人目标引导到企业目标上来，形成统一的行动。如果有一个适合的企业文化，员工就会在潜移默化中接受共同的价值观念，这是一个自然发展的过程，由此而形成的企业竞争力也更为持久。企业文化建设就是在具体的历史环境与社会条件下将人们的事业心、成功欲转化成具体的奋斗目标、信条和行为准则，形成企业员工的精神支柱与动力，为企业的共同奋斗目标而努力。

（3）激励功能。管理的核心是人，管理的目的是要把蕴藏在人体内的聪明智慧和才能充分挖掘出来。企业文化能够最大限度地激发员工的积极性和首创精神，使他们以主人翁的姿态，关心企业的发展，贡献自己的聪明才智。在企业文化的激励下，员工积极工作，将自己的劳动融化到集体事业中去，共同创造、分享企业的荣誉和成果，本身又会得到自我实现及其他高层次的精神满足，从中受到激励。所以，一种积极的企业文化具有良好的激励功能，能够满足员工的精神需要，使人产生归属感、自豪感、成就感，从而调动人的精神力量。

（4）约束功能。企业文化对员工行为具有无形的约束力。它虽然不是明文规定的硬性要求，但它以潜移默化的方式，形成一种群体道德和行为准则（非正式规则体系）的软约束。这种软约束可以减弱硬约束对员工心理的冲撞，缓解自治心理与被治现实形成的冲突，削弱由此引起的心理抵抗力，从而产生强大、深刻、持久的约束效果。一旦某种违背企业文化的言行出现，就会受到群体舆论和感情压力的无形约束，使得员工产生自控意识，达到内在的自我约束。

（5）企业文化比较集中地体现了企业的基本宗旨、经营哲学和行为准则。

优秀的企业文化通过企业与外界的每一次接触，包括业务洽谈、经济往来、新闻发布等各种社会活动和公共活动，通过企业员工在社会上的每一次言行，都向社会大众展示着本企业的管理风格、良好的经营状态和积极的精神风貌，从而为企业塑造良好的整体形象，树立信誉、扩大影响。

（二）新经济时代企业文化建设的新理念

1. 创新理念

随着知识经济、网络经济的发展，创新的重要性已被全社会高度重视，创新的功用已得到空前强化，并已升华成一种社会主题。企业文化的独特性将越来越表现为企业的差别化战略和企业的核心竞争力，创新成为企业的生命源泉。成功者往往是那些突破传统游戏规则，敢于大胆创新、不畏风险，在思维模式上能迅速改变的人或企业。对企业来说，没有这种意识，没有这种准备，就意味着失去机遇，就意味着面临生存危机。所以，企业自上而下，每个毛孔都必须充满着创新，通过自主创新的确定性来对付明天的不确定性。总之，创新是知识经济、网络经济发展的第一推动力，创新理念涵盖产品、管理、服务和市场等各个方面，成为企业经营活动中的主导思想。

2. 速度理念

企业经营活动的每一环节均依赖于决策的妥当性。当今的世界时刻处于瞬息万变之中，这就意味着一个公司的成败取决于其适应变化的能力，意味着速度就是一切。传统竞争因素的制约性在不断减弱，而现时的竞争越来越体现在时间的竞争上。在确定了目标、明确了定位以后，企业的经营活动就要紧紧围绕外界环境的变化，立即调整对策，甚至在没有变化时就实施超前性措施。美国思科公司信奉的企业信条是："在未来的商场中，不再是大吃小，而是快吃慢。"这一企业文化是很值得我们思考与借鉴的。

3. 虚拟理念

经济全球化的典型产物就是与信息紧密挂钩的、高智能性的、知识密集型的产品和产业。由此导致企业经营的虚拟化，其主要特点是：一方面，利用高新技术手段在全球范围内通过软性操作系统整合优势资源，既增加企业运行的效率和活力，又避免工业经济时代常规运行中需有大量的硬设施投入的状况，从而有效地降低了企业的运行成本；另一方面，只需保持对市场变化的高度敏感性和研发设计能力，而无须将自己的主要精力耗费在低价值产出和可以通过国际分工体系由订货或合营方式来完成的常规工作中。由此可见，企业虚拟理论的要义在于具有灵活、柔性、合作、共享、快速反应、高效输出等方面。与此同时，它还包括创造消费、购买消费的含义。应看到，时间是商品，文化差异是商品，品位是商品。谁能打动消费者将其时间或文化差异品位买下来，谁就有可能捕捉到新的商机。

4. 学习理念

在知识经济时代，学习已成为企业生命的源泉，唯有不断学习，才能够善于创造、寻求及转换知识，同时能根据新的知识与领悟而调整行为。比你的竞争者学得快的能力，也许是唯一能保持的企业竞争优势。知识靠积累方有收获，然而知识的积累只有靠学习。创新的起点在于学习，环境的适应依赖学习，应变的能力来自学习，这就需要营造一种重视学习、善于学习的氛围，因而企业不再是一个"终身雇用的组织"，而是一个"终身学习的组织"。

5. 服务理念

现代市场发展的一个重要趋势就是强化营销服务理念，实现服务增值，即服务竞争在市场竞争中的地位和作用越来越凸显。国外的企业文化研究中首先使用了服务增值这一概念，应引起重视。目前，质量概念已不仅包括产品质量，还包括服务质量。企业形象从根本上说应是通过产品质量和服务质量两者的有机统一来体现的，且从某种意义上说后者更为重要。服务的永恒主题是企业同客户、用户、消费者的关系问题。它包括如何使抱怨用户转化成满意用户，忠诚用户转化成传代用户，如何开发忠诚的顾客群，如何不丢失一个老客户并不断开发新客户，如何使营销服务成为情感式劳动，真正让用户引导决策，进而引导产品开发的问题。

二、CRM 战略与企业文化的融合

进入 21 世纪以后，中国大部分企业已都能认同 CRM 战略给企业带来的效用，并相继引进 CRM 软件系统加以实施运用。然而，在企业中实施 CRM 并不只是技术问题，它还与企业自身的管理制度、企业文化和人的素质等有很紧密的联系。在实际中，CRM 的实施能否成功，关键并不是安装、调试 CRM 的系统或者培训如何操作 CRM，而应该是 CRM 战略的理念如何贯彻以及思想怎样融合，也就是企业文化与 CRM 战略融合的问题。因为计划并实施任何一个新的系统最困难的地方就在于新系统所引起的变革需要与组织文化有效地整合，并且也只有当组织的变革与文化相融合、统一了，新的系统才能顺利、有效地实施。因此，要在企业中成功实施并应用 CRM 系统，就必须对企业文化进行整合，形成与 CRM 理念相适应的企业文化，以此作为支撑。

（一）培育“以客户为中心”的企业文化

1. 树立“客户资源是企业最重要资产”的观念

企业中应该提倡并逐渐形成把客户资源作为企业最重要资产的理念。随着经济的发展，市场已由卖方市场转为买方市场，这使得客户逐渐成为企业生存、发展的根本保证。失去客户就意味着企业丧失了生存的源泉，如果能保留住客户并进而获得忠诚客户，则客户资产将为企业带来长期、持久的效益。当这种独特的资产与其他资产发生利益冲突时，企业应当首先保证客户资产。

2. 追求让客户 100%满意的文化

国际上一些权威机构经调查后发现，“把客户的满意度提高 5 个百分点，其结果是企业的利润增加 1 倍”；“1/2 的客户离开供应商是因为供应商对他们的关怀不够”；“1 个满意的客户会引发 8 笔潜在的生意，其中至少有 1 笔成交”；“1 个不满意的客户会影响 25 个人的购买意向”。企业以前持有以实现自身利益最大化为目标和企业文化在短时间内能为企业带来收益的营销观念，但长期如此会使企业的老客户逐渐流失，致使企业的利益受损。企业应当将重点放在使客户满意上，培养与客户之间的长期伙伴关系，提高客户的满意度，进而获得忠诚的客户。忠诚的客户会自觉地重复购买你的产品或服务，甚至会给你做义务宣传员。这既满足了客户的需要，又给你的企业节约了成本、增加了利润。因此，企业在给客户带来 100% 满意的同时，自身也获得了很大的利润，真正实现了客户和企业的双赢。

3. “一对一”的文化

随着社会财富的不断积累，人们的消费观念已经过渡到感性消费时代。感性消费时代最突出的一个特点就是消费者在消费时更多地是在追求心灵的满足和个性的张扬。企业要想赢得更多的客户，就必须要能够为客户提供个性化的产品和服务，实现从传统“大规模”文化向“一对一”文化的转变。“一对一”的文化关注客户的个性需求，即针对不同的客户应该提供不同的、符合个性需求的产品和服务，同时，“一对一”的文化关心的是客户的终身价值，这要求企业的服务人员不仅能识别、追踪、记录客户的个性化需求，还能与其保持长期的互动关系，这样才能达到留住客户、获得满意客户和忠诚客户的目的。

4. “大客户”的文化

这里的“大客户”，一方面指客户范围大，客户不仅包括农民，还包括企业的经销商、批发商和零售商；另一方面指客户的价值大，不同的客户对企业的利润贡献差异很大，20%的大客户贡献了企业80%的利润。因此，企业必须要高度重视高价值客户以及具有高价值潜力的客户。据调查，现代企业57%的销售是来自12%的重要客户，而其余88%的大部分客户对企业来说是微利甚至是无利可图的。因此，现代企业必须在庞大的客户群体中寻找最有利可图的那部分客户，采取积极的营销手段，满足其特殊需求，培养与他们的长期关系。

5. 营造学习型文化

不同职能部门或同一职能部门不同岗位的员工是从不同的角度、不同的层面与客户接触的，他们对客户的了解是片面的、部分的，要想让企业真正、全面地了解客户，就要求在公司上下营造学习型文化，打造学习型组织，加强企业内部员工间及企业员工与客户间的沟通。

6. 培养“以客户为中心”的团队合作意识

企业实施CRM需对企业资源、组织机构、业务流程等全面整合与集成，这将要求企业内部从各部门的多头作战转向团队协作，因而要求培养整个企业的团队合作意识。每个部门都必须融入从市场调研到售后服务的整个营销过程中，与客户打交道不再只是一个部门的事情，而是涉及各个部门。因此，企业中的所有部门须保持良好的交流沟通，形成“以客户为中心”的协同合作关系。

（二）建立相适应的人力资源管理制度

要想在企业中成功实施CRM战略与企业文化的整合，需要实施以客户为导向的人力资源战略。可以从以下几个方面来建立适于CRM战略实施的人力资源基础。

（1）改变员工的绩效考核制度与薪酬制度。如在考核指标中体现留住价值高的老客户的数量这一指标，或运用客户指标，监测客户满意度、客户忠诚度和客户体验质量，并将这些指标纳入公司各层奖励结构。

（2）努力消除企业内部对CRM的抵触情绪。CRM的实施可能会影响公司不同层次员工的利益，引起企业内部的抵触情绪，因此，需要获得公司上下对CRM实施的认同，特别是要取得公司高层领导的大力支持。

（3）加强对企业内部员工的培训。企业应该加强对员工（特别是对客户服务代表）的培训，培训内容除了业务技能外，还应包括业务流程思想的形成以及对客户关系价值的深刻理解等。同时，企业还必须把CRM视作长期的计划，让员工在客户支持、行销和信息部门之间轮调，除了让员工熟悉企业整体运作流程，了解每一个部门的运作情况与资源外，还可以降低跨部门沟通可能产生的障碍。

（4）多开展“以客户为中心的企业文化”系列活动。让“以客户为中心”的企业文化深入到公司每一个员工的心中。

（5）对企业内部员工的管理要以人为本。赢得员工的满意和忠诚，更有利于获得客户满意度和忠诚度，因为一切都要靠上下员工的协同工作。

（三）重视客户知识管理

客户知识管理是用知识管理的手段来深化客户关系管理的功能，可以看做客户管理与知识管理的结合，客户知识管理通过将企业与知识资源连接在一起，达到最大限度地将在与客户沟通中所获得的知识和专业经验嵌入产品和服务中，实现一种企业的商业文化（知识）与客户之间的长期良性互动关系，保持企业的可持续性竞争优势。

（四）基于客户导向的业务流程的重组

CRM 战略的实施，需要对原有的工作流程进行重组，在最短的时间内进行以客户为导向的业务流程再造。删除不能实现价值增值的业务流程，将所有具有价值增值的业务流程重新组合，优化作业过程。同时企业各个业务流程都要面向客户，满足客户需求，并追求整个业务流程的最优化。业务流程的重组使企业必须建立起以客户为中心的工作协同机制，这将导致员工之间的沟通模式从根本上改变。同时 CRM 的应用将对客户进行细分，对于同一价值层次中的不同客户采用标准的价格条件和服务模式，保证不同的员工能够提供给客户相同的质量和服务。另外，CRM 整合了多种与客户沟通的渠道，以迎合他们的要求。

（五）改变企业组织结构

对原有的组织结构重组，由生产导向或市场导向向客户导向转变，将以前按产品线划分的组织结构重组转变为按客户划分的组织结构重组。“以客户为导向”的经营组织转变为“以客户为中心”，把关注的焦点放在以客户为主的企业外部资源上，使企业的每一个部门、每一名成员都围绕着客户来协调运作。这种客户导向型企业组织是实现 CRM 的制度性保证。

（六）进行 CRM 与 ERP、SCM 的整合

要成功实施 CRM，企业就要由只注重企业内部资源的优化管理向注重全社会资源的有效利用与管理转变，即企业的管理要面向整个供应链，把客户和供应商都集成在增值链中。同时内部资源要为外部资源服务，即应该把企业的市场营销、内部管理、技术支持、研发、财务这些要素统一起来围绕着以客户资源为主的企业外部资源展开，从而实现对内部资源和外部资源的综合管理。这要求企业将 CRM 与 ERP、SCM 进行整合，形成集成化系统，实现对企业内外资源的管理，并使内部资源为外部资源服务。

第五节 案例分析——从惠普到汉普，CRM 与管理变革同行

惠普公司是全球著名的 IT 公司。惠普（中国）有限公司作为中国最大的企业和家庭计算机、影像产品和服务供应商之一，一直努力向新的管理模式进军，同时利用互联网和各种衍生的电子化服务来进一步提高企业竞争力。

一、惠普的管理变革

在高端企业市场，强大的客户关系决定着谁能成为市场的领导者，而惠普公司原来的组织结构设计和业务运作却是以产品为中心的，有 80 多个产品部门，并有相应的生产部

门、销售部门、服务部门、市场部门。而对这些问题的挑战，新总裁卡莉在上台之后，对原有的组织结构进行了重新设计，按顾客的性质划分部门，把销售部门分为全球客户、大型客户，中小客户部门，把研发部门也分为三个部门（计算设备、打印设备和终端设备）。这种组织结构的重新划分，带来了企业运作模式、员工工作方式、激励机制的深刻变化。比如，原来的销售员只需要负责一种或几种产品就可以了，而现在，他要对某一种类型的客户负责，对他的考核方法也发生了变化。这对销售员来说也是很大的挑战。

经过这样的管理变革和相应的信息系统的建设，惠普做到了单点接触顾客。也就是说，客户只需要通过电话、E-mail、互联网等途径与惠普的接触中心（contact center）联系，就可以购买商品和获得服务。

二、惠普：CRM的实施与管理变革同行

惠普的案例说明，为了更好地实施CRM，应该充分利用管理变革和信息技术这把双刃剑。

一方面是进行管理的调整，以客户为中心，审视与客户相关的业务运作流程，进行管理模式的调整和业务流程的重组。

在不同的CRM项目中，这些工作所涉及的范围和力度也是不同的，但却都是必不可少的，其目标都是通过管理的改善，建立与CRM系统相适应的人的系统。值得一提的是，如果企业领导在这个问题上下不了决心，或容易动摇，一会儿把CRM项目认为是个管理工程，一会儿又把其看成是信息化项目，不涉及管理的调整也照样能做，那么，企业在实施CRM的思路上也将是不清晰的，局面也将是混乱的。原因就是“感觉”在起作用，而不是“知识”在起作用。

反过来再看，如果企业的高层明确支持变革，强行用行政命令推行就能完成变革吗？深圳有一家民营企业，老板担心销售人员的流动会造成客户流失，2004年上半年亲自出马购买了一套知名的CRM软件。刚购买不久，作为职业经理人的销售副总就辞职了；接着老板用行政命令和严厉的处罚措施来强制销售人员使用CRM软件，结果该公司的几十名销售人员在很短时间内几乎全部辞职，其中有不少人追随早先辞职的销售副总跳槽到了同行业另一家企业。

在这个案例里，民营企业老板的决心和权威都毋庸置疑。这家企业的失败，表面上看是变革措施激烈导致的，根源上说是企业文化的失败。我们不难推测，有这么强烈的“防家贼”心态的老板，企业员工的利益和投资人的利益纷争是多么巨大。要想推动变革成功，就不仅要讲威服，而且要讲德服。所谓德服，本质上是要以人为中心来推动企业文化变革。例如，实施CRM、进行流程优化或重组的时候，就不应该把“防止员工带走客户”当做主要目的，而应把“建立以客户为驱动的合理的业务流程”作为阶段目标。以此为目标的变革，将给予员工更明确的授权，降低员工的劳动强度，让员工在合理流程的协作过程中产生成就感，建立起对企业的满意度和忠诚度，并把这种感受积极地传递给企业的客户。

另外是利用商品化软件或采取定制开发的模式，进行CRM软件系统的建设，建立一个与改进后的管理模式相适应的信息技术系统。

信息技术的运用是不可或缺的，因为进行营销体系的管理，需要搜集、处理和利用大量的信息。如果不采用专门的 CRM 信息系统，单靠人力是难以胜任的。没有信息技术的运用，CRM 只能是企业商业策略的一种转移，难以落到实处。

一个 CRM 系统的建设所经过的历程，如图 8-3 所示。汉普管理咨询（中国）有限公司 CRM 系统的实施就是按照这个路线进行的，主要从管理的调整和信息系统的建设两个方面着手。

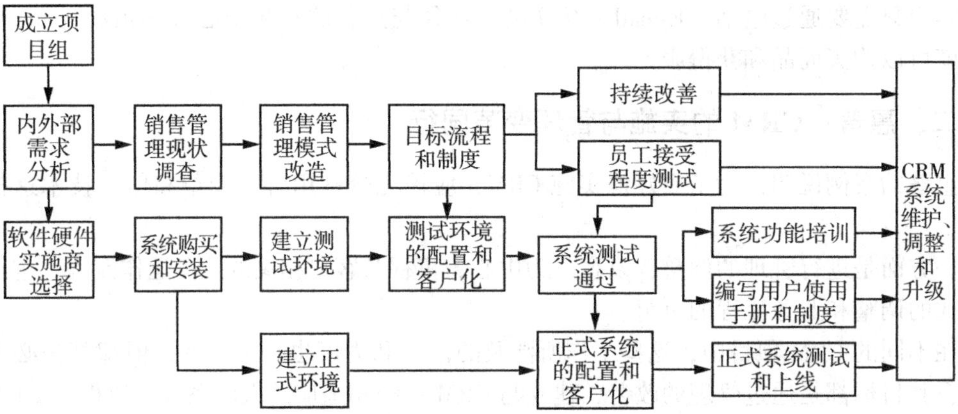

图 8-3　CRM 系统建设过程

三、汉普管理咨询（中国）有限公司 CRM 系统的实施

2006 年年初，汉普管理咨询（中国）有限公司进行了公司范围的组织结构调整和业务流程重组，对公司的销售、市场、客户服务、财务、人事、IT 管理等方面进行了调整，形成了总部、分公司，业务线的三维管理模式。

在实施 CRM 时，选定的软件产品是 Interact Commerce 公司的 Saleslogixfor Sales。项目的实施由 Interact 公司与汉普公司共同组成的项目组负责。

该系统的实施经过了四个阶段，图 8-4 表明了该系统当前所具有的功能和流程。

（1）项目组组建、需求分析、软硬件购买和安装、项目计划的制订。

（2）需求分析、系统客户化、数据准备和导入，建立测试环境并进行测试。同时，进行用户培训，搜集用户建议。

（3）建立正式环境，将测试环境中的数据拷贝到正式环境中，进行测试，系统上线。同时，编写系统使用手册，制定系统使用规则。

（4）安装和配置客户端，进行系统推广。根据用户建议，对系统进行持续改进。

系统用户主要是汉普各地分公司销售人员、总部培训部、总部市场部、总部领导。所有用户均为远程用户，通过互联网采用 FTP 方式与服务器进行数据同步。

该系统中，每个客户端（笔记本或台式机）都有完整的应用程序，可脱离服务器、脱离互联网使用。对本机数据库进行更新后，或每隔一段时间，通过互联网与服务器进行数据同步，上传和下载最新的信息，就可以实现权限范围内的信息共享。默认情况下，在

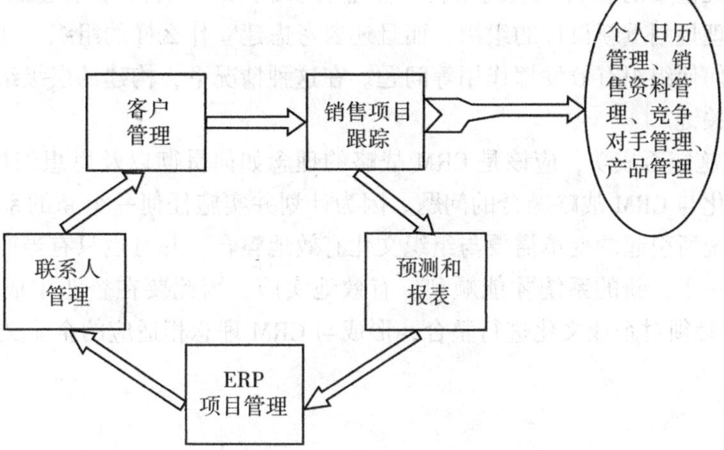

图 8-4　该系统当前所具有的功能和流程

分公司和各部门内部，所有信息是完全共享的，分公司和部门间信息共享，总部领导可看到所有信息。信息录入者也可根据需要指定该部分信息在哪些用户间共享。

现在，无论何时何地，系统用户都可以随时录入和查询销售项目的进展情况。一方面，这大大提高了用户的工作效率，使得虚拟办公成为可能；另一方面，可形成公司对客户的完整的看法，对客户的整个生命周期进行管理。

本章小结

所谓企业核心竞争力，是指支撑企业可持续性竞争优势的、开发独特产品、发展特有技术和创造独特营销手段的能力，是企业在特定经营环境中的竞争能力和竞争优势的合力，是企业多方面技能和企业运行机制，如技术系统、管理系统的有机融合。企业的核心竞争力必须从客户需求角度来定义。CRM 正是为企业创造这种核心竞争力的理念、方法和工具。

（1）CRM 是实现企业“以客户为中心”的主要策略；

（2）CRM 充实企业的核心资源，最重要的是挖掘有效客户资源，维系企业发展的生命线；

（3）CRM 提升企业的核心能力，如商业决策能力和管理能力；

（4）CRM 系统还将保证企业核心竞争力的持续性提高；

（5）CRM 的实施将有利于企业知识、专长的交流、积累和创新，增进知识管理，由此进一步强化核心竞争力；

（6）CRM 将创建企业基于互联网络的管理应用框架。

一个完整的 CRM 应用系统包括业务操作管理、客户合作管理、数据分析管理和信息技术管理四个子系统。企业前端与客户相关的业务流程可以分为业务操作流程与客户合作管理流程这两个部分。

一个适合企业革新的组织体系和整合的业务流程的系统架构，对于 CRM 项目实施的全过程具有至关重要的意义。系统架构是企业在实施 CRM 项目时首先必须开展的工作。再造不仅要合理规划重新设计的组织，而且还要考虑建立什么样的组织、如何有效地建立这些组织、如何使组织有效发挥作用等问题。在这种情况下，构建的层级组织是否具有可扩展性将成为关键。

CRM 的实施能否成功，应该是 CRM 战略的理念如何贯彻以及思想怎样融合的问题，也就是企业文化与 CRM 战略融合的问题。因为计划并实施任何一个新的系统最困难的地方就在于新系统所引起的变革需要与组织文化有效地整合，并且也只有当变革与组织的文化相融合、统一了，新的系统才能顺利、有效地实施。因此要在企业中成功实施并应用 CRM 系统，就必须对企业文化进行整合，形成与 CRM 理念相适应的企业文化。

关键术语

企业核心竞争力　知识管理　业务流程重组　组织再造　企业文化

课后习题

1. 什么是企业的核心竞争力？CRM 是如何打造企业的核心竞争力的？
2. 什么是企业业务流程重组？CRM 是如何实现企业业务流程重组的？
3. 概述怎样将企业文化与 CRM 战略融合在一起。

实践训练题

1. 给出一个具体案例来说明通过 CRM 怎样打造企业的核心竞争力。
2. 给出一个案例来说明企业文化对于企业实施 CRM 的重要意义。

案例分析题

L 公司的困惑

L 公司的网站制作大方精美，分类目录清晰，是中国同类公司主页中较好的一个。

但是假如一位潜在用户想查询一下给正在读大学的孩子购买一台有上网配置的计算机。打开 L 公司的主页，他将看到的是一大堆令人眼花缭乱的产品说明，系统集成、笔记本、路由器、调制解调器等纷乱的名词就可能让他失去方向，即使他终于找到了“家用电脑”的目录，也只能看见一个个价格不菲的数字，对于什么型号(TH、TZ、TX 还是 TQ) 他无从选择，而实际上 TX 电脑正是针对有上网需求的用户特别设计的，这个信息并没有有效地传达给潜在用户。本来可以抓住他购买欲望的机会也就失去了。

假设在 L 公司的主页上按客户分类进行设计，将产品组合成不同客户的不同解决方案。在顾客进入主页的时候就得到提示：您想选择家用电脑还是商用电脑？进入家用电脑后再按购买预算进行分类：您的预算计划是小于8000元，大于8000小于12000元，还是大于12000元？进入相关目录后再详细介绍各种配置，让客户选择他希望实现的功能。最后给予报价和详细的联系方式、电子邮件、最近的代销商地点等。这样这个用户就会就此向公司发出我需要……的信号，最后成为一名忠实客户。

因此，关键点在于：

（1）让客户通过Web上线，取得信息，组合产品，并进行交易；

（2）让客户自行下载订单，自行查询订单进度、付款等服务信息；

（3）让客户按照自己的需要设计个性化的产品，企业提供定制服务。

资料来源：http：//www.doc88.com/p-706555426830.html.

思考题：请根据上述材料内容，设计出你的应对方案。

第九章　大数据与客户关系管理

【引例】

无处不在的大数据

我们在日常生活中所做的一切都会留下数据，我们可以利用和分析这些数据来让我们的生活更加美好。下面让我们看看大数据应用的真实例子。

(1) 在医院，儿科部会记录早产儿和患病婴儿的每一次心跳，然后将这些数据与历史数据相结合。基于这些分析，系统可以在婴儿表现出任何明显的症状之前就检测到感染，这使得医生可以早期干预和治疗。

(2) 健身腕带可以收集有关我们走路或者慢跑的数据，例如我们走了多少步、每天燃烧了多少卡路里、我们的睡眠模式或者其他数据，然后结合这些数据与健康记录来改善我们的健康状况。

(3) 在学校，流媒体视频课程和数据分析可以帮助教师跟踪学生的学习情况，根据他们的能力水平定制教学内容，以及预测学生的执行情况。

(4) 在家里安装动力、湿度和其他传感器，让你了解家里正在发生的事情，同时通过手机上的应用程序来控制家里的所有设备。

(5) 当我们每天在公路上开车时，我们的智能手机会发送我们的位置信息以及速度，然后结合实时交通信息为我们提供最佳路线，从而避免堵车。结合位置应用程序，还可以为我们提供附近的餐馆、银行、加油站等信息。

(6) 当我们去购物时，我们的数据会结合历史购买记录和社交媒体数据来为我们提供优惠券、折扣和个性化优惠。

(7) 健康水平监测传感器可以放置于床垫下面，自动监测和记录心脏速率、呼吸速率、运动和睡眠活动。该传感器收集的数据以无线方式被发送到智能手机和平板电脑上，进行进一步分析。

大数据的其他一些创造性的用途还包括以下几方面。

(1) WNYC 开发的 Transit Time NYC 可以让纽约人点击纽约市的五个区域来获取地铁或火车的时间。他们从开源行程平台 Open trip Planner 获取数据，并将这些数据域与可公开下载的地铁时间表结合来创造 400 万虚拟旅程。

(2) 美国公共卫生协会开发的 FluNearYou 调查了用户的症状感觉，并存储和分析庞大的数据量，然后生成报告显示用户所在地区的流感活动。

(3) 针对建设、改造和翻新住宅的“一站式商店”Buildzoom拥有约250万个承包商、5万条以上客户意见信息，以此来给50万用户带来更多客观性和透明度的决策建议。

(4) 美国联邦调查局正在结合来自社交媒体、闭路电视摄像机、电话和文本的信息来追踪犯罪和未来恐怖袭击活动。

(5) 奥巴马在2012年总统竞选中使用大数据分析来收集选民数据，再加上一流的分析引擎，让他可以专注于最有可能投他的选民。

(6) 谷歌的自动驾驶汽车分析来自传感器和摄像头的实时数据，以在道路上安全驾驶。

(7) 智能电视和机顶盒能够追踪你正在看的内容，看了多长时间，甚至能够识别多少人坐在电视机前，来确定这个频道的流行度。

(8) 在希腊，政府正在使用Google Earth来看看谁能够在后院有游泳池，然后核对其纳税记录。

最终，我们都将从大数据分析中获益。如果银行能更好地了解风险，国家经济将更加强大。如果政府能够降低其欺诈开支，国家税收也会降低。如果疾病能够更早治疗，国民将会更加健康。

资料来源：https：//wk. baidu. com/view/577d4de533687e21af45a9d0？pcf = 2&fromShare = 1.

【学习目标】

1. 掌握大数据的定义。
2. 了解大数据的特征。
3. 了解大数据分析流程与工具。
4. 熟悉大数据在客户关系管理应用中的典型案例。

【教学目标】

1. 电子商务环境下给企业带来的主要问题以及使企业产生的变革。
2. 客户关系管理的概念、内涵。
3. 客户关系管理研究的主要问题以及发展趋势。

第一节 大数据概述

一、大数据的定义与特征

对于大数据，企业和学术界目前尚未形成公认的准确定义。维基百科将大数据定义为“无法在一定时间内用常规软件工具对其内容进行抓取，管理和处理的数据集合”；权威IT研究与顾问咨询公司Gartner将大数据定义为“在一个或多个维度上超出传统信息技术的处理能力的极端信息管理和处理问题”；美国国家科学基金会（NSF）则将大数据定义为“由科学仪器、传感设备、互联网交易、电子邮件、音视频软件、网络点击流等多种数据源生成的大规模、多元化、复杂、长期的分布式数据集”。尽管存在不同的表述，但普遍观点认为，大数据与海量数据和大规模数据的概念一脉相承，但其在数据体量、数据复杂性和产生速度三个方面均大大超出了传统数据形态，也超出了现有技术手段的处理能力，并带来了巨大的产业创新机遇。

IBM 公司把大数据的特征概括成三个“V”，即规模（Volume）、快速（Velocity）和多样（Variety），但是更多人则将其概括为 4 个“V”，即规模（Volume）、快速（Velocity）、多样（Variety）和价值（Value）。第一，大数据首先必须具有海量数据，但是究竟多大体量才叫海量，人们并没有一个确定的数字。有人认为应该达到 TB 数量级，一般在 10 TB 左右。但在实际应用中，很多用户把多个数据集放在一起，已经形成了 PB 级的数据量。第二，多样性是大数据概念区别于从前有关数据管理的一个重要特征，传统数据管理主要是针对结构化数据分析，利用其应用技术，而大数据则更加强调对半结构化和非结构化数据的分析和应用。第三，在当前常规的信息安全产品中，特别是具有代表性的检测响应类产品技术中，大量采用实时监测技术，而实时就意味着快速。在当前带宽越来越大、系统越来越复杂、采集的数据越来越多的同时，安全检测对于事件响应的及时性要求并没有减弱。另外，实时还包含着一种内在含义，即主要根据当前数据做出分析判断。第四，数据是物理世界的数字反映，价值上的数据不同于数字，数据背后是有对象的，而这些对象是有立场的、有价值归属的、主观的。大数据体量很大，所蕴含的价值总量也会是客观的，但是平均到单条信息的价值却很低，即价值密度很低。

大数据是互联网发展到现今阶段的一种表象或特征，它是在以云计算为代表的技术创新大幕的衬托下，使那些原本很难收集和使用的数据开始容易被利用。而且，通过各行各业不断创新，大数据会逐步为人类创造更多的价值。但是，作为新兴复杂的事物，要想了解和掌握大数据，有一定难度，需要从理论、技术和实践三个层面展开（见图 9-1）。

第一层面是理论，理论是认知的必经途径，也是被广泛认同和传播的基线。首先，要从上述大数据的定义和特征理解行业对大数据的整体描绘和定性；其次，要从对大数据的价值探讨来深入解析大数据的珍贵所在；再次，要从大数据的现在和未来去洞悉大数据的发展趋势；最后，要从大数据隐私这个特别而重要的视角来审视人和数据之间的长久博弈。

第二层面是技术，技术是大数据价值体现的手段和前进的基石。可以从云计算、分布式处理、存储和感知等技术的发展来了解大数据从采集、处理、存储到形成结果的整个过程。

第三层面是实践，实践是大数据的最终价值体现。要分别从互联网的大数据、政府的大数据、企业的大数据和个人的大数据四个方面来感知大数据已经展现的美好景象及即将实现的蓝图。

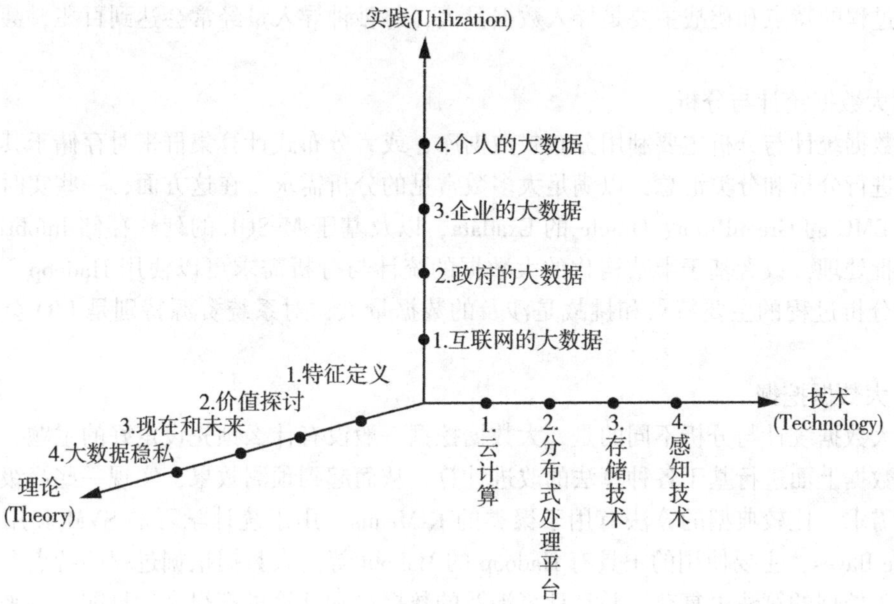

图 9-1 大数据的结构示意图

二、大数据分析流程与工具

（一）大数据分析流程

基于大数据分析要全体不要抽样、要效率不要绝对精确、要相关不要因果的特点，可将大数据分析流程大致概括为四步，分别是大数据采集、大数据导入与预处理、大数据统计与分析和大数据挖掘。

1. 大数据采集

大数据采集是指利用多个数据库来接收发自客户的数据，并且客户可以通过这些数据库来进行简单的查询和处理工作。例如，电商会使用传统的关系型数据库 MySQL 和 Oracle 等来存储每一笔事务数据。除此之外，Redis 和 MongoDB 这样的 NoSQL 数据库也常用于数据采集。

大数据采集的主要特点和挑战是并发数高，因为同时可能会有成千上万的客户来进行访问和操作，如火车票售票网站和淘宝，它们并发的访问量在峰值时达到上百万，所以需要在采集端部署大量数据库才能支撑，因此如何在这些数据库之间进行负载均衡和分片成为重点研究对象。

2. 大数据导入与预处理

虽然大数据采集端本身会有很多数据库，但如果要对这些海量数据进行有效分析，还是应该将这些来自前端的数据导入一个集中的大型分布式数据库，或者分布式存储集群，并且在导入基础上做一些简单的清洗和预处理工作。也有一些客户会在导入时使用来自

Twitter 的 Storm 来对数据进行流式计算，来满足部分业务的实时计算需求。大数据导入与预处理过程的特点和挑战主要是导入数据量大，每秒钟导入量经常会达到百兆，甚至千兆级别。

3. 大数据统计与分析

大数据统计与分析主要利用分布式数据库，或者分布式计算集群来对存储于其内的海量数据进行分析和分类汇总，以满足大多数常见的分析需求。在这方面，一些实时性需求会用到 EMC 的 GreenPlum、Oracle 的 Exadata，以及基于 MySQL 的列式存储 Infobright 等，而一些批处理，或者基于半结构化的大数据的统计与分析需求可以使用 Hadoop。大数据统计与分析过程的主要特点和挑战是涉及的数据量大，对系统资源特别是 I/O 会有极大占用。

4. 大数据挖掘

与大数据统计与分析不同的是，大数据挖掘一般没有什么预先设定好的主题，主要是在现有数据上面进行基于各种算法的改进计算，从而起到预测效果，实现一些高级别数据的分析需求。比较典型的算法有用于聚类的 K-Means、用于统计学习的 SVM 和用于分类的 Naive Bayes，主要使用的工具有 Hadoop 的 Mahout 等。大数据挖掘过程的特点和挑战主要是用于挖掘的算法很复杂，并且计算涉及的数据量和计算量都很大。目前，越来越多的应用涉及大数据，这些大数据的属性，包括数量、速度、多样性等都呈现了大数据不断增长的复杂性，所以大数据挖掘方法在大数据领域显得尤为重要，可以说是决定最终信息是否有价值的决定性因素。

（二）大数据分析工具

大数据庞大而复杂，需要专门设计的硬件和软件工具进行处理。该数据集通常是万亿或 EB 的级别，而且，这些数据集来源各种各样，例如既可以来源于传感器这样的硬件，也可以来源于气候、杂志、报纸、文章等公开信息，还可以来源于购买交易记录、网络日志、病历、军事监控、视频、图像档案及大型电子商务等较为隐私的信息。因此，大数据分析要根据不同来源，通过专业工具研究其中的海量数据，找出相应模式、相关性和其他有用信息，才能帮助企业更好适应变化，并做出更明智的决策。目前大数据分析工具中，较为典型和有代表性的工具主要有以下几种。

1. Hadoop

Hadoop 既是一个能够对海量数据进行分布式处理的软件框架，也是能够让用户轻松架构和使用的分布式计算平台，具有高可靠性、高扩展性、高效性、高容错性和低成本性的优点。

（1）高可靠性。Hadoop 按位存储和处理数据的能力极强。另外，Hadoop 在假设计算元素和存储失败的前提下，通过维护多个工作数据副本，能确保针对失败节点的重新分布处理。

（2）高扩展性。Hadoop 能处理 PB 级数据，用户可以轻松地在 Hadoop 上开发和运行处理海量数据的应用程序。此外，Hadoop 能在可用的计算机集簇间分配数据，完成计算任务，这些集簇可以方便地扩展到数以千计的节点中。

（3）高效性。Hadoop 以并行方式工作，通过并行处理加快处理速度。另外，Hadoop 能够在节点之间动态移动数据，并保证各节点的动态平衡，因此处理速度非常快。

（4）高容错性。首先，Hadoop 能自动保存数据的多个副本，并且能够自动将失败的任务重新分配。其次，Hadoop 带有用 Java 语言编写的框架，因此运行在 Linux 平台上是非常理想的。最后，Hadoop 上的应用程序也可以使用其他语言编写，比如 C++。

（5）低成本性。Hadoop 依赖于社区服务器，因此它的成本比较低，任何人都可以使用。

2. HPCC

HPCC 是 High Perfomance Computing and Communications（高性能计算与通信）的缩写。1993 年，美国科学、工程、技术联邦协调理事会向国会提交了“重大挑战项目：高性能计算与通信”的报告，也就是被称为 HPCC 计划的报告，即美国总统科学战略项目，其目的是通过加强研究与开发解决一批重要的科学与技术挑战问题。

HPCC 是美国实施信息高速公路上的计划，该计划的实施将耗资百亿美元，其主要目标是开发可扩展的计算系统及相关软件，以支持太位级网络传输性能，开发千兆比特网络技术，扩展研究和教育机构及网络连接能力。

该项目主要由以下五部分组成。

（1）高性能计算机系统（HPCS），内容包括今后几代计算机系统的研究、系统设计工具，先进的典型系统及原有系统的评价等。

（2）先进软件技术与算法（ASTA），内容有巨大挑战问题的软件支撑，新算法设计、软件分支与工具、高性能计算研究中心等。

（3）国家科研与教育网格（NREN），内容有中接站及 10 亿位级传输的研究与开发。

（4）基本研究与人类资源（BRHR），内容有基础研究、培训、教育及课程教材，能为未来提供必需的基础架构，支持这些内容的调查和研究活动。

（5）信息基础结构技术和应用（ITA），目的在于保证美国在先进信息技术开发方面的领先地位。

3. Storm

Storm 是自由开源软件，也是分布式的、容错的实时计算系统。Storm 可以处理庞大的数据流，而且处理效果和效率非常可靠，因此，Storm 也被用于处理 Hadoop 的批量数据。Storm 较为简单，而且支持多种编程语言，使用起来很方便。另外，Storm 由 Twitter 开源而来，有很多知名企业应用，如 Groupon、淘宝、支付宝、阿里巴巴、乐元素、Admaster 等。

Storm 每个节点每秒钟可以处理 100 万个数据元组，处理速度惊人。另外，Storm 还具有可扩展、容错、易设置和易操作的优点。因此，如今 Storm 已经被广泛应用于许多领域，如实时分析、在线机器学习、持续计算、分布式 RPC（远过程调用协议，通过网络从远程计算机程序上请求服务）、ETL（Extraction-Transformation-Loading 的缩写，即数据抽取、转换和加载）等。

4. Apache Drill

为了帮助企业用户寻找更为有效、加快 Hadoop 数据查询的方法，Apache 软件基金会近日发起了一项名为“Drill”的开源项目。Apache Drill 实现了谷歌的 Dremel。据 Hadoop 厂商 MapR Technologies 公司产品经理托马尔·希兰（Tomer Shiran）介绍，“Drill”已经作为 Apache 孵化器项目来运作，将面向全球软件工程师推广。该项目将会创建出开源版本的谷歌 DremelHadoop 工具（谷歌使用该工具来为 Hadoop 数据分析工具的互联网应用提速），而“Drill”将有助于 Hadoop 用户实现更快查询海量数据集的目的。“Drill”项目其实也是从谷歌的 Dremel 项目中获得的灵感，该项目帮助谷歌实现了对海量数据集的分析处理，包括分析抓取 Web 文档、跟踪安装在 Android Market 上的应用程序数据、分析垃圾邮件、分析谷歌分布式构建系统上的测试结果等。通过开发“Drill”Apache 开源项目，任何组织机构都将有望建立 Drill 所属的 API 接口和灵活强大的体系架构，从而帮助支持广泛的数据源、数据格式和查询语言。

5. RapidMiner

RapidMiner 是耶鲁大学研发的世界领先的大数据解决方案，具有如下优点：能免费提供进行大数据分析的技术库；100%使用 Java 代码和 Java API（应用编程接口）；大数据分析过程简单、强大和直观；内部 XML 保证其能通过标准化格式来表示大数据分析；能用简单脚本语言自动处理大规模进程；多层次数据视图确保大数据的有效和透明；图形用户界面的互动原型；命令行（批处理模式）的自动大规模应用；简单的插件和推广机制；强大的可视化引擎；采用多种尖端高维数据的可视化建模；拥有 400 多个数据挖掘运营商的支持。目前，RapidMiner 已被成功应用在许多不同领域，如文本挖掘、多媒体挖掘、数据流挖掘、集成开发方法和分布式数据挖掘等。

第二节　大数据在客户关系管理中的应用

一、应用概述

第一，客户行为与特征分析。显然，只要积累足够的客户数据，就能分析出客户的喜好与购买习惯，甚至做到“比客户更了解客户自己”，这一点才是许多大数据营销的前提与出发点。因此，大数据可以让“一切以客户为中心”的企业真正及时全面地了解客户需求。

第二，精准营销信息推送支撑。过去很多年，精准营销被许多公司提及，但是真正做到的少之又少，反而是垃圾信息泛滥。究其原因，主要就是过去名义上的精准营销并不怎么精准，因为其缺少客户特征数据支撑及详细准确的分析。相对而言，现在的网络广告等应用则向我们展示了比以前更好的精准性，而其背后依靠的即是大数据支撑。

第三，引导产品及营销活动符合客户需求。如果能在产品生产之前了解潜在客户的主要特征，以及他们对产品的期待，那么产品生产即可投其所好。例如，Netflix 在投拍《纸牌屋》之前，即通过大数据分析知道潜在观众最喜欢的导演与演员，并选择了他们进行拍摄，结果果然捕获了观众的心。又比如，《小时代》在预告片投放后，即通过微博大数据分析得知其主要观众群为“90 后”女性，因此后续营销活动主要针对这类人群展开，收效颇佳。

第四，竞争对手监测与品牌传播。竞争对手的一举一动是许多企业想了解的，但这些信息在以往而言一般很难找到，而现在通过大数据监测和分析，即使竞争对手不告诉你，你也可以得知不少。此外，品牌传播的有效性也可通过大数据分析找准方向。例如，可以进行传播趋势分析、内容特征分析、互动用户分析、正负情绪分类、口碑品类分析、产品属性分布等。此外，还可以通过大数据监测掌握竞争对手的传播态势，根据客户需求的真实声音策划内容，甚至可以评估微博的运营效果。

第五，品牌危机监测及管理支持。新媒体时代，品牌危机使许多企业谈虎色变，然而大数据可以让企业提前有所洞悉。在危机爆发过程中，最需要的是跟踪危机传播趋势，识别重要参与人员，方便快速应对。大数据可以采集负面定义内容，及时启动危机跟踪和报警，按照人群社会属性分析，聚类事件过程中的观点，识别关键人物及传播路径，进而可以保护企业、产品的声誉，抓住源头和关键节点，快速有效地处理危机。

第六，企业重点客户筛选。许多企业家纠结的事是：在企业的用户、好友与粉丝中，哪些是最有价值的用户？有了大数据，或许这一切都有了事实支撑。从用户访问的各种网站可判断其最近关心的东西是否与你的企业相关；从用户在社会化媒体上所发布的各类内容及与他人互动的内容中，可以找出千丝万缕的信息，利用某种规则关联及综合起来，就可以帮助企业筛选重点的目标用户。

第七，大数据用于改善用户体验。要改善用户体验，关键在于真正了解用户及他们所使用的你的产品的状况，做最适时的提醒。例如，在大数据时代或许你正驾驶的汽车可提前救你一命。只要通过遍布全车的传感器收集车辆运行信息，在你的汽车关键部件发生问题之前，就会提前向你或4S店预警，这绝不仅仅是节省金钱，而且对保护生命大有裨益。事实上，美国的UPS快递公司早在2000年就利用这种基于大数据的预测性分析系统来检测全美60000辆车辆的实时车况，以便及时进行防御性修理。

第八，SCRM中的客户分级管理支持。面对日新月异的新媒体，许多企业通过对粉丝的公开内容和互动记录分析，将粉丝转化为潜在用户，激活社会化资产价值，并对潜在用户进行多个维度的画像。大数据可以分析活跃粉丝的互动内容，设定消费者画像各种规则，关联潜在用户与会员数据，关联潜在用户与客服数据，筛选目标群体做精准营销，进而可以使传统客户关系管理结合社会化数据，丰富用户不同维度的标签，并可动态更新消费者生命周期数据，保持信息新鲜有效。

第九，发现新市场与新趋势。基于大数据的分析与预测，对于企业家提供洞察新市场与把握经济走向都是极大的支持。

第十，市场预测与决策分析支持。对于数据对市场预测及决策分析的支持，过去早就在数据分析与数据挖掘盛行的年代被提出过。沃尔玛著名的“啤酒与尿布”案例即是那时的杰作。只是由于大数据时代上述Volume（规模大）及Variety（类型多）对数据分析与数据挖掘提出了新要求。更全面、速度更及时的大数据，必然会对市场预测及决策分析进一步上台阶提供更好的支撑。似是而非或错误的、过时的数据对决策者是灾难。

二、典型案例

（一）国内机场大数据系统

目前，国内主要机场普遍采用以机场大数据系统为核心的建设模式，以航班信息为主要信息源，以中间件平台为基础，实现信息集成系统、离港系统、航班显示系统、广播系统处理数据、行李数据、旅客服务类数据、设备设施监测数据、物流数据，交通枢纽的运力及车位数据、商业服务数据、财务办公类数据等海量数据的共享。大数据时代，“数据海量、知识匮乏”是大数据时代多数企业的通病。虽然机场在日常运行管理中会产生大量的运营数据，然而大部分机场的运行数据库仅仅实现了航班数据的实时处理，无法深入挖掘出隐藏在海量数据背后潜在的价值。因此建立机场大数据系统，应用大数据技术实现对机场数据的综合管理以及深入挖掘是十分必要的。

构建机场大数据系统，涉及海量数据信息，既有大量航班实时运行数据，又有海量历史数据。而大数据系统的建设支持了对海量信息的决策支持分析、规划及招商分析等。经过重新设计的大数据系统，可以根据不同主题设计不同属性集，从而减少数据处理量。另外，针对不同主题数据库，大数据系统采取粗糙集的属性归约算法，删除数据中的冗余信息，得到精简的数据集，然后将决策树所表示的数据集表示为分类规则知识，储存在规则知识库中。该系统数据流程为采集各种数据库中的各类海量数据，对这些海量数据重整结构和调整数据，将其归类存放在数据仓库中，并采用多维分析工具，将其进行多层次分类，成为有效信息，最后将其与知识库、方法库、模型库、数据挖掘工具有机结合，通过可视化工具将分析结果呈现给用户。根据机场特点，其大数据系统的总体架构可以分为五部分：数据源、数据处理、综合管理数据库、数据分析提取以及数据可视化，如图 9-2 所示。

1. 数据源

在机场航班运行过程中，涉及的海量数据来源于多方面，如航班数据、旅客数据、行李数据、设备设施监控数据、物流数据、行政办公类数据、安全数据、商业数据等，还涉及很多外部数据源，如天气数据、空管数据、航空公司数据、商业运行数据、互联网数据等。这些数据源有些是历史数据，有些是实时运行数据，它们存储在不同区域不同部门的异构数据库中。

2. 数据处理

数据处理，为将海量数据输出到数据集市做好准备。不同来源的数据内容往往交叉，所以需要按照互动性对观测到的大数据进行分类，这些大数据大致分为两类：结构化数据和非结构化数据。同时，由于原始大数据中有噪声数据、冗余数据及缺失数据等问题，因此需要对这些大数据进行处理，通过转换、净化和标准化处理后，这些大数据被重新组织成主题一致的数据，置入大数据系统中。

3. 综合管理数据库

通过运行分析管理，大数据系统可以把大量航班运行数据、设备设施监控数据存入到系统中，和其他已存入大数据系统的数据信息进行综合分析，得出航班保障过程中最优的

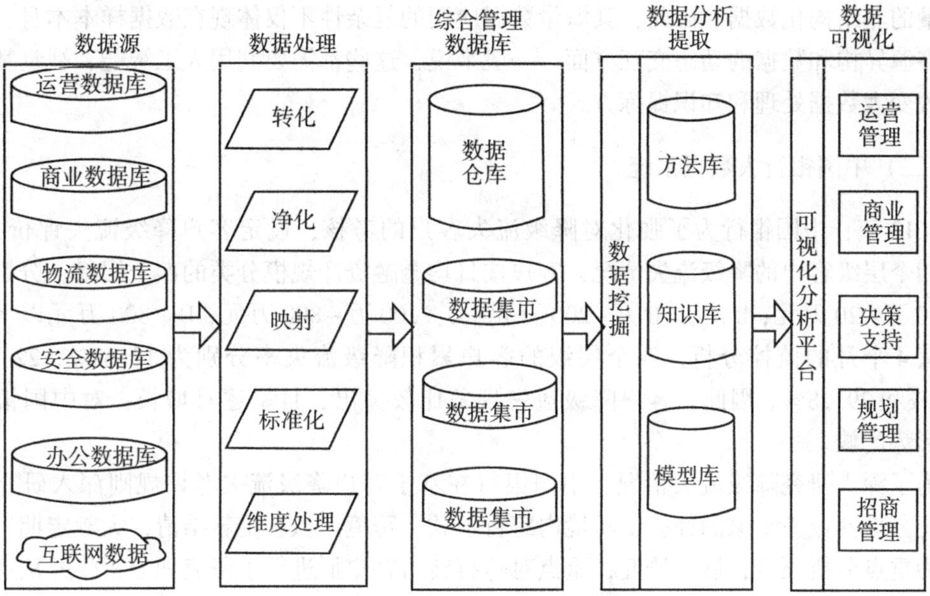

图 9-2　机场大数据系统架构图

设备设施运行及管理方案。该方案可根据航班情况，按需分配登机桥、通道、照明、空调、扶梯等设备设施，从而提高设备设施的利用率，降低航班运行保障成本。引入数据集市是因为通过将大数据系统和数据集市分离的方法，可以使大数据系统集中精力解决数据整合和清理等问题，而数据集市则致力于为特定的决策过程提供服务。大数据系统在数据源和直接面对决策支持过程的数据集市之间形成缓冲，所以数据集市应当面向优良的大数据系统来建设，数据源的变化将不会直接影响到数据集市。

4. 数据分析提取

经过大数据系统处理后的数据，可以通过联机分析处理技术（OLAP）来支撑复杂的决策分析过程。具体来说，是运用航班运行规律，开发相关的模型库、知识库，进行联机数学运算和数据加工处理，并提供灵活、交互式的统一搭建的云计算平台，采用MapReduce 和 Hadoop 技术对海量数据进行处理。大数据系统通过相应的数据挖掘工具从中挖掘的知识形成知识库，用于相应的知识推理，实现定性分析辅助决策。大数据系统中的模型库和方法库为决策问题提供定量分析（模型计算）和辅助决策信息。其中，方法库由预测方法字典和方法算法类库组成；模型库由预测模型字典、模型参数字典和模型存储库组成。OLAP（联机分析处理）与模型库、方法库、知识库进行信息交互，与图形用户界面进行多次对话，完成大数据系统中的预测分析过程。

5. 数据可视化

建设大数据系统，对其中的海量数据进行分析和挖掘，最终目的是让机场管理人员能够方便使用这一集成的决策支持环境，以获取有价值的信息，从而能对未来航班保障、旅客服务等做出迅捷准确的判断，进而制订相应对策。因此，界面友好、功能强大的可视化工具也需要被集成到大数据系统中。此外，该大数据系统汇总了各种数据源的数据，存储了海量的非结构化数据。因此，其海量数据应用的复杂性不仅体现在数据样本本身，更体现在多源异构和数据的动态交互方面。一般来说，这些都需要利用人工智能、视觉智能技术等改变大数据处理和知识提炼方式。

（二）中国银行大数据系统

2013 年，中国银行为了强化对降级流失客户的考核，设定客户降级流失评价指标，评价四个层级客户的降级流失情况，客户按日均金融资产规模分类的四个层级，分别为 A 类：10 万~20 万元；B 类：20 万~200 万元；C：200 万~800 万元；D：800 万元以上。通过连续 4 个月的监控分析，四个层级的客户累积降级流失率分别为 12.62%、22.16%、29.33%和 29.28%。因此，客户降级流失现象比较突出，且呈逐月增长，对中国银行来说，形势严峻。

为了深入研究降级流失情况，中国银行在基于客户降级流失考评规则深入研究的同时，充分借鉴业务专家的经验，将境内跨行汇款、跨境汇款、贷款结清、大额定期产品到期作为重点分析领域，展开研究，重点对跨行转出客户群进行了研究和分析，并从业务目标、目标客户特征定义、基础客户群、客户特征（业务属性）等方面进行区隔，建立了相应的业务模型，如表 9-1 所示。

表 9-1　　**中国银行大数据系统业务模型描述**

业务目标	目标客户特征定义	基础客户群	客户特征（业务属性）	备注
在办理境内跨行汇款业务的客户中，寻找汇款规模较大、客户层级较高且具有较高降级流失率的客户，通过营销控制其降级流失，提升客户在中国银行的资产规模	以降级流失标识为“真”的客户作为目标客户。该指标由系统每月加工	（1）指定周期内办理过跨行转出业务的全部客户。 （2）仅针对人民币购行转出业务范围。 （3）基础数据周期定为三个月	（1）客户跨行转出交易统计指标； （2）客户层级特征； （3）期初全期末，各月末时点客户资产。负债，产品持有指标	确定数据周期的依据；6 月当月发生降级流失的 29.6 万 VIP 客户中，分别有 38.9%、53%和 44%的客户在 4 月、5 月、6 月发生了跨行转出业务。说明客户降级流失与客户近 3 个月跨行转出业务具有较强相关性

结果显示，2013 年第二季度，中国银行全辖办理人民币境内跨行转出业务的个人客户数达到 308 万人，总转出规模为人民币 9491 亿元。其中，月均转出超过 10 万元的 VIP 客户有 29 万人，其跨行转出规模占全部转出规模的 69%，约 6500 亿元人民币；另外，发生过同名转出的客户数有 34 万人，总转出规模为 4584 亿元，直接转给本人名下的金额为 2535 亿元。上述 VIP 客户，仅占全辖 VIP 客户的 3.5%，但占 6 月当月降级流失 VIP 客户的 12.43%，这些客户可作为控制降级流失的重点客户群之一。

在目标客群已确定的基础上，中国银行继续深化细分，启动了跨行大额转出目标客群的定向营销活动，并根据客户转账的备注信息进行归类整理，将样本数据分为四大类，即高活跃度高价值贡献子群、低活跃度高价值贡献子群、高活跃度低价值贡献子群、低活跃度低价值贡献子群。

针对目标细分客户群，中国银行采取了以下几个方面的措施。

一是实施责任到人的外呼营销，掌握客户转出的实际原因。中国银行将客户清单全部取出，按照客户归属机构分配到基层网点，再根据网点各岗位人员的职责，分配不同数量的目标客户，进行外呼营销，确保做到对每一位流出客户的主动干预。

二是制定营销话术，统一宣传口径。中国银行对转出客户所涉及的各项产品进行了整理，并按照回访了解、主动推介、营销达成三阶段出台了营销话术，掌握客户转出的真正原因，并有效进行产品及服务推荐。

三是定制专属产品，满足客户需求。经过抽样调查，数据显示中国银行一半以上客户转出的主要原因之一，就是产品不符合客户需求。为此，中国银行专门定制了一款高收益理财产品，定向发售。

四是出台专属积分营销活动。中国银行针对该目标客群，开展了赠送尊享积分计划，活动期间经客户经理营销成功晋级，新增资产即可获赠三个月的尊享积分。

五是实施考核激励，提升精准营销效果。中国银行采取底线管理措施，对于成功找回一定比例的客户机构予以考核，底线目标即为入围奖励的准入条件。对于入围奖励的机构，按客户号对客户金融资产新增额（除存款）和存款新增额按系数折算，其中金融资产（除存款）、存款新增额分别赋予 1.2 的系数，折算后金融资产新增额按统一标准配置奖励费用。

项目实施两个月后，中国银行某分行目标客群时点金融资产新增 17.91 亿元，增幅高达 38.67%，月日均金融资产实现正增长的客户占比高达 47.54%，累计晋级客户达到 667 户，其中月日均金融资产 20 万元以下晋级到 20 万~200 万元的客户 541 户，月日均金融资产 20 万~200 万元晋级到 200 万~800 万元的客户 100 户，月日均金融资产 200 万~800 万元晋级到 800 万元以上的客户 16 户。至此，中国银行某分行承接总行的首个数据库营销项目取得显著成效，并为下一步实施更多数据库营销项目积累了经验。

该案例的成功实施，用实际成效展示了大数据客户关系管理的巨大潜力。从案例执行情况来看，这只是运用大数据进行聚类分析的简单运用，如何同时运用关联分析、分类分析和预测，对客户的各种潜在需求进行有效判别，实现精准营销，有赖于中国银行进行深入、细致的推动和实施。中国银行正在加快大数据客户关系管理的全面推进，在实践中积累经验、增强意识。

（三）亚马逊的大数据系统

以电子商务起家的亚马逊，由电子书发家，以企业云平台闻名于世。由于大数据技术日渐成熟，亚马逊渐渐变为大数据行业的排头兵，推出了一系列大数据产品，其中包括基于 Hadoop 的 Elastic MapReduce、DymamoDB 大数据数据库以及能够与 Amazon Web Services 顺利协作的 Redshift 规模化并行数据仓储方案。到现在为止，亚马逊的大数据系统主要包括三方面：电商平台，包括自有产品的电子商务、第三方卖家及对一些成员的特殊服务；Kindle、数字内容等；云服务。

亚马逊的大数据系统主要分为以下 4 个部分。

(1) 收集客户行为数据。客户在亚马逊网站上发生的所有行为都会被亚马逊记录，如搜索、浏览、打分、点评、购买、使用减价券和退货等。亚马逊根据这些数据，不断勾画出每个客户的特征轮廓和需求，并以此为依据进行精准营销。

(2) 整合客户行为数据。亚马逊的强大之处还在于它可以整合客户行为数据和喜好，并挖掘客户的潜在需求，善于用各种形式的活动去获取客户的喜好和需求，其中比较典型的活动就是投票。一旦用户投票了，其观点、倾向或者兴趣爱好就暴露了，这个客户就被亚马逊打上了"标签"。

(3) 个性化推荐营销服务。通过对所获行为信息的分析和理解，亚马逊制定了对客户的贴心服务及个性化推荐。这不仅可以提高客户购买的意愿，缩短购买的路径和时间，还能在恰当时机捕获客户的最佳购买冲动，充分减少了传统营销方式对客户的无端骚扰。

(4) 统计客户行为数据。给目标客户发送邮件后，客户是否打开了邮件、是否点击了邮件中的链接浏览促销产品，这些行为都会被持续跟踪下来。对整个促销推广活动而言，这样可以统计活动的效果，为下次评估类似促销活动提供历史依据。

另外，在业内，亚马逊最先把大数据引入电商行业，应用大数据改变客户体验，将大数据与智能物流相结合，帮助亚马逊在物流集成方面实现更大价值。因此，由亚马逊强大的大数据系统支持的智能物流系统是其价值链扩张的重要部分，使其在整条产业链上建立竞争优势。该系统具有如下创新。

第一，通过智能物流系统，亚马逊可根据线上销售情况，实时记录当前库存，并以客户偏好为依据，预测下一期销售目标，从而使库存始终保持在较低水平。

第二，除了对自身的物流管理，亚马逊大数据系统也与物流系统对接，将仓储物流服务与产品配送结合起来，定时或定点为客户提供新鲜产品和及时服务。同时，借助终端 GPS 设备，该系统能使送货员确定最优送货路线，在节省时间和财力的同时，也为顾客提供了更优质的服务。

第三，物流中心预估和调拨的体系涵盖了云计算设备和管理系统。通过大数据系统，各类存货按照数据分配进行相互交叉存储，对空间实现最优利用；而根据季节不同，库存系统会自动转移产品，合理利用库房，从而更好拉近与客户之间的距离，增强客户忠诚度。

从客户在亚马逊购书开始，亚马逊的大数据系统便开始记录客户每一次的操作信息，不但保存了客户基本信息，还保存了客户动态、业务发展、兴趣爱好等方面的资料，如同我们的大脑，帮亚马逊公司记住所有不同客户相关信息，当老客户来访时，就不再变得陌生。因为大数据系统自从上次交易开始，就已经"记住"了他们，亚马逊也因此"认识"了他们。

亚马逊所有面向客户的个性化营销服务都以该系统为基础，它是亚马逊客户关系管理的基础，但是它需要上层软件平台支持，才能发挥其 100%的功效。因此，在亚马逊的客户关系管理中，为了达到其"以客为尊"的服务宗旨与特色，亚马逊公司为其大数据系统配备了智能分类、数据分析、智能化推销系统等相应的先进技术，为客户个性化服务提供了强有力的软件支持。

据统计，亚马逊的大数据系统给亚马逊书店带来了至少65%的回头客。客户从登录亚马逊网站开始就能感受到温馨的服务态度，而在每个操作环节，亚马逊都始终坚持给客户最好的服务，客户会感到亚马逊网站似乎是为其量身定做一般。因此，亚马逊针对客户关系管理开发和实施的大数据系统，为亚马逊带来的客户价值已远远大于商品本身的价值。

本章小结

本章首先介绍了大数据的定义与特征，其次介绍了大数据分析流程与工具，最后选取了国内外著名企业的大数据在客户关系管理中的典型案例进行介绍。通过本章的学习，读者应该掌握大数据的定义与特征，熟悉大数据分析流程与工具，熟悉典型的应用大数据的客户关系管理系统。

关键术语

大数据　数据挖掘

课后习题

1. 请简述大数据的结果展现方式。
2. 列举身边的大数据。
3. 简述大数据的数据管理方式。
4. 什么是大数据？

实践训练题

1. 请调查一下身边有关大数据方面的生活案例。
2. 请选择一家知名企业，了解该企业在客户关系管理工作方面是如何应用大数据的。

案例分析题

大数据下的中国电信客户分类

大数据环境下，中国电信客户为海量。如何把握海量客户数据，对其进行精准分析，提出相应的客户分类，对中国电信来说至关重要。针对该问题，中国电信建立了客户标签的大数据客户分类方法。通过这种标签，中国电信能快速寻找到具有该特征的客户，提高营销精确度。

客户标签以客户的通信行为字段以及所展现出来的心理行为为影响因子进行研究，选用合适的大数据分析工具，对客户特征进行聚类分群，根据客户表现出来的特征，打上不同类型的标签进行标记，如漫游型、长途型、网络型、本地型、低消费人群、中端消费人群、高消费人群、年轻型、年长型等。以漫游型为例，该种类型的人群占总人群数的12%，其中文化水平在高中以上，月收入水平为中等级别，以年龄在25~40岁的男性居多，并以从事第一线生产行业的白领为主。其中，有近七成的漫游压抑型选用的是天翼商旅套餐，并且入网时长一般都在两年以上，大多数需要在外地出差，对漫游消费的需求较低，每个月的ARPU均值维持在50元上下。因此，该类型客户具有理性消费观，对于新生事物并不会表现出很大兴趣，花费在娱乐、咨询、网络上的费用较低，且在办理新业务时，大都采用短信营业厅的方式。

针对以上大数据环境下的客户分类和分析、中国电信产品的市场定位、产品本身功能和客户所具备的个人特征，中国电信对产品所适用的目标人群进行选择，从而让客户与产品之间实现完美适配。例如中国电信新近推出的一款电子产品，其市场定位于商旅人士、通话较多的客户，这就可以根据系统设定的客户标签，对客户进行分类，并且根据这些特征就可以从系统中找到符合这些特征的客户名单。

资料来源：https：//wk. baidu. com/view/fe1d5c8e3169a4517723a3ed？pcf=2.

思考题：如何通过案例中的客户标签寻找到具有相应特征的客户？

参考文献

[1] 许巧珍．客户关系管理［M］．杭州：浙江大学出版社，2014.
[2] 邬金涛．客户关系管理［M］．武汉：武汉大学出版社，2008.
[3] 吴清，刘嘉．客户关系管理［M］．上海：复旦大学出版社，2008.
[4] 花拥军．客户关系管理［M］．重庆：重庆大学出版社，2012.
[5] 汪华林．客户关系管理［M］．北京：经济管理出版社，2012.
[6] 张永红．客户关系管理［M］．北京：北京理工大学出版社，2009.
[7] 丁建石．客户关系管理［M］．重庆：重庆大学出版社，2007.
[8] 林建忠，郑若娟，姜红波．客户关系管理［M］．北京：清华大学出版社，2011.
[9] 王广宇．客户关系管理［M］．北京：清华大学出版社，2010.
[10] 霍亚楼．客户关系管理［M］．北京：对外经济贸易大学出版社，2009.
[11] 张翔．客户关系管理［M］．北京：机械工业出版社，2008.
[12] 韩小芸，申文果．客户关系管理［M］．天津：南开大学出版社，2009.
[13] 刘丽英，李怀斌．客户关系管理［M］．大连：东北财经大学出版社，2017.
[14] 李文龙，徐湘江，包文夏．客户关系管理［M］．北京：清华大学出版社，2016.
[15] 王春凤，曹薇，范玲俐．客户关系管理［M］．上海：上海交通大学出版社，2016.
[16] 马刚，李洪心，杨兴凯．客户关系管理［M］．大连：东北财经大学出版社，2015.
[17] 饶欣，徐刚．客户关系管理［M］．上海：上海财经大学出版社，2014.
[18] 李仉辉．客户关系管理［M］．上海：复旦大学出版社，2013.
[19] 李怀斌．客户关系管理［M］．大连：东北财经大学出版社，2013.
[20] 曹基梅．客户关系管理［M］．长沙：湖南师范大学出版社，2012.
[21] 赵冰，陶峻．客户关系管理［M］．北京：经济管理出版社，2010.
[22] 扈健丽．客户关系管理［M］．北京：北京理工大学出版社，2010.
[23] 齐佳音．客户关系管理［M］．北京：北京邮电大学出版社，2009.
[24] 易明，邓卫华．客户关系管理［M］．武汉：华中师范大学出版社，2008.
[25] 周洁如．现代客户关系管理［M］．2 版．上海：上海交通大学出版社，2014.
[26] 周洁如，顾锋．现代客户关系管理［M］．上海：上海交通大学出版社，2008.
[27] 杨路明．客户关系管理［M］．2 版．重庆：重庆大学出版社，2012.
[28] 皮骏．客户关系管理教程［M］．上海：复旦大学出版社，2011.
[29] 刘子安．销售与客户关系管理［M］．北京：对外经济贸易大学出版社，2011.
[30] 周洁如．客户关系管理经典案例及精解［M］．上海：上海交通大学出版社，2011.

[31] 邵兵家．客户关系管理［M］. 2版．北京：清华大学出版社，2010.
[32] 汪楠，王妍，李佳洋．电子商务客户关系管理［M］. 北京：中国铁道出版社，2017.
[33] 方旸，谷再秋，田艳芬，方苏春．CRM理论与应用研究［M］. 北京：中国财富出版社，2017.
[34] 熊励，李昱瑾．企业信息化融合——基于SCM、ERP、CRM集成［M］. 北京：清华大学出版社，2012.
[35] ［美］加里·阿姆斯特朗，菲利普·科特勒．市场营销学（原书第10版）［M］. 赵占波，何志毅，译．北京：机械工业出版社，2011.
[36] 万后芬，汤定娜，杨智．市场营销教程［M］. 3版．北京：高等教育出版社，2013.
[37] 吴建安，聂元昆．市场营销学［M］. 6版．北京：高等教育出版社，2018.
[38] ［美］鲍勃·伯格．关系营销：如何开展成功的关系营销［M］. 许旭，译．北京：中国长安出版社，2008.
[39] 陆和平．赢得客户的心：中国式关系营销［M］. 北京：企业管理出版社，2010.
[40] 李双龙．市场导向下的顾客关系营销战略［M］. 北京：中国农业出版社，2015.
[41] ［美］威廉·G. 齐克蒙德，等．客户关系管理：营销战略与信息技术的整合［M］. 胡左浩，等，译．北京：中国人民大学出版社，2010.
[42] ［美］林那夫，贝里．数据挖掘技术：应用于市场营销、销售与客户关系管理［M］. 3版. 巢文涵，等，译．北京：清华大学出版社，2013.
[43] 周三多，陈传明．管理学：原理与方法［M］. 7版．上海：复旦大学出版社，2018.
[44] ［美］斯蒂芬·P. 罗宾斯，等．管理学：原理与实践（原书第9版）［M］. 毛蕴诗，主译．北京：机械工业出版社，2015.
[45] 宋文官．电子商务概论［M］. 4版．北京：清华大学出版社，2017.
[46] 李琪．电子商务概论［M］. 2版．北京：高等教育出版社，2017.
[47] 李福东．大数据运营：服务型企业架构新思维［M］. 北京：清华大学出版社，2015.
[48] ［美］马丁·奥博欧佛，等．超越大数据——通过社交主数据管理深入了解客户［M］. 门群，译．北京：清华大学出版社，2016.